Gerhard Ring

Schuldrechtsreform 2022

AnwaltsPraxis

Schuldrechtsreform 2022

Sachmangelbegriff – digitale Inhalte – Verbraucherverträge

Von
Univ.-Prof. Dr. Gerhard Ring,
Lehrstuhl für Bürgerliches Recht,
Deutsches und Europäisches Wirtschaftsrecht,
TU Bergakademie Freiberg

Zitiervorschlag:
Ring, Schuldrechtsreform 2022, § 1 Rn 1

Hinweis
Die Ausführungen in diesem Werk wurden mit Sorgfalt und nach bestem Wissen erstellt. Sie stellen jedoch lediglich Arbeitshilfen und Anregungen für die Lösung typischer Fallgestaltungen dar. Die Eigenverantwortung für die Formulierung von Verträgen, Verfügungen und Schriftsätzen trägt der Benutzer. Herausgeber, Autoren und Verlag übernehmen keinerlei Haftung für die Richtigkeit und Vollständigkeit der in diesem Buch enthaltenen Ausführungen.

Anregungen und Kritik zu diesem Werk senden Sie bitte an
kontakt@anwaltverlag.de
Autoren und Verlag freuen sich auf Ihre Rückmeldung.

Copyright 2022 by Deutscher Anwaltverlag, Bonn
Satz: Reemers Publishing Services GmbH, Krefeld
Druck: Hans Soldan Druck GmbH, Essen
Umschlaggestaltung: gentura, Holger Neumann, Bochum
ISBN 978-3-8240-1696-9

Das Werk einschließlich aller seiner Teile ist urheberrechtlich geschützt. Jede Verwertung außerhalb der engen Grenzen des Urheberrechtsgesetzes ist ohne Zustimmung des Verlages unzulässig und strafbar. Das gilt insbesondere für Vervielfältigungen, Übersetzungen, Mikroverfilmungen und die Einspeicherung und Verarbeitung in elektronische Systeme.

Bibliografische Information der Deutschen Nationalbibliothek
Die Deutsche Nationalbibliothek verzeichnet diese Publikation in der Deutschen Nationalbibliografie; detaillierte bibliografische Daten sind im Internet über http://dnb.d-nb.de abrufbar.

Vorwort

Die Schuldrechtsreform 2022 umfasst vier zentrale Änderungsvorhaben im BGB (im Schuldrecht), die der Gesetzgeber durch Artikelgesetze Mitte 2021 – noch vor dem Ablauf der alten Legislaturperiode – verabschiedet hat:
- Gesetz für faire Verbraucherverträge,
- Gesetz zur Änderung des Bürgerlichen Gesetzbuchs und des Einführungsgesetzes zum Bürgerlichen Gesetzbuch in Umsetzung der EU-Richtlinie zur besseren Durchsetzung und Modernisierung der Verbraucherschutzvorschriften der Union,
- Gesetz zur Regelung des Verkaufs von Sachen mit digitalen Elementen und anderer Aspekte des Kaufvertrags vom 25.6.2021,
- Gesetz zur Umsetzung der Richtlinie über bestimmte vertragsrechtliche Aspekte der Bereitstellung digitaler Inhalte und digitaler Dienstleistungen vom 25.6.2021.

Während die letzten drei Regelwerke der Umsetzung europäischen Verbraucherschutzrechts in deutsches Recht dienen, basiert das Gesetz für faire Verbraucherverträge auf autonomen Überlegungen des deutschen Gesetzgebers.

Die beiden wichtigsten Regelwerke – die Umsetzung der Warenkaufrichtlinie und der Digitale-Inhalte-Richtlinie – treten zum 1.1.2022 in Kraft. Teile des Gesetzes für faire Verbraucherverträge sind bereits geltendes Recht.

Insoweit war mit der Erstellung einer die Gesamtmaterie der Reform abbildenden Darstellung Eile geboten.

Dem Deutschen Anwaltverlag – insbesondere Frau Feldkirchner und Herrn Rechtsanwalt Flohr – gebührt ein ganz herzliches Dankeschön, das Werk inspiriert zu haben, vor allem aber auch für die umsichtige und exzellente Betreuung.

Prof. Dr. *Gerhard Ring*

Freiberg im Dezember 2021

Inhaltsverzeichnis

Vorwort	5
Abkürzungsverzeichnis	13
Literaturverzeichnis	17

§ 1 Gesetz für faire Verbraucherverträge ... 19
  A. Einführung ... 19
  B. Klauselverbote ... 20
    I. Laufzeit von Dauerschuldverhältnissen ... 20
      1. Mindestvertragslaufzeit von bis zu zwei Jahren ... 21
      2. Stillschweigende Vertragsverlängerung ... 22
      3. Verkürzung der Kündigungsfrist ... 23
      4. Sachlicher Anwendungsbereich der Norm ... 23
    II. Verbot nachteiliger Abtretungsklauseln ... 24
  C. Kündigungsbutton ... 27
    I. Sachlicher Anwendungsbereich ... 29
    II. Pflicht zum Vorhalten einer Kündigungsschaltfläche ... 32
    III. Möglichkeit des Verbrauchers, seine Kündigungserklärung zu speichern ... 35
    IV. Verpflichtung des Unternehmers zur Bestätigung der Kündigungserklärung und Vermutungsregelung betreffend den Zugang ... 36
    V. Zweifelsregelung betreffend Kündigungszeitpunkt ... 36
    VI. Uneingeschränktes Kündigungsrecht des Verbrauchers bei Pflichtverletzung des Unternehmers ... 37
  D. Bewertung ... 38

§ 2 Gesetz zur Umsetzung der Modernisierungsrichtlinie ... 39
  A. Einführung ... 39
  B. Änderungen im BGB ... 40
    I. Allgemeine Informationspflichten für Betreiber von Online-Marktplätzen ... 40
      1. Ausnahme: Finanzdienstleistungen ... 41
      2. Legaldefinition Online-Marktplatz ... 41
      3. Betreiber eines Online-Marktplatzes ... 43
      4. Exkurs: Weitere Änderungen bereits bestehender Transparenzpflichten ... 43
    II. Erlöschen des Widerrufsrechts ... 43
    III. Vorzeitiges Erlöschen des Widerrufsrechts bei digitalen Inhalten ... 46
    IV. Verträge über die Bereitstellung digitaler Produkte ... 48
    V. Wertersatz als Rechtsfolge des Widerrufs von außerhalb von Geschäftsräumen geschlossenen Verträgen und Fernabsatzverträgen mit Ausnahme von Verträgen über Finanzdienstleistungen ... 49

Inhaltsverzeichnis

      1. Wertersatzpflicht bei Waren.......................... 49
      2. Wertersatzpflicht bei Dienstleistungen 50
      3. Wertersatz bei digitalen Inhalten 51
C. Änderungen im EGBGB................................. 52
   I. Informationspflichten beim Verbrauchervertrag 52
   II. Informationspflichten bei außerhalb von Geschäftsräumen geschlossenen Verträgen und Fernabsatzverträgen mit Ausnahme von Verträgen über Finanzdienstleistungen 53
      1. Informationspflichten 53
      2. Widerrufsbelehrung beim Abschluss eines Verbrauchervertrags über Fernkommunikationsmittel mit begrenzter Darstellungsmöglichkeit 58
      3. Allgemeine Informationspflichten für Betreiber von Online-Marktplätzen............................ 59
         a) Informationspflichten........................... 59
         b) Formale Anforderungen 65
            aa) Allgemeine Anforderungen 65
            bb) Besondere Anforderungen in Bezug auf § 1 Nr. 1 und 2 ... 66
      4. Verbotene Verletzung von Verbraucherinteressen und Bußgeldvorschriften................................ 67
         a) Verbotene Verletzung von Verbraucherinteressen im Zusammenhang mit Verbraucherverträgen 68
         b) Exkurs: Bußgeldvorschriften 72

§ 3 Gesetz zur Umsetzung der Digitale-Inhalte-Richtlinie 75
A. Einführung 75
B. Grundlagen 76
C. Inkrafttreten und Übergangsvorschriften 79
D. Exkurs: Anwendungsbereich Verbraucherverträge und besondere Vertriebsformen....................................... 79
E. Anwendungsbereich der Verbraucherverträge über digitale Produkte 84
   I. Persönlicher Anwendungsbereich 84
      1. Zahlung eines Preises 85
      2. Bereitstellung personenbezogener Daten 86
   II. Sachlicher Anwendungsbereich: Verträge über digitale Produkte 89
      1. Digitale Inhalte 89
      2. Digitale Dienstleistungen........................... 91
F. Gleichstellung von Standardprodukten und Produkten nach Verbraucherspezifikation............................ 93
G. Verträge über körperliche Datenträger 93
H. Anwendungsausschlüsse (Bereichsausnahmen) 95
I. Weitere Konkretisierung des Anwendungsbereichs................ 98

Inhaltsverzeichnis

I. Paketverträge		99
II. Verbraucherverträge über Sachen mit digitalen Elementen		101

J. Sonderregelungen im Hinblick auf einen Kaufvertrag über Waren mit digitalen Elementen ... 102

K. Bereitstellung des digitalen Produkts ... 105
   I. Bestimmung der Leistungszeit und Art und Weise der Bereitstellung .. 105
   II. Rechte des Verbrauchers bei unterbliebener Bereitstellung ... 110
      1. Vertragsbeendigungsrecht ... 111
      2. Schadensersatzansprüche ... 112
      3. Entbehrlichkeit der Nacherfüllungsaufforderung ... 113
      4. Rechtsfolgen der Vertragsbeendigung ... 114
      5. Unwirksamkeit der Vertragsbeendigung ... 114
      6. Vertragsauflösungsrecht für die übrigen Bestandteile eines Paketvertrags und bei verbundenen Verträgen ... 115
   III. Verbraucherschutz: Umfang der Verpflichtung des Unternehmers zur mangelfreien Leistung ... 115
      1. Vertragsgemäßheit digitaler Produkte ... 116
         a) Produktmangel ... 119
            aa) Subjektive Anforderungen ... 121
            bb) Objektive Anforderungen ... 123
            cc) Anforderungen an die Integration des digitalen Produkts ... 127
            dd) Aktualisierungen ... 127
         b) Rechtsmangel ... 132
      2. Rechtsbehelfe des Verbrauchers bei Mängeln ... 133
         a) Nacherfüllung (Herstellung des vertragsgemäßen Zustands) ... 133
         b) Vertragsbeendigung ... 137
            aa) Vertragsbeendigungsgründe ... 137
            bb) Ausschluss einer Vertragsbeendigung ... 139
            cc) Vertragsbeendigung wegen Teilleistungen? ... 140
            dd) Reichweite des Vertragsauflösungsrecht nach § 327m Abs. 4 und 5 BGB ... 140
               (1) Paketverträge ... 140
               (2) Verbundene Verträge ... 140
            ee) Modalitäten der Vertragsbeendigung ... 140
               (1) Erklärung der Vertragsbeendigung ... 141
               (2) Rechtsfolgen der Vertragsbeendigung ... 141
               (3) Verbot einer weiteren Nutzung nach Vertragsbeendigung ... 144
         c) Nutzungsuntersagung und Sperrung ... 144
         d) Minderung ... 149
         e) Anspruch auf Schadensersatz statt der Leistung ... 152

f) Verjährungsfrist 153
g) Beweislastumkehr 155
   aa) Beweislastumkehr bei einmaliger Bereitstellung 155
   bb) Beweislastumkehr bei dauerhafter Bereitstellung 155
   cc) Ausnahmen von der Beweislastumkehr 156
   dd) Gegenausnahme 158
3. Abweichende Vereinbarungen 158
4. Weiterer Regelungsgehalt 160
   a) Vertragsrechtliche Folgen datenschutzrechtlicher Erklärungen des Verbrauchers 160
   b) Änderungen an digitalen Produkten 161
IV. Besondere Bestimmungen für Verträge über digitale Produkte zwischen Unternehmern 165
1. Anwendungsbereich 165
2. Rückgriff des Unternehmers 166
   a) Aufwendungsersatz in der Regresskette 166
   b) Verjährung des Aufwendungsersatzanspruchs 169
   c) Beweislastregelungen 169
   d) Abweichende Vereinbarungen 169
   e) Anwendbarkeit von § 377 HGB 170
   f) Anwendung auf die gesamte Regresskette 170
3. Anwendungsausschluss 170
V. Das Verhältnis von Verträgen über die Bereitstellung digitaler Produkte zum Kaufvertrag und zum Verbrauchsgüterkaufvertrag 170
1. § 453 Abs. 1 Satz 2 und 3 BGB (Verbrauchervertrag über den Kauf digitaler Inhalte) 170
2. Verhältnis zum Verbrauchsgüterkaufvertrag 171
VI. Weitere Sonderregelungen 172
1. Verbrauchervertrag über die Schenkung digitaler Produkte 172
2. Miete digitaler Produkte 173
3. Verbrauchervertrag über digitale Dienstleistungen 174
4. Werklieferungsvertrag (Verbrauchervertrag über die Herstellung digitaler Produkte) 174
VII. Vorläufiges Fazit 176

§ 4 Umsetzung der Warenkaufrichtlinie im BGB 177
A. Einführung 177
B. Neuregelung des Sachmangelbegriffs 179
  I. Subjektive Anforderungen 182
  II. Objektive Anforderungen 185
  III. Montageanforderungen 191

Inhaltsverzeichnis

```
      IV. Aliud und Minuslieferung ...............................   192
  C. Änderungen (Ergänzungen) in Bezug auf die Nacherfüllung .........   194
      I. Ersatz der Aus- und Einbaukosten. .......................   194
      II. Pflicht des Käufers, dem Verkäufer die Sache zum Zweck der
          Nacherfüllung zur Verfügung zu stellen ....................   196
      III. Rücknahme der ersetzten Sache durch den Verkäufer ............   197
      IV. Exkurs ........................................   198
  D. Aufwendungsersatz in der Regresskette ......................   199
      I. Selbstständiger Regressanspruch des Verkäufers gegen seinen
          Lieferanten (§ 445a Abs. 1 BGB) .........................   199
      II. Wegfall der Höchstgrenze der Ablaufhemmung (§ 445b Abs. 2 BGB) .   201
      III. Rügeobliegenheit .....................................   201
      IV. Verhältnis von § 445a BGB zu § 327u BGB ..................   202
  E. Besonderheiten für den Verbrauchsgüterkauf. ....................   202
  F. Anwendbare Vorschriften beim Verbrauchsgüterkauf ...............   204
  G. Sonderbestimmungen für Sachen mit digitalen Elementen (§§ 475b–e BGB)   206
      I. Verbrauchsgüterkaufvertrag über digitale Produkte. .............   208
          1. § 475a Abs. 1 BGB ................................   208
          2. § 475a Abs. 2 BGB ................................   208
      II. Besonderheiten in Bezug auf den Sachmangelbegriff bei Waren mit
          digitalen Elementen. ................................   209
          1. Sachmangel einer Sache mit digitalen Elementen (§ 475b BGB) ...   211
              a) Sache mit digitalen Elementen .....................   211
              b) Sachmangelfreiheit. .............................   214
                  aa) Subjektive Anforderungen .....................   215
                  bb) Objektive Anforderungen. .....................   216
                  cc) Folgen einer unterlassenen Aktualisierung ............   218
                  dd) Konformität mit den Montage- und Installationsanforderun-
                      gen .................................   219
              c) Sachmangel einer Sache mit digitalen Elementen bei dauerhafter
                  Bereitstellung der digitalen Elemente (§ 475c BGB) ........   219
                  aa) Dauerhafte Bereitstellung. .....................   220
                  bb) Besonderheiten bei der Haftung des Unternehmers ......   221
              d) Beweislastumkehr bei Waren mit digitalen Elementen bei dauer-
                  hafter Bereitstellung ...........................   221
          2. Sonderbestimmungen für Rücktritt und Schadensersatz .........   222
              a) Rücktritt von einem Kaufvertrag über eine Sache mit digitalen
                  Inhalten ..................................   222
              b) Schadens- und Aufwendungsersatz. ..................   227
```

  c) Folgen von Rücktritt und Schadensersatz statt der gesamten Leistung 228
3. Sonderbestimmungen für die Verjährung 228
  a) Grundlagen 228
  b) Ablaufhemmung bei dauerhafter Bereitstellung digitaler Elemente 229
  c) Allgemeine Ablaufhemmung 230
  d) Ablaufhemmung bei Nacherfüllung 230
4. Abweichende Vereinbarungen 232
  a) Grundsätzliches Verbot haftungsbeschränkender Vereinbarungen zulasten des Verbrauchers (§ 476 Abs. 1 Satz 1 BGB) 232
  b) Ausnahme: negative Beschaffenheitsvereinbarung (§ 476 Abs. 1 Satz 2 BGB) 232
  c) Verjährungsvereinbarung 234
  d) Schadensersatzanspruch (§ 476 Abs. 3 BGB) 236
  e) Umgehungsverbot (§ 476 Abs. 4 BGB) 236
5. Beweislastumkehr 236
  a) Verlängerung der allgemeinen Regel 236
  b) Beweislastumkehr bei vereinbarter dauerhafter Bereitstellung digitaler Elemente 238
6. Sonderbestimmungen für Garantien 238
  a) Anforderungen an die Transparenz 240
  b) Zurverfügungstellung der Garantie auf einem dauerhaften Datenträger 240
  c) Haltbarkeitsgarantie 241
  d) Rechtsfolgen eines Verstoßes 241
  e) Sprache der Garantie 241
  f) Ablaufhemmung 242
III. Übergangsvorschrift 242
IV. Fazit 242
Stichwortverzeichnis 245

Abkürzungsverzeichnis

a.a.O.	am angegebenen Ort
ABl.	Amtsblatt
Abs.	Absatz
AcP	Archiv für die civilistische Praxis (Zs.)
AGB	Allgemeine Geschäftsbedingungen
AktG	Aktiengesetz
Art.	Artikel
BAG	Bundesarbeitsgericht
B2B	Business-to-business
B2C	Business-to-consumer
BAG	Bundesarbeitsgericht
BAGE	Sammlung der Entscheidungen des BAG
BB	Betriebsberater (Zs.)
BDSchG	Bundesdatenschutzgesetz
BeckOK	Beck Onlinekommentar
BetrAVG	Betriebsrentengesetz
Beschl.	Beschluss
BGB	Bürgerliches Gesetzbuch
BGBl.	Bundesgesetzblatt
BGH	Bundesgerichtshof
BGHZ	Entscheidungen des Bundesgerichtshofes in Zivilsachen
BR-Drucks.	Bundesratsdrucksache
bspw.	Beispielsweise
BT-Drucks	Bundestagsdrucksache
C2B	Consumer-to-business
C2C	Consumer-to-consumer
CD	Compact disc

Abkürzungsverzeichnis

CD-ROM	Compact Disc Read-Only Memory
CISG	United Nations Convention on Contracts for the International Sale of Goods
CPC-Verordnung	Consumer Protection Cooperation-Verordnung
CR	Computer und Recht
d.h.	das heißt
ders.	Derselbe
DJT	Deutscher Juristentag
DSGVO	Datenschutzgrundverordnung
DVD	Digital Versatile Disc
EGBGB	Einführungsgesetz zum Bürgerlichen Gesetzbuche
EU	Europäische Union
EU-FluggastrechteVO	Fluggastrechteverordnung
EuGH	Europäische Gerichtshof
EuGrCH	Charta der Grundrechte der Europäischen Union
E-Privacy-VO	Verordnung über Privatsphäre und elektronische Kommunikation
EULA	Endnutzer-Lizenzvereinbarung
f.	folgende
ff.	fort folgende
Fn	Fußnote
GPR	Zeitschrift für das Privatrecht der Europäischen Union
h.M.	herrschende Meinung
HK	Handkommentar
i.d.F.	in der Fassung
i.d.R.	in der Regel

Abkürzungsverzeichnis

i.S.d.	im Sinne des/der
i.S.e.	im Sinne einer/eines
i.S.v.	im Sinne von
ITBR	IT-Rechtsberater (Zs.)
IWG	Informationsweiterverwendungsgesetz
JA	Juristische Arbeitsblätter (Zs.)
JuS	Juristische Schulung (Zs.)
JZ	JuristenZeitung
K&R	Kommunikation & Recht
Kap.	Kapitel
LG	Landgericht
MMR	Multimedia und Recht
ModRL	Modernisierungsrichtlinie
NJ	Neue Justiz (Zs.)
NJW	Neue Juristische Wochenschrift (Zs.)
NJW-RR	NJW-Rechtsprechungsreport (Zs.)
Nr.	Nummer
NZA	Neue Zeitschrift für Arbeitsrecht
OLG	Oberlandesgericht
OWiG	Gesetz über Ordnungswidrigkeiten
RDi	Recht digital (Zs.)
Rdn	Randnummer (intern)
RegE	Regierungsentwurf
RL	Richtlinie
Rn	Randnummer (extern)

S.	Seite
SIM	Subscriber Identity Module
TKG	Telekommunikationsgesetz
TMG	Telemediengesetz
UGP-RL	Richtlinie über unlautere Geschäftspraktiken
UKlaG	Unterlassungsklagengesetz
Urt.	Urteil
USB	Universal Serial Bus
UWG	Gesetz gegen den unlauteren Wettbewerb
v.	von/vom
VerbrGKRL	Verbrauchsgüterkaufrichtlinie
VerbrRRL	Verbraucherrechte-Richtlinie
vgl.	vergleiche
VuR	Verbraucher und Recht (Zs.)
WKRL	Warenkaufrichtlinie
z.B.	um Beispiel
ZEuP	Zeitschrift für Europäisches Privatrecht
Zs.	Zeitschrift
ZUM	Zeitschrift für Urheber- und Medienrech
ZVertriebsR	Zeitschrift für Vertriebsrecht
ZVglRWiss	Zeitschrift für Vergleichende Rechtswissenschaft

Literaturverzeichnis

Brönneke/Föhlisch/Tonner, Das neue Schuldrecht, 2021
Dauner-Lieb/Heidel/Ring, NOMOS-Kommentar BGB, 4. Aufl. 2021, Band 2.1
Erman, BGB, 16. Aufl. 2020
Hau/Poseck, BeckOK-BGB, 59. Edition
Säcker/Rixecker/Oetker/Limperg, Münchener Kommentar zum Bürgerlichen Gesetzbuch: BGB, 9. Aufl. 2021 ff.
Schulze/Dörner/Ebert u.a., Handkommentar BGB, 11. Aufl. 2022

§ 1 Gesetz für faire Verbraucherverträge

Literatur:

Buchmann/Majer, Eine „Button-Lösung" für den elektronischen Geschäftsverkehr?, K&R 2012, 635; *Ring*, Das Gesetz für faire Verbraucherverträge, NJ 2021, 393; *Wais*, Das Gesetz für faire Verbraucherverträge – Weitere Reaktionen auf die Digitalisierung, NJW 2021, 2833.

A. Einführung

Mit dem Gesetz für faire Verbraucherverträge vom 24.6.2021[1] – wobei der Titel des Gesetzes leicht irreführend ist[2] – soll unseriösen Geschäftspraktiken begegnet und die Position von Verbrauchern gegenüber Unternehmern sowohl beim Vertragsschluss als auch bei den Vertragsinhalten verbessert werden (Reduzierung bestehender Defizite beim Verbraucherschutz).[3] Es beruht nicht auf europarechtlichen Vorgaben.[4]   **1**

Im **BGB** kommt es zu ganz unterschiedlichen, nicht unmittelbar miteinander zusammenhängenden Neuregelungen (die aber letztlich aufgrund von „Entwicklungen im Zusammenhang mit der Digitalisierung" bedingt sind),[5] nämlich einer

- Änderung der Bestimmungen über **stillschweigende Vertragsverlängerungen** (Neuregelung der Zulässigkeit von AGB, die die Kündigung und automatische Verlängerung von Dauerschuldverhältnissen zum Inhalt haben, unter Rdn 5 ff.),
- einem **Verbot benachteiligender Abtretungsklauseln in AGB** (Erweiterung der Liste der Klauselverbote in § 308 BGB, Rdn 14 ff.) und
- einer **Online-Kündbarkeit per Kündigungsbutton** bei Verträgen, die über eine Website geschlossen worden sind (Kündigung von Verbraucher-Dauerschuldverhältnissen im elektronischen Rechtsverkehr, Rdn 23 ff.), womit eine Erweiterung der Verbraucherschutzrechte auf den E-Commerce erfolgt.[6]

Das Gros der Regelungen sollte ursprünglich im Quartal nach der Verkündung (Folgequartal)[7] in Kraft treten, d.h. zum 1.10.2021. Das Abtretungsverbot ist dann auch schon zum 1.10.2021 in Kraft getreten, die **neuen Kündigungsregeln** gelten erst ab dem 1.3.2022, die **Möglichkeit der Online-Kündigung** (§ 312k BGB) ab dem 1.7.2022 (ge-   **2**

---

1 Deutscher Bundestag, Plenarprotokoll 19/236, 30733; Beschluss des Bundesrats vom 25.6.2021, BR-Drucks 565/21.
2 *Wais*, NJW 2021, 2833, 2839 Rn 34.
3 Dazu *Goebel*, FMP 2020, 67.
4 Wenngleich im Kontext mit den Änderungen der Klauselverbote europarechtliche Vorgaben der Richtlinie 93/13/EWG (Klausel-RL) zu beachten waren: dazu näher Brönneke/Föhlisch/Tonner/*Buchmann/Panfili*, Das neue Schuldrecht, § 7 Rn 4.
5 *Wais*, NJW 2021, 2833 Rn 2.
6 *Wais*, NJW 2021, 2833.
7 RegE, BT-Drucks 19/30840, S. 19.

splittetes Inkrafttreten). Dann erfasst § 312k BGB aber alle Verträge, d.h. auch solche, die vor dem Inkrafttreten der Regelung abgeschlossen worden sind (Art. 229 § 60 Satz 3 EGBGB).[8] Das zeitlich spätere Inkrafttreten der Regelungen über den Kündigungsbutton hat der Gesetzgeber damit begründet, dass die Erfüllung der damit einhergehenden Vorgaben für die Unternehmer zum Teil einen erheblichen organisatorischen und zeitlichen Aufwand bedeuten.[9]

Materialien:
- RegE, BT-Drucks. 19/26915,
- BT-Drucks. 19/26915.

B. Klauselverbote

3 Mit § 308 Nr. 9 BGB (Abtretungsausschluss) wird ein neues **Klauselverbot mit Wertungsmöglichkeit** in das BGB aufgenommen (nachstehende Rdn 14 ff.). Danach ist eine Bestimmung ausgeschlossen, durch die die Abtretbarkeit für einen auf Geld gerichteten Anspruch des Vertragspartners gegen den Verwender ausgeschlossen wird.[10]

4 Mit § 309 Nr. 9 BGB (**Klauselverbot ohne Wertungsmöglichkeit**) erfolgt eine umfassende Reform des bereits bestehenden **Regimes der stillschweigenden Verlängerung von Dauerschuldverhältnissen** (Rdn 9 ff.):

Nach Ablauf einer maximalen Vertragslaufzeit von zwei Jahren ist die automatische Verlängerung eines zunächst befristeten Vertrags nur noch auf unbestimmte Zeit möglich – mit der dem Vertragspartner eingeräumten Möglichkeit, den Vertrag jederzeit mit einer Frist von höchstens einem Monat zu kündigen. Die Kündigungsfrist zum Ende der vereinbarten Vertragslaufzeit wird im Übrigen auf einen Monat begrenzt.

I. Laufzeit von Dauerschuldverhältnissen

5 § 309 Nr. 9 BGB erfasst nur Dauerschuldverhältnisse[11] – allerdings nicht alle, sondern solche, die die regelmäßige Lieferung von Waren oder die regelmäßige Erbringung von Dienst- oder Werkleistungen zum Gegenstand haben – wie bspw. Verträge eines Ver-

---

8 RegE, BT-Drucks 19/30840, S. 8.
9 RegE, BT-Drucks 19/30840, S. 20.
10 Brönneke/Föhlisch/Tonner/*Buchmann/Panfili*, Das neue Schuldrecht, § 7 Rn 2.
11 HK-BGB/*Schulte-Nölke*, § 309 Rn 43.

brauchers mit Mobilfunkanbietern, Streamingdiensten, Fitnessstudios,[12] Stromlieferanten mit Online-Partnerbörsen sowie Zeitungs-Abos. Nicht erfasst werden damit aber Wohnraummietverträge, Arbeitsverträge, Versicherungsverträge oder Gebrauchsüberlassungsverträge.[13]

Insoweit gilt nunmehr, dass

- die Kündigungsfrist bei Verträgen mit fester Laufzeit über die regelmäßige Lieferung von Waren oder die regelmäßige Erbringung von Dienstleistungen nicht länger als ein Monat vor Ablauf der Mindestlaufzeit sein darf und
- eine stillschweigende Verlängerung um eine weitere Mindestlaufzeit ausgeschlossen ist (Verbot von Verlängerungsklauseln in AGB).

Beachte

Hingegen ist eine automatische Umwandlung des Dauerschuldverhältnisses in einen Vertrag mit unbestimmter Laufzeit zulässig. Dieser kann dann aber jederzeit – mit einer Frist von höchstens einem Monat – gekündigt werden.

Die Reform ist nach Ansicht des Gesetzgebers erforderlich, weil die bisherigen Beschränkungen bei Laufzeiten nicht mehr sachgerecht sind, da heute kaum noch Verträge mit günstigen Konditionen abgeschlossen werden können, die keine Mindestlaufzeit von zwei Jahren einschließlich automatischer Vertragsverlängerung vorsehen.[14] Durch zu lange Laufzeiten werde der Verbraucher dauerhaft gebunden, was ein Wettbewerbshemmnis darstelle.[15] Die Neuregelung soll einen Wechsel zu anderen Vertragsbedingungen und Anbietern erleichtern[16] (Nutzung von Marktchancen durch Verbraucher).[17]

1. Mindestvertragslaufzeit von bis zu zwei Jahren

Nach § 309 Nr. 9 Halbsatz 1 Buchst. a BGB kann – wie bisher – auch in AGB eine Mindestvertrags-[18](Höchst-)laufzeit von **bis zu zwei Jahren** vereinbart werden. Vertrags-

---

12 Von „Ungerechtigkeiten" und „Abgrenzungsschwierigkeiten" im Einzelfall sprechen Brönneke/Föhlisch/Tonner/*Buchmann/Panfili*, Das neue Schuldrecht, § 7 Rn 16: *„sind etwa ein Vertrag in einem Tanzstudio oder über Yogastunden mit einem Fitnessstudiovertrag vergleichbar?"*
13 Brönneke/Föhlisch/Tonner/*Buchmann/Panfili*, Das neue Schuldrecht, § 7 Rn 16.
14 RegE, BT-Drucks 19/30840, S. 12.
15 RegE, BT-Drucks 19/26915, S. 30.
16 RegE, BT-Drucks 19/30840, S. 14.
17 RegE, BT-Drucks 19/26915, S. 1.
18 Wenn dies für den Verbraucher auch nachteilig erscheint, darf nicht übersehen werden, dass *„gerade bei Mobilfunkverträgen der Verbraucher sein Endgerät über die Vertragslaufzeit mitfinanziert. Kurze Vertragslaufzeiten hätten zwingend zur Folge, dass ein Verbraucher entweder mit Vertragsschluss eine hohe Einmal-Zahlung oder alternativ vergleichsweise deutlich höhere monatliche Raten bezahlen müsste"*: Brönneke/Föhlisch/Tonner/*Buchmann/Panfili*, Das neue Schuldrecht, § 7 Rn 18.

§ 1 Gesetz für faire Verbraucherverträge

laufzeiten mit einer Bindung des Verbrauchers von mehr als zwei Jahren bleiben damit weiter verboten.[19] Eine weitergehende Konditionierung in Bezug auf die Modalitäten einer Vertragsverlängerung ist nicht erfolgt.

2. Stillschweigende Vertragsverlängerung

9 Allerdings ist im Verbraucherschutzinteresse die stillschweigende (automatische) Verlängerung von Dauerschuldverhältnissen eingeschränkt worden (während bislang eine formularmäßige Vereinbarung einer stillschweigenden Verlängerung des Vertragsverhältnisses um höchstens ein Jahr zulässig war).

Bei einem Vertragsverhältnis, das die **regelmäßige Lieferung von Waren oder die regelmäßige Erbringung von Dienst- oder Werkleistungen** durch den Verwender zum Gegenstand hat, ist gemäß § 309 Nr. 9 Halbsatz 1 Buchst. b BGB – auch soweit eine Abweichung von den gesetzlichen Vorschriften zulässig ist – eine den anderen Vertragsteil bindende stillschweigende Verlängerung des Vertragsverhältnisses in AGB **grundsätzlich unwirksam (Grundsatz)**.

10 Etwas anderes – i.S. einer sehr eingeschränkten Möglichkeit, Verträge doch stillschweigend zu verlängern (**eingeschränkte Ausnahmemöglichkeit**) – gilt, wenn

- das Vertragsverhältnis nur auf **unbestimmte Zeit verlängert wird** (d.h. eine Vertragsverlängerung auf unbestimmte Zeit vorgesehen ist) und
- dem anderen Vertragsteil (vertraglich) das Recht eingeräumt wird, das verlängerte Vertragsverhältnis **jederzeit mit einer Frist von höchstens einem Monat zu kündigen** (jederzeitiges Kündigungsrecht des anderen Vertragsteils unter Einhaltung einer Monatskündigungsfrist).

> *Beachte*
> Bestehen daneben auch gesetzliche Kündigungsrechte – wie bspw. das Recht zur außerordentlichen Kündigung nach § 314 BGB –, bleiben diese hiervon zwar unberührt – sie *„entbinden den Verwender der AGB aber ... nicht davon, ein vertragliches Kündigungsrecht für den anderen Vertragsteil vorzusehen"*.[20]

11 Die Neuregelung verbessert zum einen den Schutz der Verbraucher vor zu langen vertraglichen Bindungen durch ungewollte stillschweigende Vertragsverlängerungen. Zum anderen wird es dem Verbraucher erleichtert, nach Ablauf der Mindestvertragslaufzeit zu einem anderen Anbieter zu wechseln und ein neues Vertragsmodell zu wählen (Flexibi-

---

19 Brönneke/Föhlisch/Tonner/*Buchmann/Panfili*, Das neue Schuldrecht, § 7 Rn 18.
20 RegE, BT-Drucks 19/30840, S. 14.

lität). Im Übrigen kann er aber auch, wenn er mit dem Vertrag zufrieden ist, an diesem beruhigt festhalten mit der Gewissheit, den Vertrag nach der Verlängerung einfach und kurzfristig kündigen zu können.[21]

3. Verkürzung der Kündigungsfrist

Um eine automatische Verlängerung eines befristeten Vertrags in einen unbefristeten Vertrag zu verhindern, erfolgt nach § 309 Nr. 9 Halbsatz 1 Buchst. c BGB eine Verkürzung der Kündigungsfrist (von vormals drei Monaten) auf einen Monat: Danach ist eine zu Lasten des anderen Vertragsteils vereinbarte längere Kündigungsfrist als ein Monat vor Ablauf der zunächst vorgesehenen Vertragsdauer unwirksam. **12**

> *Beachte*
> Prima facie scheint es durch § 309 Nr. 9 Halbsatz 1 Buchst. b und c BGB zu einem „Gleichlauf" der Kündigungsfristen bei der Kündigung eines erstmals begründeten und eines stillschweigend verlängerten Vertragsverhältnisses zu kommen. Tatsächlich handelt es sich jedoch um **zwei unterschiedliche Fristenregelungen**.[22]

4. Sachlicher Anwendungsbereich der Norm

Unverändert geblieben ist die Ausnahmeregelung in § 309 Nr. 9 Halbsatz 2 BGB, wonach die Norm nicht für „Verträge über die Lieferung als zusammengehörig verkaufter Sachen sowie für Versicherungsverträge" gilt.[23] **13**

---

[21] RegE, BT-Drucks 19/30840, S. 14.

[22] *Wais*, NJW 2021, 2833, 2835 Rn 13: *„Ist die Kündigung jederzeit mit einer Frist von einem Monat zulässig, kann etwa am 5.1. mit Wirkung zum 5.2. oder am 6.1. mit Wirkung zum 6.2. gekündigt werden. Bei der Kündigung mit Monatsfrist bis zum Ende der Mindestlaufzeit ist dagegen der Zeitpunkt zu dem die Kündigung wirkt, nicht in demselben Maße vom Kündigenden beeinflussbar. Unklar ist ... insbesondere, was gilt, wenn die einmonatige Frist zur Kündigung des ursprünglichen Vertragsverhältnisses versäumt wird, die Kündigung aber zugleich auch vor Eintritt der automatischen Verlängerung ausgesprochen wird"* – Notwendigkeit der Auslegung der Kündigungserklärung: *Wais*, a.a.O., Rn 14.

[23] Dies liegt darin begründet – so *Brönneke/Föhlisch/Tonner/Buchmann/Panfili*, Das neue Schuldrecht, § 7 Rn 17 –, dass *„Verträge über die Lieferung zusammengehörig verkaufter Sachen"* keine Dauerschuldverhältnisse sind (sondern Leistungen, die ggf. über einen längeren Zeitraum in Teilleistungen, aber in ihrer Gesamtheit als Ganzes erbracht werden) und *„Versicherungsverträge"* auf eine lange Vertragslaufzeit angelegt sind, *„weshalb es dem Interesse beider Vertragsparteien entspricht, diese nicht den Einschränkungen des § 309 Nr. 9 BGB (...) zu unterziehen"*.

II. Verbot nachteiliger Abtretungsklauseln

14 § 308 Nr. 9 BGB statuiert als weitere verbraucherschützende Maßnahme – und als Ausschluss vom Grundsatz des § 399 BGB (respektive § 354a HGB) – ein Klauselverbot für Abtretungsausschlüsse (Verbot benachteiligender Abtretungsklauseln [Abtretungsausschlüsse]) in AGB. Nach § 308 Nr. 9 Halbsatz 1 BGB ist eine Bestimmung unwirksam, durch diie die Abtretung für einen auf Geld gerichteten Anspruch des Vertragspartners gegen den Verwender ausgeschlossen wird (Buchst. a) – im Übrigen statuiert Buchst. b die Unwirksamkeit von Klauseln, durch die die Abtretung für ein „anderes Recht", das der Vertragspartner gegen den Verwender hat, ausgeschlossen wird, wenn beim Verwender ein schützenswertes Interesse an dem Abtretungsausschluss nicht besteht oder aber berechtigte Belange des Vertragspartners an der Abtretbarkeit des Rechts ein schützenswertes Interesse des Verwenders am Abtretungsausschluss überwiegen.

15 Das Verbot von Abtretungsausschlüssen in AGB ist umfassend.[24] Es erfasst sowohl Vereinbarungen,

- durch die die Anspruchsabtretung gänzlich ausgeschlossen wird als auch solche,
- durch die die Abtretung nur beschränkt wird (z.B. die Abtretung nur an eine bestimmte Person zugelassen bzw. an bestimmte Voraussetzungen gebunden oder von der Zustimmung des Schuldners abhängig gemacht wird).[25]

Beachte

Der BGH[26] hat in ständiger Judikatur[27] auch bisher schon ein Abtretungsverbot am Maßstab des § 307 Abs. 1 Satz 1 BGB (allgemeine Inhaltskontrolle) gemessen und dann als unwirksam angesehen, wenn der Verwender am Ausschluss der Abtretbarkeit kein berechtigtes Interesse hat oder berechtigte Belange des Vertragspartners an der Abtretbarkeit des Rechts das schützenswerte Interesse des Verwenders an dem Abtretungsausschluss überwiegen. Dies greift die Neuregelung – da bisher eine *„generelle und einschränkungslose Abtretbarkeit von Zahlungsansprüchen ... nicht vorbehaltlos gewährleistet (war)"*[28] – auf.

---

24 *Wais*, NJW 2021, 2833 Rn 4.
25 RegE, BT-Drucks 19/26915, S. 30.
26 BGH, Urt. v. 17.4.2012 – XR 76/11, NJW 2012, 2107.
27 BGH, Urt. v. 13.7.2006 – VII ZR 51/05, NJW 2006, 3486 Rn 14; BGH, Urt. v. 15.6.1989 – VII ZR 205/88, BGHZ 108, 52, 54 f. = NJW 1989, 2750; BGH, Urt. v. 29.6.1989 – VII ZR 211/88, BGHZ 108, 172, 174 f. = NJW 1990, 109; BGH, Urt. v. 30.10.1990 – IX ZR 239/89, NJW-RR 1991, 763; BGH, Urt. v. 25.11.1999 – VII ZR 22/99, NJW-RR 2000, 1220.
28 *Wais*, NJW 2021, 2833, 2834 Rn 5.

16 Die Neuregelung des § 308 Nr. 9 Halbsatz 1 Buchst. a BGB soll u.a. gewährleisten, *„dass Verbraucher die auf Geld gerichteten Ansprüche, die sie gegen Unternehmer erworben haben, zum Zweck der Durchsetzung an Dritte abtreten können"*[29] – insbesondere zum Zweck der Rechtedurchsetzung die Dienste registrierter Inkassounternehmen (die auf Geldleistung gerichtete Ansprüche der Verbraucher außergerichtlich und gerichtlich für diese weiter geltend machen sollen) in Anspruch nehmen können. Dies hat vor allem für entsprechende Abtretungsklauseln in Flugreiseverträgen (an Digitalplattformen zur Geltendmachung von Verspätungen nach Maßgabe der EU-FluggastrechteVO) Relevanz.

Hintergrund der Regelung ist also, dass entsprechende Abtretungsverbote in AGB einer „Verbraucherrechtedurchsetzung im Wege der Inkassozession durch Legal-Tech-Unternehmen entgegenstehen"[30] und damit einer privaten Rechtsdurchsetzung nicht förderlich sind.[31] Vgl. insoweit auch am 10.6.2021 verabschiedete Gesetz zur Förderung verbrauchergerechter Angebote im Rechtsdienstleistungsmarkt[32] (als weiterer Mosaikstein einer „mehrgliedrigen Gesetzesinitiative").[33] Die Regelung will Legal Tech-Geschäftsmodelle erleichtern, *„die darauf beruhen, dass sich Unternehmen massenhaft Ansprüche von Verbrauchern abtreten lassen und, gegen eine i.d.R. prozentuale Erfolgsbeteiligung einziehen."*[34]

17 Nach § 308 Nr. 9 Halbsatz 1 BGB ist in AGB insbesondere eine Bestimmung unwirksam, durch die die Abtretbarkeit ausgeschlossen wird

- für einen auf Geld gerichteten Anspruch des Vertragspartners gegen den Verwender (Buchst. a) oder
- für ein anderes Recht, das der Vertragspartner gegen den Verwender hat (Buchst. b), wenn (d.h. mit der zusätzlichen Einschränkung)
  - beim Verwender ein schützenswertes Interesse an dem Abtretungsausschluss nicht besteht (Buchst. aa) oder (alternativ)
  - berechtigte Belange des Vertragspartners an der Abtretbarkeit des Rechts das schützenswerte Interesse des Verwenders an dem Abtretungsausschluss überwiegen (Buchst. bb).

> *Beachte*
> Buchst. a sieht – im Unterschied zu Buchst. b – für Geld keine Interessenabwägung vor.

---

29 RegE, BT-Drucks 19/26915, S. 30.
30 *Wais*, NJW 2021, 2833 Rn 2.
31 *Wais*, NJW 2021, 2833, 2834 Rn 5.
32 BGBl I, S. 3415; dazu *Ring*, NJ 2021, Heft 12.
33 *Wais*, NJW 2021, 2833, 2834 Rn 5.
34 HK-BGB/*Schulte-Nölke*, § 308 Rn 28.

18 *Buchmann/Panfili*[35] weisen darauf hin, dass es sich – trotz der Differenzierung in Buchst. a und b – bei § 308 Nr. 9 BGB um ein „Klauselverbot mit Wertungsmöglichkeit" handelt, weshalb es abzuwarten sei, *„ob die Gerichte im (...) Beispiel eines zweckgebundenen Förderdarlehens i.S.d. § 491 Abs. 2 S. 2 Nr. 5 BGB, bei dem die Förderbank als AGB-Verwenderin ein berechtigtes Interesse an der Vereinbarung eines Abtretungsverbots haben könnte] oder in ähnlich gelagerten Fällen von dieser Wertungsmöglichkeit Gebrauch machen und in Ausnahmefällen eine Interessenabwägung auch i.R.d. § 308 Nr. 9 lit. a BGB vornehmen werden".*[36]

19 *Wais*[37] stellt den Zweck des Klauselverbots in § 308 Nr. 9 Halbsatz 1 Buchst. b BGB – das nur eine ausdrückliche Wiedergabe der Judikatur des BGH darstellt[38] – in Frage („unklar"):[39] *„Man wird daher annehmen dürfen, dass es bei § 308 Nr. 9 Buchst. b BGB vor allem darum geht, der betreffenden höchstrichterlichen Rechtsprechung durch ausdrückliche Normierung den Rücken zu stärken und Zweifel an ihr zu beseitigen".*[40]

> *Beachte*
> § 310 Abs. 1 Satz 1 BGB nimmt Verträge im Bereich b2b aus dem Anwendungsbereich des neuen Klauselverbots aus.[41]

20 § 308 Nr. 9 Halbsatz 1 Buchst. a BGB gilt nach Halbsatz 2 nicht für **Ansprüche aus Zahlungsdiensterahmenverträgen** i.S.v. § 675f Abs. 2 BGB[42] (z.B. Verträge über Girokonten), womit bestehende Abtretungsausschlüsse in den AGB der Banken und Sparkassen, die girovertragliche Ansprüche des Kontoinhabers auf das sog. „Tagesguthaben" oder den nach Rechnungsabschluss folgenden Anspruch auf den anerkannten Saldo von Girokonten betreffen, beibehalten werden können.[43] Entsprechende Abtretungsverbote schützen nämlich Verbraucher vor einer unbedachten Abtretung künftiger Ansprüche, die sie

---

35 Brönneke/Föhlisch/Tonner/*Buchmann/Panfili*, Das neue Schuldrecht, § 7 Rn 10.
36 Brönneke/Föhlisch/Tonner/*Buchmann/Panfili*, Das neue Schuldrecht, § 7 Rn 10.
37 *Wais*, NJW 2021, 2833, 2834 Rn 6.
38 RegE, BT-Drucks 19/26915, S. 21.
39 *Wais*, NJW 2021, 2833, 2834 Rn 6: Es sei *„zu berücksichtigen, dass regelmäßig gar nicht der Verbraucher mit dem Einwand der Unwirksamkeit der Abtretung konfrontiert sein wird, sondern der Zessionar, der die erworbenen Ansprüche gegenüber dem Verwender, der der Schuldner ist, geltend macht".*
40 *Wais*, NJW 2021, 2833, 2834 Rn 6.
41 RegE, BT-Drucks 19/26915, S. 30.
42 Durch einen Zahlungsdiensterahmenvertrag wird der Zahlungsdienstleister verpflichtet, für den Zahlungsdienstenutzer einzelne und aufeinander folgende Zahlungsvorgänge auszuführen sowie ggf. für den Zahlungsdienstenutzer ein auf dessen Namen oder die Namen mehrerer Zahlungsdienstenutzer lautendes Zahlungskonto zu führen. Ein Zahlungsdiensterahmenvertrag kann auch Bestandteil eines sonstigen Vertrags sein oder mit einem anderen Vertrag zusammenhängen.
43 RegE, BT-Drucks 19/30840, S. 14.

zur Bestreitung ihres Lebensunterhalts benötigen[44] (Sicherung des Existenzminimums[45] – voller Guthabenschutz des Kunden[46]).

Wais[47] kritisiert diese Regelung als *„fragwürdig, weil zum einen Banken keineswegs verpflichtet sind, zum Schutz des Verbrauchers ein Abtretungsverbot in ihre AGB aufzunehmen, und zum anderen die Maßnahmen* (auch in Bezug auf Versorgungsleistungen, nachstehende Rdn 22) *deutlich umfangreicher sind, als zum Schutz des Verbrauchers erforderlich".*[48] Vielmehr wäre es naheliegender gewesen, *„diese Schutzlücke durch eine gesetzliche Regelung zu schließen, die unmittelbar (wie bspw. § 400 BGB) die Abtretung betrifft und ggf. weitere Grenzen zieht".*[49]

Gleichermaßen sind die Buchst. a und b auch für **Ansprüche auf Versorgungsleistungen** i.S.d. BetrAVG (die nicht nur auf Geld, sondern auch auf andere Leistungen gerichtet sein können) ausgeschlossen. Die Regelung zielt darauf ab, dass in arbeitsrechtlichen Vereinbarungen über die betriebliche Altersversorgung im Interesse eines Schutzes der Beschäftigten vor einer unüberlegten Abtretung ihrer Versorgungsansprüche (die sie zur Alterssicherung und nicht als Sicherheit für Kredite und andere Geschäfte einsetzen sollen) auch künftig Abtretungsausschlüsse formularmäßig vorgesehen werden können.[50] Damit können Arbeitnehmer entsprechende Ansprüche nicht an Dritte abtreten – und damit *„ihre Altersversorgung ... zum Gegenstand einer Kreditsicherheit machen"*[51] (Entzug der freien Verfügbarkeit über Ansprüche, *„die erst in der Zukunft Auswirkungen entfalten, so dass für einen Verbraucher im Zeitpunkt der Verfügung die Konsequenzen aus einer Abtretung noch nicht abschätzbar sind"*).[52]

C. Kündigungsbutton

Mit der Neuregelung des § 312k BGB (neu eingefügt ins BGB **ab dem 1.7.2022**), der gleichermaßen nicht auf europarechtlichen Vorgaben basiert, wird die Verpflichtung zur Vorhaltung eines Kündigungsbuttons für Dauerschuldverhältnisse – die im elektro-

---

44 RegE, BT-Drucks 19/30840, S. 14.
45 Brönneke/Föhlisch/Tonner/*Buchmann/Panfili*, Das neue Schuldrecht, § 7 Rn 7 – aufgrund eines i.d.R. formularmäßig vereinbarten Abtretungsverbots zwischen Kreditinstitut und Inhaber des Girokontos (§ 399 BGB) bleibt damit auch weiter ein Zugriff des Gläubigers auf Kundengelder ausgeschlossen – *„und zwar ungeachtet der Frage, ob es sich bei dem Konto um ein sog. Pfändungsschutzkonto i.S.d. § 850k ZPO handelt".*
46 Brönneke/Föhlisch/Tonner/*Buchmann/Panfili*, Das neue Schuldrecht, § 7 Rn 8: *„Ansonsten hätte auch § 400 BGB keinen ausreichenden Schutz geboten".*
47 *Wais*, NJW 2021, 2833, 2834 Rn 7 f.
48 *Wais*, NJW 2021, 2833, 2834 Rn 7.
49 *Wais*, NJW 2021, 2833, 2834 Rn 8.
50 RegE, BT-Drucks 19/30840, S. 14.
51 Brönneke/Föhlisch/Tonner/*Buchmann/Panfili*, Das neue Schuldrecht, § 7 Rn 9.
52 Brönneke/Föhlisch/Tonner/*Buchmann/Panfili*, Das neue Schuldrecht, § 7 Rn 9.

nischen Geschäftsverkehr geschlossen wurden – statuiert, wodurch bestehende Defizite im Verbraucherschutz reduziert werden sollen.[53] Die **Kündigung von im elektronischen Geschäftsverkehr geschlossener Verträge** stellt Verbraucher nämlich – bedingt durch eine komplizierte Gestaltung der Webseite des Unternehmers – sehr oft vor besondere Herausforderungen.[54]

„Die neue Vorschrift wird für Verbraucher erhebliche Vereinfachungen bei der Kündigung von Verträgen mit sich bringen, stellt Unternehmer hingegen – insbesondere auf Plattformen – vor nicht unerhebliche Herausforderungen".[55]

24 Über eine Webseite abgeschlossene Verträge sind dann über eine leicht zugängliche und auf der Internetseite des Vertragspartners gut sichtbar platzierte sog. **Kündigungsschaltfläche** online (mit wenigen Mausklicks) einfach kündbar, womit *„der Gesetzgeber auf die neuen Herausforderungen reagiert, die die Digitalisierung für den Verbraucherschutz darstellt".*[56]

> *Beachte*
>
> § 312k BGB ist nicht Gegenstück zu den Regelungen in § 312j Abs. 3 BGB (Bereitstellung von Bestellbuttons[57] – der auf Art. 8 Abs. 2 VerbrRRL beruht): § 312j BGB schafft klare, übersichtliche und verständliche Vertragsabschlusssituationen,[58] wohingegen § 312k BGB auf das Phänomen reagiert, *„dass Unternehmer alles tun, dem Verbraucher den Vertragsschluss online und mit geringstem Aufwand zu ermöglichen, zugleich aber jegliche Möglichkeit der Online-Kündigung zu unterbinden versuchen".*[59] Auch im Kontext mit der Anpassung der VerbrRRL durch die ModRL ist es zu keiner europarechtlichen Vorgabe zum Erlass einer Regelung zur Kündigung von Dauerschuldverhältnissen gekommen, weswegen der deutsche Gesetzgeber bei der Ausgestaltung von § 312k BGB frei war.[60]

> *Hinweis*
>
> Erst ab dem 1.7.2022 wird mit seinem Inkrafttreten § 312k BGB die Kündigung von Verbraucherverträgen im elektronischen Geschäftsverkehr regeln.
> Ab dem 28.5.2022 wird folgender Paragraph – der die allgemeinen Informationspflichten für Betreiber von Online-Marktplätzen normiert – als § 312k BGB neu

---

53 Brönneke/Föhlisch/Tonner/*Buchmann/Panfili*, Das neue Schuldrecht, § 7 Rn 26.
54 RegE, BT-Drucks 19/30840, S. 15.
55 Brönneke/Föhlisch/Tonner/*Buchmann/Panfili*, Das neue Schuldrecht, § 7 Rn 28.
56 *Wais*, NJW 2021, 2833 Rn 1.
57 *Wais*, NJW 2021, 2833, 2836 Rn 17.
58 RegE, BT-Drucks 17/7745, S. 6.
59 *Wais*, NJW 2021, 2833, 2836 Rn 17 unter Bezugnahme auf RegE, BT-Drucks 19/30840, S. 15.
60 Brönneke/Föhlisch/Tonner/*Buchmann/Panfili*, Das neue Schuldrecht, § 7 Rn 29.

eingefügt, der ab dem 1.7.2022 in § 312l BGB umnummeriert wird (so Art. 1 Nr. 6 Gesetz über faire Verbraucherverträge):

§ 312l BGB Allgemeine Informationspflichten für Betreiber von Online-Marktplätzen

„(1) Der Betreiber eines Online-Marktplatzes ist verpflichtet, den Verbraucher nach Maßgabe des Art. 246d des Einführungsgesetzes zum Bürgerlichen Gesetzbuche zu informieren.

(2) Absatz 1 gilt nicht, soweit auf dem Online-Marktplatz Verträge über Finanzdienstleistungen angeboten werden.

(3) Online-Marktplatz ist ein Dienst, der es Verbrauchern ermöglicht, durch die Verwendung von Software, die vom Unternehmer oder im Namen des Unternehmers betrieben wird, einschließlich einer Website, eines Teils einer Website oder einer Anwendung, Fernabsatzverträge mit anderen Unternehmern oder Verbrauchern abzuschließen.

(4) Betreiber eines Online-Marktplatzes ist der Unternehmer, der einen Online-Marktplatz für Verbraucher zur Verfügung stellt."

Siehe dazu auch nachstehend unter § 2 Rdn 3 ff.

§ 312k BGB (Abweichende Vereinbarungen und Beweislastumkehr) – wird mit redaktionellen Folgeänderungen infolge der Umsetzung der ModRL – zu § 312l BGB und ab dem 1.7.2022 zu § 312m BGB (so Art. 1 Nr. 6 Gesetz über faire Verbraucherverträge).

I. Sachlicher Anwendungsbereich

Wird es Verbrauchern (§ 13 BGB) ermöglicht, über

- eine vom Unternehmer (§ 14 BGB) selbst (**eigene Webseite**) oder
- eine von einem Dritten ([**fremde**] **Vermittlungsplattform** [sofern sich dies für große Plattformen rechnet][61] – insoweit ist die Interessenlage des Verbrauchers identisch)[62]

25

betriebene Webseite einen Vertrag im elektronischen Geschäftsverkehr i.S.v. § 312i Abs. 1 Satz 1 BGB[63] zu schließen (nach dem ausdrücklichen Wortlaut nicht „geschlossen

---

61 *Wais*, NJW 2021, 2833, 2837 Rn 24.
62 In diesem Fall muss der Unternehmer den Dritten zur Umsetzung der Vorgaben des § 312k BGB vertraglich verpflichten: RegE, BT-Drucks 19/30840, S. 16 – was für den Unternehmer *„auf eine dauerhafte vertragliche Beziehung zum Betreiber der Plattform hinaus (läuft), auf der schließlich für die gesamte Laufzeit des Verbrauchervertrags ein Kündigungsbutton bereitzuhalten ist"*.
63 Der Unternehmer muss sich zum Zwecke des Abschlusses eines Vertrags über die Lieferung von Waren oder über die Erbringung von Dienstleistungen der Telemedien i.S.v. § 1 Abs. 1 TMG (z.B. des Internets oder des Teleshoppings) bedienen.

wurde"),⁶⁴ der auf die Begründung eines **Dauerschuldverhältnisses** gerichtet ist („Kostenfalle"), das den Unternehmer zu einer **entgeltlichen Leistung** (i.S. einer Gegenleistung in Geld)⁶⁵ verpflichtet, so treffen den Unternehmer die Pflichten nach der Neuregelung des § 312k BGB über die **Kündigung von Verbraucherverträgen i.S.v. § 310 Abs. 3 BGB im elektronischen Geschäftsverkehr.**

26 Verbrauchervertrag ist nach § 310 Abs. 3 BGB ein Vertrag zwischen einem Unternehmer (§ 14 BGB) als Anbieter und einem Verbraucher (§ 13 BGB) als Leistungsempfänger – wobei die zu erbringende Leistung sowohl eine Warenlieferung als auch die Erbringung einer Dienstleistung sein kann. Beim Verbrauchervertrag muss es sich um ein Dauerschuldverhältnis handeln. Folglich wird ein Werkvertrag (§ 631 BGB), der nach § 648 BGB bis zur Vollendung des Werks durch den Besteller auch jederzeit wieder gekündigt werden kann, von § 312k BGB nicht erfasst.⁶⁶

> *Beachte*
> Wenn auf der Webseite eines Anbieters keine Möglichkeit eines Vertragsschlusses angeboten wird, *„müssen nach Sinn und Zweck der Regelung auch kein Kündigungsbutton (vorgehalten werden), wie etwa bei Domains, auf denen nur Informationen zur Verfügung gestellt werden (Social Media Plattformen etc.)"*.⁶⁷

27 Der Begriff „Vertrag im elektronischen Geschäftsverkehr" ist nach Maßgabe der **Legaldefinition** in § 312i Abs. 1 Satz 1 BGB auszulegen⁶⁸ als ein Vertrag über die Lieferung von Waren oder die Erbringung von Dienstleistungen, bei dem sich der Unternehmer zum Vertragsabschluss Telemedien (i.S.v. § 1 TMG) bedient.⁶⁹ Allerdings ist § 312k Abs. 1 BGB aufgrund des Entgeltlichkeitserfordernisses enger als § 312i Abs. 1 BGB,

---

64 Brönneke/Föhlisch/Tonner/*Buchmann/Panfili*, Das neue Schuldrecht, § 7 Rn 33: mit der Folge, dass es für die Verpflichtung zur Bereitstellung eines Kündigungsbuttons keine Rolle spielt, ob der Vertrag tatsächlich im elektronischen Geschäftsverkehr geschlossen wurde ist oder nicht, so RegE, BT-Drucks 19/30840, S. 16 f. *„Schließt ein Verbraucher bspw. einen Mobilfunkvertrag in einem Ladengeschäft eines Anbieters ab, muss er die Möglichkeit haben, den Vertrag über den Kündigungsbutton auf der Webseite dieses Anbieters wieder zu kündigen, wenn dieser Anbieter den Vertragsschluss grundsätzlich auch im elektronischen Geschäftsverkehr ermöglicht"*: Brönneke/Föhlisch/Tonner/*Buchmann/Panfili*, a.a.O.
65 Brönneke/Föhlisch/Tonner/*Buchmann/Panfili*, Das neue Schuldrecht, § 7 Rn 32: weshalb kostenlose Probe-Abonnements und kostenlose Mitgliedschaften („*etwas anderes muss nach Sinn und Zweck der Vorschrift gelten, wenn sie sich nach Ablauf einer kostenlosen Testphase in ein entgeltliches Abonnement bzw. eine Mitgliedschaft wandeln*") ebenso wenig erfasst werden wie eine „Hingabe von Daten": so Brönneke, VuR 2014, 3; *Buchmann*, K&R 2014, 369.
66 RegE, BT-Drucks 19/30840, S. 16.
67 Brönneke/Föhlisch/Tonner/*Buchmann/Panfili*, Das neue Schuldrecht, § 7 Rn 30.
68 RegE, BT-Drucks 19/30840, S. 15.
69 Näher NK-BGB/*Ring*, § 312i Rn 2.

der keine Entgeltlichkeit voraussetzt[70] – womit bspw. die Mitgliedschaft in einem sozialen Netzwerk „wohl nicht erfasst" wird.[71]

Es kommt nicht darauf an, ob der konkret in Rede stehende zu kündigende Vertrag selbst im elektronischen Geschäftsverkehr geschlossen worden ist: Ausreichend – aber auch erforderlich – ist, dass der Unternehmer im Zeitpunkt der Vertragskündigung „dessen Abschluss" im elektronischen Geschäftsverkehr ermöglicht.[72] „Dessen Abschluss" scheint auf ein strenges Kongruenzerfordernis zwischen dem zu kündigenden und dem online zu schließenden Vertrags hinzuweisen – „ *allerdings vermag es kaum zu überzeugen, dass bspw. für einen Vertrag, der eine Zusatzleistung vorsieht, die in dieser Form nicht mehr angeboten wird, allein aus diesem Grund keine Pflicht zur Ermöglichung der Online-Kündigung besteht*",[73] weshalb es erforderlich ist, dass der Unternehmer aktuell „*den Online-Abschluss von Verträgen anbietet und der zu kündigende Vertrag in diesen Geschäftsbereich fällt*".[74]

28

Dies gilt gemäß § 312k Abs. 1 Satz 2 BGB nicht (**Anwendungsausnahmen – Regel-Ausnahme-Aufbau**)[75]

29

- für Verträge, für deren Kündigung gesetzlich ausschließlich eine strengere Form als die Textform (§ 126b BGB) vorgesehen ist (Nr. 1 – strengeres gesetzliches Formerfordernis, z.B. eine Kündigung in Schriftform [§ 126 BGB] oder in elektronischer Form [§ 126a BGB] vorausgesetzt wird), und (nicht kumulativ, da es sich um zwei unterschiedliche Sachverhalte handelt)[76]
- in Bezug auf Webseiten, die Finanzdienstleistungen i.S.v. § 312 Abs. 5 Satz 1 BGB betreffen, oder für Verträge über Finanzdienstleistungen (Nr. 2 – in Anknüpfung an § 312j Abs. 5 Satz 2 BGB).[77]

---

70 *Wais*, NJW 2021, 2833, 2836 Rn 18 unter Bezugnahme auf BeckOK-BGB/*Busch*, § 312i Rn 6; MüKo-BGB/*Wendehorst*, § 312i Rn 40.
71 *Wais*, NJW 2021, 2833, 2836 Rn 18.
72 RegE, BT-Drucks 19/30480, S. 16.
73 *Wais*, NJW 2021, 2833, 2837 Rn 24.
74 *Wais*, NJW 2021, 2833, 2837 Rn 24.
75 Brönneke/Föhlisch/Tonner/*Buchmann/Panfili*, Das neue Schuldrecht, § 7 Rn 34.
76 Brönneke/Föhlisch/Tonner/*Buchmann/Panfili*, Das neue Schuldrecht, § 7 Rn 34.
77 „*Die Pflichten aus den Absätzen 1 und 2 gelten weder für Webseiten, die Finanzdienstleistungen betreffen, noch für Verträge über Finanzdienstleistungen,*" – RegE, BT-Drucks 19/30840, S. 16. Kritisch *Wais*, NJW 2021, 2833, 2837 Rn 25: „*Bei genauem Hinsehen ist allerdings unklar, ob hierdurch eine Harmonisierung erreicht wird*" – wobei die Rückausnahme in § 312k Abs. 1 Nr. 2 BGB zu dem fragwürdigen Ergebnis führe, dass für Finanzdienstleistungsverträge gemäß § 312j Abs. 3 und 4 BGB ein Bestellbutton einzurichten sei – hingegen kein Kündigungsbutton. Die Regelung sei auch unionsrechtlich nicht geboten, da weder die FinanzdienstleistungsRL 2002/65/EG noch die VerbraucherkreditRL Kündigungsregelungen vorgeben.

II. Pflicht zum Vorhalten einer Kündigungsschaltfläche

30 Der Unternehmer hat nach § 312k Abs. 2 Satz 1 BGB nach einem zweistufigen Verfahren sicherzustellen, dass der Verbraucher auf der Webseite eine Erklärung zur **ordentlichen oder außerordentlichen Kündigung** (nicht jedoch einer gewährleistungsrechtlichen Kündigung[78] oder einer anderen Beendigung des Dauerschuldverhältnisses) eines auf der Webseite abgeschlossenen Vertrags über eine **Kündigungsschaltfläche** abgeben kann (unabhängig davon, ob dem Verbraucher überhaupt ein Kündigungsrecht zusteht):[79] Einrichtung einer leicht zugänglichen und eindeutig zu erkennenden Kündigungsoberfläche auf derselben Webseite, die zu einer ebenso eindeutig bezeichneten Bestätigungsschaltfläche führt, über deren Betätigung der Verbraucher jederzeit die ordentliche oder außerordentliche Kündigung erklären kann – wobei bestimmte Angaben zur Identifizierung des Verbrauchers und des Vertrags[80] zu machen sind.[81]

> *Beachte*
> § 312k BGB verbietet es dem Unternehmer jedoch nicht, *„dem Kunden (auch) für alle Formen der Kündigung den Kündigungsbutton zur Verfügung zu stellen".*[82]

31 Problematisch ist, wie sich die vom Gesetzgeber intendierte Beschränkung des Kündigungsbuttons in der Praxis auswirkt, wenn der Unternehmer davon Gebrauch macht – etwa dadurch, dass er den Verbraucher in einem Freitextfeld erklären lässt, dass die mittels Kündigungsbutton abgegebene Erklärung bspw. eine gewährleistungsrechtliche Kündigung oder ein verbraucherrechtlicher Widerruf ist.[83] *Wais*[84] erachtet eine entsprechende spezifische Widmung der Empfangsvorrichtung – mittelbar ableitbar aus § 312k BGB – als zulässig, *„weil andernfalls faktisch die Pflicht zur Bereitstellung eines für alle rechtsgeschäftlichen Erklärungen zur Verfügung stehenden Buttons die Konsequenz wäre".*[85]

---

[78] RegE, BT-Drucks 19/30480, S. 16: Kündigung im Zusammenhang mit Mängelgewährleistung (arg.: Hier soll der Verbraucher durch das Vorenthalten einer aufwendungsarmen Kündigungsmöglichkeit vor unüberlegten Handlungen – in Bezug auf die Rechtsfolgen der Kündigung – bewahrt werden, RegE, a.a.O.).
[79] RegE, BT-Drucks 19/30840, S. 17.
[80] Die Beschränkung der Informationen auf diese beiden Punkte (ohne umfangreiche Datenabfrage) soll eine einfache und unkomplizierte Kündigung durch den Verbraucher ermöglichen: RegE, BT-Drucks 19/30840, S. 17.
[81] *Wais*, NJW 2021, 2833, 2838 Rn 26.
[82] *Wais*, NJW 2021, 2833, 2836 Rn 19 – *„bspw. weil er sich von der Bündelung eine Vereinfachung der internen Verwaltungsabläufe verspricht".*
[83] *Wais*, NJW 2021, 2833, 2837 Rn 20.
[84] *Wais*, NJW 2021, 2833, 2837 Rn 21.
[85] *Wais*, NJW 2021, 2833, 2837 Rn 21: *„Wichtig ist aber, dass für den Verbraucher erkennbar sein muss, für welche Kündigungen der Kündigungsbutton zur Verfügung steht. Um Streit zu vermeiden, ist der Unternehmer hier gut beraten, die Möglichkeit anderer rechtsgeschäftlicher Erklärungen bereits durch die Gestaltung der Eingabefelder zu unterbinden, indem er in einem Drop-down-Menü allein die Wahl zwischen ordentlicher und außerordentlicher Kündigung (...) lässt und dem Verbraucher keine Freitextfelder zur Verfügung stellt".*

Die Kündigungsschaltfläche muss nach § 312k Abs. 2 Satz 2 BGB **gut lesbar** (mithin dürfen auf dem Button keine weiteren grafischen Elemente verwendet werden, und auch die Schrift muss sich hinreichend, bspw. durch farbliche Hervorhebung, von der Farbe des Buttons abheben)[86] mit nichts anderem als den Wörtern „**Verträge hier kündigen**" oder einer entsprechenden eindeutigen Formulierung („*dass mit der Betätigung der Kündigungsschaltfläche die Kündigung noch nicht erklärt, sondern nur der Kündigungsvorgang eingeleitet wird*")[87] beschriftet sein.

32

Die Kündigungsschaltfläche muss den Verbraucher nach § 312k Abs. 2 Satz 3 BGB unmittelbar (d.h. ohne weitere Handlungen)[88] zu einer weiteren Seite,[89] der **Bestätigungsseite (Bestätigungsschaltfläche)**, führen, die

33

- den Verbraucher auffordert und ihm ermöglicht Angaben zu machen (Nr. 1 – Beschränkung auf die Angabe notwendiger Daten, um Kündigungen einfach und unkompliziert zu gewährleisten und dem Grundsatz der Datensparsamkeit nach Art. 5 Abs. 1 Buchst. c der VO (EU) 2016/679 zu genügen)[90]
  - zur **Art der Kündigung** sowie im Falle der außerordentlichen Kündigung zum **Kündigungsgrund** (Buchst. a),
  - zu seiner eindeutigen **Identifizierbarkeit** (Buchst. b – Name und Anschrift),
  - zur eindeutigen **Bezeichnung des Vertrags** (Buchst. c – Abfrage von Kunden-,[91] Bestell- oder Vertragsnummer),
  - zum **Zeitpunkt**, zu dem die Kündigung das Vertragsverhältnis beenden soll (Buchst. d – „schnellstmöglich" oder ähnlich, nächstmöglicher Zeitpunkt oder ein konkretes Datum, was jedoch keine Pflichtangabe sein darf, vgl. auch § 312k Abs. 5 BGB mit der Klarstellung, dass die Kündigung im Zweifel zum frühestmöglichen Zeitpunkt erfolgt, wenn der Verbraucher bei seiner Kündigung keinen Zeitpunkt angibt, zu dem das Vertragsverhältnis enden soll),[92]

---

[86] Brönneke/Föhlisch/Tonner/*Buchmann/Panfili*, Das neue Schuldrecht, § 7 Rn 44: „*Auch ein entsprechender Link wird – sofern farblich deutlich vom Hintergrund abgesetzt – diesen Voraussetzungen gerecht*".
[87] RegE, BT-Drucks 19/30840, S. 18.
[88] Brönneke/Föhlisch/Tonner/*Buchmann/Panfili*, Das neue Schuldrecht, § 7 Rn 41: ohne Zwischenschaltung weiterer Unterseiten oder Popups bzw. sonstiger Einblendungen „*(z.B. mit der Frage, ob der Verbraucher wirklich kündigen oder nicht doch von einem besonderen Angebot profitieren möchte), die der Verbraucher zunächst wegklicken oder weiterklicken muss, um sodann seine Daten eingeben zu können*".
[89] HK-BGB/*Schulte-Nölke*, § 312k Rn 2.
[90] RegE, BT-Drucks 19/30840, S. 17.
[91] Die aber nur genügen soll, wenn der Kunde nur einen einzigen Vertrag beim Anbieter hat: Brönneke/Föhlisch/Tonner/*Buchmann/Panfili*, Das neue Schuldrecht, § 7 Rn 47.
[92] RegE, BT-Drucks 19/30840, S. 18.

– zur schnellen elektronischen Übermittlung der **Kündigungsbestätigung** an ihn (Buchst. e – i.d.R. die E-Mail-Adresse)[93] und
- eine **Bestätigungsschaltfläche** enthält, über deren Betätigung der Verbraucher die Kündigungserklärung abgeben kann und die gut lesbar mit nichts anderem als den Wörtern „**jetzt kündigen**" oder mit einer entsprechenden eindeutigen Formulierung beschriftet ist (Nr. 2).

34 Die beiden Schaltflächen und die Bestätigungsseite müssen nach § 312k Abs. 2 Satz 4 BGB
- **ständig verfügbar** (i.S. eines grundsätzlich jederzeitig möglichen Zugriffs ohne Anmeldung auf der Webseite – in Anlehnung an § 5 Abs. 1 TMG) sowie
- **unmittelbar und leicht**[94] **zugänglich** sein (in Anlehnung an Art. 246d § 2 Abs. 2 EGBGB neu – dazu nachstehend § 2 Rdn 35), d.h. ein vorgeschaltetes Anmeldeerfordernis auf der Webseite ist unzulässig.[95]

35 Eine vorübergehende **technisch bedingte Unerreichbarkeit wegen Wartungsarbeiten**[96] (Downtimes in geringem Umfang) ist unschädlich.[97] „*Andererseits sollte es dem Unternehmer verwehrt sein, durch Einrichtung eines besonders fehleranfälligen und wartungsintensiven Systems die Möglichkeit der Online-Kündigung faktisch einzuschränken*".[98]

„*Unmittelbar zugänglich*" bedeutet, „*dass die Kündigungsschaltfläche von jeder Unterseite einer Website aus erreichbar sein muss*" (z.B. im Footer einer Website, hier können Parallelen zum Impressum gezogen werden).[99]

---

93 Zur Frage, welche Konsequenzen die Nichtangabe einer E-Mail-Adresse hat: Brönneke/Föhlisch/Tonner/*Buchmann/Panfili, Das neue Schuldrecht*, § 7 Rn 49.

94 „Leicht" soll nur einen räumlichen, hingegen keinen inhaltlichen Charakter haben: Brönneke/Föhlisch/Tonner/*Buchmann/Panfili, Das neue Schuldrecht*, § 7 Rn 40.

95 RegE, BT-Drucks 19/30840, S. 17.

96 *Wais*, NJW 2021, 2833, 2838 Rn 27: Wartungsarbeiten sollten zu Zeitpunkten durchzuführen sein, „*zu denen erfahrungsgemäß die wenigsten Kündigungen getätigt werden. Kommt es wiederholt zu Wartungsarbeiten während der Stoßzeiten, sollte der Unternehmer darzulegen und zu beweisen haben, dass ein unmittelbares Einschreiten erforderlich war*".

97 RegE, BT-Drucks 19/30840, S. 17 unter Bezugnahme auf OLG Düsseldorf, Urt. v. 4.11.2008 – I-20 U 125/08, MMR 2009, 266.

98 *Wais*, NJW 2021, 2833, 2838 Rn 27.

99 Brönneke/Föhlisch/Tonner/*Buchmann/Panfili, Das neue Schuldrecht*, § 7 Rn 40.

III. Möglichkeit des Verbrauchers, seine Kündigungserklärung zu speichern

Der Verbraucher muss gemäß § 312k Abs. 3 BGB seine durch das Betätigen der Betätigungsschaltfläche abgegebene 36
- Kündigungserklärung mit
- dem Datum und der Uhrzeit der Abgabe

auf einem **dauerhaften Datenträger** so speichern können (vgl. § 126b Satz 2 Nr. 1 BGB, Sicherstellung einer Dokumentationsmöglichkeit),[100] dass erkennbar ist, dass die Kündigungserklärung durch das Betätigen der Betätigungsschaltfläche abgegeben wurde (z.b. herunterladbare Zusammenfassung mit Datum und Uhrzeit).[101] *„Dies verlangt zwingend, dass sich nach Anklicken des Kündigungsbuttons eine weitere Seite öffnet, die die Kündigungserklärung (… alle Angaben nach § 312k Abs. 2 S. 4 Nr. 1 BGB) und die weiteren verlangten Informationen (Sie haben Ihre Kündigungserklärung zum oben genannten Vertragsverhältnis am [Datum] um [Uhrzeit] an uns abgeschickt) beinhaltet"*.[102]

Nach h.M.[103] kommt dem Erfordernis, dass die Erklärung „abgegeben" sein muss, neben der Betätigung der Bestätigungsfläche keine eigenständige Bedeutung zu.[104]

---

100 *„Auch ein (für einen Laien nicht so einfach zu erstellender) Screenshot ist eine Möglichkeit der Speicherung"*: Brönneke/Föhlisch/Tonner/*Buchmann/Panfili*, Das neue Schuldrecht, § 7 Rn 52, die aber anmerken, dass dies *„im wohlverstandenen Interesse des Verbraucherschutzes … nicht genügen [darf]. Vielmehr muss ein Button oder entsprechender Link vorgehalten werden, mit dessen Anklicken der Verbraucher ein dadurch erstelltes Dokument in einem gängigen und unveränderbaren Format (z.B. als PDF, jpg oder tiff-Datei) auf seinem Computer abspeichern kann oder ihm durch ein entsprechendes Symbol der Ausdruck ermöglicht wird"*.
101 RegE, BT-Drucks 19/30840, S. 18.
102 Brönneke/Föhlisch/Tonner/*Buchmann/Panfili*, Das neue Schuldrecht, § 7 Rn 52.
103 Wonach die Abgabe elektronischer Willenserklärungen im Zeitpunkt der Eingabe des Sendebefehls zu sehen ist: So RegE, BT-Drucks 14/4987, S. 11. Vgl. auch MüKo-BGB/*Einsele*, § 130 Rn 14; HK-BGB/*Dörner*, § 130 Rn 2.
104 A.A. *Wais*, NJW 2021, 2833, 2838 Rn 29: *„Überzeugender wäre es allerdings, für die Abgabe nicht allein die Eingabe des Sendebefehls ausreichen zu lassen, sondern zusätzlich zu fordern, dass die gesendeten Informationen zumindest das heimische Netzwerk verlassen haben müssen"* – dann müsste auch die „Abgabe" nach § 312k Abs. 4 Satz 2 BGB gesondert geprüft werden, *„weil sie nicht per se bedeutungsgleich mit der Betätigung der Schaltfläche ist"* (*Wais*, a.a.O.).

IV. Verpflichtung des Unternehmers zur Bestätigung der Kündigungserklärung und Vermutungsregelung betreffend den Zugang

37 Der Unternehmer hat dem Verbraucher nach Art. 312k Abs. 4 Satz 1 BGB den
- Inhalt sowie
- Datum und Uhrzeit des Zugangs der Kündigungserklärung sowie
- den Zeitpunkt, zu dem das Vertragsverhältnis durch die Kündigung beendet werden soll (Beendigungszeitpunkt),

(d.h. die gleichen Informationen wie die nach § 312k Abs. 3 BGB speicherbare Kündigungsbestätigung) sofort auf elektronischem Wege in Textform (§ 126b BGB) zu bestätigen. Dies ist selbstverständlich auf automatisiertem Wege möglich.[105]

„Hat der Verbraucher entgegen § 312k Abs. 2 S. 4 Nr. 1 lit. e BGB keine E-Mail-Adresse oder eine andere Möglichkeit zur schnellen elektronischen Übermittlung angegeben, muss die Bestätigung auf dem Postweg an die nach § 312k Abs. 2 S. 4 Nr. 1 lit. b BGB angegebene Adresse erfolgen".[106]

38 Zwecks Erleichterung der Beweisführung wird nach § 312k Abs. 4 Satz 2 BGB **widerlegbar vermutet**,[107] dass eine durch das Betätigen der Bestätigungsschaltfläche abgegebene Kündigungserklärung dem Unternehmer unmittelbar nach ihrer Abgabe auch zugegangen ist. Damit verbleibt allerdings die Beweislast, dass der Verbraucher den Kündigungsbutton tatsächlich angeklickt hat (was im Fall technischer Schwierigkeiten beim Unternehmer oder einer gezielten Zugangsverhinderung durch den Unternehmer Relevanz erlangen kann), nach allgemeinen Beweisregeln beim Verbraucher.[108]

V. Zweifelsregelung betreffend Kündigungszeitpunkt

39 Wenn der Verbraucher bei der Abgabe der Kündigungserklärung keinen Zeitpunkt angibt, zu dem die Kündigung das Vertragsverhältnis beenden soll (keine Angaben zum Kündigungszeitpunkt), wirkt die Kündigung gemäß § 312k Abs. 5 BGB „im Zweifel" **zum frühestmöglichen Zeitpunkt.**

Wais[109] weist darauf hin, dass keine Regelung des Falles getroffen worden ist, was für die **Behandlung von Kündigungen mit abgelaufener Kündigungsfrist** gilt. Hier soll nach

---

105 RegE, BT-Drucks 19/30840, S. 18.
106 Brönneke/Föhlisch/Tonner/*Buchmann/Panfili*, Das neue Schuldrecht, § 7 Rn 53 – z.B. Zeugenbeweis oder Videoaufnahme des Anklickens.
107 RegE, BT-Drucks 19/30840, S. 18.
108 Brönneke/Föhlisch/Tonner/*Buchmann/Panfili*, Das neue Schuldrecht, § 7 Rn 55.
109 *Wais*, NJW 2021, 2833, 2838 Rn 30.

allgemeinen Grundsätzen (tatsächlicher oder mutmaßlicher Parteiwille im Einzelfall) zu beurteilen sein, ob diese als Kündigung zum nächstmöglichen Zeitpunkt umzudeuten ist[110] – wobei, so *Wais*,[111] nicht auszuschließen sei, *„dass der ohne Kündigungsbutton bestehende ‚normale' Kündigungsaufwand mitunter eine so starke faktische Bindung erzeugt, dass sich für manch einen Anbieter – insbesondere von geringwertigen Leistungen – der bewusste Verzicht rechnen wird".*

VI. Uneingeschränktes Kündigungsrecht des Verbrauchers bei Pflichtverletzung des Unternehmers

Werden die erforderlichen Schaltflächen und die Bestätigungsseite nicht entsprechend § 312k Abs. 1 und 2 BGB zur Verfügung gestellt (wofür der Verbraucher nach den allgemeinen Beweisregeln darlegungs- und beweispflichtig ist,[112] – was allerdings § 312l Abs. 2 BGB widerspricht, der dem Unternehmer die Beweislast für das Einhalten der nach § 312k BGB (aktuell nach § 312k Abs. 2 BGB) geregelten Informationspflichten auferlegt),[113] kann ein Verbraucher nach der **Sanktionsnorm** des § 312k Abs. 6 Satz 1 BGB als Rechtsfolge des Verstoßes einen Vertrag, für dessen Kündigung die Schaltflächen und die Bestätigungsseite zur Verfügung zu stellen sind, **jederzeit** und **ohne Einhaltung einer Kündigungsfrist (d.h. fristlos)** kündigen. *„Eine mildere Form der Sanktion erscheint nicht in gleicher Weise wirksam".*[114] **40**

Hingegen konnte sich der Gesetzgeber nicht – vergleichbar § 312j Abs. 4 BGB – zu einer ex tunc-Nichtigkeit entschließen. *„Ob die die Sanktion der jederzeitigen Kündbarkeit tatsächlich groß genug ist, um den Unternehmer zur Gesetzestreue anzuhalten, hängt letztlich vor allem von der Effektivität des Kündigungsbuttons ab".*[115]

Die **Möglichkeit des Verbrauchers zur außerordentlichen Kündigung** bleibt gemäß § 312k Abs. 6 Satz 2 BGB hiervon unberührt.

---

110 *Wais*, NJW 2021, 2833, 2838 Rn 31.
111 *Wais*, NJW 2021, 2833, 2838 Rn 31.
112 RegE, BT-Drucks 19/30840, S. 18.
113 Brönneke/Föhlisch/Tonner/*Buchmann/Panfili*, Das neue Schuldrecht, § 7 Rn 58: *„Dazu gehört aber auch die Gestaltung einer Webseite nach den Vorgaben von § 312k Abs. 1 und Abs. 2 BGB, da es sich faktisch um eine Informationspflicht handelt".*
114 RegE, BT-Drucks 19/30840, S. 18.
115 *Wais*, NJW 2021, 2833, 2838 Rn 31.

D. Bewertung

41 Die Neuregelungen infolge des Gesetzes über faire Verbraucherverträge im BGB sind rundweg zu begrüßen:
- Mit dem Verbot von Abtretungsausschlüssen in AGB stützt der Gesetzgeber die Verbraucherposition bei der Durchsetzung von Forderungen durch moderne Rechts-(Inkasso-) Dienstleister und verbessert damit letztlich deren Zugang zum Recht bei der Geltendmachung von Verbraucherrechten (z.b. Flugverspätungen, überhöhten Mietzahlungen).
- Im Verbraucherinteresse ist gleichermaßen die Neuregelung der automatischen Vertragsverlängerung von Dauerschuldverträgen mit korrespondierender Kündigungsmöglichkeit solcher Vertragsverhältnisse.
- Der Kündigungsbutton geht in die gleiche Richtung: Ebenso wie Verträge im digitalen Zeitalter einfach per Buttonklick auf der Webseite abgeschlossen werden können, muss es dem Verbraucher möglich sein, den Vertrag durch Buttonklick auch wieder ordentlich oder außerordentlich zu kündigen.

§ 2 Gesetz zur Umsetzung der Modernisierungsrichtlinie

Literatur:
Weiden, Neue Informationspflichten im Namen des Verbraucherschutzes, NJW 2021, 2233.

A. Einführung

Mit dem Gesetz zur Änderung des BGB und des EGBGB in Umsetzung der EU-Richtlinie zur besseren Durchsetzung und Modernisierung der Verbraucherschutzvorschriften der Union und zur Aufhebung der VO zur Übertragung der Zuständigkeit für die Durchführung der VO (EG) Nr. 2006/2004 auf das Bundesministerium der Justiz und für Verbraucherschutz[1] ist der Gesetzgeber einer rechtzeitigen Umsetzung der Richtlinie (EU) 2019/2161[2] (Modernisierungsrichtlinie – fortan: ModRL) nachgekommen. Die ModRL war bis zum 28.11.2021 umzusetzen. Nach Art. 6 Abs. 1 tritt das Umsetzungsgesetz am **28.5.2022** in Kraft.

Die ModRL ändert außer der Verbraucherrechterichtlinie 2011/83/EU auch die
- RL 93/13/EWG,
- RL 2005/29/EG und die
- RL 98/6/EG.

Am **Tag nach der Verkündigung** tritt nach Art. 6 Abs. 2 die Verordnung zur Übertragung der Zuständigkeit für die Durchführung der Verordnung (EG) vom 17.12.2018[3] außer Kraft.

Mit dem Änderungsgesetz kommt es zur Aufnahme einer Reihe neuer Verbraucherschutzvorschriften (**Transparenz- und Informationspflichten**) ins BGB und EGBGB. Zugleich hat der Gesetzgeber durch das Umsetzungsgesetz auch die **Folgen des Widerrufsrechts** in den §§ 356, 357 und 357a BGB neu strukturiert.

---

1 BGBl I, S. 3483, veröffentlicht am 17.8.2021.
2 Richtlinie (EU) 2019/2161 des Europäischen Parlaments und des Rates vom 27.11.2019 zur Änderung der Richtlinie 93/13/EWG des Rates und der Richtlinie 98/6/EG und 2011/83/EU des Europäischen Parlaments und des Rates zur besseren Umsetzung und Modernisierung der Verbraucherschutzvorschriften der Union (Modernisierungsrichtlinie). Vgl. auch den „New Deal" der Europäischen Kommission aus dem Jahre 2018 mit elementaren Änderungen der Verbraucherrechterichtlinie.
3 BGBl I, S. 2659.

§ 2 Gesetz zur Umsetzung der Modernisierungsrichtlinie

> *Materialien:*
> - RegE, BT-Drucks. 19/27655 vom 17.3.2021
> - Beschlussempfehlung und Bericht des Ausschusses für Recht und Verbraucherschutz, BT-Drucks. 19/30527 vom 9.6.2021

B. Änderungen im BGB

I. Allgemeine Informationspflichten für Betreiber von Online-Marktplätzen

3 *Beachte*
Erst ab dem 1.7.2022 wird mit seinem Inkrafttreten die Regelung des § 312k BGB (vorstehend: § 1 Rdn 24) die Kündigung von Verbraucherverträgen im elektronischen Geschäftsverkehr regeln. Ab dem 28.5.2022 gilt dann eine Regelung mit gleicher Denomination – nämlich § 312k BGB –, die die allgemeinen Informationspflichten für Betreiber von Online-Marktplätzen normiert, der ab dem 1.7.2022 dann zu § 312l BGB umnummeriert wird (so Art. 1 Nr. 6 Gesetz über faire Verbraucherverträge).
§ 312k BGB (Abweichende Vereinbarungen und Beweislastumkehr) wird ab dem 28.5.2022 zunächst mit redaktionellen Folgeänderungen infolge der Umsetzung der ModRL zu § 312l BGB und ab dem 1.7.2022 zu § 312m BGB (so Art. 1 Nr. 6 Gesetz über faire Verbraucherverträge).

Vorbemerkung: Fortan sollen die Allgemeinen Informationspflichten für Betreiber von Online-Marktplätzen – in Abgrenzung zur Kündigung von im elektronischen Geschäftsverkehr geschlossenen Verträgen durch den Kündigungsbutton in § 312k BGB (vorstehend: § 1 Rdn 23 ff.) – bereits als **§ 312l BGB** firmieren.

4 Der Betreiber eines Online-Marktplatzes (vgl. zur Legaldefinition § 312l Abs. 4 BGB, nachstehende Rdn 6) ist nach § 312l Abs. 1 BGB mit dem Ziel der Schaffung einer größeren Transparenz für Verbraucher, die auf Online-Marktplätzen Verträge schließen, und einer Erhöhung des Verbraucherschutzniveaus[4] verpflichtet, den Verbraucher nach Maßgabe des Art. 246d EGBGB (**allgemeine Informationspflicht für Betreiber von Online-Marktplätzen**, dazu nachstehende Rdn 30 ff.) zu informieren.

---

[4] RegE, BT-Drucks. 19/27655, S. 28 – zu Nr. 6.

B. Änderungen im BGB § 2

Beachte
Ein Verstoß des Betreibers eines Online-Marktplatzes gegen die Informationspflichten nach § 312l Abs. 1 BGB i.V.m. Art. 246d EGBGB kann eine nach Maßgabe von Art. 246e § 1 Abs. 2 Nr. 10 EGBGB verbotene **Verletzung von Verbraucherinteressen im Zusammenhang mit Verbraucherverträgen** begründen, die gemäß Art. 246e § 2 Abs. 2 EGBGB **bußgeldbewehrt** (bis zu 50.000 EUR bzw. 4 % des Vorjahresumsatzes) ist.

1. Ausnahme: Finanzdienstleistungen

Dies – d.h. die in § 312l Abs. 1 BGB statuierte Informationsverpflichtung – gilt gemäß § 312l Abs. 2 BGB nicht, soweit auf dem Online-Marktplatz Verträge über Finanzdienstleistungen i.S.v. § 312 Abs. 5 Satz 1 BGB[5] angeboten werden.[6] Der Gesetzgeber[7] erachtet dies als sachgerecht, da für spezifische Finanzdienstleistungen zum Teil eigene – d.h. von Art. 246 EGBGB abweichende – Informationspflichten in Umsetzung von vollharmoniertem Unionsrecht bestehen. 5

2. Legaldefinition Online-Marktplatz

Online-Marktplatz ist nach der Legaldefinition des § 312l Abs. 3 BGB in Umsetzung von Art. 4 Nr. 1 Buchst. e ModRL (wie sie als Nr. 17 in Art. 2 VerbrRRL aufgenommen wurde) – ähnlich wie in der VO (EU) Nr. 542/2013 über Online-Streitbeilegung in Verbraucherstreitangelegenheiten und der Richtlinie (EU) 2016/1148 des Europäischen Parlaments und des Rates vom 6.7.2016 über Maßnahmen zur Gewährleistung eines hohen Sicherheitsniveaus von Netz- und Informationssystemen in der Union (jedoch zur Erfassung neuer Technologien aktualisiert und technologisch neutraler formuliert) – ein Dienst, der es Verbrauchern ermöglicht, durch die Verwendung von 6

- Software, die vom Unternehmer oder im Namen des Unternehmers betrieben wird, einschließlich
- einer Webseite,
- eines Teils einer Webseite oder
- einer Anwendung,

---

5 Finanzdienstleistungen sind nach der Legaldefinition des § 312 Abs. 5 Satz 1 BGB „*Bankdienstleistungen im Zusammenhang mit einer Kreditgewährung, Versicherung, Altersversorgung von Einzelpersonen, Geldanlage oder Zahlung*". Dazu näher NK-BGB/*Ring*, § 312 Rn 74 ff.
6 Dazu näher HK-BGB/*Schulte-Nölke*, § 312l Rn 1.
7 RegE, BT-Drucks. 19/27655, S. 28 – zu Nr. 6: „*Die Ausnahme widerspricht auch nicht den Vorgaben des neu eingefügten Artikels 6a der Verbraucherrechterichtlinie, da die Verbraucherrechterichtlinie gemäß Artikel 3 Absatz 3 Buchstabe d nicht für Verträge für Finanzdienstleistungen gilt*".

41

§ 2 Gesetz zur Umsetzung der Modernisierungsrichtlinie

Fernabsatzverträge i.S.v. § 312c Abs. 1 BGB[8] – ohne Rücksicht auf die Art des Fernabsatzvertrages (mit Ausnahme solcher über Finanzdienstleistungen, vgl. § 312l Abs. 2 i.V.m. § 312 Abs. 5 Satz 1 BGB, vorstehende Rdn 5) – mit anderen Unternehmern oder Verbrauchern abzuschließen. Es handelt sich dabei also um einen virtuellen Marktraum, „*in dem Verbraucher mit Unternehmern oder mit anderen Verbrauchern unter Verwendung einer Software des Betreibers des Online-Marktplatzes Fernabsatzverträge abschließen können*".[9]

Online-Marktplätze sind bspw. eBay oder Amazon.[10]

> **Beachte**
> Der Abschluss von Verträgen über den Verkauf beweglicher Sachen auf Plattformen im Internet aufgrund von
> - Zwangsvollstreckungsmaßnahmen oder
> - anderer gerichtlicher Maßnahmen
>
> führt allerdings nicht zur Annahme eines Online-Marktplatzes, da die Anbieter im Rahmen hoheitlicher Befugnisse handeln, wodurch kein Abschluss eines Fernabsatzvertrages in Rede steht.[11]

7 Die Begrifflichkeiten „Online-Marktplatz" und „Software" sollen wegen des Transparenzziels „möglichst weit verstanden" werden.[12]

Ein Online-Marktplatz liegt sowohl dann vor, wenn
- eigene Produkte des Marktplatz-Betreibers als auch
- Produkte anderer Unternehmer

angeboten werden.[13]

> **Beachte**
> Im Falle einer **Vermittlungs- oder Vergleichswebseite**[14] liegt ein Online-Marktplatz dann vor, wenn der Fernabsatzvertrag (§ 312c Abs. 1 BGB) durch die Verwendung der

---

8 Fernabsatzverträge sind Verträge, bei denen der Unternehmer oder eine in seinem Namen oder Auftrag handelnde Person und der Verbraucher für die Vertragsverhandlungen und den Vertragsschluss ausschließlich Fernkommunikationsmittel (i.S.v. § 312c Abs. 2 BGB) verwenden, es sei denn, dass der Vertragsschluss nicht im Rahmen eines für den Fernabsatz organisierten Vertriebs- oder Dienstleistungssystems erfolgt. Dazu näher NK-BGB/*Ring*, § 312c Rn 4 ff.
9 RegE, BT-Drucks. 19/27655, S. 28 – zu Nr. 6.
10 Brönneke/Föhlisch/Tonner/*Schmidt*, Das neue Schuldrecht, § 1 Rn 4.
11 RegE, BT-Drucks. 19/27655, S. 29 – zu Nr. 6.
12 RegE, BT-Drucks. 19/27655, S. 28 – zu Nr. 6.
13 RegE, BT-Drucks. 19/27655, S. 28 – zu Nr. 6.
14 Dazu Brönneke/Föhlisch/Tonner/*Schmidt*, Das neue Schuldrecht, § 1 Rn 4.

Software des Betreibers des Online-Marktplatzes geschlossen wird – bspw. auf einem Teil der Webseite des Marktplatz-Betreibers.[15]

3. Betreiber eines Online-Marktplatzes

„Betreiber" eines Online-Marktplatzes ist gemäß der Legaldefinition des § 312l Abs. 4 BGB (nach den Vorgaben der durch Art. 4 Nr. 1 Buchst. e in Art. 2 VerbrRRL eingefügten Nr. 18) der Unternehmer, der einen Online-Marktplatz für Verbraucher zur Verfügung stellt.

8

4. Exkurs: Weitere Änderungen bereits bestehender Transparenzpflichten

Das Verbraucherschutzrecht des BGB und des EGBGB hat weitere leichte (Folge-)Änderungen in Bezug auf bereits bestehende Informationspflichten erfahren:[16]

9

- § 312a BGB (Allgemeine Pflichten und Grundsätze bei Verbraucherverträgen) i.V.m. Art. 246 EGBGB: zwei weitere Informationspflichten, die digitale Produkte betreffen;
- § 312d Abs. 1 BGB (vorvertragliche Informationspflichten bei außerhalb von Geschäftsräumen geschlossenen Verträgen und bei Fernabsatzverträgen) i.V.m. Art. 246a EGBGB: völlige Neufassung der Informationspflichten;
- § 312d Abs. 2 BGB (nachvertragliche Informationspflichten bei außerhalb von Geschäftsräumen geschlossenen Verträgen und bei Fernabsatzverträgen) i.V.m. Art. 246b EGBGB: Anpassung von Verweisen;
- § 312j Abs. 2 BGB (besondere Pflichten im elektronischen Geschäftsverkehr gegenüber Verbrauchern) i.V.m. Art. 246a § 1 Abs. 1 Satz 1 Nrn. 1, 4, 5, 11 und 12 EGBGB.

II. Erlöschen des Widerrufsrechts

Das Widerrufsrecht im Fernabsatz und für außerhalb von Geschäftsräumen geschlossenen Verträgen beträgt nach § 355 Abs. 2 Satz 1 BGB 14 Tage – wobei die Widerrufsfrist weiterhin nicht beginnt, bevor der Unternehmer den Verbraucher entsprechend den Anforderungen des Art. 246a § 1 Abs. 2 Satz 1 Nr. 1 EGBGB unterrichtet hat (so § 356 Abs. 3 BGB).

10

---

[15] RegE, BT-Drucks. 19/27655, S. 29 – zu Nr. 6.
[16] Näher Brönneke/Föhlisch/Tonner/*Schmidt*, Das neue Schuldrecht, § 1 Rn 7.

§ 2 Gesetz zur Umsetzung der Modernisierungsrichtlinie

Das Widerrufsrecht erlischt nach der neu gefassten Regelung des § 356 Abs. 4 BGB[17] (in Umsetzung von Art. 16 Abs. 1 Buchst. a VerbrRRL i.d.F. von Art. 4 Nr. 12 Buchst. a Ziff. i ModRL – wobei zugleich, im Hinblick auf Reparaturverträge, von der durch Art. 4 Nr. 12 Buchst. b Unterabs. 2 ModRL als Art. 16 Abs. 3 in der VerbrRRL eingefügten Öffnungsklausel Gebrauch gemacht wird) bei **Verträgen über die Erbringung von Dienstleistungen** auch unter folgenden Voraussetzungen:

- bei einem Vertrag, der den Verbraucher **nicht zur Zahlung eines Preises** verpflichtet, wenn der Unternehmer die **Dienstleistung vollständig erbracht** hat (Nr. 1 – *„Handelt es sich bei der Dienstleistung um ein Dauerschuldverhältnis, so z.B. bei einem Vertrag mit einem E-Mail-Provider oder einem ‚Sozialen Netzwerk', ist die Dienstleistung nicht bereits bei erstmaliger Bereitstellung vollständig erbracht")*[18] – wobei die Neuregelung zu einem zeitlich unbegrenzten Widerrufsrecht bei Verträgen über Dienstleistungen führt, *„für die der Verbraucher dem Unternehmer als Gegenleistung personenbezogene Daten bereitstellt oder deren Bereitstellung zusagt".*[19]
- bei einem Vertrag, der den Verbraucher zur **Zahlung eines Preises** verpflichtet, mit der **vollständigen Erbringung der Dienstleistung** (Nr. 2 – vormals galten die weiteren Voraussetzungen von § 356 Abs. 4 Satz 1 BGB alt), wenn der Verbraucher vor der Erbringung
  - **ausdrücklich zugestimmt** hat, dass der Unternehmer mit der Erbringung der Dienstleistung vor Ablauf der Widerrufsfrist beginnt (Buchst. a),
  - bei einem außerhalb von Geschäftsräumen geschlossenen Vertrag (i.S.v. § 312b BGB) die Zustimmung nach Buchst. a auf einem dauerhaften Datenträger (i.S.v. § 126b BGB) übermittelt hat (Buchst. b[20] – vormals § 356 Abs. 4 Satz 2 BGB alt) und
  - seine **Kenntnis** davon **bestätigt** hat, dass sein Widerrufsrecht mit vollständiger Vertragserfüllung durch den Unternehmer erlischt (Buchst. c – wobei die Zustimmung auch in Form von Allgemeinen Geschäftsbedingungen erfolgen kann, sofern diese nur nach Form und Inhalt dem *„nicht verzichtbaren Ausdrücklichkeitserfordernis für die Zustimmung genügen").*[21]

In Bezug auf Nr. 2 gilt, dass die in § 357a Abs. 2 BGB normierte Rechtsfolge des Widerrufs (wonach der Verbraucher die bereits erbrachte Leistung nicht zahlen muss,

---

17 Dazu näher HK-BGB/*Fries/Schulze*, § 356 Rn 8 f.
18 RegE, BT-Drucks. 19/27655, S. 29 – zu Nr. 8.
19 Brönneke/Föhlisch/Tonner/*Föhlisch*, Das neue Schuldrecht, § 3 Rn 13.
20 In Umsetzung von Art. 7 VerbrRRL – wobei der Vorschlag, *„dass für das Erlöschen des Widerrufsrechts bei Dienstleistungsverträgen des Verbrauchers, dass er bei vollständiger Vertragserfüllung durch den Unternehmer sein Widerrufsrecht verliert, nicht mehr erforderlich sein soll, ... nicht in die Modernisierungsrichtlinie übernommen [wurde]"*: Brönneke/Föhlisch/Tonner/*Föhlisch*, Das neue Schuldrecht, § 3 Rn 16.
21 Brönneke/Föhlisch/Tonner/*Föhlisch*, Das neue Schuldrecht, § 3 Rn 14 unter Bezugnahme auf AG Neumarkt, Urt. v. 9.4.2015 – 1 C 28/15, BeckRS 2015, 776.

wenn der Unternehmer die erforderliche Zustimmung zu dem Ausführungsbeginn nicht eingeholt hat) nur greift, wenn es sich um eine Dienstleistung handelt, für die der Verbraucher vertraglich zur Zahlung verpflichtet ist[22] – d.h. nur bei Dienstleistungen, für die der Verbraucher vertraglich zur Zahlung verpflichtet ist, kann die in § 357a Abs. 2 BGB geregelte Rechtsfolge greifen.
Nr. 1 und 2 (als Neufassung von § 356 Abs. 4 Satz 1 BGB alt) setzen Art. 16 Abs. 1 Buchst. a VerbrRRL i.d.F. von Art. 4 Nr. 12 Buchst. a Ziffer 1 ModRL um: Erweiterung des Anwendungsbereichs der VerbrRRL auf Verträge über die Bereitstellung digitaler Dienstleistungen, in denen der Verbraucher sich nicht zur Zahlung eines Preises, sondern dem Unternehmer personenbezogene Daten zur Verfügung stellt.[23]

- bei einem Vertrag, bei dem der Verbraucher den Unternehmer **ausdrücklich aufgefordert** hat, ihn aufzusuchen, **um Reparaturarbeiten auszuführen** (wobei sowohl Arbeiten erfasst werden, derentwegen der Verbraucher den Unternehmer zum konkreten Besuch aufgefordert hat als auch alle weiteren Arbeiten, die der Unternehmer anlässlich eines solchen Besuchs aufgrund neuer vertraglicher Vereinbarungen vornimmt – einschließlich Verträgen, die unter die Bereichsausnahme des § 312g Abs. 2 Nr. 11 Halbsatz 2 BGB fallen, d.h. bei denen Grund für den Besuch des Unternehmers zunächst andere dringend vorzunehmende Reparatur- und Instandhaltungsarbeiten waren),[24] mit der vollständigen Erbringung der Dienstleistung, wenn der Verbraucher die in Nr. 2 Buchst. a und b genannten Voraussetzungen (ausdrückliche Zustimmung, dass der Unternehmer mit der Erbringung der Dienstleistung vor Ablauf der Widerrufsfrist beginnt und diese Zustimmung auf einem dauerhaften Datenträger übermittelt wurde) erfüllt hat (Nr. 3, wodurch von der durch Art. 4 Nr. 12 Buchs. b Unterabsatz ModRL als Art. 16 Abs. 3 in die VerbrRRL eingefügte **Öffnungsklausel** Gebrauch gemacht wird – durch die Ausnahmeregelung sollen die bei einem solchen Vertragsschluss zu berücksichtigenden formalen Anforderungen der tatsächlichen Abschlusssituation angepasst werden).[25]

Damit setzt der Verlust des Widerrufsrechts des Verbrauchers nicht mehr voraus, *„dass der Verbraucher seine Kenntnis davon bestätigt hat, dass sein Widerrufsrecht bei vollständiger Vertragserfüllung durch den Unternehmer erlischt."*.[26]

Dies gilt sowohl für Arbeiten, zu deren Ausführung
– der Verbraucher den Unternehmer zu einem konkreten Besuch aufgefordert hat als auch für alle sonstigen Arbeiten,

---

22 RegE, BT-Drucks. 19/27655, S. 29 – zu Nr. 8.
23 RegE, BT-Drucks. 19/27655, S. 29 – zu Nr. 8.
24 RegE, BT-Drucks. 19/27655, S. 30 – zu Nr. 8.
25 RegE, BT-Drucks. 19/27655, S. 30 – zu Nr. 8.
26 Brönneke/Föhlisch/Tonner/*Föhlisch*, Das neue Schuldrecht, § 3 Rn 17.

- die der Unternehmer anlässlich eines entsprechenden Besuchs aufgrund neuer vertraglicher Vereinbarungen übernimmt[27] – gleichermaßen sollen Verträge erfasst werden,
- „*die unter die Rückausnahme des § 312g Abs. 2 Nr. 11 2. Hs. BGB fallen, das heißt, bei denen Grund für den Besuch des Unternehmers zunächst andere dringend vorzunehmende Reparatur- und Instandhaltungsarbeiten waren*".[28]

Die im Kontext eines solchen Vertragsabschlusses zu berücksichtigenden formalen Anforderungen der tatsächlichen Abschlusssituation sollen angepasst werden[29]

- bei einem **Vertrag über die Erbringung von Finanzdienstleistungen**, wenn der Vertrag von beiden Seiten auf ausdrücklichen Wunsch des Verbrauchers vollständig erfüllt ist, bevor der Verbraucher sein Widerrufsrecht ausübt (Nr. 4 – in Übernahme der in § 356 Abs. 4 Satz 3 BGB alt getroffenen Regelung und in Umsetzung von Art. 6 Abs. 3 Buchst. c RL 2002/65/EG),

III. Vorzeitiges Erlöschen des Widerrufsrechts bei digitalen Inhalten

11 Art. 16 Abs. 1 Buchst. m VerbrRRL n.F. eröffnet die Möglichkeit eines vorzeitigen Erlöschens des Widerrufsrechts bei Verträgen über digitale Inhalte bei einer Beschränkung auf Verträge, mit denen sich der Verbraucher zu einer Zahlung verpflichtet. Das **Widerrufsrecht über die Bereitstellung digitaler Inhalte ist ausgeschlossen**, wenn

- die Vertragserfüllung begonnen hat,
- sofern der Vertrag den Verbraucher zur Zahlung verpflichtet und wenn
- der Verbraucher dem Beginn der Vertragserfüllung während der Widerrufsfrist ausdrücklich zugestimmt und
- er seine Kenntnis bestätigt, dass er hierdurch sein Widerrufsrecht verliert.

Diese Bestätigung muss der Unternehmer

- bei außerhalb von Geschäftsräumen geschlossenen Verträgen in der Form des Art. 7 Abs. 2 VerbrRRL und bei
- Fernabsatzverträgen in der Form des Art. 7 Abs. 7 VVRL

zur Verfügung stellen.

12 In der Neuregelung erfolgt nunmehr eine Differenzierung danach, ob sich der Verbraucher in einem Vertrag über die Bereitstellung digitaler Inhalte, die nicht auf einem dauerhaften Datenträger (vgl. § 126 Buchst. b Satz 2 BGB) geliefert werden,

---

27 RegE, BT-Drucks. 19/27655, S. 30.
28 Brönneke/Föhlisch/Tonner/*Föhlisch*, Das neue Schuldrecht, § 3 Rn 18.
29 RegE, BT-Drucks. 19/27655, S. 30.

B. Änderungen im BGB § 2

- zur Zahlung eines Preises verpflichtet oder
- der Verbraucher dem Unternehmer die Bereitstellung personenbezogener Daten zusagt.

Das Widerrufsrecht erlischt bei **Verträgen über die Bereitstellung von nicht auf einen körperlichen Datenträger befindlichen digitalen Inhalten** nach § 356 Abs. 5 BGB (Voraussetzungen für das Erlöschen des Widerrufsrechts bei Verträgen über die Bereitstellung von nicht auf einem körperlichen Datenträger befindlichen digitalen Inhalten)[30] – in Umsetzung von Art. 16 Abs. 1 Buchst. m der VerbrRRL i.d.F. von Art. 4 Nr. 12 Buchst. a Ziffer ii ModRL (die nunmehr ausdrücklich unterscheidet, ob sich der Verbraucher in einem Vertrag über die Bereitstellung digitaler Inhalte, die nicht auf einem dauerhaften Datenträger geliefert werden, zur Zahlung eines Preises verpflichtet oder ob der Verbraucher dem Unternehmer die Bereitstellung personenbezogener Daten zusagt[31] und in Anlehnung an den Erlöschenstatbestand bei Verträgen über Dienstleistungen) – auch unter folgenden Voraussetzungen:

13

- bei einem Vertrag, der den Verbraucher **nicht zur Zahlung eines Preises** verpflichtet, wenn der Unternehmer mit der Vertragserfüllung begonnen hat (Nr. 1 – Beginn der Vertragsausführung),
- bei einem Vertrag, der den Verbraucher zur **Zahlung eines Preises** verpflichtet (Nr. 2) – bei **Vorliegen zusätzlicher Voraussetzungen**, da nur in diesen Fällen die sich aus § 357a Abs. 3 BGB ergebenden Sanktionen dafür ergeben, dass der Unternehmer den in § 356 Abs. 5 BGB normierten Voraussetzungen für das Erlöschen des Widerrufsrechts nicht nachkommt: er hat bei einem Widerruf keinen Wertersatzanspruch gegenüber dem Verbraucher[32] –, wenn (entsprechend der bisherigen Rechtslage)[33]
  – der Verbraucher **ausdrücklich zugestimmt** hat (was entsprechend § 7 Abs. 2 Nr. 2 bzw. Nr. 3 UWG zu bestimmen ist),[34] dass der Unternehmer mit der Vertragserfüllung vor Ablauf der Widerrufsfrist beginnt (Buchst. a),
  – der Verbraucher seine **Kenntnis davon bestätigt** hat, dass durch seine Zustimmung nach Buchst. a mit Beginn der Vertragserfüllung sein Widerrufsrecht erlischt (Buchst. b), und
  – der Unternehmer dem Verbraucher eine Bestätigung gemäß § 312f BGB zur Verfügung gestellt hat (Buchst. c – da die Neufassung des Art. 16 Abs. 1 Buchst. m VerbrRRL als Voraussetzung für das Erlöschen des Widerrufsrechts bei zahlungs-

---

30 Dazu näher HK-BGB/*Fries/Schulze*, § 356 R 10.
31 RegE, BT-Drucks. 19/27655, S. 30 – zu Nr. 8.
32 RegE, BT-Drucks. 19/27655, S. 30 – zu Nr. 8.
33 Brönneke/Föhlisch/Tonner/*Föhlisch*, Das neue Schuldrecht, § 3 Rn 23.
34 Brönneke/Föhlisch/Tonner/*Föhlisch*, Das neue Schuldrecht, § 3 Rn 23.

pflichtigen Verträgen auch vorsieht, dass der Unternehmer dem Verbraucher eine Bestätigung des Vertrags nach den Vorgaben des § 312f BGB zur Verfügung gestellt hat).

14 Die Informationen darüber und die vom Verbraucher eingeholte Erklärung über die Ausführung des Vertrags vor Ablauf der Widerrufsfrist dürfen – wie bisher – nicht mit der Erklärung über den Abschluss des Erwerbsvorgangs verknüpft werden, da „*eine solche Gestaltung ... sich wie eine Voreinstellung aus [wirkt], ohne dass der Verbraucher gesondert aktiv einwilligt*".[35]

> *Beachte*
> Es ist zulässig, den Download vor Ablauf der Widerrufsfrist von der Einverständniserklärung des Verbrauchers abhängig zu machen.[36]
> § 356 Abs. 5 BGB findet auch auf Abonnementverträge über digitale Inhalte Anwendung.[37]

IV. Verträge über die Bereitstellung digitaler Produkte

15 Für die Rechtsfolgen des Widerrufs von Verträgen über die Bereitstellung digitaler Produkte gilt nach § 357 Abs. 8 BGB – in Umsetzung der durch Art. 4 Nr. 10 ModRL an Art. 13 VerbrRRL angefügten Abs. 5–8[38] und des durch Art. 4 Nr. 11 ModRL in Art. 14 VerbrRRL eingefügten Abs. 2a – die Regelung des § 327p BGB[39] (der den Umgang mit digitalen Elementen nach Vertragsbeendigung regelt, dazu näher nachstehende Rdn 41) entsprechend.

> *Beachte*
> Die **Pflicht zur Rücksendung digitaler Inhalte auf körperlichen Datenträgern** folgt daneben aus § 357 Abs. 1 BGB[40] – was sich aus dem Verweis in Art. 2 Abs. 1 Nr. 3 VerbrRRL i.d.F. von Art. 4 Nr. 1 Buchst. a der ModRL auf die Definition von „Waren" nach der WKRL ergibt.[41] Wie sich nämlich aus dem Umkehrschluss aus Art. 3 Abs. 4 Buchst. a WKRL ergibt, sind körperliche Datenträger, die lediglich als

---

35 Brönneke/Föhlisch/Tonner/*Föhlisch*, Das neue Schuldrecht, § 3 Rn 23 unter Bezugnahme auf LG Köln, Urt. v. 21.5.2019 – 31 O 372/17, MMR 2020, 200.
36 Brönneke/Föhlisch/Tonner/*Föhlisch*, Das neue Schuldrecht, § 3 Rn 24.
37 Brönneke/Föhlisch/Tonner/*Föhlisch*, Das neue Schuldrecht, § 3 Rn 24 unter Bezugnahme auf OLG München, Urt. v. 30.6.2016 – 6 U 732/16, MMR 2017, 117.
38 Dazu näher HK-BGB/*Fries/Schulze*, § 357 Rn 8 f.
39 In Umsetzung von Art. 16 Abs. 3 bis 5 und Art. 17 Abs. 1 Digitale Inhalte-RL.
40 In Umsetzung der u.a. den die Rücksendung von Waren regelnden Art. 14 Abs. 1 Unterabs. 1 VerbrRRL.
41 RegE, BT-Drucks. 19/27655, S. 31 – zu Nr. 9.

Träger digitaler Inhalte dienen, vom Warenbegriff der WKRL erfasst, was sich auch aus Art. 3 Abs. 3 Digitale Inhalte-RL ergibt, welcher den Anwendungsbereich dieser Richtlinie ausdrücklich auf diese körperlichen Datenträger erstreckt.[42]

V. Wertersatz als Rechtsfolge des Widerrufs von außerhalb von Geschäftsräumen geschlossenen Verträgen und Fernabsatzverträgen mit Ausnahme von Verträgen über Finanzdienstleistungen

Die Regelungen in § 357 Abs. 7–9 BGB alt (über den bei Widerruf zu leistenden Wertersatz) werden in Anpassung an die Vorgaben der VerbrRRL in einen neuen **§ 357a BGB** verschoben.[43]

16

1. Wertersatzpflicht bei Waren

Beachte

Während § 357a Abs. 1 BGB den Wertersatz bei Waren regelt, normiert § 357a Abs. 2 und 3 BGB die Wertersatzpflicht bei Dienstleistungen und § 357a Abs. 1 BGB jenen bei digitalen Inhalten.

17

Der Verbraucher hat nach § 357a Abs. 1 BGB (vormals § 357 Abs. 7 BGB alt in Umsetzung von Art. 14 Abs. 2 VerbrRRL) Wertersatz für einen **Wertverlust der Ware** zu leisten, wenn

18

- der Wertverlust auf einen Umgang mit den Waren zurückzuführen ist, der zur Prüfung der Beschaffenheit, der Eigenschaften und der Funktionsweise der Waren nicht notwendig war (Nr. 1), und
- der Unternehmer den Verbraucher nach Art. 246a § 1 Abs. 2 Satz 1 Nr. 1 EGBGB über dessen Widerrufsrecht (unter Beachtung der formalen Anforderungen in Art. 246a § 4 EGBGB) unterrichtet hat[44] (wobei ein Hinweis entsprechend der Musterbelehrung ausreicht).[45]

---

42 RegE, BT-Drucks. 19/27655, S. 31 – zu Nr. 9.
43 RegE, BT-Drucks. 19/27655, S. 31 – zu Nr. 10.
44 Das Kriterium – Prüfungsmöglichkeiten in einem stationären Ladengeschäft – findet keine Erwähnung, obwohl Erwägungsgrund 47 der VerbrRRL darauf Bezug nimmt.
45 Brönneke/Föhlisch/Tonner/*Föhlisch*, Das neue Schuldrecht, § 3 Rn 60: Nicht erforderlich ist, dass der Unternehmer den Verbraucher konkret auf den möglichen Umfang der Wertersatzpflicht aufklärt bzw. darüber, wie der Verbraucher eine solche vermeiden kann.

§ 2 Gesetz zur Umsetzung der Modernisierungsrichtlinie

19 Die Regelung gelangt in **Fällen normaler Abnutzung infolge bestimmungsgemäßer Ingebrauchnahme zur** Anwendung.[46] Kein Wertersatz wird geschuldet, wenn die Verschlechterung ausschließlich auf eine „Prüfung" der Sache zurückzuführen ist.[47] Ein Verbraucher darf die Ware nur so in Augenschein nehmen und sie so behandeln, wie er dies auch in einem Geschäft tun dürfte.[48]

> *Beachte*
> Nach dem Wortlaut von Art. 14 Abs. 2 VerbrRRL gelangt § 357a Abs. 1 BGB auch auf eine Beschädigung der Ware infolge unsachgemäßer Handhabung zur Anwendung – nicht jedoch auf einen zufälligen Untergang der Ware.[49]

2. Wertersatzpflicht bei Dienstleistungen

20 Der Verbraucher hat nach § 357a Abs. 2 Satz 1 BGB **Wertersatz**[50] (vormals § 357 Abs. 8 BGB alt und in sprachlicher Anpassung an den Wortlaut von Art. 14 Abs. 4 Buchst. a VerbrRRL) **für die bis zum Widerruf erbrachten Dienstleistungen**, für die der Vertrag die Zahlung eines Preises vorsieht, oder die bis zum Widerruf erfolgte Lieferung von Wasser, Gas oder Strom in nicht bestimmten Mengen oder nicht begrenztem Volumen oder von Fernwärme zu leisten, wenn

- der Verbraucher von dem Unternehmer ausdrücklich verlangt hat, dass mit der Leistung vor Ablauf der Widerrufsfrist begonnen werden soll (Nr. 1),
- bei einem **außerhalb von Geschäftsräumen geschlossenen Vertrag** der Verbraucher das Verlangen nach Nr. 1 auf einem dauerhaften Datenträger übermittelt hat (Nr. 2) und
- der Unternehmer den Verbraucher nach Art. 246a § 1 Abs. 2 Satz 1 Nr. 1 und 3 EGBGB ordnungsgemäß informiert hat (Nr. 3).

> *Beachte*
> Die Wertersatzpflicht findet nur auf solche Verträge Anwendung, bei denen sich der Verbraucher zur Zahlung eines Preises verpflichtet (Art. 8 Abs. 8 VerbrRRL) – nicht

---

46 Brönneke/Föhlisch/Tonner/*Föhlisch*, Das neue Schuldrecht, § 3 Rn 54.
47 Brönneke/Föhlisch/Tonner/*Föhlisch*, Das neue Schuldrecht, § 3 Rn 55 unter Bezugnahme auf die Wasserbett-Entscheidung des BGH (Urt. v. 3.11.2010 – VIII ZR 337/09, NJW 2011, 56), wonach eine „Prüfung" auch ein „Ausprobieren" miteinschließt (unabhängig von der damit einhergehenden Werteinbuße), wenn eine Prüfung nur auf diesem Wege möglich ist – es sei denn, ein „Ausprobieren" ist im stationären Handel unüblich (BGH, Urt. v. 12.10.2016 – VIII ZR 55/17, BGHZ 212, 248 = NJW 2017, 878 – Katalysator (arg.: keine Begünstigung des Verbrauchers gegenüber einem Käufer im stationären Handel, vgl. auch Erwägungsgrund 47 der VerbrRRL: Brönneke/Föhlisch/Tonner/*Föhlisch*, Das neue Schuldrecht, § 3 Rn 56).
48 Brönneke/Föhlisch/Tonner/*Föhlisch*, Das neue Schuldrecht, § 3 Rn 57.
49 Brönneke/Föhlisch/Tonner/*Föhlisch*, Das neue Schuldrecht, § 3 Rn 59.
50 Dazu näher HK-BGB/*Fries/Schulze*, § 357a Rn 3.

aber auf solche, bei denen der Verbraucher die Bereitstellung personenbezogener Daten versprochen oder solche bereitgestellt hat.[51]

Bei der **Berechnung des Wertersatzes** ist gemäß § 357a Abs. 2 Satz 2 BGB der vereinbarte Gesamtpreis zugrunde zu legen. Ist der vereinbarte Gesamtpreis unverhältnismäßig hoch, so ist der Wertersatz nach § 357a Abs. 2 Satz 3 BGB auf der Grundlage des Marktwerts der erbrachten Leistung zu berechnen. **21**

Bei Verträgen, die sowohl Waren als auch Dienstleistungen zum Gegenstand haben, gelten im Falle des Widerrufs hinsichtlich der Waren die Vorschriften über die Rücksendung von Waren und hinsichtlich der Dienstleistungen die Regelungen über die Abgeltung von Dienstleistungen (vgl. Erwägungsgrund Nr. 50 der VerbrRRL).

Mit der neu eingefügten Beschränkung der Regelung auf Dienstleistungen, die den Verbraucher **vertraglich zur Zahlung verpflichten**, werden Art. 7 Abs. 3 und Art. 8 Abs. 8 der VerbrRRL i.d.F. von Art. 4 Nr. 6 und Nr. 7 Buchst. b der ModRL umgesetzt. Die Änderung ist dem Umstand geschuldet, dass der Anwendungsbereich der VerbrRRL durch den geänderten Art. 2 Nr. 6 i.V.m. dem neu eingefügten Art. 3 Abs. 1 Buchst. a ModRL nunmehr auf solche Verträge ausgeweitet wird, nach denen der Unternehmer sich zur Bereitstellung einer digitalen Dienstleistung für den Verbraucher verpflichtet und der Verbraucher hierfür kein Preis zu zahlen hat – aber personenbezogene Daten bereitstellt oder deren Bereitstellung zusagt.[52] **22**

Die jetzt in § 357a Abs. 2 BGB geregelte **Rechtsfolge des Widerrufs eines Vertrags über die Erbringung von Dienstleistungen** (vormals § 357 Abs. 8 BGB alt) hinsichtlich eines eventuellen Bestehens eines Wertersatzanspruch des Unternehmers hat nur für solche Dienstleistungen Bedeutung, für die der Verbraucher zur Zahlung eines Preises verpflichtet ist.[53] **23**

3. Wertersatz bei digitalen Inhalten

Widerruft der Verbraucher einen Vertrag über die Bereitstellung von nicht auf einem körperlichen Datenträger befindlichen digitalen Inhalten, so hat er nach § 357a Abs. 3 BGB (vormals § 357 Abs. 9 BGB alt) **keinen Wertersatz** zu leisten.[54] „*Der Ausschluss der Wertersatzpflicht ist im Zusammenhang mit § 356 Abs. 5 BGB zu sehen, wonach das Widerrufsrecht zum Erlöschen gebracht werden kann*"[55] (vorstehende Rdn 13). **24**

---

51 Brönneke/Föhlisch/Tonner/*Föhlisch*, Das neue Schuldrecht, § 3 Rn 62.
52 RegE, BT-Drucks. 19/27655, S. 31 – zu Nr. 10.
53 RegE, BT-Drucks. 19/27655, S. 31 – zu Nr. 10.
54 Dazu näher HK-BGB/*Fries/Schulze*, § 357a Rn 4.
55 Brönneke/Föhlisch/Tonner/*Föhlisch*, Das neue Schuldrecht, § 3 Rn 65.

C. Änderungen im EGBGB

I. Informationspflichten beim Verbrauchervertrag

25 Der Unternehmer ist – so Art. 246 Abs. 1 EGBGB – sofern sich diese Informationen nicht aus den Umständen ergeben, nach § 312a Abs. 2 BGB (in Konkretisierung dieser Norm) verpflichtet, dem Verbraucher vor Abgabe von dessen Vertragserklärung folgende Informationen in klarer und verständlicher Weise zur Verfügung zu stellen:

- das **Bestehen eines gesetzlichen Mängelhaftungsrechts** für die Waren **oder** (in Umsetzung von Art. 5 Abs. 1 Buchst. e VerbrRRL i.d.F. von Art. 4 Nr. 3 Buchst. a der ModRL) **die digitalen Produkte** sowie ggf. das Bestehen und die Bedingungen von Kundendienstleistungen und Garantien (Nr. 5[56] – **Information über Mängelgewährleistungsrechte für Waren und digitale Produkte**, wodurch die Informationspflicht im Hinblick auf die durch das Gesetz zur Umsetzung der Richtlinie über bestimmte Aspekte der Bereitstellung digitaler Inhalte und digitaler Dienstleistungen eingeführten Regelungen zum Gewährleistungsrecht beim Erwerb digitaler Produkte (vgl. §§ 327 ff. BGB) erweitert wird),[57]

- ggf. die **Funktionalität der Waren mit digitalen Elementen** (vgl. dazu die Legaldefinition in § 327a Abs. 3 Satz 1 BGB: Waren, die ihre Funktion ohne digitale Produkte nicht erfüllen können) oder der digitalen Produkte[58] (vgl. die Legaldefinition in § 327 Abs. 1 BGB: digitale Inhalte oder digitale Dienstleistungen), einschließlich anwendbarer technischer Schutzmaßnahmen (Nr. 7[59] – **Informationen über Waren mit digitalen Elementen und digitale Produkte**), und

- ggf., soweit wesentlich, die **Kompatibilität** und die **Interoperabilität** der Sachen mit digitalen Elementen oder der digitalen Produkte, soweit diese Informationen dem Unternehmer bekannt sind oder bekannt sein müssen (Nr. 8[60] – **Informationen über Waren mit digitalen Elementen und digitale Produkte**).

Nr. 7 und Nr. 8 sind bedingt durch die Änderung von Art. 5 Abs. 1 Buchst. g und h VerbrRRL durch Art. 4 Nr. 3 Buchst. b der ModRL. Insoweit wird die **Informationspflicht** geändert und erweitert im Hinblick auf die durch das Gesetz zur Umsetzung der Richtlinie über bestimmte vertragsrechtliche Aspekte der Bereitstellung digitaler In-

---

[56] Näher Brönneke/Föhlisch/Tonner/*Schmidt*, Das neue Schuldrecht, § 1 Rn 34 f.
[57] RegE, BT-Drucks. 19/27655, S. 32 – zu Art. 2 Nr. 1a.
[58] Vgl. Art. 5 Abs. 1 Buchst. e VerbrRRL, der durch Art. 4 Nr. 3 Buchst. a ModRL eingefügt wurde.
[59] Vormals: *„ggf. die Funktionsweise digitaler Inhalte, einschließlich anwendbarer technischer Schutzmaßnahmen für solche Inhalte"*.
[60] Vormals: *„ggf., soweit wesentlich, Beschränkungen der Interoperabilität und der Kompatibilität digitaler Inhalte mit Hard- und Software soweit diese Beschränkungen dem Unternehmer bekannt sind oder bekannt sein müssen"*.

C. Änderungen im EGBGB § 2

halt und digitaler Dienstleistungen in das BGB eingefügten Regelungen zu digitalen Produkten, die von Waren und digitalen Elementen abzugrenzen sind.[61]

Beachte

Die Begriffe „Funktionalität", „Kompatibilität" und „Interoperabilität" werden in § 327e Abs. 2 Satz 2–4 BGB[62] legal definiert (nachstehend § 3 Rdn 61). Statt des in Art. 5 Abs. 1 Buchst. g und h VerbrRRL verwendeten Begriffs „Waren mit digitalen Elementen" wird in Anpassung an § 327a Abs. 3 BGB der Begriff „Sachen mit digitalen Elementen" verwendet.[63]

II. Informationspflichten bei außerhalb von Geschäftsräumen geschlossenen Verträgen und Fernabsatzverträgen mit Ausnahme von Verträgen über Finanzdienstleistungen

1. Informationspflichten

Die durch die Richtlinie erfolgten Änderungen und Erweiterungen der in der VerbrRRL vorgesehenen Informationspflichten bei außerhalb von Geschäftsräumen geschlossenen Verträgen (§ 312b BGB) und Fernabsatzverträgen (§ 312c BGB) führten zu einer Neufassung des Art. 246a Abs. 1 Satz 1 EGBGB,[64] der die Informationspflichten nach § 312d Abs. 1 BGB konkretisiert. Insoweit erfolgen Änderungen der Nrn. 2, 3, 4, 6 und 17 sowie 18.

26

Nach Art. 246a § 1 Abs. 1 Satz 1 EGBGB ist der Unternehmer nach § 312d Abs. 1 BGB verpflichtet, dem Verbraucher folgende Informationen zur Verfügung zu stellen:

27

- die **wesentlichen Eigenschaften** der Waren oder Dienstleistungen in dem für das Kommunikationsmittel und für die Waren und Dienstleistungen angemessenen Umfang (Nr. 1),
  Vormerkung zu Nr. 2 und 3: „Der Übersicht halber wurden die Informationen in Nr. 2 („Identität") und Nr. 2 („Kommunikationsmittel") aufgeteilt".[65]
- seine **Identität**, bspw. seinen Handelsnamen, sowie die **Anschrift des Ortes**, an dem er niedergelassen ist, sowie ggf. die Identität und die Anschrift des Unternehmers, in dessen Auftrag er handelt (Nr. 2),

---

[61] RegE, BT-Drucks. 19/27655, S. 32 – zu Art. 2 Nr. 1b.
[62] In Umsetzung der von Art. 4 Nr. 1 Buchst. e der Richtlinie in Art. 2 Nr. 19–21 VerbrRRL eingeführten Begriffsdefinitionen.
[63] RegE, BT-Drucks. 19/27655, S. 33 – zu Art. 2 Nr. 1b.
[64] RegE, BT-Drucks. 19/27655, S. 33 – zu Art. 2 Nr. 2a n aa aaa.
[65] Brönneke/Föhlisch/Tonner/*Schmidt*, Das neue Schuldrecht, § 1 Rn 40.

- seine **Telefonnummer**, seine **E-Mail-Adresse** sowie ggf. andere von ihm zur Verfügung gestellte **Online-Kommunikationsmittel**, sofern diese gewährleisten, dass der Verbraucher seine Korrespondenz mit dem Unternehmer, einschließlich deren Datum und deren Uhrzeit, auf einem dauerhaften Datenträger (vgl. § 126b Satz 2 BGB) speichern kann (Nr. 3: Neuregelung),

Die Neufassung von Nr. 2 und das Einfügen einer neuen Nr. 3 setzen Art. 6 Abs. 1 Buchst. c VerbrRRL i.d.F. des Art. 4 Nr. 4 Buchst. a Ziffer i der ModRL um – wobei die Aufteilung in getrennte Nummern der besseren Lesbarkeit der Vorschriften dient.[66] Da aufgrund technologischer Entwicklungen der Gebrauch von Faxgeräten stark rückläufig ist, konnte der vormalige Hinweis auf die Faxnummerangabe in Nr. 2 alt gestrichen werden – wohingegen der Unternehmer in Nr. 3 zur Information über sonstige Online-Kommunikationsmittel (bspw. Messengerdienste) verpflichtet wird, die gewährleisten, dass der Verbraucher sie auf einem dauerhaften Datenträger i.S.v. § 126b Satz 2 BGB abspeichern kann.[67]

Dauerhafter Datenträger i.S.v. § 126b Satz 2 BGB ist jedes Medium, das
- es dem Empfänger ermöglicht, eine auf dem Datenträger befindliche, an ihn persönlich gerichtete Erklärung so aufzubewahren oder zu speichern, dass sie ihm während eines für ihren Zweck angemessenen Zeitraums zugänglich ist (Nr. 1), und
- geeignet ist, die Erklärung unverändert wiederzugeben (Nr. 2).

Die in Nr. 2 alt geregelte Verpflichtung zur Information über Telefonnummer und E-Mail-Adresse ist in die Nr. 3 verschoben worden. Die dort aufgeführten Kommunikationsmittel stellen sicher, dass der Verbraucher schnell Kontakt zum Unternehmer aufnehmen und effizient mit ihm kommunizieren kann.[68]

- zusätzlich zu den Angaben gemäß den Nrn. 2 und 3 ist die **Geschäftsanschrift des Unternehmers** und ggf. die Anschrift des Unternehmers, in dessen Auftrag er handelt, an die sich der Verbraucher mit jeder Beschwerde wenden kann, anzugeben (**Beschwerdestelle**), falls diese Anschrift von der Anschrift nach Nr. 2 abweicht (Nr. 4),
- den **Gesamtpreis der Waren** oder der **Dienstleistungen**, einschließlich aller Steuern und Abgaben, oder in den Fällen, in denen der Preis aufgrund der Beschaffenheit der Waren oder der Dienstleistungen vernünftigerweise nicht im Voraus berechnet werden kann, die Art der Preisberechnung (Nr. 5),

Aus Gründen der Übersichtlichkeit wird die Pflicht zur Information über die sonstigen den Preis betreffenden Merkmale in der neuen Nr. 5 normiert, ohne dass inhaltliche Änderungen damit verbunden sind.[69]

---

66 RegE, BT-Drucks. 19/27655, S. 33 – zu Art. 2 Nr. 2a aa aaa.
67 RegE, BT-Drucks. 19/27655, S. 33 – zu Art. 2 Nr. 2a aa aaa.
68 RegE, BT-Drucks. 19/27655, S. 33 – zu Art. 2 Nr. 2a aa aaa.
69 RegE, BT-Drucks. 19/27655, S. 34 – zu Art. 2 Nr. 2a aa aaa.

■ ggf. den Hinweis, dass der Preis auf der Grundlage einer automatisierten Entscheidungsfindung personalisiert wurde (Nr. 6[70] – **Informationen über die Personalisierung von Preisen**),

„*Nach Nr. 6 sollen Unternehmer die Verbraucher darüber informieren, wenn sie den Preis des konkreten Angebots auf der Grundlage einer **automatisierten Entscheidungsfindung personalisiert** haben. Digitale Dienste, Online-Händler und Werbenetzwerke besitzen viele personenbezogene Daten über die Nutzung aus verschiedenen Quellen – so insbesondere aus dem Surfverhalten, den in Endgeräten gespeicherten Daten, den Browsereinstellungen und Aktivitäten, wie z.B. den getätigten Einkäufen. Sie nutzen diese zur **Erstellung von Profilen des Verbrauchers, sogenanntes Profiling**. Diese Profile können sehr präzise sein und genaue Aussagen über das Privatleben des Verbrauchers, seine Neigungen, Vorlieben, Interessen und Gewohnheiten, sein Zahlungsverhalten, seine Kaufkraft bzw. seine finanzielle Leistungsfähigkeit und Preissensibilität enthalten. Daher können Unternehmer unter Verwendung eines solchen Profils den Preis für bestimmte Verbraucher oder Verbrauchergruppen mittels einer automatisierten Entscheidungsfindung personalisieren. Den Verbrauchern soll mit der neu eingeführten Informationspflicht die Möglichkeit gegeben werden, die bei einer automatisierten Entscheidungsfindung bestehenden Risiken, insbesondere die erhebliche **Informationsasymmetrie** und das Ausnutzen des präzisen Wissens des Unternehmers über den Verbraucher, bei ihrer Entscheidung über den Vertragsschluss zu berücksichtigen. Damit wird mehr **Transparenz und Fairness** erreicht. Die Informationspflicht muss in klarer und verständlicher Weise und spezifisch vor Abschluss des konkreten Vertrags mit dem bestimmten Verbraucher erfolgen. Sie kann also nicht dadurch erfüllt werden, dass der Unternehmer z.B. in seinen Allgemeinen Geschäftsbedingungen generell darauf hinweist, dass Preise gegebenenfalls auf der Grundlage einer automatisierten Entscheidungsfindung personalisiert sein können. Die Informationspflicht soll **nicht für Techniken wie die dynamische Preissetzung** oder die **Preissetzung in Echtzeit** gelten, bei denen sich der Preis in sehr flexibler und schneller Weise in Abhängigkeit von der Marktnachfrage ändert, ohne dass eine Personalisierung auf der Grundlage einer automatisierten Entscheidungsfindung erfolgt*".[71]

Nr. 6 berührt nicht die VO (EU) 2016/679 (DSGVO),[72] nach der gesonderte datenschutzrechtliche Informationspflichten bei Bestehen einer automatisierten Entscheidungsfindung einschließlich Profiling bestehen und Personen unter anderem das

---

70 Näher Brönneke/Föhlisch/Tonner/*Schmidt*, Das neue Schuldrecht, § 1 Rn 41.
71 RegE, BT-Drucks. 19/27655, S. 33 f. – zu Art. 2 Nr. 2a aa aaa.
72 VO (EU) 2016/679 des Europäischen Parlaments und des Rates vom 27.4.2016 zum Schutz natürlicher Personen bei der Verarbeitung personenbezogener Daten, zum freien Datenverkehr und zur Aufhebung der Richtlinie 95/46/EG.

Recht haben, nicht einer auf einer automatisierten Verarbeitung beruhenden Entscheidung unterworfen zu sein.[73]
- ggf. alle zusätzlich zu dem Gesamtpreis nach Nr. 5 anfallenden **Fracht-, Liefer- oder Versandkosten** und alle sonstigen Kosten, oder in den Fällen, in denen diese Kosten vernünftigerweise nicht im Voraus berechnet werden können, die Tatsache, dass solche zusätzlichen Kosten anfallen können (Nr. 7),
Aus Gründen der Übersichtlichkeit wird die Pflicht zur Information über alle nicht den Preis betreffenden zusätzlichen Kosten in der neuen Nr. 7 normiert, ohne dass inhaltliche Änderungen damit verbunden sind,[74]
- im Falle eines unbefristeten Vertrags oder eines Abonnementvertrags den **Gesamtpreis**; dieser umfasst die pro Abrechnungszeitraum anfallenden Gesamtkosten und, wenn für einen solchen Vertrag Festbeträge in Rechnung gestellt werden, ebenfalls die monatlichen Gesamtkosten; wenn die Gesamtkosten vernünftigerweise nicht im Voraus berechnet werden können, ist die Art der Preisberechnung anzugeben (Nr. 8),
- die Kosten für den Einsatz des für den Vertragsabschluss genutzten Fernkommunikationsmittels, sofern dem Verbraucher Kosten berechnet werden, die über die Kosten für die bloße Nutzung des Fernkommunikationsmittels hinausgehen (Nr. 9),
- die Zahlungs-, Liefer- und Leistungsbedingungen, den Termin, bis zu dem der Unternehmer die Waren liefern oder die Dienstleistung erbringen muss, und ggf. das Verfahren des Unternehmers zum Umgang mit Beschwerden (Nr. 10),
- das Bestehen eines gesetzlichen Mängelhaftungsrechts für die Waren oder die digitalen Produkte (Nr. 11[75] – **Informationen über Mängelgewährleistungsrechte für Waren und digitale Produkte**),
Mit der Ergänzung von Nr. 8 alt in Nr. 11 wird Art. 6 Abs. 1 Buchst. l VerbrRRL i.d.F. von Art. 4 Nr. 4 Buchst. a Ziffer iii der ModR umgesetzt – wobei die Informationspflicht im Hinblick auf die durch das Gesetz zur Umsetzung der Richtlinie über bestimmte vertragsrechtliche Aspekte der Bereitstellung digitaler Inhalt und digitaler Dienstleistungen eingeführten Regelungen zum Gewährleistungsrecht beim Erwerb digitaler Produkte (vgl. §§ 327 ff. BGB) erweitert wird[76] – parallel zu Art. 246 Abs. 1 Nr. 5 EGBGB (allgemeine Informationen bei Verbraucherverträgen, vorstehende Rdn 25),
- ggf. das Bestehen und die Bedingungen von Kundendienst, Kundendienstleistungen und Garantien (Nr. 12),

---

73 RegE, BT-Drucks. 19/27655, S. 34 – zu Art. 2 Nr. 2a aaa.
74 RegE, BT-Drucks. 19/27655, S. 34 – zu Art. 2 Nr. 2a aaa.
75 Näher Brönneke/Föhlisch/Tonner/*Schmidt*, Das neue Schuldrecht, § 1 Rn 42.
76 RegE, BT-Drucks. 19/27655, S. 34 – zu Art. 2 Nr. 2a aaa.

C. Änderungen im EGBGB § 2

- ggf. bestehende einschlägige Verhaltenskodizes gemäß Art. 2 Buchst. f der Richtlinie 2005/29/EG des Europäischen Parlaments und des Rates vom 11.5.2005 über unlautere Geschäftspraktiken im binnenmarktinternen Geschäftsverkehr zwischen Unternehmen und Verbrauchern und zur Änderung der Richtlinie 84/450/EWG des Rates, der Richtlinien 97/7/EG, 98/27/EG und 2002/65/EG des Europäischen Parlaments und des Rates sowie der Verordnung (EG) Nr. 2006/2004 des Europäischen Parlaments und des Rates,[77] die zuletzt durch die Richtlinie (EU) 2019/2161[78] geändert worden ist, und wie Exemplare davon erhalten werden können (Nr. 13).

  In Nr. 13 (vormals Nr. 10 alt) wurde das Zitat der Richtlinie 2005/29/EG (UGP-Richtlinie)[79] aktualisiert.[80]

- ggf. die Laufzeit des Vertrags oder die Bedingungen der Kündigung unbefristeter Verträge oder sich automatisch verlängernder Verträge (Nr. 14),
- ggf. die Mindestdauer der Verpflichtungen, die der Verbraucher mit dem Vertrag eingeht (Nr. 15),
- ggf. die Tatsache, dass der Unternehmer vom Verbraucher die Stellung einer Kaution oder die Leistung anderer finanzieller Sicherheiten verlangen kann, sowie deren Bedingungen (Nr. 16),

  Die Nr. 17 und Nr. 18 (vormals Nr. 14 und Nr. 15 alt) sind – als Pendant zu Art. 246 Abs. 1 Nr. 7 und 8 EGBGB (vorstehende Rdn 25) für außerhalb von Geschäftsräumen geschlossene Verträge und Fernabsatzverträge (ohne Finanzdienstleistungsverträge) – bedingt durch die Änderung von Art. 6 Abs. 1 Buchst. r und s der VerbrRRL durch Art. 4 Nr. 4 Buchst. a iv) der ModR. Die Informationspflicht wird abgeändert und erweitert im Hinblick auf die durch das Gesetz zur Umsetzung der Richtlinie über bestimmte vertragsrechtliche Aspekte der Bereitstellung digitaler Inhalte und digitaler Dienstleistungen in das BGB eingefügten Regelungen zu digitalen Produkten, die von Waren mit digitalen Inhalten abzugrenzen sind.

  Die Begriffe „Funktionalität", „Kompatibilität" und „Interoperabilität" werden im § 327e Abs. 2 Satz 2–4 BGB[81] (nachstehend § 3 Rdn 61) legal definiert.[82]

---

77 ABl L 149 vom 11.6.2005, S. 22; L 253 vom 25.9.2009, S. 18.
78 ABl L 328 vom 18.12.2019, S. 7.
79 Richtlinie 2005/29/EG des Europäischen Parlaments und des Rates vom 11.5.2005 über unlautere Geschäftspraktiken im binnenmarktinternen Geschäftsverkehr zwischen Unternehmen und Verbrauchern und zur Änderung der Richtlinie 84/450/EWG des Rates, der Richtlinien 97/7/EG, 98/27/EG und 2002/65/EG des Europäischen Parlaments und des Rates sowie der VO (EG) Nr. 2006/2004 des Europäischen Parlaments und des Rates (ABl L 149 vom 11.6.2005), die zuletzt durch die Richtlinie (EU) 2019/2161 (ABl L 128 vom 18.12.2019, S. 7) geändert worden ist (Richtlinie über unlautere Geschäftspraktiken).
80 RegE, BT-Drucks. 19/27655, S. 34 – zu Art. 2 Nr. 2a aa aaa.
81 Wodurch zugleich die durch Art. 4 Nr. 1 Buchst. r und s der ModRL in Art. 2 Nr. 19–21 der VerbrRRL eingeführten Begriffsdefinitionen umgesetzt werden.
82 RegE, BT-Drucks. 19/27655, S. 34 – zu Art. 2 Nr. 2a aa aaa.

Statt des in Art. 6 Abs. 1 Buchst. r VerbrRRL verwendeten Begriffs „**Waren mit digitalen Elementen**" wird in Anpassung an § 327a Abs. 3 BGB (nachstehend § 3 Rdn 36 ff.) der Begriff „**Sachen mit digitalen Elementen**" verwendet.[83]

- ggf. die Funktionalität der Sachen mit digitalen Elementen oder der digitalen Produkte, einschließlich anwendbarer technischer Schutzmaßnahmen (Nr. 17),
- ggf., soweit wesentlich, die Kompatibilität und die Interoperabilität der Sachen mit digitalen Elementen oder der digitalen Produkte, soweit diese Informationen dem Unternehmer bekannt sind oder bekannt sein müssen (Nr. 18), und
- ggf., dass der Verbraucher ein außergerichtliches Beschwerde- und Rechtsbehelfsverfahren, dem der Unternehmer unterworfen ist, nutzen kann, und dessen Zugangsvoraussetzungen (Nr. 19).

2. Widerrufsbelehrung beim Abschluss eines Verbrauchervertrags über Fernkommunikationsmittel mit begrenzter Darstellungsmöglichkeit

28 Art. 246a § 3 EGBGB regelt **erleichterte Informationspflichten**, „*sollte ein Fernabsatzvertrag mittels eines Fernkommunikationsmittels*[84] *geschlossen werden, welches räumlich oder zeitlich nur begrenzte Möglichkeit der Informationserteilung für den Verbraucher bietet*".[85]

29 Nach § 246 § 3 Satz 1 Nr. 4 EGBGB sind ggf. die Bedingungen, die Fristen und das Verfahren für die Ausübung des Widerrufsrechts nach § 355 Abs. 1 BGB anzugeben – was über dasselbe Fernkommunikationsmittel geschehen muss, durch das auch der Vertrag geschlossen wurde.[86]

Durch die Neufassung der Nr. 4 soll die Entscheidung des EuGH vom 23.1.2019 in der Rechtssache C-430/17 (Walbusch)[87] umgesetzt werden: Der EuGH hat dort entschieden, dass Art. 8 Abs. 4 VerbrRRL so auszulegen ist, dass der Verbraucher bei Bestehen eines Widerrufsrechts auch bei begrenzter Darstellungsmöglichkeit über das Fernkommunikationsmittel, durch das der Vertrag geschlossen wird, über die Bedingungen, die Fristen und das Verfahren für die Ausübung dieses Rechts zu informieren ist – wobei der Wortlaut der Nr. 4 an Art. 246a § 1 Abs. 2 Nr. 1 EGBGB angeglichen worden ist.[88]

---

83 RegE, BT-Drucks. 19/27655, S. 34 – zu Art. 2 Nr. 2a aa aaa.
84 I.S.v. § 312e Abs. 2 BGB, mithin „*alle Kommunikationsmittel, die zur Anbahnung oder zum Abschluss eines Vertrags eingesetzt werden können, ohne dass die Vertragsparteien gleichzeitig körperlich anwesend sind, wie Briefe, Kataloge, Telefonanrufe, Telekopien, E-Mails, über den Mobilfunkdienst versendete Nachrichten (SMS) sowie Rundfunk und Telemedien*".
85 Brönneke/Föhlisch/Tonner/*Schmidt*, Das neue Schuldrecht, § 1 Rn 44.
86 Brönneke/Föhlisch/Tonner/*Schmidt*, Das neue Schuldrecht, § 1 Rn 44.
87 EuGH, NJW 2019, 1363 = EuZW 2019, 132.
88 RegE, BT-Drucks. 19/27655, S. 35 – zu Art. 2 Nr. 2 c.

3. Allgemeine Informationspflichten für Betreiber von Online-Marktplätzen

Art. 246d EGBGB normiert die allgemeinen Informationspflichten für Betreiber von Online-Marktplätzen, die neben etwaige weitere – bereits bestehende – Informationspflichten treten.[89] In **30**
- § 1 sieben neue (Transparenz-) Informationspflichten und in
- § 2 formale Anforderungen an die Informationspflichten.

a) Informationspflichten

§ 1 des Art. 246a EGBGB setzt in seinen **31**
- Nrn. 1, 4, 5 und 6 den in Art. 4 Abs. 1 Nr. 5 der ModR in die VerbrRRL eingefügten Art. 6a VerbrRRL um,
- mit den in den Nrn. 2, 3 und 7 getroffenen Regelungen (autonomes Verbraucherschutzrecht des deutschen Gesetzgebers) soll von der in Art. 6a Abs. 2 VerbrRRL vorgesehenen **Öffnungsklausel** Gebrauch gemacht werden.[90]

Der **Betreiber eines Online-Marktplatzes** muss nach Art. 246d § 1 EGBGB[91] den Verbraucher informieren **32**
- zum **Ranking der Waren, Dienstleistungen oder digitalen Inhalte**, die dem Verbraucher als Ergebnis seiner Suchanfrage auf dem Online-Marktplatz präsentiert werden (Nr. 1[92] – **Rankinginformationen**),[93] allgemein über
  - die Hauptparameter (wesentliche Kriterien) (des Algorithmus, der für das Ranking verantwortlich ist)[94] zur Festlegung des Rankings (Buchst. a) und
  - die relative (prozentuale) Gewichtung der Hauptparameter zur Festlegung des Rankings im Vergleich zu anderen Parametern (Buchst. b)

  „Da das Ranking von kommerziellen Angeboten in den Ergebnissen einer Online-Suchanfrage erhebliche Auswirkungen auf die Verbraucherentscheidung haben kann, sollen Verbraucher vom Betreiber eines Online-Marktplatzes über die Hauptparameter zur Festlegung des Ratings und deren Gewichtung im Vergleich zu anderen Parametern informiert werden".[95]

  Der Gesetzgeber hat davon Abstand genommen, eine Definition des Begriffs „Ranking" in das BGB zu übernehmen, was der Systematik von Art. 6a Abs. 1 Buchst. a

---

89 RegE, BT-Drucks. 19/27655, S. 35 – zu Art. 2 Nr. 3.
90 RegE, BT-Drucks. 19/27655, S. 35 – zu Art. 2 Nr. 3.
91 Dazu näher HK-BGB/*Schulte-Nölke*, § 312l Rn 2.
92 Näher Brönneke/Föhlisch/Tonner/*Schmidt*, Das neue Schuldrecht, § 1 Rn 17 ff.
93 In Umsetzung des durch Art. 4 Nr. 5 der ModRL in die VerbrRRL eingefügten Art. 6a Abs. 1 Buchst. a.
94 Dazu Brönneke/Föhlisch/Tonner/*Schmidt*, Das neue Schuldrecht, § 1 Rn 17.
95 RegE, BT-Drucks. 19/27655, S. 35 – zu Art. 2 Nr. 3.

VerbrRRL entspricht, da diese auf die durch Art. 3 Nr. 1b der ModRL in Art. 2 Buchst. m der Richtlinie über unlautere Geschäftspraktiken (UGP-RL) eingefügte Definition verweist.[96] Unter „Ranking" ist demnach die relative Hervorhebung von Produkten zu verstehen, wie sie vom Gewerbetreibenden dargestellt, organisiert oder kommuniziert wird und zwar unabhängig von den technischen Mitteln, die für die Darstellung, Organisation und Kommunikation verwendet werden.[97]

„Parameter für das Rating sind alle
- *allgemeinen Kriterien,*
- *Prozesse und*
- *spezifischen Signale,*

die in Algorithmen eingebunden sind, oder sonstige Anpassungs- oder Rückstufungsmechanismen, die im Zusammenhang mit dem Ranking eingesetzt werden"[98] – bspw.
- die Anzahl der Aufrufe des Angebots,
- das Datum der Einstellung des Angebots,
- die Bewertung des Angebots oder des Anbieters,
- die Anzahl der Verkäufe des Produkts oder die Nutzung der Dienstleistung („Beliebtheit"),
- Provisionen oder Entgelte,
- die Verwendung von Editorprogrammen und ihre Fähigkeit, das Ranking dieser Waren oder Dienstleistungen zu beeinflussen sowie
- Elemente, die die Ware oder die Dienstleistung selbst nicht oder nur entfernt betreffen (z.B. Darstellungsmerkmale des Online-Angebots).[99]

„Die Pflicht des Betreibers eines Online-Marktplatzes umfasst die Bereitstellung einer Beschreibung der Hauptparameter für das Ranking, in der die vom Unternehmer voreingestellten Hauptparameter für das Ranking sowie ihre relative Gewichtung im Verhältnis zu anderen Parametern erläutert werden"[100] – wobei diese Beschreibung allgemeiner Natur sein und nicht in einer jeweils auf die einzelne Suchanfrage zugeschnittenen Form erfolgen soll.[101]

„Die Hauptparameter beziehen sich auf die Kriterien, die wesentlich sind und maßgeblich das Ranking bestimmen. Insofern ist nicht jedes Ranking-Kriterium anzugeben, welches auch nur geringen Einfluss auf das Ranking hat. Daneben ist die relative Gewichtung jeweils der Hauptparameter im Vergleich zu den anderen Parametern darzulegen. Für jeden Hauptparameter ist danach anzugeben, welche Gewichtung

---

96 RegE, BT-Drucks. 19/27655, S. 35 – zu Art. 2 Nr. 3.
97 RegE, BT-Drucks. 19/27655, S. 35 – zu Art. 2 Nr. 3.
98 RegE, BT-Drucks. 19/27655, S. 35 – zu Art. 2 Nr. 3.
99 RegE, BT-Drucks. 19/27655, S. 35 – zu Art. 2 Nr. 3.
100 RegE, BT-Drucks. 19/27655, S. 35 – zu Art. 2 Nr. 3.
101 RegE, BT-Drucks. 19/27655, S. 35 – zu Art. 2 Nr. 3.

er im Vergleich zu den anderen Hauptparametern und sonstigen Parametern besitzt. Die Informationspflicht umfasst nicht die Offenlegung der Details der Funktionsweise der Rankingsysteme, einschließlich der Algorithmen".[102]

Beachte: Lauterkeitsrechtlich erklärt § 5b Abs. 2 UWG neu die Vorgaben in Nr. 1 Buchst. a und b als „wesentlich" (i.S. einer irreführenden Werbung) – und nach § 3 Abs. 3 UWG i.V.m. Anhang Nr. 11a neu (Schwarze Liste) ist es gegenüber Verbrauchern generell unlauter, Suchergebnisse aufgrund der Online-Suchanfrage eines Verbrauchers anzuzeigen, ohne dass etwaige
– bezahlte Werbung oder
– spezielle Zahlungen
eindeutig offengelegt werden, die dazu dienen, ein höheres Ranking der in Rede stehenden Produkte im Rahmen der Suchergebnisse zu erreichen.

■ falls dem Verbraucher auf dem Online-Marktplatz das Ergebnis eines Vergleichs von Waren, Dienstleistungen oder digitalen Inhalten präsentiert wird, über die Anbieter, die bei der Erstellung des Vergleichs einbezogen wurden (Nr. 2[103] – **Informationspflichten über Anbieter von auf Vergleichsportalen aufgezeigten Suchergebnissen**).

Mit der Einführung der in Nr. 2 geregelten Informationspflicht reagiert der Gesetzgeber auf den **Abschlussbericht des Bundeskartellamts** vom April 2019 über seine **Sektoruntersuchung zu Vergleichsportalen im Internet**, in dem festgestellt wurde, dass Vergleichsportale den Verbraucher häufig nicht oder nur sehr begrenzt auf die dem Vergleich zugrunde liegende Marktabdeckung hinweisen.[104]

*„Stehen dem Verbraucher keine hinreichenden Anhaltspunkte darüber zur Verfügung, welche Anbieter von Waren, Dienstleistungen oder digitalen Inhalten vom Betreiber des Vergleichsportal beim Vergleich von Angeboten berücksichtigt wurden, fehlen ihm wesentliche Informationen, um eine informierte geschäftliche Entscheidung treffen zu können. Bei solchen Online-Marktplätzen, die zusätzlich neben der Auflistung von Angeboten einen Vergleich verschiedener Angebote durchführen oder durch Dritte durchführen lassen, hat daher bei der Präsentation des Vergleichsergebnisses die **zusätzliche Information über die Marktabdeckung** für die Verbraucher einen erkennbaren Mehrwert. Betreibern solcher Online-Marktplätzen obliegt daher eine weitere Informationspflicht".*[105]

Deren Informationspflicht geht dahin, *„den Verbraucher über die Anbieter zu informieren, deren Angebot bei der Erstellung des Vergleichs berücksichtigt wurden"* (sog. **Positivliste der Anbieter**).

---

102 RegE, BT-Drucks. 19/27655, S. 36 – zu Art. 2 Nr. 3.
103 Näher Brönneke/Föhlisch/Tonner/*Schmidt*, Das neue Schuldrecht, § 1 Rn 20 f.
104 RegE, BT-Drucks. 19/27655, S. 36 – zu Art. 2 Nr. 3.
105 RegE, BT-Drucks. 19/27655, S. 36 – zu Art. 2 Nr. 3.

Nr. 2 gilt unabhängig von dem für den Vergleich maßgeblichen Kriterium, also z.B. auch beim Vergleich von Preisen.

Bereits heute bieten einige Vergleichsportale auf freiwilliger Basis derartige Positivlisten an.

Anzugeben hat der Betreiber des Online-Marktplatzes die
- Namen oder
- Handelsnamen der in den Vergleich Einbezogenen.

Die Angabe einer ladungsfähigen Anschrift ist hingegen **nicht** erforderlich.

„Anbieter" im Sinne der Nr. 2 kann auch der **Betreiber des Online-Marktplatzes selbst** sein, wenn seine eigenen Waren, Dienstleistungen oder digitalen Inhalte in den Vergleich einbezogen werden.[106]

Beachte: Nicht von der Nr. 2 erfasst werden Vergleichsportale,
- auf deren Software oder Webseite **keine Möglichkeit zum Vertragsabschluss** besteht (aufgrund der fehlenden Möglichkeit handelt es sich dann schon nicht um einen „Online-Marktplatz"),[107] bzw.
- Online-Marktplätze, auf denen **kein Vergleich** der präsentierten Angebote vorgenommen wird.[108]

■ ggf. darüber, dass es sich bei ihm und dem Anbieter der Waren, Dienstleistungen oder digitalen Inhalte um verbundene Unternehmen i.S.v. § 15 AktG handelt (Nr. 3[109] – **liegt eine eventuelle Verflechtung zwischen dem Online-Marktplatz-Betreiber und einem darauf tätigen Anbieter vor?**).

Bei „*bestehende(n) wirtschaftliche(n) Verflechtungen zwischen dem Betreiber des Online-Marktplatzes und dem Anbieter kann das Risiko bestehen, dass das vom Betreiber des Online-Marktplatzes erstellte Ranking bzw. das Ergebnis des durchgeführten Vergleichs und in der Folge davon auch die Kaufentscheidung des Verbrauchers nicht sachgerecht beeinflusst werden. Dem soll die in Nr. 3 eingeführte Informationspflicht entgegenwirken*".[110]

„*Auch diese Information ist für den Verbraucher wesentlich, um eine informierte geschäftliche Entscheidung treffen zu können. Von einem entsprechenden Risiko ist jedenfalls dann auszugehen, wenn es sich bei dem Betreiber des Online-Marktplatzes*

---

106 RegE, BT-Drucks. 19/27655, S. 36 – zu Art. 2 Nr. 3.
107 Brönneke/Föhlisch/Tonner/*Schmidt*, Das neue Schuldrecht, § 1 Rn 21.
108 RegE, BT-Drucks. 19/27655, S. 36 – zu Art. 2 Nr. 3.
109 Näher Brönneke/Föhlisch/Tonner/*Schmidt*, Das neue Schuldrecht, § 1 Rn 22.
110 RegE, BT-Drucks. 19/27655, S. 36 – zu Art. 2 Nr. 3 unter Bezugnahme auf BGH, Urt. v. 13.10.1977 – II ZR 123/76, BGHZ 69, 334 = NJW 1978, 104; BAG, Beschl. v. 13.10.2004 – 7 ABR 56/03, BAGE 112, 166 = NZA 2005, 647.

C. Änderungen im EGBGB § 2

*und dem Anbieter um **verbundene Unternehmen** im Sinne von § 15 AktG handelt. Der Begriff des Unternehmens im Sinne von § 15 AktG ist **rechtsformneutral**.*[111]

- ob es sich bei dem Anbieter der Waren, Dienstleistungen oder digitalen Inhalte nach dessen eigener Erklärung gegenüber dem Betreiber des Online-Marktplatzes um einen Unternehmer (§ 14 BGB) handelt (Nr. 4[112] – **Angaben über die Unternehmereigenschaft von Anbietern auf Online-Marktplätzen**).[113]

   *„Mit dieser Informationspflicht soll die **Transparenz** erhöht und dem Umstand abgeholfen werden, dass für Verbraucher der Status des Anbieters auf dem Online-Marktplatz und damit seines Vertragspartners oft nicht klar ersichtlich ist. Der Betreiber eines Online-Marktplatzes soll verlangen, dass der Anbieter seinen Status als Unternehmer oder Verbraucher im Sinne der §§ 13, 14 BGB auf dem Online-Marktplatz zur Verfügung stellt. Betreiber von Online-Marktplätzen sollen hingegen **nicht verpflichtet** werden, den **Rechtsstatus des Anbieters zu überprüfen**. Die Verpflichtung, seinen Status anzugeben, gilt auch für den Betreiber des Online-Marktplatzes selbst, wenn er eigene Waren, Dienstleistungen oder digitale Inhalte auf dem Marktplatz anbietet".*[114]

   Beachte: Lauterkeitsrechtlich gelten nach § 5b Abs. 1 Nr. 6 UWG neu die Informationen über die Unternehmereigenschaft nach der eigenen Erklärung des Anbieters von Waren oder Dienstleistungen auf einem Online-Marktplatz gegenüber dem Betreiber als „wesentlich" i.S. einer irreführenden Werbung.

- falls es sich bei dem Anbieter der Waren, Dienstleistungen oder digitalen Inhalte nach dessen eigener Erklärung gegenüber dem Betreiber des Online-Marktplatzes nicht um einen Unternehmer handelt (vgl. Erklärung nach Nr. 4), darüber, dass die besonderen Vorschriften für Verbraucherverträge auf den Vertrag nicht anzuwenden sind (Nr. 5[115] – **Nichtanwendbarkeit von Verbraucherschutzvorschriften, wenn es sich bei den Anbietern nicht um Unternehmer handelt**).[116]

   *„Die Hinweispflicht hat eine **Warnfunktion** für den Verbraucher. Insofern ist eine allgemein gehaltene Information durch den Betreiber des Online-Marktplatzes, dass die besonderen Vorschriften für Verbraucherverträge keine Anwendung finden, erforderlich".*[117]

---

111 RegE, BT-Drucks. 19/27655, S. 36 – zu Art. 2 Nr. 3 unter Bezugnahme auf BGH, Urt. v. 13.10.1977 – II ZR 123/76, BGHZ 69, 334 = NJW 1978, 104; BAG, Beschl. v. 13.10.2004 – 7 ABR 56/03, BAGE 112, 166 = NZA 2005, 647.
112 Näher Brönneke/Föhlisch/Tonner/*Schmidt*, Das neue Schuldrecht, § 1 Rn 23 f.
113 Nr. 4 setzt den durch Art. 4 Nr. 5 der ModRL in die VerbrRRL eingefügten Art. 6a Abs. 1 Buchst. b um.
114 RegE, BT-Drucks. 19/27655, S. 36 – zu Art. 2 Nr. 3.
115 Näher Brönneke/Föhlisch/Tonner/*Schmidt*, Das neue Schuldrecht, § 1 Rn 25.
116 Nr. 5 setzt den durch Art. 4 Nr. 5 der ModRL in die VerbrRRL eingefügten Art. 6a Abs. 1 Buchst. c um.
117 RegE, BT-Drucks. 19/27655, S. 37 – zu Art. 2 Nr. 3.

Nach Erwägungsgrund 27 ModRL ist der Betreiber hingegen nicht verpflichtet, die konkret entfallenden Verbraucherrechte aufzulisten. Die allgemein gehaltene Information ist auf den konkreten Anbieter bezogen gleichwohl in klarer und verständlicher Weise zu halten – eine entsprechende Information, die nur in Allgemeinen Geschäftsbedingungen bzw. ähnlichen Vertragsdokumenten enthalten ist, genügt nach Erwägungsgrund 27 der ModRL nicht.

- ggf. darüber, in welchem Umfang der Anbieter der Waren, Dienstleistungen oder digitalen Inhalte sich des Betreibers des Online-Marktplatzes bei der Erfüllung von Verbindlichkeiten aus dem Vertrag mit dem Verbraucher bedient, und darüber, dass dem Verbraucher hierdurch keine eigenen vertraglichen Ansprüche gegenüber dem Betreiber des Online-Marktplatzes entstehen (Nr. 6[118] – **wer ist der tatsächliche Vertragspartner, der den auf dem Online-Marktplatz geschlossenen Vertrag erfüllt?**).

  *„Schließen Verbraucher auf Online-Marktplätzen Verträge mit Anbietern von Waren, Dienstleistungen oder digitalen Inhalten, ist für die Verbraucher häufig nicht klar erkennbar, wer die sich aus dem Vertrag ergebenden Verpflichtungen zu erfüllen hat und welche Rolle dabei der Betreiber des Online-Marktplatzes spielt. So kommt es vor, dass der Betreiber des Online-Marktplatzes als **Erfüllungsgehilfe** einzelne Verbindlichkeiten des Anbieters übernimmt, z.B. den Versand der Ware. Der Betreiber des Online-Marktplatzes tritt dann gegenüber dem Verbraucher in Erscheinung, ohne dass er eigene vertragliche Verpflichtungen gegenüber dem Verbraucher zu erfüllen hat. Damit der Verbraucher in solchen Situationen keine falschen Schlüsse im Hinblick auf die Person des vertraglich Verpflichteten zieht, soll er ... entsprechend informiert werden".*[119]
  Der Betreiber des Online-Marktplatzes erfüllt dabei vertragliche Verpflichtungen, *„die eigentlich der Anbieter aus seinem Vertrag mit dem Verbraucher erfüllen müsste".*[120]

- und – falls ein Anbieter eine Eintrittsberechtigung für eine Veranstaltung weiterverkaufen will, ob und ggf. in welcher Höhe der Veranstalter nach Angaben des Anbieters einen Preis für den Erwerb dieser Eintrittsberechtigung festgelegt hat (Nr. 7[121] – **Informationen über einen ggf. festgelegten Ticketpreis durch den Veranstalter auf Ticketbörsen**).[122]

---

118 Näher Brönneke/Föhlisch/Tonner/*Schmidt*, Das neue Schuldrecht, § 1 Rn 26.
119 RegE, BT-Drucks. 19/27655, S. 37 – zu Art. 2 Nr. 3.
120 Brönneke/Föhlisch/Tonner/*Schmidt*, Das neue Schuldrecht, § 1 Rn 26.
121 Näher Brönneke/Föhlisch/Tonner/*Schmidt*, Das neue Schuldrecht, § 1 Rn 27.
122 Die ModRL gibt in Art. 3 Nr. 7 Buchst. b durch Ergänzung des Anhangs I der Richtlinie über unlautere Geschäftspraktiken (UGP-RL) vor, dass der Weiterverkauf von Eintrittsberechtigungen unter allen Umständen als unlauter anzusehen ist, wenn ein Gewerbetreibender diese unter Verwendung automatisierter Verfahren erworben hat, die dazu dienen, für den Verkauf der Eintrittskarten geltende Regelungen zu umgehen. Darüber hinaus soll aber auch sichergestellt sein, dass der Verbraucher, der eine Eintrittsberechtigung von einem anderen als dem Veranstalter erwerben möchte, eine informierte Kaufentscheidung treffen kann. Besonders wichtig ist dabei die Information, welchen Preis der Veranstalter für die konkrete Eintrittsberechtigung festgelegt hat.

Es ist „*sinnvoll und erforderlich, den Verbraucher, wenn er auf dem Sekundärmarkt [für Eintrittsberechtigungen – „Veranstaltungstickets"] eine Eintrittsberechtigung erwerben möchte, über den vom Veranstalter für diese konkrete Eintrittsberechtigung festgelegten Preis zu informieren. Ist kein Preis für diese konkrete Eintrittsberechtigung festgelegt, etwa, weil es sich um eine Freikarte oder eine Eintrittsberechtigung aus einem Abonnement handelt, hat er dies ebenfalls anzugeben. Der für die konkrete Eintrittsberechtigung festgelegte Preis bleibt auch dann maßgeblich, wenn sich der Preis für vergleichbare Eintrittsberechtigungen aufgrund dynamischer Preisgestaltung verändert. Die Information hat auf Grundlage der Angaben des Anbieters, der die Eintrittsberechtigung weiterverkaufen will, zu erfolgen. Der Betreiber des Online-Marktplatzes kann dafür sorgen, dass der Verbraucher diese Information auch erhält, indem ein Hochladen des Angebots auf dem Online-Marktplatz technisch nicht ermöglicht wird, wenn der Anbieter nicht ein spezifisches Feld für die Preisangabe ausgefüllt oder erklärt hat, dass kein Preis festgelegt wurde oder ihm die Information über den festgelegten Preis nicht vorliegt. Eine Pflicht des Betreibers eines Online-Marktplatzes zur Überprüfung dieser Information wird ... nicht begründet. Auch der Betreiber des Online-Marktplatzes selbst muss den vom Veranstalter festgelegten Preis angeben, wenn er auf dem Marktplatz eine Eintrittsberechtigung für eine Veranstaltung weiterverkauft*".[123]
Wie durch Nr. 4 trifft auch nach dem bloßen Wortlaut der Nr. 7 den Betreiber keine unmittelbare Verpflichtung beim Anbieter den ursprünglich vom Veranstalter festgelegten Preis zu erfragen – wenn dies auch zur Erfüllung eigener Informationspflichten „faktisch unabdingbar" ist.[124]

b) Formale Anforderungen
aa) Allgemeine Anforderungen

Der Betreiber eines Online-Marktplatzes muss dem Verbraucher nach Art. 246d § 2 Abs. 1 EGBGB[125] – entsprechend Art. 246a § 4 EGBGB – die Informationen nach § 1 Nr. 1–7 EGBGB **vor Abgabe von dessen Vertragserklärung** in

- klarer,
- verständlicher[126] (**Transparenzgebot**) und in
- einer den benutzten Fernkommunikationsmitteln angepassten Weise (**Gebot mediengerechter Kommunikation**)

---

123 RegE, BT-Drucks. 19/27655, S. 37 – zu Art. 2 Nr. 3.
124 Brönneke/Föhlisch/Tonner/*Schmidt*, Das neue Schuldrecht, § 1 Rn 27.
125 Näher Brönneke/Föhlisch/Tonner/*Schmidt*, Das neue Schuldrecht, § 1 Rn 28 f.
126 Textlich verständlich für einen rechtsunkundigen Durchschnittsverbraucher ohne vorherige Einholung von Rechtsrat: Brönneke/Föhlisch/Tonner/*Schmidt*, Das neue Schuldrecht, § 1 Rn 29.

(**formelle Anforderungen**) zur Verfügung stellen (Modalitäten der Informationsbereitstellung).[127]

> **Beachte**
> Nach Erwägungsgrund 27 der ModRL genügt es nicht die Informationen in Allgemeinen Geschäftsbedingungen oder ähnlichen allgemeinen Vertragsdokumenten einzubauen.

34 *„Die Informationen müssen gut auffindbar sein und grafisch so gestaltet werden, dass sie für den durchschnittlichen Nutzer ohne Probleme lesbar sind".*[128]
„Ebenso wie für die in Art. 246a EGBGB geregelten Informationspflichten des Unternehmers gelten gemäß Abs. 1 des durch die Richtlinie in die Verbraucherrechterichtlinie eingefügten Art. 6a auch für die Informationspflichten des Betreibers eines Online-Marktplatzes das Transparenzgebot und das Gebot der mediengerechten Kommunikation. Insbesondere muss die Darstellung der Informationen in klarer und verständlicher Weise erfolgen".[129]

bb) Besondere Anforderungen in Bezug auf § 1 Nr. 1 und 2

35 Die Informationen nach § 1 Nr. 1 (Rankinginformationen) und Nr. 2 (Anbieterinformationen) müssen dem Verbraucher gemäß Art. 246d § 2 Abs. 2 EGBGB[130] – über die Anforderungen nach § 2 Abs. 1 als **zusätzliche formale Besonderheiten** hinaus – in einem **bestimmten Bereich der Online-Benutzeroberfläche** zur Verfügung gestellt werden, der von der Webseite, auf der die Angebote angezeigt werden,

- unmittelbar und
- leicht zugänglich ist.

„Abs. 2 sieht über das im Abs. 1 geregelte Gebot der mediengerechten Kommunikation hinaus zusätzliche – sich aus Art. 6a Abs. 1 Buchst. a der Verbraucherrechterichtlinie in der Fassung von Art. 4 Nr. 5 der Richtlinie ergebende – formale Anforderungen im Hinblick darauf vor, wie der Betreiber eines Online-Marktplatzes die Informationen über die für das Ranking maßgeblichen Parameter auf der Benutzeroberfläche zur Verfügung zu stellen hat. Durch den unmittelbaren und leichten Zugang von der Webseite aus, auf der die Angebote angezeigt werden, soll dem Verbraucher ermöglicht werden,

---

127 HK-BGB/*Schulte-Nölke*, § 312l Rn 3.
128 Brönneke/Föhlisch/Tonner/*Schmidt*, Das neue Schuldrecht, § 1 Rn 29: *„unabhängig davon, welche Hard- oder Software verwendet wird („klar")".*
129 RegE, BT-Drucks. 19/27655, S. 37 – zu Art. 2 Nr. 3.
130 Näher Brönneke/Föhlisch/Tonner/*Schmidt*, Das neue Schuldrecht, § 1 Rn 30 f.

auf möglichst einfache Weise von den Informationen Kenntnis zu nehmen. Dieselben Anforderungen sollen auch für die Informationspflicht nach § 1 Nr. 2 gelten".[131]
„Hierbei kann auf die in der Praxis erprobten Lösungen zur rechtskonformen Umsetzung der Impressumspflicht zurückgegriffen werden".[132] *Es soll ausreichen, „dass die Informationen maximal zwei Klicks von der Webseite entfernt sind, auf der die Angebote angezeigt werden".*[133]

36

4. Verbotene Verletzung von Verbraucherinteressen und Bußgeldvorschriften

Art. 246e EGBGB[134] setzt den durch Art. 4 Nr. 13 der ModRL neu gefassten Art. 24 der VerbrRRL und den durch Art. 1 der ModRL in die Klauselrichtlinie eingefügten Art. 8b um.[135] Dabei normiert

37

- § 1 konkrete Handlungsverbote und
- § 2 statuiert die dazugehörige Sanktionsnorm.

Die Mitgliedstaaten werden nach den vorgenannten Richtlinienvorgaben verpflichtet „sicherzustellen, dass Verstöße gegen die zur Umsetzung der Verbraucherrechterichtlinie oder zur Umsetzung der Klauselrichtlinie erlassenen nationalen Vorschriften der Mitgliedstaaten, bei denen es sich um einen weitverbreiteten Verstoß oder einem weit verbreiteten Verstoß mit Unions-Dimension im Sinne von Art. 3 Nr. 3 oder 4 der CPC-Verordnung handelt, mit einem Bußgeld geahndet werden können. Den zuständigen Behörden ist so zu ermöglichen, im Rahmen koordinierter Aktionen nach Kap. IV der CPC-Verordnung einheitlichere Durchsetzungsmaßnahmen zu ergreifen".*[136]

38

„Bei Verstößen gegen die Klauselrichtlinie soll von der in Art. 8b Abs. 2 Klauselrichtlinie in der Fassung von Art. 1 der Richtlinie eröffneten Möglichkeit Gebrauch gemacht werden, die Sanktionierung zu beschränken. Nach dem neuen Art. 8b Klauselrichtlinie können die Mitgliedstaaten die Sanktionen auf die Fälle beschränken, in denen die Vertragsklauseln nach nationalem Recht ausdrücklich als in jedem Fall missbräuchlich anzusehen sind oder auf die Fälle, in denen ein Gewerbetreibender Vertragsklauseln weiterverwendet, die in einer rechtskräftigen Entscheidung in einem Verbandsklageverfahren nach Art. 7 Abs. 2 für missbräuchlich befunden wurden. Diese Ausnahmeregelung soll genutzt werden, um das Bußgeldverfahren nicht mit schwierigen zivilrechtlichen Prüfungen ins-

39

---

131 RegE, BT-Drucks. 19/27655, S. 37 f. – zu Art. 2 Nr. 3.
132 Brönneke/Föhlisch/Tonner/*Schmidt*, Das neue Schuldrecht, § 1 Rn 31: Abrufbarkeit der Angaben von jeder Seite eines mehrseitigen Angebots über eine leicht auffindbare Verlinkung.
133 Brönneke/Föhlisch/Tonner/*Schmidt*, Das neue Schuldrecht, § 1 Rn 31.
134 Näher Brönneke/Föhlisch/Tonner/*Schmidt*, Das neue Schuldrecht, § 1 Rn 45 ff.
135 RegE, BT-Drucks. 19/27655, S. 38 – zu Art. 2 Nr. 3.
136 RegE, BT-Drucks. 19/27655, S. 38 – zu Art. 2 Nr. 3.

besondere anhand unbestimmter AGB-rechtlicher Vorschriften zu belasten. Von der Ausnahmeregelung wird so Gebrauch gemacht, dass Bußgelder für beide Alternativen vorgesehen werden. Mit einem Bußgeld bewehrt wird die einfach festzustellende Weiterverwendung von Vertragsklauseln, die aufgrund einer Verbandsklage als missbräuchlich befunden wurde. Ein Bußgeld soll auch verhängt werden können, wenn Vertragsklauseln gegenüber Verbrauchern verwendet werden, die nach § 309 BGB als unwirksam anzusehen sind. Dies ermöglicht, dass auch Bußgelder für Erstverstöße verhängt werden können".[137]

a) Verbotene Verletzung von Verbraucherinteressen im Zusammenhang mit Verbraucherverträgen

40 Die Verletzung von Verbraucherinteressen im Zusammenhang mit Verbraucherverträgen, bei der es sich um einen weitverbreiteten Verstoß gemäß Art. 3 Nr. 3 oder einen weitverbreiteten Verstoß mit Unions-Dimension gemäß Art. 3 Nr. 4 der Verordnung (EU) 2017/2394 des Europäischen Parlaments und des Rates vom 12.12.2017 über die Zusammenarbeit zwischen den für die Durchsetzung der Verbraucherschutzgesetze zuständigen nationalen Behörden und zur Aufhebung der Verordnung (EG) Nr. 2006/2004,[138] die zuletzt durch die Richtlinie (EU) 2019/771[139] geändert worden ist, handelt, ist nach Art. 246e § 1 Abs. 1 EGBGB verboten.

Die Regelung normiert den sozialethischen Vorwurf, der die Bußgeldbewehrung rechtfertigt: *„Verletzungen von in der Verbraucherrechterichtlinie und in der Klauselrichtlinie und in Abs. 2 und 3 näher bestimmten Unterlassungspflichten für Unternehmer in dem in Art. 3 Nr. 3 und 4 der CPC-Verordnung festgelegten Ausmaß sind als rechtswidrige und vorwerfbare Handlungen einzustufen, die verboten sind"*.[140]

41 Eine **Verletzung von Verbraucherinteressen** im Zusammenhang mit Verbraucherverträgen im Sinne Art. 246e § 1 Abs. 1 EGBGB liegt gemäß Art. 246e § 1 Abs. 2 EGBGB – der im Einzelnen auflistet, wann eine Verletzung von auf nationalem deutschen Recht beruhenden Handlungs- und Unterlassungspflichten vorliegt, die in dem in Art. 3 Nr. 3 und 4 CPC-VO festgelegten Ausmaß verboten ist[141] – vor, wenn

- gegenüber dem Verbraucher ein nach § 241a Abs. 1 BGB (der Art. 27 VerbrRRL umsetzt und die Pflicht des Unternehmers impliziert, bei Zusendung unbestellter Ware an den Verbraucher grundsätzlich keinen Anspruch gegen diesen geltend zu machen)[142] nicht begründeter Anspruch geltend gemacht wird (Nr. 1),

---

137 RegE, BT-Drucks. 19/27655, S. 38 – zu Art. 2 Nr. 3.
138 ABl L 345 vom 27.12.2017, S. 1.
139 ABl L 136 vom 22.5.2019, S. 28.
140 RegE, BT-Drucks. 19/27655, S. 38 – zu Art. 2 Nr. 3.
141 RegE, BT-Drucks. 19/27655, S. 38 – zu Art. 2 Nr. 3.
142 RegE, BT-Drucks. 19/27655, S. 38 – zu Art. 2 Nr. 3.

C. Änderungen im EGBGB § 2

- von einem Unternehmer in seinen Allgemeinen Geschäftsbedingungen eine Bestimmung empfohlen oder verwendet wird (Nr. 2,[143] der die Verwendung oder Empfehlung Allgemeiner Geschäftsbedingungen erfasst, die nach § 309 BGB unwirksam sind oder Allgemeiner Geschäftsbedingungen, deren Verwendung oder Empfehlung durch rechtskräftiges Urteil aufgrund einer Verbandsklage untersagt wurde),[144]
  - die nach § 309 BGB unwirksam ist (Buchst. a – Fälle, in denen der Unternehmer eine Klausel verwendet oder empfiehlt, die nach § 309 BGB unwirksam ist)[145] oder
  - deren Empfehlung oder Verwendung gegenüber Verbrauchern dem Unternehmer durch rechtskräftiges Urteil untersagt wurde (Buchst. b – Fälle, in denen ein Unternehmer Bestimmungen in Allgemeinen Geschäftsbedingungen verwendet, deren Verwendung oder Empfehlung durch rechtskräftiges Urteil aufgrund einer Verbandsklage untersagt wurde – womit Buchst. b zunächst ein rechtskräftiges Unterlassungsurteil voraussetzt, nach dem es dem Verwender untersagt ist, eine bestimmte Klausel in AGB weiter zu verwenden, und weiterhin, dass der Verwender die im Urteil titulierte Klausel weiterhin empfiehlt oder sie weiterhin verwendet).[146]

„Verwenden" ist weit zu verstehen. Darunter ist somit sowohl das „Darauf-Berufen" in einem bereits bestehenden Kundenverhältnis als auch das „Neu-Verwenden" gegenüber potenziellen weiteren Verbrauchern zu verstehen, da die Vertragsdurchführung unter Ausnutzung unwirksamer Allgemeiner Geschäftsbedingungen erst recht als „Verwenden" zu qualifizieren ist.[147]

Beachte: Das Verwenden oder Empfehlen einer Bestimmung in Allgemeinen Geschäftsbedingungen kann sowohl unter Buchst. a als auch unter Buchst. b fallen, wenn die Bestimmung in den Allgemeinen Geschäftsbedingungen nach § 309 BGB unwirksam ist, dies aufgrund einer Verbandsklage rechtskräftig festgestellt wurde und der Unternehmer die Bestimmung weiterempfiehlt oder verwendet – wobei in diesem Fall der allgemeine Bußgeldtatbestand in Nr. 2a hinter den spezielleren Bußgeldtatbestand in Nr. 2b zurücktritt.[148]

- eine Identität oder der geschäftliche Zweck eines Anrufs nicht nach § 312a Abs. 1 BGB[149] (der den Unternehmer verpflichtet, dem Verbraucher zu Beginn eines Anrufs zum Zwecke des Vertragsabschlusses bestimmte Informationen zu erteilen) offengelegt wird (Nr. 3),

---

[143] In Umsetzung von Art. 8b der Klauselrichtlinie.
[144] RegE, BT-Drucks. 19/27655, S. 38 – zu Art. 2 Nr. 3.
[145] RegE, BT-Drucks. 19/27655, S. 39 – zu Art. 2 Nr. 3.
[146] RegE, BT-Drucks. 19/27655, S. 39 – zu Art. 2 Nr. 3.
[147] RegE, BT-Drucks. 19/27655, S. 39 – zu Art. 2 Nr. 3 – unter Bezugnahme auf BGH, Urt. v. 11.2.1981 – VIII ZR 335/79, NJW 1981, 1511.
[148] RegE, BT-Drucks. 19/27655, S. 39 – zu Art. 2 Nr. 3.
[149] Der Art. 8 Abs. 5 VerbrRRL umsetzt.

- der Verbraucher nicht nach § 312a Abs. 2 Satz 1 BGB (i.V.m. Art. 246 EGBGB)[150] oder § 312d Abs. 1 BGB (i.V.m. Art. 246a EGBGB)[151] informiert wird (Nr. 4 – Verpflichtung des Unternehmers, den Verbraucher vor Vertragsschluss hinreichend zu informieren),[152]
- eine Vereinbarung nach § 312a Abs. 3 Satz 1,[153] auch i.V.m. Satz 2, BGB, nicht ausdrücklich getroffen wird (Nr. 5),
- eine nach § 312a Abs. 4 Nr. 2 oder Abs. 5 Satz 1 BGB[154] verbotene Vereinbarung abgeschlossen wird (Nr. 6),
- von dem Verbraucher entgegen § 312e BGB[155] (der den Unternehmer implizit verpflichtet, bei fehlender Information über zusätzlich anfallende Kosten, wie z.b. Lieferkosten, solche nicht gegenüber dem Verbraucher geltend zu machen)[156] die Erstattung der Kosten verlangt wird (Nr. 7),
- eine Abschrift oder eine Bestätigung des Vertrags nach § 312f Abs. 1 Satz 1,[157] auch i.V.m. Satz 2, oder nach Abs. 2 Satz 1 BGB (Regelung der Einzelheiten der Verpflichtung des Unternehmers zur Bestätigung von außerhalb von Geschäftsräumen geschlossenen Verträgen und von Fernabsatzverträgen)[158] nicht zur Verfügung gestellt wird (Nr. 8),
- im elektronischen Geschäftsverkehr gegenüber Verbrauchern (Nr. 9 – besondere Pflichten des Unternehmers gegenüber Verbrauchern im elektronischen Geschäftsverkehr nach § 312j BGB)[159]
  - eine zusätzliche Angabe nicht nach den Vorgaben des § 312j Abs. 1 BGB gemacht wird (Buchst. a),
  - eine Information nicht nach den Vorgaben des § 312j Abs. 2 BGB zur Verfügung gestellt wird (Buchst. b) oder
  - die Bestellsituation nicht nach den Vorgaben des § 312j Abs. 3 BGB gestaltet wird (Buchst. c),
- der Verbraucher nicht nach § 312k Abs. 1 BGB (i.V.m. Art. 246d EGBGB)[160] informiert wird (Nr. 10 – Informationspflichten des Betreibers eines Online-Marktplatzes),

---

150 Der Art. 5 VerbrRRL umsetzt.
151 Der Art. 6 Abs. 1 und Art. 7 Abs. 1 und 4 sowie Art. 8 Abs. 1 und 4 VerbrRRL umsetzt.
152 RegE, BT-Drucks. 19/27655, S. 39 – zu Art. 2 Nr. 3.
153 In Umsetzung von Art. 22 VerbrRRL.
154 In Umsetzung von Art. 19 bzw. 21 VerbrRRL.
155 In Umsetzung von Art. 6 Abs. 6 VerbrRRL.
156 RegE, BT-Drucks. 19/27655, S. 39 – zu Art. 2 Nr. 3.
157 In Umsetzung von Art. 7 Abs. 2 und Art. 8 Abs. 7 VerbrRRL.
158 RegE, BT-Drucks. 19/27655, S. 39 – zu Art. 2 Nr. 3.
159 In Umsetzung von Art. 8 Abs. 2 und 3 VerbrRRL.
160 Der den Art. 4 Nr. 5 der ModRL in die VerbrRRL eingefügten Art. 6a umsetzt.

C. Änderungen im EGBGB § 2

- eine Sache bei einem Verbrauchsgüterkauf nicht innerhalb einer dem Unternehmer nach § 323 Abs. 1 BGB[161] gesetzten angemessenen (Nach-) Frist geliefert wird (Nr. 11),
- nach einem wirksamen Widerruf des Vertrags durch den Verbraucher (Nr. 12)
  - Inhalte entgegen § 327p Abs. 2 Satz 1 i.V.m. § 357 Abs. 8 BGB[162] genutzt werden (Buchst. a – grundsätzliches Verbot der Nutzung vom Verbraucher erstellter oder bereitgestellter Inhalte, die nicht personenbezogene Daten sind, durch den Unternehmer nach dem Widerruf des Vertrags durch den Verbraucher),
  - Inhalte nicht nach § 327p Abs. 3 Satz 1 i.V.m. § 357 Abs. 8 BGB bereitgestellt werden (Buchst. b – Verletzung der Pflicht des Unternehmers, dem Verbraucher nach dem Widerruf des Vertrags durch den Verbraucher grundsätzlich die von diesem erstellten oder bereitgestellten Inhalte zurückzugewähren),
  - eine empfangene Leistung dem Verbraucher nicht nach § 355 Abs. 3 Satz 1 i.V.m. § 357 Abs. 1–3 BGB[163] zurückgewährt wird (Buchst. c – Pflicht des Unternehmers beim Widerruf eines Fernabsatzvertrags oder eines außerhalb von Geschäftsräumen geschlossenen Vertrags durch den Verbraucher) oder
  - eine Ware nicht nach § 357 Abs. 7 BGB[164] auf eigene Kosten abgeholt wird (Buchst. d – Voraussetzungen der Abholpflicht des Unternehmers bei Widerruf von Verträgen, die außerhalb von Geschäftsräumen geschlossen wurden),
- im Falle eines Rücktritts des Verbrauchers von einem Verbrauchsgüterkauf eine Leistung des Verbrauchers nicht nach § 346 Abs. 1 BGB zurückgewährt wird (Nr. 13 – Rückgewähr der empfangenen Leistungen),[165]
- der Zugang eines Widerrufs nicht nach § 356 Abs. 1 Satz 2 BGB[166] bestätigt wird (Nr. 14 – Pflicht zur Bestätigung des Zugangs einer vom Verbraucher abgegebenen Widerrufserklärung) oder
- eine Sache dem Verbraucher nicht innerhalb der nach § 433 Abs. 1 Satz 1 i.V.m. § 475 Abs. 1 Satz 1 und 2 BGB[167] maßgeblichen Leistungszeit übergeben wird (Nr. 15 – Leistungszeit des Unternehmers beim Verbrauchsgüterkauf).

Eine Verletzung von Verbraucherinteressen im Zusammenhang mit Verbraucherverträgen nach Art. 246e § 1 Abs. 1 EGBGB liegt gemäß Art. 246e § 1 Abs. 3 EGBGB – der die Fälle der nach Abs. 1 verbotenen Verletzungen von Verbraucherinteressen auf solche Fälle erweitert, in denen zwar die in Abs. 2 aufgeführten tatsächlichen Voraussetzungen

42

---

[161] In Umsetzung von Art. 18 Abs. 2 VerbrRRL.
[162] In Umsetzung von Art. 13 Abs. 5 VerbrRRL i.d.F. von Art. 4 Nr. 10 der ModRL.
[163] In Umsetzung von Art. 13 Abs. 1 VerbrRRL.
[164] In Umsetzung von Art. 14 Abs. 1 Unterabs. 3 VerbrRRL.
[165] Der in diesem Umfang Art. 18 Abs. 3 VerbrRRL umsetzt.
[166] In Umsetzung von Art. 11 Abs. 3 VerbrRRL.
[167] In Umsetzung von Art. 18 Abs. 1 VerbrRRL.

erfüllt sind, das auf das Vertragsverhältnis anzuwendende nationale Recht jedoch nicht deutsches Recht, sondern das Recht eines anderen EU-Mitgliedstaats ist (das den in Abs. 2 in Bezug genommenen Normen entsprechende Vorgaben enthält)[168] – auch vor, wenn

- eine Handlung oder Unterlassung die tatsächlichen Voraussetzungen eines der in Art. 246e § 1 Abs. 2 EGBGB geregelten Fälle erfüllt (Nr. 1) und
- auf den Verbrauchervertrag das nationale Recht eines anderen Mitgliedstaates der EU anwendbar ist, welches eine Vorschrift enthält, die der jeweiligen in Art. 246e § 1 Abs. 2 EGBGB genannten Vorschrift entspricht (Nr. 2).

43   Art. 246e § 1 Abs. 3 EGBGB will sicherstellen, „*dass auch Verstöße von in der Bundesrepublik Deutschland ansässigen Unternehmen gegen Vorschriften anderer Mitgliedstaaten der Europäischen Union, die das betreffende verbraucherschützende Unionsrecht umsetzen, mit einer Geldbuße belegt werden können. Davon, dass die Rechtsordnungen der Mitgliedstaaten der Europäischen Union im deutschen Recht entsprechende Vorschriften enthalten, ist aufgrund ihrer gemeinsamen Grundlage im Unionsrecht auszugehen. Die in Abs. 2 unter Bezugnahme auf das nationale deutsche Recht zugrunde gelegten Handlungs- und Unterlassungspflichten gehen bis auf die in Abs. 2 Nr. 2 getroffenen Regelungen auf die Verbraucherrechterichtlinie zurück, die dem Grundsatz der Vollharmonisierung folgt und es den Mitgliedstaaten daher verwehrt, von den Vorgaben der Richtlinie abweichende Regelungen zu erlassen. Hinsichtlich der in Abs. 2 Nr. 2 Buchst. a genannten Regelung des § 309 BGB ist zu beachten, dass die Klauselrichtlinie nur mindestharmonisierende Vorgaben enthält. Die Klauselverbote, die in § 309 BGB enthalten sind, sind nationale Regelungen, die eng auf das deutsche Recht abgestimmt sind und nicht zur Umsetzung der Klauselrichtlinie geschaffen wurden*".[169]

„*Die Ausweitung der verbotenen Verletzungen von Verbraucherinteressen auf die im Abs. 3 nominierten Fälle ist notwendig, um der nach der CPC-Verordnung zuständigen nationalen deutschen Behörde die Möglichkeit zu verschaffen, gemäß den Vorgaben des Art. 21 der CPC-Verordnung auch in diesen Fällen in ihrem Zuständigkeitsbereich Geldbußen zu verhängen*".[170]

b) Exkurs: Bußgeldvorschriften

44   Ordnungswidrig handelt nach Art. 246e § 2 Abs. 1 EGBGB, wer vorsätzlich oder fahrlässig entgegen § 1 Abs. 1 Verbraucherinteressen im Zusammenhang mit Verbraucherverträgen nach § 1 Abs. 2 oder 3 verletzt. Die Regelung legt den Tatbestand fest, dessen Ver-

---

168 RegE, BT-Drucks. 19/27655, S. 40 f. – zu Art. 2 Nr. 3.
169 RegE, BT-Drucks. 19/27655, S. 41 – zu Art. 2 Nr. 3.
170 RegE, BT-Drucks. 19/27655, S. 41 – zu Art. 2 Nr. 3.

letzung mit einer Geldbuße geahndet werden kann – wobei gemäß den unionsrechtlichen Vorgaben, die keine Beschränkung der Schuldform vorsehen, sowohl vorsätzliches als auch fahrlässiges Verhalten erfasst wird.[171]

Die Ordnungswidrigkeit kann nach Art. 246e § 2 Abs. 2 EGBGB mit einer Geldbuße bis zu 50.000 EUR geahndet werden. Gegenüber einem Unternehmer, der in den von dem Verstoß betroffenen Mitgliedstaaten der EU in dem der Behördenentscheidung vorausgegangenen Geschäftsjahr mehr als 1,25 Mio EUR Jahresumsatz erzielt hat, kann eine höhere Geldbuße verhängt werden; diese darf 4% des Jahresumsatzes nicht übersteigen. Die Höhe des Jahresumsatzes kann geschätzt werden. Liegen keine Anhaltspunkte für eine Schätzung des Jahresumsatzes vor, beträgt das Höchstmaß der Geldbuße 2 Mio. EUR. Abweichend von den Sätzen 2–4 gilt gegenüber einem Täter oder einem Beteiligten, der i.S.d. § 9 OWiG für einen Unternehmer handelt, und gegenüber einem Beteiligten i.S.v. § 14 Abs. 1 Satz 2 OWiG, der kein Unternehmer ist, der Bußgeldrahmen des Satzes 1. Das für die Ordnungswidrigkeit angedrohte Höchstmaß der Geldbuße i.s.v. § 30 Abs. 2 Satz 2 OWiG ist das nach den Sätzen 1–4 anwendbare Höchstmaß. **45**

Die Ordnungswidrigkeit kann nach Art. 246e § 2 Abs. 3 EGBGB nur im Rahmen einer koordinierten Durchsetzungsmaßnahme nach Art. 21 der Verordnung (EU) 2017/2394 geahndet werden. **46**

Verwaltungsbehörde i.S.d. § 36 Abs. 1 Nr. 1 OWiG ist nach Art. 246e § 2 Abs. 4 EGBGB das Bundesamt für Justiz. **47**

---

171 RegE, BT-Drucks. 19/27655, S. 41 – zu Art. 2 Nr. 3.

§ 3 Gesetz zur Umsetzung der Digitale-Inhalte-Richtlinie

Literatur:

Bach, Neue Richtlinien zum Verbrauchsgüterkauf und zu Verbraucherverträgen über digitale Inhalte, NJW 2019, 1705; *Faust*, Digitale Wirtschaft – Analoges Recht: Braucht das BGB ein Update? Gutachten A zum 71. DJT 2016; *Fellner*, Neue Regelungen für Verträge über digitale Inhalte und Dienstleistungen, MDR 2021, 976; *Grünberger*, Verträge über digitale Güter, AcP 218 (2018), 213; *ders.*, Abhilfen bei Vertragswidrigkeit nach dem europäischen Digital-RL-Vorschlag vor dem Hintergrund des deutschen Rechts, ZUM 2018, 73; *Gsell*, Der europäische Richtlinienvorschlag zu bestimmten vertragsrechtlichen Aspekten der Bereitstellung digitaler Inhalte, ZUM 2018, 75; *Kipker*, Stärkung des digitalen Verbraucherschutzes durch zwei neue EU-Richtlinien, MMR 2020, 71; *Kühner/Piltz*, Die Update-Pflicht für Unternehmen in Umsetzung der Digitale-Inhalte-Richtlinie, CR 2021, 1; *Lejeune*, Verbraucherverträge über digitale Produkte, ITBR 2021, 87; *Metzger*, Verträge über digitale Inhalte und digitale Dienstleistungen – Neuer BGB-Vertragstypus oder punktuelle Reform?, JZ 2019, 577; *Möllnitz*, Änderungsbefugnis des Unternehmers bei digitalen Produkten, MMR 2021, 116; *Reinking*, Verbraucherverträge über digitale Produkte für Kraftfahrzeuge, DAR 2021, 185; *Riehm/Abold*, Rechtsbehelfe von Verbrauchern bei Verträgen über digitale Produkte, CR 2021, 530; *Ring*, Vertragsrechtliche Regelungen über Aspekte der Bereitstellung digitaler Inhalte und digitaler Dienstleistungen im BGB, ZAP 2021, 1005; *Schippel*, DSGVO-konformer Einsatz von Push-Nachrichten bei Aktualisierungen digitaler Inhalte, ITBR 2021, 219; *ders.*, Die Pflicht zur Bereitstellung von Aktualisierungen für digitale Produkte, K&R 2021, 151; *Schmidt-Kessel/Erler/Grimm/Kramme*, Die Richtlinienvorschläge der Kommission zu digitalen Inhalten und Online-Handel, GPR 2016, 2 (Teil 1) und 54 (Teil 2); *Schmidt-Kessel/Grimm*, Unentgeltlich oder entgeltlich? – Der vertragliche Austausch von digitalen Inhalten gegen personenbezogene Daten, ZfPW 2017, 84; *Schneider*, Impulse und Probleme der Digitale-Inhalte-Richtlinie und deren Umsetzung im BGB, ITBR 2021, 182; *Schrader*, Verträge über digitale Produkte: „lediglich rechtlicher Vorteil" für den Minderjährigen?, JA 2021, 177; *Schulze*, Die Digitale-Inhalte-Richtlinie – Innovation und Kontinuität im europäischen Vertragsrecht, ZEuP 2019, 695; *Specht*, Daten als Gegenleistung – Verlangt die Digitalisierung nach einem neuen Vertragstypus?, JZ 2017, 763; *Spindler*, Verträge über digitale Inhalte – Anwendungsbereich und Ansätze – Vorschläge der EU-Kommission zu einer Richtlinie über Verträge zur Bereitstellung digitaler Inhalte, MMR 2016, 147; *ders.*, Digitale Wirtschaft – Analoges Recht: Braucht das BGB ein Update?, JZ 2016, 805; *Staudenmayer*, Die Richtlinien zu den digitalen Verträgen, ZEuP 2019, 663; *Weiß*, Die Neuerungen durch die Umsetzung der Digitale-Inhalte-RL und der Warenkauf-RL, ZVertriebsR 2021, 208; *Wendehorst*, Die Digitalisierung und das BGB, NJW 2016, 2609; *dies.*, Die neuen Regelungen im BGB zu Verträgen über digitale Produkte, NJW 2021, 2913; *Wendland*, Sonderprivatrecht für Digitale Güter, ZVglRWiss 118 (2019), 191; *Zander-Hayat/Reisch/Steffen*, Personalisierte Preise – Eine verbraucherpolitische Einordnung, VuR 2016, 403.

A. Einführung

In Umsetzung (Transformation) der Richtlinie (EU) 2019/770 des Europäischen Parlaments und des Rates vom 20.5.2019 über bestimmte vertragsrechtliche Aspekte der Bereitstellung digitaler Inhalte und digitaler Dienstleistungen[1] (Digitale-Inhalte-Richtlinie,

1

---

1 ABl L 136 vom 22.5.2019, S. 1; L 305 vom 26.11.2019, S. 62. Vgl. näher zur Digitale-Inhalte-RL *Bach*, NJW 2019, 1705; *Kipker*, MMR 2020, 71; *Metzger*, JZ 2019, 577; *Schulze*, ZEuP 2019, 695; *Staudenmayer*, ZEuP 2019, 663.

fortan: **Digitale-Inhalte-RL**),[2] die auf eine Vollharmonisierung[3] von Teilbereichen des mitgliedstaatlichen (Verbraucher-) Vertragsrechts betreffend Verträge über digitale Inhalte und digitale Dienstleistungen zielt, ist durch das entsprechende Umsetzungsgesetz[4] vom 25.6.2021[5] zum **1.1.2022** (Art. 5) auch in Deutschland eine umfassende Regelung der Verträge über digitale Produkte im BGB erfolgt.

Vgl. zum Inkrafttreten im Einzelnen die Übergangsvorschriften in Art. 229 § 57 EGBGB (nachstehende Rdn 7).

B. Grundlagen

2

> *Beachte*
>
> **Grundsatz**: Die Digitale-Inhalte-RL und die Warenkaufrichtlinie (im Folgenden: WKRL) – beide mit der Digital Market Strategy 2015[6] angekündigt – schließen sich in ihrem Anwendungsbereich jeweils gegenseitig aus (es gibt keine „Überlappung": Entweder gelangt die eine oder die andere Richtlinie zur Anwendung).
> Nach Art. 3 Digitale-Inhalte-RL sind ihre Regelungen nicht auf **Waren mit digitalen Elementen** anzuwenden (vgl. § 327a Abs. 2 und 3 BGB).
> Art. 3 Abs. 3 WKRL schließt die Anwendbarkeit ihrer Vorgaben auf Verträge über digitale Inhalte und digitale Dienstleistungen aus.
> **Aber**: Die Digitale-Inhalte-RL und infolgedessen die §§ 327 ff. BGB sind nur dann auf **Sachen mit digitalen Produkten** ausgeschlossen, *„wenn die digitalen Produkte für die Funktionsfähigkeit der Sachen unerlässlich sind"*[7] (digitale Elemente). *„Voraussetzung des Ausschlusses (...) ist ferner, dass die digitalen Elemente Bestandteil des Kaufvertrags sind"*.[8]

3 Die Digitale-Inhalte-RL erfasst nur **B2C-Verträge** und ist damit **reines Verbraucher(schutz)recht**.[9] *„Der personelle Anwendungsbereich der Richtlinie hätte eine Erstreckung auf B2B-Verträge durch den Umsetzungsgesetzgeber im Wege der überschießenden Umsetzung nicht ausgeschlossen"*.[10] Hiervon ist in Deutschland jedoch nicht Gebrauch gemacht worden.

---

2 Die Umsetzungsvorschriften nach der Digitale-Inhalte-RL waren bis zum 1.7.2021 zu erlassen.
3 Dazu näher HK-BGB/*Schulze*, Vor §§ HK-BGB/*Schulze*, Vor §§ 27–327u Rn 2.
4 Gesetz zur Umsetzung der Richtlinie über bestimmte vertragsrechtliche Aspekte zur Bereitstellung digitaler Inhalte und digitaler Dienstleistungen.
5 Verkündet am 30.6.2021, BGBl I, S. 2123.
6 Mitteilung der Kommission – Strategie für einen digitalen Binnenmarkt für Europa, COM (2015) 192 final.
7 Brönneke/Föhlisch/Tonner/*Tamm/Tonner*, Das neue Schuldrecht, § 2 Rn 3.
8 Brönneke/Föhlisch/Tonner/*Tamm/Tonner*, Das neue Schuldrecht, § 2 Rn 3.
9 Brönneke/Föhlisch/Tonner/*Tamm/Tonner*, Das neue Schuldrecht, § 2 Rn 6.
10 Brönneke/Föhlisch/Tonner/*Tamm/Tonner*, Das neue Schuldrecht, § 2 Rn 6.

B. Grundlagen   § 3

Aspekte einer vertragsrechtlichen Regelung für die Bereitstellung digitaler Inhalte finden sich in   **4**
- Art. 5 Digitale-Inhalte-RL (Leistungshandlung – Bereitstellung),
- Art. 6–9 Digitale-Inhalte-RL (vertragsgemäße Leistung),
- Art. 11 Abs. 2 Satz 1 und Abs. 3 Satz 1 Digitale-Inhalte-RL (relevanter Zeitpunkt für die Vertragsmäßigkeit),
- Art. 13–16 Digitale-Inhalte-RL (Recht auf Abhilfe bei Vertragswidrigkeit),
- Art. 11 Abs. 2 Satz 2 und 3 sowie Abs. 3 Satz 2 Digitale-Inhalte-RL (Haftungs- und Verjährungsfristen),
- Art. 12 und 14 Abs. 6 Satz 2 Digitale-Inhalte-RL (Beweislastverteilung),
- Art. 16 und 17 Digitale-Inhalte-RL (Rückabwicklung beendeter Verträge),
- Art. 16 Abs. 4 Digitale-Inhalte-RL (Änderung digitaler Inhalte u.a.).

Nicht erfasst wird in Bezug auf die Gewährleistung das **Schadensersatzrecht**.[11]

> *Vorarbeiten (Gesetzesmaterialien):*
> - Regierungsentwurf, BT-Drucks 19/27653
> - Beschlussempfehlung des Rechtsausschusses, BT-Drucks 19/30951
> - Bericht des Rechtsausschusses, BT-Drucks 19/31116

Im dritten Abschnitt des zweiten Buches des BGB (Recht der Schuldverhältnisse) ist im **Allgemeinen Teil des Schuldrechts** ein neuer Titel 2a – „Verträge über digitale Produkte" (§§ 327–327u BGB) – (als „geschlossenen Block neuer Vorschriften")[12] angefügt worden. Von den Neuregelungen erfasst werden nur   **5**
- Verbraucherverträge und der
- Regress des Unternehmers gegenüber Vertriebspartnern (im Zusammenhang mit Verbraucherverträgen).

Der Standort der Neuregelungen zu digitalen Produkten im allgemeinen Vertragsrecht des BGB ist eine bewusste Entscheidung des Gesetzgebers: Die §§ 327 ff. BGB statuieren **keinen neuen Vertragstyp**, sondern schaffen typen- bzw. vertragsübergreifende[13] Regelungen[14] **(fehlende vertragstypologische Klassifizierung)**.[15] Der Gesetz-

---

11 Brönneke/Föhlisch/Tonner/*Tamm/Tonner*, Das neue Schuldrecht, § 2 Rn 12.
12 Brönneke/Föhlisch/Tonner/*Tamm/Tonner*, Das neue Schuldrecht, § 2 Rn 1 und 14: „en bloc".
13 Dazu näher HK-BGB/*Schulze*, Vor §§ 327–327u Rn 3.
14 *Spindler*, MMR 2021, 451; *Wendehorst*, NJW 2021, 2913 Rn 3: Verzicht auf „jede vertragstypologische Einordnung": Das Gesetz „belässt es insofern stattdessen bei der geltenden Rechtslage".
15 Brönneke/Föhlisch/Tonner/*Tamm/Tonner*, Das neue Schuldrecht, § 2 Rn 7.

6 Die Digitale-Inhalte-RL regelt nicht den Vertragsschluss und die Regelungen außerhalb des BGB zu verorten (keine eigenständige Kodifikation des Verbraucherrechts in diesem Bereich).[16] Die Digitale-Inhalte-RL regelt nicht den Vertragsschluss.[17] Infolgedessen gelten die allgemeinen Grundsätze des Vertragsschlusses nach Maßgabe der §§ 145 ff. BGB. Kommt es zu einem Vertragsschluss, gelangen alsdann die §§ 327 ff. BGB zur Anwendung.

Infolgedessen gilt folgende Vorgehensweise für die Praxis:
- Zuordnung des konkret in Rede stehenden Vertrags über digitale Produkte (rechtliche Qualifikation des Vertrags) zu einem
  - im BGB gesetzlich vorgesehenen bestimmten Vertragstyp,
  - als gemischt typischer Vertrag oder
  - als atypischer Vertrag.
- Anwendung des für diese Vertragstypen geltenden normierten bzw. dispositiven Rechts, mit Ausnahme der im Verbraucherschutzinteresse zwingend vorgehenden §§ 327 ff. BGB, die „gleichsam vor die Klammer gezogen" werden.[18]
- In Bezug auf die Verbraucherrechte bei Produktmängeln – und zum Teil auch bei anderen Leistungsstörungen – sind im Kollisionsfall die §§ 327 ff. BGB vorrangig, wobei in Bezug auf einzelne gesetzlich normierte Vertragstypen **ergänzende Regelungen** getroffen wurden:
  - § 453 BGB,
  - § 475a BGB,
  - § 516a BGB,
  - § 548a und b BGB,
  - § 650 BGB.

Bei Verträgen über digitale Produkte erfolgt eine Neuregelung der Verbraucherrechte in Bezug auf
- die Modalitäten der Bereitstellung digitaler Produkte,
- die Mangelgewährleistung und
- die nachträgliche Änderungen bei digitalen Produkten.[19]

---

16 Brönneke/Föhlisch/Tonner/*Tamm/Tonner*, Das neue Schuldrecht, § 2 Rn 17 f.
17 Brönneke/Föhlisch/Tonner/*Tamm/Tonner*, Das neue Schuldrecht, § 2 Rn 32.
18 *Wendehorst*, NJW 2021, 2913 Rn 3.
19 *Wendehorst*, NJW 2021, 2913 Rn 1.

C. Inkrafttreten und Übergangsvorschriften

Grundsätzlich erfassen die Neuregelungen Verbraucherverträge, welche **ab dem 1.1.2022** abgeschlossen werden. Das Gros der Regelungen entfaltet jedoch auch Wirkungen auf Altverträge, bei denen die Bereitstellung digitaler Produkte erst **nach dem 1.1.2022** erfolgt.

Insoweit normiert Art. 229 § 59 EGBGB eine **Übergangsvorschrift** zum Gesetz zur Umsetzung der Richtlinie über bestimmte verbraucherrechtliche Aspekte der Bereitstellung digitaler Inhalte und digitaler Dienstleistungen. Danach gilt im Einzelnen Folgendes:

Auf Verbraucherverträge, welche die Bereitstellung eines digitalen Produkts zum Gegenstand haben und ab dem 1.1.2022 abgeschlossen werden, sind nach Art. 229 § 57 Abs. 1 EGBGB nur die Vorschriften des BGB und des UKlaG in der ab dem 1.1.2022 geltenden Fassung anzuwenden.

Sofern nicht in Art. 229 § 57 Abs. 3 EGBGB etwas anderes bestimmt ist, sind auf vor dem 1.1.2022 abgeschlossene Verbraucherverträge, welche die Bereitstellung eines digitalen Produkts zum Gegenstand haben, gemäß Art. 229 § 57 Abs. 2 EGBGB die Vorschriften des BGB und des UKlaG in der ab dem 1.1.2022 geltenden Fassung anzuwenden, wenn die vertragsgegenständliche Bereitstellung ab dem 1.1.2022 erfolgt. Hierbei handelt es sich um eine sog. **unechte Rückwirkung**.[20] Erfasst werden insbesondere Verträge über digitale Dienstleistungen, z.B. Verträge über die Mitgliedschaft in sozialen Netzwerken oder Verträge über Abonnements von Streaming-Diensten.[21]

§ 327r BGB (Aktualisierung: Änderungen an digitalen Produkten) ist nach Art. 229 § 57 Abs. 3 EGBGB auf Verbraucherverträge anzuwenden, welche die Bereitstellung eines digitalen Produkts zum Gegenstand haben und ab dem 1.1.2022 abgeschlossen werden.

Die §§ 327t und 327u BGB (Regelungen über dem Rückgriff des Unternehmers in der Vertriebskette) sind gemäß Art. 229 § 57 Abs. 4 EGBGB auf Verträge anzuwenden, welche ab dem 1.1.2022 abgeschlossen werden.

D. Exkurs: Anwendungsbereich Verbraucherverträge und besondere Vertriebsformen

Infolge von Art. 1 Nr. 2 des Gesetzes zur Umsetzung der Richtlinie über bestimmte vertragsrechtliche Aspekte der Bereitstellung digitaler Inhalte und digitaler Dienstleistungen ist es zu einer Neufassung von § 312 BGB (Anwendungsbereich von Verbraucherverträgen) gekommen.

---

20 *Wendehorst*, NJW 2021, 2913 Rn 2.
21 RegE, BT-Drucks 19/27653, S. 88.

Nach § 312 Abs. 1 Satz 1 BGB sind die Vorschriften der Kapitel 1 (Anwendungsbereich und Grundsätze bei Verbraucherverträgen, §§ 312–312a BGB) und Kapitel 2 (Außerhalb von Geschäftsräumen geschlossene Verträge und Fernabsatzverträge, §§ 312b–h BGB) des Untertitels 2 (Grundsätze bei Verbraucherverträgen und besonderen Vertriebsformen) nur auf Verbraucherverträge beschränkt,[22] bei denen sich der Verbraucher zu der Zahlung eines Preises verpflichtet.

10 Ein **Verbrauchervertrag** ist nach der Legaldefinition des § 310 Abs. 3 BGB ein Vertrag zwischen einem Unternehmer (§ 14 BGB) und einem Verbraucher (§ 13 BGB).

Der Regelungsgehalt des ersten Untertitels erfasst also nur die Beziehung B2C: Verbraucherverträge über digitale Produkte.

Verbraucher ist nach § 13 BGB jede natürliche Person, die ein Rechtsgeschäft zu Zwecken abschließt, die überwiegend weder ihrer gewerblichen noch ihrer selbstständigen beruflichen Tätigkeit zugerechnet werden können.
Unternehmer ist gemäß § 14 Abs. 1 BGB eine natürliche oder juristische Person oder eine rechtsfähige Personengesellschaft, die bei Abschluss eines Rechtsgeschäfts in Ausübung ihrer gewerblichen oder selbstständigen beruflichen Tätigkeit handelt. Eine rechtsfähige Personengesellschaft ist nach § 14 Abs. 2 BGB eine Personengesellschaft, die mit der Fähigkeit ausgestattet ist, Rechte zu erwerben und Verbindlichkeiten einzugehen.

11 Der **Preis** ist eine vereinbarte Geldleistung. *„Sofern die Vertragsparteien als Gegenleistung die digitale Darstellung eines Wertes vereinbart haben, dürfte jedoch auch diese im Art. 2 Nr. 9 Digitale-Inhalte-RL erwähnte Leistung die Anwendbarkeit der §§ 312 ff. BGB auslösen, auch wenn dies nicht ausdrücklich in der VerbrRRL niedergelegt ist".*[23]
Die genannten Regelungen sind gemäß § 312 Abs. 1a Satz 1 BGB, der die Bedingungen normiert, unter denen die Vorschriften der §§ 312 ff. BGB auf Verträge anwendbar sind,[24] bei denen „mit Daten bezahlt" wird,[25] auch auf Verbraucherverträge anzuwenden, bei denen der Verbraucher dem Unternehmer **personenbezogene Daten** i.S.v. Art. 4 Nr. 1 DSGVO

- **bereitstellt** (i.w.S., bspw. auch wenn der Unternehmer Cookies setzt oder Metadaten wie Informationen zum Gerät des Verbrauchers oder zum Browserverlauf erhebt) oder
- **sich hierzu verpflichtet.**

---

22 Dazu näher HK-BGB/*Schulte-Nölke*, § 312 Rn 2.
23 RegE, BT-Drucks 19/27653, S. 35.
24 Dazu näher HK-BGB/*Schulte-Nölke*, § 312 Rn 6.
25 RegE, BT-Drucks 19/27653, S. 35.

Exkurs: Verhältnis zum Datenschutzrecht[26] **12**
§ 312a Abs. 1a BGB ist unabhängig vom geltenden Datenschutzrecht, d.h. der
- DSGVO und dem
- BDSchG.[27]

So nimmt die Regelung – *„wenngleich sich gewisse Parallelen und Zusammenhänge natürlich aufdrängen"*[28] – keinen expliziten Bezug auf Art. 6 Abs. 1 bzw. Art. 9 Abs. 2 DSGVO. *„Zumindest keine explizite Stellung nehmen die Digitale-Inhalte-RL und die RL 2161/2019/EU auch zur Reichweite des Kopplungsverbots in Art. 7 Abs. 4 DSGVO, wenngleich die Regelungen implizit kaum anders verstanden werden können, als dass sie das Geschäftsmodell „Bezahlen mit Daten" zumindest in Grundzügen legitimieren"*.[29]

Infolgedessen bleiben die Verbraucherrechte nach Maßgabe der DSGVO (bzw. anderer datenschutzrechtlicher Regelungen) von den §§ 327 ff. BGB unberührt und vice versa.

„Auf die Frage der datenschutzrechtlichen Rechtmäßigkeit der Datenverarbeitung kommt es für die Anwendbarkeit der §§ 312 ff. BGB nicht an",[30] da es dem erklärten Ziel der Regelungen widersprechen würde, wenn der Verbraucher nicht in den Genuss der verbraucherschützenden Vorschriften kommen würde, weil sich der Unternehmer rechtswidrig verhält und der Verbraucher hierauf keinen Einfluss nehmen kann.

Vgl. aber § 327q BGB zu den vertragsrechtlichen Folgen datenschutzrechtlicher Erklärungen des Verbrauchers, der die *„Unabhängigkeit von Vertrags- und Datenschutzrecht (...) noch einmal untermauert"*:[31] Die Ausübung von datenschutzrechtlichen Betroffenheitsrechten und die Abgabe datenschutzrechtlicher Erklärungen (bspw. der Widerruf der Einwilligung nach Art. 7 Abs. 3 DSGVO oder die Ausübung des Widerspruchsrechts gemäß Art. 21 DSGVO) lassen nach § 327q Abs. 1 BGB die Wirksamkeit des Vertrags unberührt. Widerruft allerdings der Verbraucher eine von ihm erteilte datenschutzrechtliche Einwilligung oder widerspricht er einer weiteren

---

26 Dazu näher HK-BGB/*Schulze*, § 327 Rn 18 f.
27 In Umsetzung der Richtlinie 2002/58/EG des Europäischen Parlaments und des Rates vom 12.7.2002 über die Verarbeitung personenbezogener Daten und den Schutz der Privatsphäre in der elektronischen Kommunikation (E-Privacy-RL, ABl 2000 L 201, S. 37), künftig: Vorschlag für eine Verordnung des Europäischen Parlaments und des Rates über die Achtung des Privatlebens und den Schutz personenbezogener Daten in der elektronischen Kommunikation und zur Aufhebung der Richtlinie 2002/58/EG (Verordnung über Privatsphäre und elektronische Kommunikation [E-Privacy-VO], COM (2017) 7 final.
28 *Wendehorst*, NJW 2021, 2913, 2915 Rn 12.
29 *Wendehorst*, NJW 2021, 2913, 2915 Rn 12.
30 RegE, BT-Drucks 19/27653, S. 36.
31 *Wendehorst*, NJW 2021, 2913, 2915 Rn 14.

> Verarbeitung seiner personenbezogenen Daten, so kann der Unternehmer gemäß § 327q Abs. 2 BGB einen Vertrag, der ihn zu einer Reihe einzelner Bereitstellungen digitaler Produkte oder zur dauerhaften Bereitstellung eines digitalen Produkts verpflichtet, ohne Einhaltung einer Kündigungsfrist kündigen, wenn ihm unter Berücksichtigung des weiterhin zulässigen Umfangs der Datenverarbeitung und unter Abwägung der beiderseitigen Interessen die Fortsetzung des Vertragsverhältnisses bis zum vereinbarten Vertragsende oder bis zum Ablauf einer gesetzlichen oder vertraglichen Kündigungsfrist nicht zugemutet werden kann.
>
> Ersatzansprüche des Unternehmers gegen den Verbraucher wegen einer durch die Ausübung von Datenschutzrechten oder die Abgabe datenschutzrechtlicher Erklärungen bewirkten Einschränkung der zulässigen Datenverarbeitung sind ausgeschlossen.

13 Zu einer Anwendbarkeit der §§ 312 ff. BGB kommt es nach § 312 Abs. 1a Satz 2 BGB[32] in Umsetzung von Art. 3 Abs. 1 Unterabs. 1 Digitale-Inhalte-RL, wonach die RL für alle Verträge, auf deren Grundlage der Unternehmer dem Verbraucher

- digitale Inhalte oder digitale Dienstleistungen bereitstellt oder
- deren Bereitstellung zusagt

und der Verbraucher einen Preis zahlt oder dessen Zahlung zusagt, gilt, nur dann nicht (**Ausschluss der Anwendbarkeit**), wenn der Unternehmer die vom Verbraucher bereitgestellten **personenbezogenen Daten** ausschließlich verarbeitet,

- um seine Leistungspflicht zu erfüllen (bspw. die Erhebung von Name, Postanschrift oder E-Mail-Adresse, um dem Vertragspartner die vereinbarte Leistung zukommen zu lassen, wobei der Umfang der Datenerhebung die datenschutzrechtlichen Beschränkungen beachten muss) oder
- an ihn gestellte rechtliche Anforderungen (z.B. des Steuer- und Ordnungsrechts) zu erfüllen und
- sie zu keinem anderen Zweck verarbeitet.[33]

14 Unter **personenbezogenen Daten** sind – entsprechend Art. 4 Nr. 1 DSGVO[34] – alle Informationen zu verstehen, die sich auf eine identifizierte oder identifizierbare natürliche Person beziehen. Der Begriff „personenbezogene Daten" ist – ebenso wie der Terminus „Bereitstellung" (durch den Verbraucher)[35] – sehr weit auszulegen. In der Folge kommt es nicht darauf an, ob

---

32 Dazu näher HK-BGB/*Schulte-Nölke*, § 312 Rn 6.
33 RegE, BT-Drucks 19/27653, S. 36.
34 RegE, BT-Drucks 19/27653, S. 36.
35 RegE, BT-Drucks 19/27653, S. 19.

D. Exkurs: Anwendungsbereich Verbraucherverträge und bes. Vertriebsformen § 3

- der Verbraucher dem Unternehmer seine personenbezogenen Daten selbst aktiv übermittelt hat, oder ob
- der Unternehmer auf die Verbraucherdaten zugreift, wobei der Verbraucher die Verarbeitung seiner Daten nur (passiv) duldet.[36]

Es spielt gleichermaßen keine Rolle, ob die Daten
- vor oder
- bei Vertragsschluss bzw.
- erst sehr viel später (vor allem durch die Nutzung der Leistung seitens des Verbrauchers)

gesammelt und weiterverarbeitet werden.[37]

> *Beachte*
> § 312 Abs. 1a Satz 2 BGB greift nur, wenn der Unternehmer die erhobenen Daten nach deren Erhebung nicht zu anderen Zwecken verwendet, da nach dem datenschutzrechtlichen **Grundsatz der Zweckbindung** (Art. 5 Abs. 1 Buchst. b DSGVO) „*personenbezogene Daten nur für vorab festgelegte, eindeutige und legitime Zwecke erhoben und nicht in einer mit diesen Zwecken unvereinbaren Weise weiterverarbeitet werden*" dürfen.[38]

„*Verträge, bei denen Verbraucher anstelle oder neben der Zahlung eines Preises dem Unternehmer personenbezogene Daten bereitstellen oder sich zu deren Bereitstellung verpflichten, fallen sowohl in den Anwendungsbereich der VerbrRRL als auch in den Anwendungsbereich der Digitale-Inhalte-RL*".[39] Insoweit verweisen die §§ 327 ff. BGB neu (vgl. etwa § 327 Abs. 2 BGB) auf die besonderen Bestimmungen zum sog. **Bezahlen mit Daten** in § 312 Abs. 1a Satz 2 BGB.

Die Neufassung des §§ 312 Abs. 1 und 1a BGB erfolgt im Rahmen einer Umsetzung der Änderungen, welche die Richtlinie (EU) 2019/2161 des Europäischen Parlaments und des Rates vom 27.11.2019 zur Änderung der Richtlinie 93/13/EWG des Rates und der Richtlinien 98/6/EG, 2005/29/EG und 2011/83/EU des Europäischen Parlaments und des Rates zur besseren Durchsetzung und Modernisierung der Verbraucherschutzvorschriften der Union (**Modernisierungsrichtlinie** – ModRL) an die VerbrRRL vornimmt und die nach Art. 7 Abs. 1 Unterabs. 1 ModRL bis zum 28.11.2021 umzusetzen war.

15

---

36 RegE, BT-Drucks 19/27653, S. 39.
37 *Wendehorst*, NJW 2021, 2913, 2915 Rn 11.
38 RegE, BT-Drucks 19/27653, S. 37.
39 RegE, BT-Drucks 19/27653, S. 34.

> *Beachte*
> Nach Erwägungsgrund 31 ModRL ist die VerbrRRL schon jetzt auf Verträge über die Bereitstellung digitaler Inhalte anzuwenden, *„unabhängig davon, ob der Verbraucher eine Geldzahlung leistet oder personenbezogene Daten zur Verfügung stellt". „Die §§ 312 ff. BGB (sind) schon nach geltendem deutschen Recht auf Verträge über digitale Dienstleistungen anwendbar, für welche aus unionsrechtlicher Sicht die Regelung der VerbrRRL erst nach dem Inkrafttreten der ModRL Anwendung finden. Sie gelten auch für Verträge, bei denen der Verbraucher zwar keinen Preis zahlt, aber für eine Leistung in der ‚analogen' Welt (z.B. Rabatt aufgrund der Teilnahme an einem Kundenkartensystem, Ermöglichung der Teilnahme an einer Veranstaltung, Erhalt eines Produkts oder Berechtigung zur Nutzung eines Fitness-Studios bei Einwilligung in Tracking der Gesundheitsdaten) dem Unternehmer personenbezogene Daten zur Verfügung stellt".*[40]

E. Anwendungsbereich der Verbraucherverträge über digitale Produkte

I. Persönlicher Anwendungsbereich

16 Die Vorschriften der §§ 327–327s BGB sind nach **§ 327 Abs. 1 Satz 1 BGB** (nur) auf **Verbraucherverträge** i.S.v. § 310 Abs. 3 BGB (mithin Verträge zwischen einem Unternehmer [§ 14 BGB][41] und einem Verbraucher [§ 13 BGB])[42] anzuwenden[43] (d.h. auf die Beziehung B2C), welche als Vertragsgegenstand (in weiter Fassung) die Bereitstellung

- **digitaler Inhalte** (z.B. Software, Audio- oder Videodateien zum Download) und
- **digitaler Dienstleistungen** (wie bspw. die Bereitstellung von Cloud-Speicherplatz, Streaming-Dienste oder soziale Netzwerke)
- (**digitale Produkte** als Oberbegriff)[44] durch den Unternehmer (§ 14 BGB) gegen **Zahlung eines Preises** zum Gegenstand haben.

§ 327 Abs. 1 Satz 1 BGB gibt eine **Legaldefinition digitaler Produkte** vor, der digitale Inhalte und digitale Dienstleistungen unterfallen.

---

40 RegE, BT-Drucks 19/27653, S. 35.
41 In Übereinstimmung mit der Definition in Art. 2 Nr. 5 Digitale-Inhalte-RL.
42 In Übereinstimmung mit der Definition in Art. 2 Nr. 6 Digitale-Inhalte-RL.
43 Dazu näher HK-BGB/*Schulze*, § 327 Rn 4.
44 *Wendehorst*, NJW 2021, 2913, 2914 Rn 4.

E. Anwendungsbereich der Verbraucherverträge über digitale Produkte § 3

Die bewusst weite Fassung soll nach den Erwägungsgründen 10[45] und 19 der Digitale-Inhalte-RL[46] digitale Angebote **unabhängig von der konkreten technischen Ausgestaltung** erfassen (**Technologieneutralität**), um sicherzustellen, dass die Digitale-Inhalte-RL entwicklungsoffen ist und Umgehungen durch eine Anpassung der Technologie vermieden werden.[47]

> *Beachte*
>
> Schwierig ist hingegen die Abgrenzung der Regelungen über digitale Produkte zu den kaufrechtlichen Regelungen über Waren mit digitalen Elementen in Umsetzung der WKRL.
>
> Insoweit gilt Folgendes: Die §§ 327 ff. BGB gelten nach § 327a Abs. 3 Satz 1 BGB **nicht** für Kaufverträge über Sachen mit digitalen Elementen, d.h. Waren, die in einer Weise digitale Produkte enthalten oder mit ihnen verbunden sind, dass die Waren ihre Funktionen ohne die digitalen Produkte nicht erfüllen können.

1. Zahlung eines Preises

Die §§ 327 ff. BGB gelangen vor allem im Fall von Verbraucherverträgen zur Anwendung, wenn sich der Verbraucher zur Zahlung eines Preises verpflichtet hat – jedenfalls dann, wenn die Zahlung des Preises in Geld erfolgt (zu dem Fall, dass anstelle von Geld personenbezogene Daten als Gegenleistung zur Verfügung gestellt werden vgl. § 327 Abs. 3 BGB, nachstehende Rdn 18).

17

---

45 „*Der Anwendungsbereich dieser Richtlinie sollte in ihr klar und eindeutig festgelegt werden und sie sollte klare materiellrechtliche Vorschriften für die in ihren Anwendungsbereich fallenden digitalen Inhalten oder digitalen Dienstleistungen enthalten. Sowohl der Anwendungsbereich dieser Richtlinie als auch ihre materiellrechtlichen Vorschriften sollten technologieneutral und zukunftssicher sein*".

46 „*Mit der Richtlinie sollten die Probleme angegangen werden, die bei den verschiedenen Kategorien von digitalen Inhalten, digitalen Dienstleistungen und ihrer Bereitstellung auftreten. Um den rasanten technologischen Entwicklungen Rechnung zu tragen und sicherzustellen, dass die Begriffe „digitale Inhalte" und „digitale Dienstleistungen" nicht schon bald überholt sind, sollte sich diese Richtlinie unter anderem auf Computerprogramme, Anwendungen, Videodateien, Audiodateien, Musikdateien, digitale Spiele, elektronische Bücher und andere elektronische Publikationen und auch digitale Dienstleistungen erstrecken, die die Erstellung, Verarbeitung oder Speicherung von Daten in digitaler Form sowie den Zugriff auf sie ermöglichen, einschließlich Software-as-a-Service, wie die gemeinsame Nutzung von Video- oder Audioinhalten und andere Formen des Datei-Hosting, Textverarbeitung oder Spiele, die in einer Cloud-Computing-Umgebung und in sozialen Medien angeboten werden. Da es zahlreiche Möglichkeiten für die Bereitstellung digitaler Inhalte oder digitaler Dienstleistungen gibt, wie beispielsweise die Übermittlung auf einem körperlichen Datenträger, das Herunterladen auf Geräte des Verbrauchers, Streaming oder die Ermöglichung des Zugangs zu Speicherkapazitäten für digitale Inhalte oder zur Nutzung von sozialen Medien, sollte diese Richtlinie unabhängig von der Art des für die Datenübermittlung oder die Gewährung des Zugangs zu den digitalen Inhalten oder digitalen Dienstleistungen verwendeten Datenträgers gelten. Diese Richtlinie sollte jedoch nicht für Internetzugangsdienste gelten*".

47 RegE, BT-Drucks 19/27653, S. 37 und 39.

Der **Preis** ist neben einer Geldzahlung (Geld i.S.e. gesetzlichen Zahlungsmittels, aber auch private Währungen wie z.b. Bitcoins) nach § 327 Abs. 1 Satz 2 BGB auch eine **digitale Darstellung eines Werts** (z.b. elektronische Gutscheine oder E-Coupons),[48] darüber hinaus *„aber auch alle anderen Gegenleistungen (…), denen nach der Verkehrsauffassung oder der besonderen Vereinbarung der Parteien Zahlungsfunktion zukommt"*,[49] bspw. **analoge Darstellungen eines Wertes**[50] (etwa Geschenkgutscheine, Rabatt- oder Treuepunkte).[51]

Vgl. dazu Art. 2 Nr. 7 der Digitale-Inhalte-RL, wonach der „Preis" Geld oder eine digitale Darstellung eines Werts bezeichnet, das bzw. die im Austausch für die Bereitstellung digitaler Inhalte oder digitaler Dienstleistungen geschuldet wird.

Sofern ein Preis gezahlt wird, stehen Leistung und Gegenleistung in einer synallagmatischen Verbindung i.S.d. §§ 320 ff. BGB.[52] Erfasst werden aber auch die Fälle, in denen das Entgelt

- an Dritte entrichtet oder
- in einem separaten Vertrag versprochen wird.[53]

2. Bereitstellung personenbezogener Daten

18 Die Vorschriften der §§ 327 ff. BGB – mithin deren Rechtsfolgen – sind nach § 327 Abs. 3 BGB in Umsetzung von Art. 3 Abs. 1 Unterabs. 2 Digitale-Inhalte-RL (nachstehende Rdn 21) auch auf Verbraucherverträge über die Bereitstellung digitaler Produkte anwendbar, bei denen der Verbraucher **anstelle oder neben der Zahlung eines Preises** (als **Quasi-Bezahlung**,[54] **Bezahlungsvariante**,[55] **Gegenleistung**[56] bzw. **handelbarem Wirtschaftsgut**)[57]

- personenbezogene Daten bereitstellt[58] oder
- sich zu deren Bereitstellung verpflichtet.

---

[48] RegE, BT-Drucks 19/27653, S. 38.
[49] *Wendehorst*, NJW 2021, 2913, 2915 Rn 9.
[50] Dazu näher HK-BGB/*Schulze*, § 327 Rn 11.
[51] *Wendehorst*, NJW 2021, 2913, 2915 Rn 9.
[52] Brönneke/Föhlisch/Tonner/*Tamm/Tonner*, Das neue Schuldrecht, § 2 Rn 33.
[53] *Wendehorst*, NJW 2021, 2913, 2915 Rn 9.
[54] Brönneke/Föhlisch/Tonner/*Tamm/Tonner*, Das neue Schuldrecht, § 2 Rn 34.
[55] Brönneke/Föhlisch/Tonner/*Tamm/Tonner*, Das neue Schuldrecht, § 2 Rn 35.
[56] Brönneke/Föhlisch/Tonner/*Tamm/Tonner*, Das neue Schuldrecht, § 2 Rn 38.
[57] Brönneke/Föhlisch/Tonner/*Tamm/Tonner,* Das neue Schuldrecht, § 2 Rn 38.
[58] Dazu näher HK-BGB/*Schulze*, § 327 Rn 14 f.

E. Anwendungsbereich der Verbraucherverträge über digitale Produkte § 3

Es sei denn (d.h., etwas anderes gilt dann, wenn), die Voraussetzungen des § 312 Abs. 1a Satz 2 BGB liegen vor, d.h. der Unternehmer verarbeitet die vom Verbraucher bereitgestellten personenbezogenen Daten ausschließlich,
- um seine Leistungspflicht zu erfüllen oder
- an ihn gestellte rechtliche Anforderungen zu erfüllen und
- sie zu keinem anderen Zweck verarbeitet.

Vgl. insoweit auch **§ 312 Abs. 1a BGB** (vorstehende Rdn 11), wonach die §§ 312–312h BGB auch auf Verbraucherverträge anzuwenden sind, bei denen der Verbraucher dem Unternehmer personenbezogene Daten bereitstellt oder sich hierzu verpflichtet. Was dann nicht gilt, wenn der Unternehmer die vom Verbraucher bereitgestellten personenbezogenen Daten ausschließlich verarbeitet, um seine Leistungspflicht oder an ihn gestellte rechtliche Anforderungen zu erfüllen, und sie zu keinem anderen Zweck verarbeitet. Mit § 312 Abs. 1a BGB klärt der Gesetzgeber die vormals umstrittene Frage, ob die Bereitstellung personenbezogener Daten eine „entgeltliche Leistung" darstellt,[59] womit der Anwendungsbereich der §§ 312 ff. BGB eröffnet ist. „Entgeltliche Leistung" ist nunmehr durch „Preis" (§ 312 Abs. 1 BGB) und „Bereitstellung personenbezogener Daten (§ 312 Abs. 1a BGB) ersetzt worden (vorstehende Rdn 11 ff.).

In **datenschutzrechtlicher Hinsicht** ist dabei zu beachten, dass der Betroffene nach Art. 4 Nr. 11 DSGVO zur Verarbeitung ihn betreffender personenbezogener Daten seine Zustimmung erteilen muss (vgl. auch Art. 8 EuGrCh, Recht auf Schutz personenbezogener Daten, wobei eine Verarbeitung der Einwilligung des Grundrechtsträgers bedarf).

19

Vgl. auch **§ 327q BGB** (nachstehende Rdn 106 ff.) in Umsetzung von Art. 3 Abs. 8 Digitale-Inhalte-RL, wonach die Ausübung datenschutzrechtlicher Rechte unberührt bleibt: Die DSGVO und die Richtlinie 2002/58/EG[60] genießen Vorrang (insbesondere bei der Einwilligung in eine Verarbeitung personenbezogener Daten oder deren Widerruf gemäß Art. 21 DSGVO).[61]

§ 327 Abs. 3 BGB[62] bezieht einen umfänglichen Bereich von Rechtsverhältnissen im digitalen Bereich in den Anwendungsbereich der §§ 327 ff. BGB ein, wobei zu berücksichtigen ist, dass die Digitale-Inhalte-RL in ihrem Art. 3 Abs. 10 die Frage, ob im konkreten Fall

---

59 Bejahend MüKo-BGB/*Wendehorst*, § 312 Rn 38.
60 Richtlinie 2002/58/EG des Europäischen Parlaments und des Rates vom 12.7.2002 über die Verarbeitung personenbezogener Daten und den Schutz der Privatsphäre in der elektronischen Kommunikation (ABl 2002 L 201, 37 vom 31.7.2002).
61 Brönneke/Föhlisch/Tonner/*Tamm/Tonner*, Das neue Schuldrecht, § 2 Rn 37.
62 Dazu näher HK-BGB/*Schulze*, § 327 Rn 13 ff.

- ein Vertrag (Voraussetzung ist ein vom objektiven Empfängerhorizont nach den §§ 133, 157 BGB zu bestimmender Rechtsbindungswille vorliegt),[63]
- (bloß) eine andere Sonderverbindung oder
- eine (einem unverbindlichen Gefälligkeitsverhältnis vergleichbare) Beziehung vorliegt, dem nationalen Recht überlässt.[64]

20 Dabei kann bei der Nutzung von *„Diensten und Webseiten sowie der Inanspruchnahme von Leistungen im Internet und auf Smartphones"* eine typisierende Auslegung erfolgen.[65] Der Verbraucher vertraut typischerweise auf die Richtigkeit der Angaben des Unternehmers und macht diese oft zur Grundlage seiner eigenen Handlungen und Dispositionen.[66] *„Für die Annahme eines Vertragsschlusses könne bspw. sprechen, dass der Unternehmer den Verbraucher durch die Leistung motivieren will, Zugriff auf seine Seite zu nehmen, weil er durch Anzahl und/oder Dauer der Zugriffe Einnahmen von dritter Seite erzielt oder sonst durch personalisierte Werbung wirtschaftliche Vorteile anstrebt"*.[67]

21 Vgl. dazu auch Art. 3 Abs. 1 Unterabs. 2 der Digitale-Inhalte-RL, wonach die Richtlinie auch gilt, wenn der Unternehmer dem Verbraucher digitale Inhalte oder digitale Dienstleistungen bereitstellt oder deren Bereitstellung zusagt und der Verbraucher dem Unternehmer personenbezogene Daten bereitstellt oder deren Bereitstellung zusagt – außer in Fällen, in denen die vom Verbraucher bereitgestellten personenbezogenen Daten durch den Unternehmer ausschließlich zur Bereitstellung digitaler Inhalte oder digitaler Dienstleistungen im Einklang mit dieser Richtlinie oder zur Erfüllung von vom Unternehmer einzuhaltenden rechtlichen Anforderungen verarbeitet werden und der Unternehmer diese Daten zu keinen anderen Zwecken verarbeitet (siehe dazu Rdn 18).

Die Regelung erfasst das „Bezahlen mit Daten" bzw. die Konstellation „Daten als Gegenleistung"[68] bzw. „Bezahlung mit personenbezogenen Daten" z.B. bei der Registrierung eines Verbrauchers bei einem sozialen Netzwerk (mit Namensangabe und E-Mail-Adresse), wenn *„die Daten nicht ausschließlich zur Bereitstellung des digitalen Produkts oder zur Erfüllung rechtlicher Anforderungen verwendet werden"*.[69]

Ob jedoch die Hingabe personenbezogener Daten eine echte, im Synallagma stehende Gegenleistung ist, ist sowohl in der Digitale-Inhalte-RL (Erwägungsgrund 24) als auch in § 327 Abs. 3 BGB bewusst offengelassen worden.[70] Offengelassen ist auch die Frage, *„ob nur ‚aktiv' vom Verbraucher zur Verfügung gestellte Daten zu einem Vertragsschluss*

---

63 RegE, BT-Drucks 19/27653, S. 40.
64 Erwägungsgrund 24 f. der Digitale-Inhalte-RL.
65 RegE, BT-Drucks 19/27653, S. 40.
66 RegE, BT-Drucks 19/27653, S. 40.
67 *Wendehorst*, NJW 2021, 2913, 2916 Rn 17 unter Bezugnahme auf *Kramme*, RDi 2021, 20, 22.
68 *Wendehorst*, NJW 2021, 2913, 2915 Rn 10.
69 Brönneke/Föhlisch/Tonner/*Tamm/Tonner*, Das neue Schuldrecht, § 2 Rn 44.
70 Brönneke/Föhlisch/Tonner/*Tamm/Tonner*, Das neue Schuldrecht, § 2 Rn 39.

oder einem ihm gleichgestellten Verhältnis zwischen Verbraucher und Unternehmer führen, oder ob die Regelungen zu digitalen Produkten auch dann Anwendung finden sollen, wenn der Verbraucher bei der Nutzung von Dienstleistungen des Unternehmers seine Daten nur ‚passiv' zur Verfügung stellt, so dass sie der Anbieter lediglich ‚einsammeln' kann".[71]

Nach *Tamm/Tonner*[72] ist auch die Erhebung von Metadaten (wie Informationen zum Gerät des Verbrauchers oder zum Browserverlauf) vom Anwendungsbereich der Digitale-Inhalte-RL erfasst (arg.: Erweiterung des Verbraucherschutzes) – mit korrespondierenden Problemen bei der notwendigen Beachtung datenschutzrechtlicher Aspekte (Beachtung der DSGVO, vorstehende Rdn 19).

II. Sachlicher Anwendungsbereich: Verträge über digitale Produkte

Dem sachlichen Anwendungsbereich unterfallen nach § 327 Abs. 2 Satz 1 BGB digitale Inhalte und gemäß § 327 Abs. 2 Satz 2 BGB digitale Dienstleistungen,[73] die dem Oberbegriff digitale Produkte unterfallen (vgl. zur Legaldefinition i.S.v. § 327 Abs. 1 Satz 1 BGB vorstehende Rdn 16), z.b. Applikationen, Software, digitale Spiele, E-Books, Video- und Audioinhalte.[74]

22

1. Digitale Inhalte

Digitale Inhalte (nach Erwägungsgrund Nr. 19 Digitale-Inhalte-RL[75] z.B. Computerprogramme, Video- oder Musikdateien, digitale Spiele, elektronische Bücher oder andere elektronische Publikationen ebenso wie „Anwendungen", etwa Applikationen für mobile Endgeräte oder ähnliche Anwendungssoftware; es *„genügt, wenn die Daten in digitaler Form mittels eines Computerprogramms wahrnehmbar gemacht werden können")*[76] sind nach der Definition des § 327 Abs. 2 Satz 1 BGB[77] (in Umsetzung von Art. 2

23

---

71 Brönneke/Föhlisch/Tonner/*Tamm/Tonner*, Das neue Schuldrecht, § 2 Rn 40.
72 Brönneke/Föhlisch/Tonner/*Tamm/Tonner*, Das neue Schuldrecht, § 2 Rn 41 und 42: „*In der Gesamtschau spricht (...) aus den (...) Schutzaspekten einiges dafür, dass es auch bei passiv erzeugten personenbezogenen Daten nach deutschem Recht zur Anwendung der Regelungen der Richtlinie kommen soll, weil der Verbraucher damit den Schutz der §§ 327 ff. BGB n.F. genießt*" unter Bezugnahme auf *Metzger*, JZ 2019, 577, 579.
73 Wonach die deutschen Umsetzungsregelungen einen breiten Anwendungsbereich abdecken sollen: Brönneke/Föhlisch/Tonner/*Tamm/Tonner*, Das neue Schuldrecht, § 2 Rn 21.
74 RegE, BT-Drucks 19/27653, S. 39.
75 Dazu vorstehende Fn 46.
76 RegE, BT-Drucks 19/27653, S. 39.
77 Dazu näher HK-BGB/*Schulze*, § 327 Rn 7.

Nr. 1 Digitale-Inhalte-RL)[78] **Daten** (in digitaler Form), die (als Inhalt der vom Anbieter geschuldeten Hauptleistungsplicht)[79] **in digitaler Form**
- **erstellt** (Erstellung als weiter Begriff der Leistungshandlung und in Abgrenzung zu „Herstellen")[80] **oder**
- **bereitgestellt** (digitales Nutzbarmachen der digitalen Inhalte im Anschluss an das Erstellen)[81] werden.

„*Sowohl das Erstellen als auch das Bereitstellen stehen für die gewollte Technologieoffenheit*",[82] (Offenheit für künftige technologische Entwicklungen).

> *Beachte*
> Notwendig ist eine **doppelte Digitalität**: digitale Erstellung des Inhalts und kumulativ Bereitstellung desselben gleichermaßen in digitaler Form.[83]

24 Nach Art. 11 Abs. 2 Satz 1 Digitale-Inhalte-RL ist es unerheblich, ob der Vertrag eine einmalige Bereitstellung, mehrere Male hintereinander oder über einen gewissen Bereitstellungszeitraum hinweg (dauerhaft) vorsieht (kauf-, miet- oder pachtähnliche Konstellationen),[84] wenn und soweit die digitalen Inhalte dem Verbraucher nach Art. 4 Abs. 2 Buchst. a Digitale-Inhalte-RL nur zur Verfügung gestellt werden.

Digitale Inhalte sind von einem ggf. zur Speicherung des digitalen Inhalts verwendeten Datenträger zu unterscheiden.

Erfasst werden von der Begrifflichkeit „digitale Inhalte" demnach zum Download bereitgestellte Software, Audio- oder Videodateien.[85] **Kein digitaler Inhalt** ist hingegen (wegen des Fehlens einer kumulativ notwendigen digitalen Erstellung plus eines digitalen Bereithaltens)[86]

- ein mittels eines elektronischen Mediums erstelltes Buch, das nach seiner elektronischen Erstellung nur in gedruckter (analoger) Form vertrieben wird (arg.: keine digitale Bereitstellung)[87] oder

---

78 „*Im Sinne dieser Richtlinie bezeichnet der Ausdruck ‚digitale Inhalte' Daten, die in digitaler Form erstellt oder bereitgestellt werden*".
79 Vgl. hierzu Art. 5 Abs. 2 Digitale-Inhalte-RL.
80 Brönneke/Föhlisch/Tonner/*Tamm/Tonner*, Das neue Schuldrecht, § 2 Rn 23: „*Die Abgrenzung von „Herstellen" sei notwendig, weil Letzteres auf ein haptisches Produkt hindeute „und der Ausdruck somit für digitale Inhalte nicht passt*".
81 Brönneke/Föhlisch/Tonner/*Tamm/Tonner*, Das neue Schuldrecht, § 2 Rn 23.
82 Brönneke/Föhlisch/Tonner/*Tamm/Tonner*, Das neue Schuldrecht, § 2 Rn 23.
83 Brönneke/Föhlisch/Tonner/*Tamm/Tonner*, Das neue Schuldrecht, § 2 Rn 24.
84 Dazu näher Brönneke/Föhlisch/Tonner/*Tamm/Tonner*, Das neue Schuldrecht, § 2 Rn 26 f.
85 *Wendehorst*, NJW 2021, 2913, 2915, 2914 Rn 4.
86 Brönneke/Föhlisch/Tonner/*Tamm/Tonner*, Das neue Schuldrecht, § 2 Rn 28.
87 RegE, BT-Drucks 19/27653, S. 38.

E. Anwendungsbereich der Verbraucherverträge über digitale Produkte § 3

- die nachträgliche Digitalisierung einer analogen Fotografie (arg: nach der Digitalisierung liegt erstmals eine Fotografie in Gestalt elektronischer Daten vor).[88]

2. Digitale Dienstleistungen

Digitale Dienstleistungen sind nach der Definition in § 327 Abs. 2 Satz 2 BGB[89] – in Umsetzung von Art. 2 Nr. 2 Buchst. a und b der Digitale-Inhalte-RL[90] – Dienstleistungen,[91] die dem Verbraucher 25

- die Erstellung, die Verarbeitung oder die Speicherung von Daten in digitaler Form oder den Zugang zu solchen Daten ermöglichen (Nr. 1 – **alleinige Nutzung durch den Verbraucher**), oder
- (gemeinsam mit anderen) die gemeinsame Nutzung der vom Verbraucher oder von anderen Nutzern (die keine Verbraucher sein müssen) der entsprechenden Dienstleistung in digitaler Form hochgeladenen oder erstellten Daten oder sonstige Interaktionen mit diesen Daten ermöglichen (Nr. 2).
Darunter fällt auch Software-as-a-Service, wie z.B. die **gemeinsame Nutzung** von Video- oder Audioinhalten und anderer Formen des Datei-Hosting, Textverarbeitung oder Spiele, die in einer Cloud-Computing-Umgebung oder in sozialen Medien (wie Facebook,[92] WhatsApp, Instagram, Linkedin oder Spotify) angeboten werden.[93]

Vom Begriff der digitalen Dienstleistung erfasst werden weiterhin die Bereitstellung von Cloud-Speicherplatz, verschiedene Streaming-Dienste sowie soziale Netzwerke,[94] bspw. Dienstleistungen und Angebote („Apps"), bei denen Nutzer Inhalte einstellen oder mit anderen Nutzern oder dem Anbieter interagieren können, insbesondere soziale Netzwerke bzw. soziale Medien, aber auch Verkaufs-, Buchungs-, Vergleichs-, Vermittlungs- oder Bewertungsplattformen oder eine gemeinsam genutzte cloudbasierte Textverarbeitung.[95] 26

---

88 RegE, BT-Drucks 19/27653, S. 38.
89 Dazu näher HK-BGB/*Schulze*, § 327 Rn 8.
90 „*Im Sinne dieser Richtlinie bezeichnet der Ausdruck ‚digitale Dienstleistungen'*
 a) Dienstleistungen, die dem Verbraucher die Erstellung, Verarbeitung oder Speicherung von Daten in digitaler Form oder den Zugang zu solchen Daten ermöglichen, oder
 b) Dienstleistungen, die die gemeinsame Nutzung der vom Verbraucher oder von anderen Nutzern der entsprechenden Dienstleistung in digitaler Form hochgeladenen oder erstellten Dateien oder sonstige Interaktionen mit diesen Daten ermöglichen".
91 Wobei die Begrifflichkeit eher auf eine „Leistungshandlung" und weniger auf einen „Leistungsgegenstand" schließen lässt: *Grünberger*, AcP 218 (2018), 213, 236 f.
92 Ein Vertrag mit Facebook ist als ein solcher sui generis mit miet-, werk- und dienstvertraglichen Elementen zu qualifizieren: OLG München, NJW 2018 Rn 3119.
93 Erwägungsgrund 19 der Digitale-Inhalte-RL.
94 *Wendehorst*, NJW 2021, 2913, 2915, 2914 Rn 4.
95 RegE, BT-Drucks 19/27653, S. 39.

Leistungshandlung ist das „variantenreich(e)[96] Erbringen" der digitalen Dienstleistung nach Maßgabe von Nr. 1 oder Nr. 2,[97] wobei die Art des zur Datenübermittlung bzw. zur Zugangsgewährung verwendeten Datenträgers nach Erwägungsgrund 19 Satz 2 der Digitale-Inhalte-RL unerheblich ist.

> *Beachte*
>
> Meist wird es sich bei dem Bereitstellen „digitaler Dienstleistungen" um als miet-, dienst- oder werkvertragsrechtlich zu qualifizierende Konstellationen oder auch um Lizenzverträge (mit typengemischtem Charakter) handeln.[98]

> *Beachte zudem*
>
> Hingegen wird eine Dienstleistung nicht bereits schon dadurch zu einer „digitalen Dienstleistung", *„dass sich der Dienstleistungserbringer auch digitaler Methoden bedient"*,[99] womit weder das Verfassen eines Schriftsatzes am Computer und das elektronische Einreichen desselben bei Gericht durch einen Rechtsanwalt noch die Erstellung von Plänen unter Einsatz elektronischer Medien durch einen Architekten oder ein Behandlungsvertrag in der Telemedizin der Begrifflichkeit „digitale Dienstleistung" unterfallen[100] (vgl. dazu auch die ausdrücklichen Anwendungsausschlüsse in § 327 Abs. 6 Nr. 1 [nachstehende Rdn 30] bzw. § 327 Abs. 6 Nr. 3 BGB [Rdn 30]).

> *Beachte weiterhin*
>
> Obgleich eine Differenzierung zwischen „digitalen Inhalten" und „digitalen Dienstleistungen" theoretisch schwierig ist, *„kann sie zumindest für die Zwecke der §§ 327 ff. BGB (...) offenbleiben, weil die Regelungen weitgehend identisch sind"*[101] – mit kleinen Abweichungen in
>
> - § 327b Abs. 3 BGB (nachstehende Rdn 43) bzw.
> - § 327b Abs. 4 BGB (Rdn 27).

---

96 Brönneke/Föhlisch/Tonner/*Tamm/Tonner*, Das neue Schuldrecht, § 2 Rn 31.
97 Brönneke/Föhlisch/Tonner/*Tamm/Tonner*, Das neue Schuldrecht, § 2 Rn 30.
98 Brönneke/Föhlisch/Tonner/*Tamm/Tonner*, Das neue Schuldrecht, § 2 Rn 29.
99 *Wendehorst*, NJW 2021, 2913, 2914 Rn 4.
100 *Wendehorst*, NJW 2021, 2913, 2914 Rn 4.
101 *Wendehorst*, NJW 2021, 2913, 2914 Rn 5.

F. Gleichstellung von Standardprodukten und Produkten nach Verbraucherspezifikation

§ 327 Abs. 4 BGB[102] stellt in Umsetzung von Art. 3 Abs. 2 der Digitale-Inhalte-RL[103] klar, dass die §§ 327 ff. BGB auch auf Verbraucherverträge zur Anwendung gelangen, die digitale Produkte zum Gegenstand haben, welche nach den **Spezifikationen des Verbrauchers** entwickelt (digitale Dienstleistungen) werden.[104] Die Regelung liegt darin begründet, dass das Verbraucherschutzniveau durch solche Produktgestaltungen nicht unterwandert werden soll,[105] z.B. (vgl. Erwägungsgrund 26 Digitale-Inhalte-RL)[106] „maßgeschneiderte Software" oder die Bereitstellung elektronischer Dateien im Rahmen des 3D-Drucks von Waren nach der Vorstellung des Verbrauchers.

27

> *Beachte*
> Die mittels digitaler Produkte hergestellten Sachen selbst unterfallen hingegen nicht der Digitale-Inhalte-RL (so Erwägungsgrund 26 der Digitale-Inhalte-RL).

In der Folge ist es unerheblich, *„ob es sich bei den digitalen Produkten um Standardprodukte handelt, oder ob die Produkte nach der Spezifikation des Verbrauchers entwickelt werden"*.[107]

G. Verträge über körperliche Datenträger

Nach § 327 Abs. 5 BGB,[108] der eine gewisse Sonderstellung einnimmt,[109] erfassen in Umsetzung von Art. 3 Abs. 3 Digitale-Inhalte-RL die §§ 327 ff. BGB (Anwendungsbereich, mit Ausnahme der §§ 327b und c BGB, statt derer gelten die allgemeinen Regelungen des

28

---

102 Dazu näher HK-BGB/*Schulze*, § 327 Rn 20.
103 *„Diese Richtlinie gilt auch, wenn die digitalen Inhalte oder digitalen Dienstleistungen nach den Spezifikationen des Verbrauchers entwickelt werden".*
104 Dazu näher HK-BGB/*Schulze*, § 327 Rn 20.
105 RegE, BT-Drucks 19/27653, S. 41.
106 *„Diese Richtlinie sollte für Verträge über die Entwicklung maßgeschneiderter digitaler Inhalte gemäß den Anforderungen des Verbrauchers gelten, auch für maßgeschneiderte Software. Diese Richtlinie sollte überdies für die Bereitstellung elektronischer Dateien im Rahmen des 3D-Drucks von Waren gelten, soweit diese Dateien unter die Begriffsbestimmung für digitale Inhalte oder digitale Dienstleistungen im Sinne dieser Richtlinie fallen. Rechte und Verpflichtungen im Zusammenhang mit den Waren, die unter Verwendung der 3D-Druck-Technologie hergestellt wurden, sollten jedoch nicht unter diese Richtlinie fallen".*
107 *Wendehorst*, NJW 2021, 2913, 2914 Rn 5.
108 Dazu näher HK-BGB/*Schulze*, § 327 Rn 21.
109 *Wendehorst*, NJW 2021, 2913, 2914 Rn 8.

§ 3 Gesetz zur Umsetzung der Digitale-Inhalte-Richtlinie

§ 475 Abs. 1 und 2 BGB) auch **Verträge über (die Bereitstellung) körperliche Datenträger**[110] (vgl. zur Begrifflichkeit § 312f Abs. 3 BGB, z.b. DVDs, CDs, USB-Sticks oder Speicherkarten;[111] **nicht hingegen** – mangels digitaler Speicherung digitaler Inhalte – Schallplatten oder Audiokassetten),[112] welche

- **selbst** (d.h., es wird nicht lediglich der Zugang zu oder die Bedienung von an anderen Speicherorten befindlichen digitalen Inhalten ermöglicht) und
- **ausschließlich**

als Träger digitaler Inhalte dienen (nicht: „dienen können", womit Leermedien wie z.B. Rohlinge nicht erfasst werden). Die Datenträger sollen nur als „Gefäß" für die digitalen Inhalte dienen und müssen (nicht bloß „können") tatsächlich als Träger digitaler Inhalte fungieren.[113]

29 Wenn ein Gegenstand nur den Zugang zu oder die Bedienung von an anderen Speicherorten befindlichen digitalen Inhalten hat, gelangt § 327 Abs. 5 BGB nicht zur Anwendung.[114] Entsprechende Verträge werden **wie Kaufverträge** behandelt mit korrespondierender Unanwendbarkeit des

- § 327b BGB (Bereitstellung digitaler Produkte, nachstehende Rdn 42) und des
- § 327c BGB (Rechte bei unterbliebener Bereitstellung, Rdn 44 ff.).

In Bezug auf alle anderen Vorgaben der §§ 327 ff. BGB erfolgt jedoch eine Behandlung wie im Falle von „Verträge(n) über digitale Produkte".[115]

---

110 Dazu näher HK-BGB/*Schulze*, § 327 Rn 21 ff.
111 Vgl. Erwägungsgrund 20 der Digitale-Inhalte-RL, wonach die Richtlinie und die Richtlinie (EU) 2019/771 des Europäischen Parlaments und des Rates vom 20.5.2019 einander ergänzen sollten: „*Während in der vorliegenden Richtlinie Vorschriften über bestimmte Anforderungen an Verträge für die Bereitstellung digitaler Inhalte oder digitaler Dienstleistungen festgelegt werden, enthält die Richtlinie (EU) 2019/771 Vorschriften über bestimmte Anforderungen an Verträge für den Warenhandel. Um den Erwartungen der Verbraucher zu entsprechen und einen klaren und einfachen Rechtsrahmen für Unternehmer, die digitale Inhalte anbieten, sicherzustellen, sollte diese Richtlinie deshalb auch für digitale Inhalte, die auf körperlichen Datenträgern wie DVDs, CDs, USB-Sticks und Speicherkarten bereitgestellt werden, sowie für den körperlichen Datenträger selbst gelten, sofern die körperlichen Datenträger ausschließlich als Träger der digitalen Inhalte dienen. Jedoch sollten anstelle der Bestimmungen dieser Richtlinie über die Lieferpflicht des Unternehmers sowie über Abhilfen, die dem Verbraucher bei nichterfolgter Lieferung zur Verfügung stehen, die Bestimmungen der Richtlinie 2011/83/EU des Europäischen Parlaments und des Rates vom 25.10.2011 über Pflichten im Zusammenhang mit der Lieferung von Waren und über Abhilfen bei nicht erfolgter Lieferung gelten. Zusätzlich sollten auch die Bestimmungen der Richtlinie 2011/83/EU z.B. über das Widerrufsrecht und die Art des Vertrags, nach dem diese Waren bereitgestellt werden, weiterhin für diese körperlichen Datenträger und die auf ihnen bereitgestellten digitalen Inhalte gelten. Dieser Richtlinie lässt ferner das Verbreitungsrecht unberührt, das im Rahmen des Urheberrechts auf diese Waren anwendbar ist*".
112 RegE, BT-Drucks 19/27653, S. 42.
113 Brönneke/Föhlisch/Tonner/*Tamm/Tonner*, Das neue Schuldrecht, § 2 Rn 47.
114 Brönneke/Föhlisch/Tonner/*Tamm/Tonner*, Das neue Schuldrecht, § 2 Rn 47.
115 *Wendehorst*, NJW 2021, 2913, 2914 Rn 8.

H. Anwendungsausschlüsse (Bereichsausnahmen) § 3

> **Beachte**
> Hingegen richten sich Verträge über Waren mit additiven digitalen Elementen – einschließlich der digitalen Elemente – allein nach der WKRL.[116]

H. Anwendungsausschlüsse (Bereichsausnahmen)

Ein **Ausschluss vom sachlichen Anwendungsbereich der §§ 327 ff. BGB** (Bereichsausnahmen und Abgrenzungen)[117] – wobei *„einige Ausnahmen (...) mehr Verwirrung als Klarheit (stiften)"*[118] – besteht hingegen nach § 327 Abs. 6 BGB in Umsetzung von Art. 3 Abs. 5 Digitale-Inhalte-RL (weil, jedenfalls in Bezug auf die Nrn. 2, 3, 5 und 8 unionsrechtliche Spezialbestimmungen mit korrespondierenden Umsetzungsakten als Sonderregelungen bestehen)[119] für 30

- **Verträge über andere Dienstleistungen als digitale Dienstleistungen**, unabhängig davon, ob der Unternehmer digitale Formen oder Mittel einsetzt, um das Ergebnis der Dienstleistung zu generieren oder es dem Verbraucher zu liefern oder zu übermitteln (Nr. 1,[120] wortgleich mit Art. 3 Abs. 5 Buchst. a der Digitale-Inhalte-RL). Darunter fallen bspw.[121] die Erbringung freiberuflicher Dienstleistungen (wie Übersetzungsleistungen, Dienstleistungen von Architekten, juristische Dienstleistungen oder sonstige Fachberatungsleistungen), die ein Unternehmer, auch unter Einsatz digitaler Mittel, persönlich erbringt. Dies gilt auch dann, *„wenn eine Übermittlung eines entsprechenden Gutachtens des Freiberuflers, der nach dem Vertragszweck eine analoge Bereitstellung des Gutachtens schuldet, digital, z.B. per Mail, erfolgt"*.[122] *„Sofern die Regelungen jedoch auf den entsprechenden Dienstleistungen vorgelagerte oder diese ergänzende digitale Produkte Anwendung finden, z.B. bei Legal-Tech-Angeboten, wie Dokumentengeneratoren oder Legal-Chatbots, ist mit Blick auf das Gewährleistungsrecht zwischen den Inhalten und den Ergebnissen der Dienstleistung einerseits und der durch die (gemäß §§ 327 ff. BGB) geregelten Gewährleistung für die technische Bereitstellung des digitalen Produkts andererseits zu differenzieren"*.[123]

---

116 Brönneke/Föhlisch/Tonner/*Tamm/Tonner*, Das neue Schuldrecht, § 2 Rn 46.
117 Dazu näher HK-BGB/*Schulze*, § 327 Rn 24 ff.
118 *Wendehorst*, NJW 2021, 2913, 2916 Rn 18.
119 Brönneke/Föhlisch/Tonner/*Tamm/Tonner*, Das neue Schuldrecht, § 2 Rn 49.
120 Dazu näher HK-BGB/*Schulze*, § 327 Rn 24.
121 Erwägungsgrund 27 S. 1 der Digitale-Inhalte-RL.
122 Brönneke/Föhlisch/Tonner/*Tamm/Tonner*, Das neue Schuldrecht, § 2 Rn 50.
123 RegE, BT-Drucks 19/27653, S. 42.

§ 3 Gesetz zur Umsetzung der Digitale-Inhalte-Richtlinie

- **Verträge über Telekommunikationsdienste** i.S.d. § 3 Nr. 61 TKG (elektronische Kommunikationsdienste) in mit Ausnahme (als Ausnahme von der Ausnahme) von nummernunabhängigen interpersonellen Telekommunikationsdiensten i.S.d. § 3 Nr. 40 TKG (Nr. 2[124] in Umsetzung von Art. 3 Abs. 5 Buchst. b der Digitale-Inhalte-RL: *„elektronische Kommunikationsdienste im Sinne des Art. 2 Nr. 4 der Richtlinie (EU) 2018/1972, ausgenommen nummernunabhängige interpersonelle Kommunikationsdienste im Sinne des Art. 2 Nr. 7 der genannten Richtlinie"*). Vom Anwendungsbereich der §§ 327 ff. BGB bleiben damit bspw.[125] weiter erfasst (als Ausnahme von der Ausnahme) webbasierte E-Mail-Dienste, Online-Mitteilungsdienste wie etwa Instant Messenger Services.
- **ärztliche Behandlungsverträge** nach § 630a ff. BGB (Nr. 3[126] in Umsetzung von Art. 3 Abs. 5 Buchst. c der Digitale-Inhalte-RL). Gesundheitsdienstleistungen im Sinne des Art. 3 Buchst. a der Richtlinie 2011/24/EU[127] sind bspw.[128] der Erwerb eines digitalen Medizinprodukts, das nicht von Angehörigen eines Gesundheitsberufs verschrieben oder bereitgestellt werden muss bzw., über die Richtlinie hinausgehend, verschrieben worden ist, etwa mobile Applikationen zur Selbstmessung oder Patiententagebücher.
  Beachte: Damit ist nur die ärztliche Behandlung selbst vom Anwendungsbereich der §§ 327 ff. BGB ausgeschlossen.[129]
- **Verträge über Glücksspieldienstleistungen**, die einen geldwerten Einsatz erfordern und unter Zuhilfenahme elektronischer oder anderer Kommunikationstechnologien auf individuellen Abruf eines Empfängers erbracht werden (Nr. 4[130] in Umsetzung von Art. 3 Abs. 5 Buchst. d der Digitale-Inhalte-RL: *„Elektronisch oder mit jeder anderen Technologie, die eine Kommunikation ermöglicht, und auf individuellen Abruf eines Empfängers erbrachte Glücksspieldienstleistungen, also Dienstleistungen, die bei Glücksspielen wie Lotterien, Kasinospielen, Pokerspielen und Werten, einschließlich Spielen, die eine gewisse Geschicklichkeit voraussetzen, einen geldwerten Einsatz erfordern"*).
  Gewinnspiele ohne finanziellen Einsatz oder Gratisspiele sind von der Ausnahme jedoch nicht erfasst und unterfallen der Digitale-Inhalte-RL.[131] *„Hintergrund für diese Ausnahmebestimmung ist, dass das Online-Glücksspielrecht bislang überhaupt noch*

---

124 Dazu näher HK-BGB/*Schulze*, § 327 Rn 25.
125 Erwägungsgrund 28 der Digitale-Inhalte-RL.
126 Dazu näher HK-BGB/*Schulze*, § 327 Rn 26.
127 Kritisch *Wendehorst* (NJW 2021, 2913, 2916 Rn 18): Warum werden entsprechende Verträge nach allgemeinen Grundsätzen überhaupt als „digitale Dienstleistungen" qualifiziert?
128 Erwägungsgrund 29 der Digitale-Inhalte-RL.
129 Brönneke/Föhlisch/Tonner/*Tamm/Tonner*, Das neue Schuldrecht, § 2 Rn 52.
130 Dazu näher HK-BGB/*Schulze*, § 327 Rn 27.
131 RegE, BT-Drucks 19/27653, S. 43.

H. Anwendungsausschlüsse (Bereichsausnahmen) § 3

keine unionsrechtliche Regelung erfahren hat, weshalb sich die DIRL in diesem Bereich ebenfalls ausdrücklich zurückhalten wollte".[132]

- **Verträge über Finanzdienstleistungen** i.S.v. § 312 Abs. 6 Satz 1 BGB[133] (in Umsetzung von Art. 2 Nr. 12 VerbrRRL)[134] (Nr. 5[135] in Umsetzung von Art. 3 Abs. 5 Buchst. e der Digitale-Inhalte-RL: *„Finanzdienstleistungen im Sinne des Art. 2 Buchst. b der Richtlinie 2002/65/EWG"*).

Dies liegt nach Erwägungsgrund 30 der Digitale-Inhalte-RL darin begründet, dass in diesem Bereich bereits unionsrechtliche Sonderbestimmungen bestehen. Der Begriff der „Finanzdienstleistung" ist grundsätzlich weit zu verstehen, weshalb darunter bspw.[136] digitale Produkte i.w.S. fallen, die mit *„Finanzdienstleistungen in Verbindung stehen oder mit denen Zugang zu Finanzdienstleistungen gewährt wird"*.

- **Verträge über freie und quelloffene Software** (Nr. 6[137] in Umsetzung von Art. 3 Abs. 5 Buchst. f der Digitale-Inhalte-RL: *„Software, die der Unternehmer im Rahmen einer freien und quelloffenen Lizenz anbietet, sofern der Verbraucher keinen Preis zahlt und die vom Verbraucher bereitgestellten personenbezogenen Daten durch den Unternehmer ausschließlich zur Verbesserung der Sicherheit, der Kompatibilität oder der Interoperabilität dieser speziellen Software verarbeitet"*).

Der Anwendungsausschluss erfasst die Bereitstellung von Software, für die der Verbraucher keinen Preis zahlt und die der Unternehmer im Rahmen einer freien und quelloffenen Lizenz anbietet (**sog. Open-Source-Software**), sofern die vom Verbraucher bereitgestellten personenbezogenen Daten (auch Systeminformationen oder Informationen über Hardwarekomponenten mit Personenbezug) durch den Unternehmer ausschließlich zur Verbesserung der Sicherheit, der Kompatibilität oder der Interoperabilität der vom Unternehmer angebotenen Software verarbeitet werden.

Auf eine **Datennutzung zu kommerziellen Zwecken** (z.B. für Werbung) findet die Digitale-Inhalte-RL hingegen uneingeschränkt Anwendung.[138]

Beachte: Nr. 6 differenziert insoweit zwischen einer kostenpflichtigen oder datenintensiven Überlassung einer entsprechenden Software und einer kostenlosen Überlassung (Bereichsausnahme beim Vorliegen der zusätzlichen Voraussetzungen) mit der Intention, *„die Zurverfügungstellung von typischer, lizenzfreier, unentgeltlicher*

---

132 Brönneke/Föhlisch/Tonner/*Tamm/Tonner*, Das neue Schuldrecht, § 2 Rn 53.
133 Finanzdienstleistungen sind danach Bankdienstleistungen sowie Dienstleistungen im Zusammenhang mit einer Kreditgewährung, Versicherung, Altersversorgung von Einzelpersonen, Geldanlage oder Zahlung.
134 Und deckungsgleich mit Art. 2 Nr. 12 FinFARL.
135 Dazu näher HK-BGB/*Schulze*, § 327 Rn 28.
136 Erwägungsgrund 30 der Digitale-Inhalte-RL.
137 Dazu näher HK-BGB/*Schulze*, § 327 Rn 29.
138 RegE, BT-Drucks 19/27653, S. 44.

Software nicht zu erschweren, da sie einen wichtigen Beitrag zur Forschung und Innovation darstellt".[139]

- **Verträge über die Bereitstellung digitaler Inhalte**, wenn die digitalen Inhalte der **Öffentlichkeit** (d.h. Personen, „welche die digitalen Inhalte gleichzeitig und am selben Ort wahrnehmen können")[140] auf eine andere Weise als (d.h. **nicht) durch Signalübermittlung** als Teil einer Darbietung oder Veranstaltung (wie einer digitalen Kinovorführung) zugänglich gemacht werden (Nr. 7,[141] wortgleich mit Art. 3 Abs. 5 Buchst. g der Digitale-Inhalte-RL).

  Darunter fallen z.B.[142] (als Bereitstellung digitaler Inhalte jenseits einer Signalübermittlung)[143] die in der Projektion von Videoinhalten liegende Wahrnehmbarmachung digitaler Inhalte oder eine digitale Kinovorführung. „Darbietung oder Veranstaltung" hat zur Folge, dass die Öffentlichkeit aus Personen besteht, *„welche die digitalen Inhalte gleichzeitig und am selben Ort wahrnehmen können"*[144] – weshalb die Wahrnehmbarkeit digitaler Inhalte nicht der Ausnahme in Nr. 7 unterfällt.[145]

- **Verträge über die Bereitstellung von Informationen** i.S.d. Informationsweiterverwendungsgesetzes (IWG) vom 13.12.2006 (Nr. 8[146] in Umsetzung von Art. 3 Abs. 5 Buchst. h der Digitale-Inhalte-RL: *„digitale Inhalte, die gemäß der Richtlinie 2003/98/EG des Europäischen Parlaments und des Rates*[147] *von öffentlichen Stellen der Mitgliedstaaten bereitgestellt werden"* auch von „privatrechtlich verfassten juristischen Personen").[148]

I. Weitere Konkretisierung des Anwendungsbereichs

31 Die Vorschriften der §§ 327 ff. BGB sind nach § 327a BGB als weitere Konkretisierung des Anwendungsbereichs auch auf

- **Paketverträge** und auf
- **Verträge über Sachen mit digitalen Elementen**

anzuwenden, sofern es sich dabei um Verbraucherverträge handelt.

---

139 Brönneke/Föhlisch/Tonner/*Tamm/Tonner*, Das neue Schuldrecht, § 2 Rn 55.
140 RegE, BT-Drucks 19/27653, S. 44.
141 Dazu näher HK-BGB/*Schulze*, § 327 Rn 30.
142 Erwägungsgrund 31 der Digitale-Inhalte-RL.
143 Brönneke/Föhlisch/Tonner/*Tamm/Tonner*, Das neue Schuldrecht, § 2 Rn 56.
144 Brönneke/Föhlisch/Tonner/*Tamm/Tonner*, Das neue Schuldrecht, § 2 Rn 56.dd.
145 Erwägungsgrund 31 der Digitale-Inhalte-RL.
146 Dazu näher HK-BGB/*Schulze*, § 327 Rn 31.
147 Vom 17.11.2003 über die Weiterverwendung von Informationen des öffentlichen Sektors, ABl L 345 vom 31.12.2003, S. 90.
148 RegE, BT-Drucks 19/27653, S. 45.

I. Weitere Konkretisierung des Anwendungsbereichs §3

Erwägungsgrund 34 der Digitale-Inhalte-RL lässt nationale Rechtsvorschriften über verbundene und akzessorische Verträge des Verbrauchers mit demselben oder einem anderen Unternehmer unberührt: *„Die vorliegende Richtlinie sollte nationale Rechtsvorschriften unberührt lassen, durch die geregelt wird, unter welchen Voraussetzungen ein Vertrag über die Bereitstellung digitaler Inhalte oder digitaler Dienstleistungen als verbunden mit oder akzessorisch zu einem anderen Vertrag betrachtet werden kann, den der Verbraucher mit demselben oder einem anderen Unternehmer geschlossen hat, welche Rechtsbehelfe für die jeweiligen Verträge vorgesehen sind und welche Auswirkungen die Beendigung eines dieser Verträge auf den anderen Vertrag hat".*

I. Paketverträge

Nach der Legaldefinition des § 327a Abs. 1 Satz 1 BGB – in Umsetzung von Art. 3 Abs. 6 der Digitale-Inhalte-RL[149] – ist ein **Paketvertrag** ein solcher zwischen denselben Vertragsparteien (Vertrag zwischen einem Unternehmer und einem Verbraucher), der **neben der Bereitstellung digitaler Produkte** auch 32

- die Bereitstellung anderer Sachen oder
- die Bereitstellung anderer Dienstleistungen

umfasst, d.h. eine **Kombination** in einem einzigen Vertrag mit **Personenidentität auf beiden Seiten des Vertrags**.[150]

Personenidentität soll auch dann noch anzunehmen sein, wenn der Unternehmer zur Vertragserfüllung (Erfüllung der unternehmerischen Verpflichtungen gegenüber dem Verbraucher) einen **Dritten** einschaltet – was bspw. im Falle einer Endnutzer-Lizenzvereinbarung (EULA) typischerweise der Fall und damit unschädlich ist.[151] Entscheidend ist die Verbindung in **ein und demselben Vertrag**. 33

Darunter fällt z.B.[152] eine Vertragsvereinbarung über die Bereitstellung eines Videostreamingdienstes gemeinsam mit einem Kaufvertrag über ein Elektronikprodukt (Fernseher, Handy, Laptop etc.), das zur Wiedergabe der digitalen Inhalte oder Dienste geeignet ist. Oder wenn in ein und demselben Vertrag sowohl eine Playstation als auch verschiedene digitale Spiele erworben werden.[153]

---

149 *„Unbeschadet des Absatzes 4 dieses Artikels gilt diese Richtlinie bei einem einzigen Vertrag zwischen demselben Unternehmer und demselben Verbraucher, der in einem Paket neben der Bereitstellung digitaler Inhalte oder Dienstleistungen Elemente der Bereitstellung anderer Dienstleistungen oder Waren enthält, nur für die Elemente des Vertrags, die die digitalen Inhalte bzw. Dienstleistungen betreffen".*
150 Dazu näher HK-BGB/*Schulze*, § 327a Rn 2.
151 RegE, BT-Drucks 19/27653, S. 45.
152 Erwägungsgrund 33 der Digitale-Inhalte-RL.
153 *Wendehorst*, NJW 2021, 2913, 2914 Rn 7.

34 Eine inhaltliche Verbundenheit oder wirtschaftliche Abhängigkeit der Leistungspflichten ist hier nicht erforderlich,[154] wie dies bspw. bei einem echten verbundenen Vertrag (i.S.v. § 358 BGB) oder bei einem zusammenhängenden Vertrag (i.S.v. § 360 BGB) notwendig wäre.[155]

35 Rechtsfolge im Zusammenhang mit einem Paketvertrag ist, dass die Vorschriften der §§ 327 ff. BGB in dieser Konstellation dann gemäß § 327a Abs. 1 Satz 2 BGB[156] nur auf die digitalen Bestandteile des Vertrags anzuwenden sind. Für die anderen Vertragsteile gelangen die jeweils für die betreffenden Sachen oder Dienstleistungen anwendbaren Vorschriften (was sowohl Umsetzungsvorschriften von Richtlinien als auch sonstiges nationales Recht sein kann)[157] zur Anwendung (sog. **Split Approach**).[158] Es kommt also zu einer Aufspaltung der anwendbaren Vorschriften und damit zu einer **Einschränkung des Anwendungsbereichs der §§ 327 ff. BGB**.

> *Hinweis*
> **Beachte** aber § 327c Abs. 6 und § 327m Abs. 4 BGB zur Frage einer Beendigung (wegen unterbliebener Bereitstellung oder eines Mangels) des Vertrags und dessen Folgen für die anderen Elemente des Paketvertrags: Danach erstreckt sich das Vertragsbeendigungsrecht, wenn der Verbraucher den Vertrag wegen eines mangelhaften digitalen Produkts beenden kann, auf den gesamten Paketvertrag.

> *Beachte zudem*
> Durch die Formulierung „Sachen" anstelle von „Waren" und die vertragstypenübergreifende Natur der §§ 327 ff. BGB sowie ihren einseitig zwingenden Charakter (§ 327s BGB) könnte diese Regelung noch einige Sprengkraft entwickeln.[159]

---

154 RegE, BT-Drucks 19/27653, S. 45.
155 Brönneke/Föhlisch/Tonner/*Tamm/Tonner*, Das neue Schuldrecht, § 2 Rn 59.
156 Dazu näher HK-BGB/*Schulze*, § 327a Rn 4.
157 Brönneke/Föhlisch/Tonner/*Tamm/Tonner*, Das neue Schuldrecht, § 2 Rn 60.
158 Brönneke/Föhlisch/Tonner/*Tamm/Tonner*, Das neue Schuldrecht, § 2 Rn 60: Der Vertrag wird so behandelt, „als wären es zwei Verträge".
159 *Wendehorst*, NJW 2021, 2913, 2914 Rn 7: „*So gilt sie ihrem Wortlaut nach etwa auch für Smart-Home-Equipment, das mit einer durch einen Unternehmer verkauften Immobilie verbunden ist, und zwar selbst dann, wenn die Gewährleistung für die Immobilie sonst im Übrigen beschränkt oder ausgeschlossen werden kann*".

II. Verbraucherverträge über Sachen mit digitalen Elementen

Die Digitale-Inhalte-RL und die WKRL sollen sich in Bezug auf Verträge, die die Bereitstellung digitaler Inhalte oder digitaler Dienstleistungen zum Gegenstand haben, ergänzen, wobei jeder entsprechende Vertrag einer der Richtlinien unterfallen soll.[160]

36

> *Abgrenzung:*
> Der WKRL unterfällt ein Vertrag nur dann, wenn das digitale Produkt zur Funktionsfähigkeit der Ware erforderlich ist (§ 479b BGB), andernfalls, so § 327a Abs. 2 BGB, entsteht ein Paket i.S.v. § 327a BGB. Dann gelten für das in der Sache enthaltene oder das mit ihr verbundene digitale Produkt die §§ 327 ff. BGB.[161]

In Bezug auf Verbraucherverträge über Sachen (nicht „Waren", womit auch unbewegliche Sachen erfasst werden) mit digitalen Elementen (d.h. solche, die digitale Produkte enthalten oder mit ihnen verbunden sind) gelten (soweit nichts anderes vereinbart ist) die Vorschriften der §§ 327 ff. BGB gemäß § 327a Abs. 2 BGB[162] zur Sicherung der Verbraucherrechte beim Vertrieb digitaler Produkte (Gewährleistung eines einheitlich hohen Verbraucherschutzniveaus) gleichermaßen („*unabhängig davon, ob es sich hinsichtlich Sache und digitalem Produkt um einen oder zwei Verträge handelt und unabhängig davon, ob es sich um einen oder zwei Vertragspartner [und es sich um einen Kauf-, Miet- oder Dienstvertrag] handelt*").[163]

Dies gilt aber nur für diejenigen Bestandteile des Vertrags, welche die digitalen Produkte betreffen (mit der Möglichkeit, unterschiedlicher gesetzlicher Anforderungen an die Art und Weise der Bereitstellung, der Mängelfreiheit, der Gewährleistungsansprüche oder der Vertragsbeendigung). „*Der Anspruch des Verbrauchers (...) auf Aktualisierungen nach § 327f BGB besteht ungeachtet dessen, ob er z.B. einen Computer mit Betriebssoftware kauft (dies unterfiele § 475b BGB) oder mietet oder ob er die Betriebssoftware getrennt vom Computer erwirbt. Er hat nach § 327f BGB auch Anspruch auf Aktualisierungen der Betriebssoftware eines geleasten Smart Car oder eines gemieteten Smart Home*".[164]

---

160 RegE, BT-Drucks 19/27653, S. 45.
161 Brönneke/Föhlisch/Tonner/*Tamm/Tonner*, Das neue Schuldrecht, § 2 Rn 62.
162 Dazu näher HK-BGB/*Schulze*, § 327a Rn 4.
163 RegE, BT-Drucks 19/27653, S. 46.
164 RegE, BT-Drucks 19/27653, S. 46.

J. Sonderregelungen im Hinblick auf einen Kaufvertrag über Waren mit digitalen Elementen

37 Allerdings finden die §§ 327 ff. BGB nach § 327a Abs. 3 Satz 1 BGB[165] – in Herstellung einer Komplementarität mit der WRKL[166] – keine Anwendung auf digitale Produkte, die gemäß eines Kaufvertrags über Sachen mit digitalen Elementen zusammen mit diesen Sachen bereitgestellt werden: Hier sind insgesamt nur die infolge der Umsetzung der WKRL neu gefassten **Regelungen des Kaufrechts** anwendbar.

Vgl. dazu auch Art. 3 Abs. 4 der Digitale-Inhalte-RL, wonach die Richtlinie nicht für digitale Inhalte oder digitale Dienstleistungen gilt, die i.S.v. Art. 2 Nr. 3 der Digitale-Inhalte-RL Waren enthalten oder mit ihnen verbunden sind und gemäß eines diese Waren betreffenden Kaufvertrags mit diesem Waren bereitgestellt werden. Dies gilt unabhängig davon, ob diese digitalen Inhalte oder digitalen Dienstleistungen vom Verkäufer oder von einem Dritten bereitgestellt werden. Bestehen beim Kauf einer Ware mit digitalen Elementen Zweifel, so wird vermutet, dass die Verpflichtung des Verkäufers die Bereitstellung der digitalen Inhalte oder der digitalen Dienstleistungen vom Kaufvertrag umfasst wird.

Die §§ 327 ff. BGB gelten hingegen für alle anderen Verbraucherverträge, welche digitale Produkte betreffen.

38 Notwendig ist somit eine **Differenzierung** zwischen

- Sachen, die digitale Produkte enthalten (§ 327a Abs. 2 BGB) einerseits und
- Waren mit digitalen Elementen[167] (§ 327a Abs. 3 BGB) andererseits,

wenngleich die Rechtsfolgen wegen eines Mangels eine **Angleichung** erfahren haben,[168] in Bezug auf

- den **Mangelbegriff**:
  - § 327e BGB und
  - §§ 434, 479b BGB (im Kaufrecht);
- die **Ansprüche** (Nacherfüllung, Minderung, Vertragsbeendigung, Schadens- und Aufwendungsersatz):
  - § 327i BGB und
  - § 437 BGB;
- die **Verjährung** (jeweils zwei Jahre):
  - § 327j BGB und
  - § 438 BGB.

---

165 Dazu näher HK-BGB/*Schulze*, § 327a Rn 11.
166 RegE, BT-Drucks 19/27653, S. 45.
167 Dazu näher HK-BGB/*Schulze*, § 327a Rn 6.
168 Brönneke/Föhlisch/Tonner/*Tamm/Tonner*, Das neue Schuldrecht, § 2 Rn 68.

J. Sonderregelungen für Kaufverträge über Waren mit digitalen Elementen § 3

Unterschiede bestehen jedoch noch wie folgt: 39
- Bei Sachen, die digitale Produkte enthalten, besteht ein **Recht auf Vertragsbeendigung**; für Waren mit digitalen Elementen besteht ein kaufrechtliches **Rücktrittsrecht** (§ 437 Nr. 2 BGB).
- Nur für Sachen, die digitale Produkte enthalten, besteht nach § 327f BGB eine **Updateverpflichtung**.

> *Beachte*
> § 475a BGB (nachstehende Rdn 127 ff.) ist das Gegenstück zu § 327a Abs. 3 BGB. Es kommt auf die **Abgrenzung zu Waren mit digitalen Elementen** an.[169] Die in
> - § 475a Abs. 1 BGB für körperliche Datenträger und in
> - § 475a Abs. 2 BGB für den Kauf einer Ware, die mit einem digitalen Element versehen ist, ohne dass das digitale Produkt für die Funktion der Ware erforderlich ist,
>
> enumerativ genannten kaufrechtlichen Regelungen sind nicht anzuwenden, stattdessen gelten die §§ 327 ff. BGB.
> Obgleich § 475a BGB dies nicht ausdrücklich vorsieht, gelangen die §§ 327 ff. BGB auch dann zur Anwendung, *„wenn dem Verbraucher lediglich ein digitales Produkt einmalig bereitgestellt wird, selbst wenn der entsprechende Vertrag als Rechtskauf (§ 453 BGB) zu qualifizieren ist"*.[170]

„Sachen mit digitalen Elementen" werden legal definiert als Sachen, die in einer Weise 40 digitale Inhalte oder digitale Dienstleistungen enthalten oder mit ihnen verbunden sind, **dass die Sachen Funktionen ohne diese digitalen Inhalte oder Dienstleistungen nicht erfüllen können**:
- Die Ware kann ohne das digitale Element ihre Funktion überhaupt nicht erfüllen (**funktionales Kriterium**).
  Bspw.[171] ein Kfz mit eingebautem Navigationsgerät: Hier findet nicht allein Kauf- oder Mietrecht Anwendung, da das Fahrzeug auch ohne dieses Gerät fahrtüchtig ist. Anders der Kauf eines PC mit Betriebssoftware: Diese ist für die Funktionsfähigkeit des PCs – anders als etwa eine zusätzlich erworbene Anwendungssoftware – erforderlich, womit allein Kaufrecht gilt.
- Und: Wird die Bereitstellung des digitalen Elements nach dem (Kauf-) Vertrag geschuldet (**vertragliches Kriterium**)? Hierfür muss der Vertrag ggf. ausgelegt werden[172] (vgl. dazu auch die Auslegungsregel des § 327a Abs. 3 Satz 2 BGB, nachstehende Rdn 41).

---
169 Brönneke/Föhlisch/Tonner/*Tamm/Tonner*, Das neue Schuldrecht, § 2 Rn 63.
170 Brönneke/Föhlisch/Tonner/*Tamm/Tonner*, Das neue Schuldrecht, § 2 Rn 63.
171 Beispiele nach Brönneke/Föhlisch/Tonner/*Tamm/Tonner*, Das neue Schuldrecht, § 2 Rn 67.
172 Brönneke/Föhlisch/Tonner/*Tamm/Tonner*, Das neue Schuldrecht, § 2 Rn 65.

Für diesen Fall gilt ausschließlich Kaufrecht, nämlich die §§ 475b–e BGB (mit neuen ergänzenden Regelungen für entsprechende Verbraucherverträge).[173]

Beispiel: Kauf eines Rasenmähroboters
Erfasst wird bspw. der Kauf eines Rasenmähroboters:[174] Dieser verfügt zwar über eingebettete Software, gleichwohl kann er nur gemeinsam mit einer Steuerungs-App für das Mobiltelefon des Verbrauchers und dessen Nutzerkonto in der Hersteller-Cloud die vertragsmäßigen Funktionen wahrnehmen.[175] Sie müssen nach Erwägungsgrund 21 der Digitale-Inhalte-RL[176] und in vergleichbarer Formulierung in Erwägungsgrund 15 der WKRL

---

173 Brönneke/Föhlisch/Tonner/*Tamm/Tonner*, Das neue Schuldrecht, § 2 Rn 64.
174 *Firsching*, ZUM 2021, 210.
175 *Wendehorst*, NJW 2021, 2913, 2914 Rn 6.
176 „*Die Richtlinie (EU) 2019/771 sollte für Verträge über den Verkauf von Waren gelten, einschließlich Waren mit digitalen Elementen. Der Begriff Waren mit digitalen Elementen sollte sich auf Waren beziehen, die in einer Weise digitale Inhalte oder digitale Dienstleistungen enthalten oder mit ihnen verbunden sind, dass die Waren ihre Funktionen ohne diese digitalen Inhalte oder digitalen Dienstleistungen nicht erfüllen könnten. Digitale Inhalte oder Dienstleistungen, die in dieser Weise in Waren enthalten sind oder mit ihnen verbunden sind, sollten dann in den Anwendungsbereich der Richtlinie (EU) 2019/771 fallen, wenn sie im Rahmen eines Kaufvertrags über diese Waren bereitgestellt werden. Ob die Bereitstellung enthaltener oder verbundener digitaler Inhalte oder digitaler Dienstleistungen Bestandteil des Kaufvertrags mit dem Verkäufer ist, sollte vom Inhalt dieses Kaufvertrags abhängen. Dies sollte enthaltene oder verbundene digitale Inhalte oder Dienstleistungen umfassen, deren Bereitstellung im Vertrag ausdrücklich vorgesehen ist. Dies umfasst auch Kaufverträge, die dahingehend verstanden werden können, dass sie die Bereitstellung spezifischer digitaler Inhalte oder einer spezifischen digitalen Dienstleistung abdecken, weil diese bei Waren der gleichen Art üblich sind und der Verbraucher sie – in Anbetracht der Beschaffenheit der Waren und unter Berücksichtigung öffentlicher Erklärungen, die von dem Verkäufer oder im Auftrag des Verkäufers oder von anderen Personen in vorhergehenden Gliedern der Vertragskette einschließlich des Herstellers abgegeben wurden – vernünftigerweise erwarten könnte. Würde beispielsweise in der betreffenden Werbung angegeben, dass ein Smart-TV über bestimmte Video-Anwendung enthält, so würde diese Video-Anwendung als Bestandteil des Kaufvertrags angesehen werden. Dies sollte unabhängig davon gelten, ob der digitale Inhalt oder die digitale Dienstleistung auf der Ware selbst vorinstalliert ist oder erst später auf ein anderes Gerät heruntergeladen werden muss und mit der Ware nur verbunden wird. Beispielsweise könnten auf einem Smartphone gemäß Kaufvertrag standardisierte vorinstallierte Anwendungen zu finden sein wie beispielsweise einer Alarmfunktion oder eine Kameraanwendung. Ein anderes mögliches Beispiel ist eine intelligente Armbanduhr (Smart-Watch). In einem solchen Fall würde die Uhr selbst als Ware mit digitalen Elementen gelten, die ihre Funktionen nur mittels einer Anwendung erfüllen kann, die gemäß Kaufvertrag bereitgestellt wird, aber vom Verbraucher auf einem Smartphone heruntergeladen werden muss. In diesem Fall wäre die Anwendung das verbundene digitale Element. Dies sollte auch gelten, wenn die enthaltenen oder verbundenen digitalen Inhalte oder digitalen Dienstleistungen nicht vom Verkäufer selbst, sondern gemäß Kaufvertrag von einem Dritten bereitgestellt werden. Bestehen Zweifel, ob die Bereitstellung von digitalen Inhalten oder digitalen Dienstleistungen Teil des Kaufvertrags ist, sollte die Richtlinie (EU) 2019/771 gelten, um Unsicherheit sowohl bei den Händlern als auch bei den Verbrauchern zu vermeiden. Darüber hinaus sollte gegen die Feststellung, dass eine zweiseitige Vertragsbeziehung zwischen dem Verkäufer und dem Verbraucher besteht, zu der die Bereitstellung enthaltener oder verbundener digitaler Inhalte oder digitaler Dienstleistungen gehört, nicht allein der Umstand sprechen, dass der Verbraucher einer Lizenzvereinbarung mit einem Dritten zustimmen muss, um digitale Inhalte oder digitale Dienstleistungen nutzen zu können*".

K. Bereitstellung des digitalen Produkts § 3

ein funktionales (kann die Sache ohne das digitale Element ihre Funktionen erfüllen?) und vertragliches Kriterium (ist die Bereitstellung des digitalen Elements, d.h. enthaltener oder verbundener digitaler Produkte, gemäß Kaufvertrag geschuldet?) erfüllen.[177]

Beachte

§ 327a Abs. 3 ist „*damit eine bedeutsame Schnittstelle zum Verbrauchsgüterkaufrecht*".[178]

Waren mit digitalen Elementen zeichnen sich durch folgende Merkmale aus:[179]   **41**
- Die digitalen Produkte sind räumlich und/oder funktional mit der Ware verbunden.
- Sie sind zum vertragsmäßigen Funktionieren der Ware erforderlich.
- Sie werden im Rahmen desselben Vertrags – wie die Ware selbst – bereitgestellt (vgl. zur Zweifelsregelung des § 327a Abs. 3 Satz 2 BGB).

Vgl. auch § 327 Abs. 1 BGB, der digitale Inhalte und digitale Dienstleistungen als „**digitale Produkte**" zusammenfasst und § 475b und c BGB neu in Umsetzung der WKRL mit eigenen Vorschriften für Verbraucherverträge über den Kauf von Sachen mit digitalen Elementen (dazu nachstehende § 4 Rdn 65 ff.).

Beachte

Beim Kauf einer Ware mit digitalen Elementen ist nach der **Zweifelsregelung** des § 327a Abs. 3 Satz 2 BGB anzunehmen, dass die Verpflichtung des Verkäufers die Bereitstellung der digitalen Inhalte oder digitalen Dienstleistungen (mit) umfasst.

K. Bereitstellung des digitalen Produkts

Die Bereitstellung digitaler Produkte unterscheidet sich deutlich von der Lieferung oder   **42**
Übergabe körperlicher Gegenstände, weshalb insoweit Sonderregelungen erforderlich sind.

I. Bestimmung der Leistungszeit und Art und Weise der Bereitstellung

Ist der Unternehmer durch einen Verbrauchervertrag gemäß § 327 oder § 327a BGB dazu   **43**
verpflichtet (was eine **bestehende Leistungspflicht aus dem Individualvertrag** Unternehmer-Verbraucher **voraussetzt** und nicht erst statuiert,[180] ausgenommen sind nur die

---

177 RegE, BT-Drucks 19/27653, S. 47.
178 Brönneke/Föhlisch/Tonner/*Tamm/Tonner*, Das neue Schuldrecht, § 2 Rn 64.
179 *Wendehorst*, NJW 2021, 2913, 2914 Rn 6.
180 Weshalb zunächst zu prüfen ist, ob überhaupt ein wirksamer Vertrag(sabschluss) nach den §§ 145 ff. BGB mit einem entsprechenden Inhalt vorliegt – ggf. unter Heranziehung der §§ 133, 157 BGB: Brönneke/Föhlisch/Tonner/*Tamm/Tonner*, Das neue Schuldrecht, § 2 Rn 69.

Verträge i.S.v. § 327 Abs. 5 BGB), dem Verbraucher ein „digitales Produkt bereitzustellen" (**Bereitstellung als Hauptleistungspflicht des Unternehmers**), so gelten in Umsetzung von Art. 5 RL, wonach

- sofern die Parteien nichts anderes vereinbart haben, der Unternehmer die digitalen Inhalte oder digitalen Dienstleistungen **nach Vertragsschluss unverzüglich** bereitstellt (Art. 5 Abs. 1 Satz 2 der RL) und
- der Unternehmer die Verpflichtung zur Bereitstellung gemäß Art. 5 Abs. 2 der RL erfüllt hat, sobald
    - die digitalen Inhalte oder jedes Mittel, die/das für den Zugang zu den digitalen Inhalten oder deren Herunterladen geeignet ist, dem Verbraucher oder einer von ihm zu diesem Zweck bestimmten körperlichen oder virtuellen Einrichtung zur Verfügung gestellt oder zugänglich gemacht worden ist (Buchst. a),
    - die digitale Dienstleistung dem Verbraucher oder einer von ihm zu diesem Zweck bestimmten körperlichen oder virtuellen Einrichtung zugänglich gemacht worden ist (Buchst. b),

für die **Bestimmung der Leistungszeit** sowie für die **Art und Weise der Bereitstellung** durch den Unternehmer (Modalitäten) – als *„wichtigste Vertragspflicht des Unternehmers"* (Erwägungsgrund 41 der Digitale-Inhalte-RL)[181] – nach § 327b Abs. 1 BGB[182] in Konkretisierung seiner Leistungspflicht[183] folgende Vorgaben:[184]

---

181 *„Der Unternehmer kann einem Verbraucher digitale Inhalte oder digitale Dienstleistungen auf verschiedene Weise bereitstellen. Es ist angezeigt, einfache und klare Vorschriften für die Art und Weise und den Zeitpunkt der Erfüllung der Bereitstellungspflicht, die die wichtigste Vertragspflicht des Unternehmers darstellt, festzulegen, die darin besteht, die digitalen Inhalte oder digitalen Dienstleistungen für den Kunden verfügbar oder zugänglich zu machen. Die digitalen Inhalte oder digitalen Dienstleistungen sollten als für den Verbraucher verfügbar oder zugänglich angesehen werden, wenn die digitalen Inhalte oder digitalen Dienstleistungen oder etwaige Mittel, mit denen auf sie zugegriffen werden kann oder mit denen sie heruntergeladen werden können, die Sphäre des Verbrauchers erreicht haben und keine weiteren Handlungen von Seiten des Unternehmers erforderlich sind, damit der Verbraucher die digitalen Inhalte oder digitalen Dienstleistungen vertragsgemäß nutzen kann. In der Erwägung, dass der Unternehmer grundsätzlich nicht für Handlungen oder Unterlassungen eines Dritten, der eine körperliche oder virtuelle Einrichtung – beispielsweise eine elektronische Plattform oder eine Einrichtung zur Cloud-Speicherung – betreibt, die der Verbraucher für den Empfang oder die Speicherung der digitalen Inhalte oder digitalen Dienstleistungen auswählt, haftbar ist, sollte es ausreichen, dass der Unternehmer die digitalen Inhalte oder digitalen Dienstleistungen diesem Dritten bereitstellt. Es kann jedoch nicht davon ausgegangen werden, dass der Verbraucher die körperliche oder virtuelle Einrichtungen bestimmt hat, wenn sie vom Unternehmer kontrolliert wird oder mit dem Unternehmer vertraglich verbunden ist oder wenn der Verbraucher diese körperliche oder virtuelle Einrichtungen für den Empfang der digitalen Inhalte oder digitalen Dienstleistungen ausgewählt hat, diese Wahl aber vom Unternehmer als einzige angeboten wurde, um die digitalen Inhalte oder den digitalen Dienstleistungen zu empfangen oder Zugang zu ihnen zu erlangen".*

182 Dazu näher HK-BGB/*Schulze*, § 327b Rn 4.
183 Dazu näher HK-BGB/*Schulze*, § 327b Rn 1.
184 Dazu näher HK-BGB/*Schulze*, § 327b Rn 4.

K. Bereitstellung des digitalen Produkts § 3

- Sofern die Vertragsparteien keine Zeit (**Zeitpunkt**) für die Bereitstellung des digitalen Produkts vereinbart haben (**Abrede der Parteien**),[185] kann der Verbraucher die Bereitstellung gemäß § 327b Abs. 2 BGB,[186] dem klarstellender Charakter zukommt, in Umsetzung von Art. 5 Abs. 1 Digitale-Inhalte-RL (entsprechend § 271 BGB) **unverzüglich**[187] **nach dem Vertragsschluss** verlangen (ohne Zeitverzug), der Unternehmer muss sie sofort bewirken.

  Die Mitgliedstaaten können nach Art. 3 Abs. 10 Digitale-Inhalte-RL den Zeitpunkt des Vertragsschlusses nach ihren allgemeinen Bestimmungen und nach Maßgabe der konkreten Ausgestaltung des Bestellprozesses selbst festlegen: „*Diese Richtlinie lässt die Freiheit der Mitgliedstaaten zur Regelung von Aspekten des allgemeinen Vertragsrechts, der Bestimmungen über das Zustandekommen, die Wirksamkeit, die Nichtigkeit oder die Wirkungen eines Vertrags einschließlich der Folgen der Vertragsbeendigung, soweit diese Aspekte nicht in dieser Richtlinie geregelt werden, oder zur Regelung des Rechts auf Schadensersatz unberührt*".

- Die Bereitstellung digitaler Inhalte ist in § 327b Abs. 3 und 4 BGB (Art und Weise)[188] in Umsetzung von Art. 5 Abs. 2 Digitale-Inhalte-RL näher geregelt, wobei eine Differenzierung danach erfolgt, ob Gegenstand der zu erbringenden Leistungshandlung des Unternehmers gegenüber dem Verbraucher
  - ein **digitaler Inhalt** (§ 327b Abs. 3 BGB – der zur Verfügung gestellt oder zugänglich gemacht werden kann) oder
  - eine **digitale Dienstleistung** (§ 327 Abs. 4 BGB, die nur zugänglich gemacht werden kann) ist.

  In beiden Konstellationen stellt sich die Hauptleistungspflicht als **aktive Leistungshandlung** dar.[189]

  Ein **digitaler Inhalt** ist nach § 327b Abs. 3 BGB[190] in Umsetzung von Art. 5 Abs. 2 Buchst. a Digitale-Inhalte-RL („*körperliche oder virtuelle Einrichtung*" – Zugangsverschaffung oder Zurverfügungstellung) **bereitgestellt** (z.B. Speicherung eines E-Books in einer Cloud), sobald
  - der digitale Inhalt selbst (oder ergänzend die geeigneten Mittel, die für den Zugang zu den digitalen Inhalten erforderlich sind) oder
  - das Herunterladen des digitalen Inhalts

---

[185] Brönneke/Föhlisch/Tonner/*Tamm/Tonner*, Das neue Schuldrecht, § 2 Rn 70.
[186] Dazu näher HK-BGB/*Schulze*, § 327b Rn 6.
[187] Wobei „unverzüglich" nicht entsprechend § 121 Abs. 1 Satz 1 BGB (d.h. schlicht „ohne schuldhaftes Zögern"), sondern richtlinienkonform (Erwägungsgrund 61 der Digitale-Inhalte-RL) als „tatsächliche Bereitstellung ohne Zeitverzug" zu interpretieren ist: Brönneke/Föhlisch/Tonner/*Tamm/Tonner*, Das neue Schuldrecht, § 2 Rn 71.
[188] Dazu näher HK-BGB/*Schulze*, § 327b Rn 7.
[189] Brönneke/Föhlisch/Tonner/*Tamm/Tonner*, Das neue Schuldrecht, § 2 Rn 72 unter Bezugnahme auf *Wendland*, ZVglRWiss 118 (2019), 191, 207.
[190] Dazu näher HK-BGB/*Schulze*, § 327b Rn 8 f.

dem Verbraucher unmittelbar oder mittels einer von ihm hierzu bestimmten (körperlichen oder virtuellen) „Einrichtung"
- zur Verfügung gestellt ist (d.h., wenn dem Verbraucher eine eigene Zugriffsmöglichkeit auf die digitalen Inhalte eröffnet wird, im Regelfall im Rahmen eines kaufähnlichen Austauschvertrags auf einem Datenträger [bspw. einem USB-Stick oder einer DVD] oder durch die Bereitstellung eines dauerhaften Downloads)[191] oder
- zugänglich gemacht worden ist (Zugangsverschaffung zu digitalen Inhalten, Schaffung einer eigenständigen und ungehinderten Zugriffsmöglichkeit, wenn dem Verbraucher [ggf. auch über die Dienste oder die Umgebung Dritter][192] eine Möglichkeit der Inanspruchnahme verschafft wird). Letzteres betrifft „die zeitlich begrenzte, jedoch fortlaufende Gebrauchsüberlassung im Rahmen eines Dauerschuldverhältnisses"[193] (z.B. Abonnementmodelle für Anwendungssoftware oder Streaming-Angebote).[194] Der Dritte kann Hilfsperson des Verbrauchers sein (Folge: Erfüllung nach § 362 Abs. 1 BGB, alternativ kann es sich dabei gemäß § 362 Abs. 2 BGB aber auch um eine befreiende Leistung handeln).[195]

Die Bereitstellungsverpflichtung i.S.e. Zugangsverschaffung zu den digitalen Inhalten bzw. einer Zurverfügungstellung der für das Herunterladen geeigneter Mittel oder die Zugänglichmachung ist weit zu verstehen, wobei auch der Technikneutralität Rechnung zu tragen ist.[196]

Der Verbraucher soll selbst über das Ob und den Zeitpunkt der Nutzung entscheiden.[197]

Unerheblich ist hingegen, ob der Verbraucher den Inhalt auch tatsächlich abruft.[198]

„*Stellt (…) der Verbraucher eine E-Mail-Adresse zur Verfügung, an die entsprechende digitale Inhalte versendet werden sollen, so genügt die Verschaffung des Inhalts oder des Zugangs zum Inhalt über diese Adresse*".[199] Die Einrichtung ist nicht vom Verbraucher bestimmt, wenn sie „*vom Unternehmer kontrolliert wird oder mit dem Unternehmer vertraglich verbunden ist*" (Erwägungsgrund 41 der Digitale-Inhalte-

---

191 Brönneke/Föhlisch/Tonner/*Tamm/Tonner*, Das neue Schuldrecht, § 2 Rn 74: „*Hier geht es regelmäßig um das Einräumen umfassender Verfügungsmacht und die Gewährung von Ausschließlichkeitsrechten*".
192 Z.B. Cloud-Anwender – der Verbraucher will ein E-Book unmittelbar in einer Cloud speichern (Cloud als Einrichtung): Erwägungsgrund 41 der Digitale-Inhalte-RL.
193 Brönneke/Föhlisch/Tonner/*Tamm/Tonner*, Das neue Schuldrecht, § 2 Rn 75: etwa mietähnliche Konstellationen.
194 Brönneke/Föhlisch/Tonner/*Tamm/Tonner*, Das neue Schuldrecht, § 2 Rn 75 unter Bezugnahme auf *Grünberger*, AcP 218 (2018), 213, 237.
195 RegE, BT-Drucks 19/27653, S. 48.
196 Brönneke/Föhlisch/Tonner/*Tamm/Tonner*, Das neue Schuldrecht, § 2 Rn 76.
197 Erwägungsgrund 41 der Digitale-Inhalte-RL. Dazu vorstehende Fn 181.
198 RegE, BT-Drucks 19/27653, S. 48.
199 Brönneke/Föhlisch/Tonner/*Tamm/Tonner*, Das neue Schuldrecht, § 2 Rn 77.

K. Bereitstellung des digitalen Produkts § 3

RL, selbst wenn der Verbraucher zwar eine Wahl getroffen hat, die gewählte Einrichtung „*aber vom Unternehmer als einzige angeboten wurde*").
Andererseits „*soll die Regelung den Anbieter auch von Risiken freistellen, die sich daraus ergeben, dass der Verbraucher eine ungeeignete Plattform für den Empfang von digitalen Inhalten gewählt hat*".[200]
Eine **digitale Dienstleistung** (vgl. dazu die Legaldefinition in § 327 Abs. 2 Satz 2 BGB)[201] ist gemäß § 327b Abs. 4 BGB in Umsetzung von Art. 5 Abs. 2 Buchst. b Digitale-Inhalte-RL **bereitgestellt**, sobald sie
- dem Verbraucher unmittelbar oder mittelbar oder
- mittels einer von ihm hierzu bestimmten (Empfangs-)Einrichtung zugänglich gemacht worden ist.

■ Wenn der Unternehmer durch den (einheitlichen) Vertrag zu einer **Reihe einzelner Bereitstellungen**[202] verpflichtet ist (mehraktige Bereitstellung, z.b. wöchentlich wiederholende Möglichkeit zum Herunterladen eines jeweils neuen E-Books,[203] wobei der Verbraucher nach der Bereitstellung **unbefristeten Zugang zu und unbefristete Nutzungsrechte** am digitalen Inhalt oder der digitalen Dienstleistung haben muss),[204] gelten nach § 327b Abs. 5 BGB[205] die vorbeschriebenen Vorgaben für jede einzelne Bereitstellung innerhalb der Reihe.

---

200 Brönneke/Föhlisch/Tonner/*Tamm/Tonner*, Das neue Schuldrecht, § 2 Rn 76 unter Bezugnahme auf *Metzger*, JZ 2019, 577, 580 Fn 37.
201 Dazu näher HK-BGB/*Schulze*, § 327b Rn 12.
202 Vgl. dazu Art. 8 Abs. 2 Buchst. b und Art. 11 Abs. 2 Unterabs. 1 Digitale-Inhalte-RL.
203 Erwägungsgrund 56 der Digitale-Inhalte-RL: „*Digitale Inhalte oder digitale Dienstleistungen können den Verbrauchern im Rahmen einer einmaligen Bereitstellung bereitgestellt werden, beispielsweise wenn ein Verbraucher ein E-Book herunterlädt oder auf seinem persönlichen Gerät abspeichert. Ähnlich kann die Bereitstellung aus einer Reihe solcher einzelnen Vorgänge bestehen, beispielsweise wenn der Verbraucher einen Link für das Herunterladen eines neuen E-Books erhält. Diese Kategorie digitaler Inhalte und digitaler Dienstleistungen ist dadurch gekennzeichnet, dass die Verbraucher danach unbefristeten Zugang auf und unbefristete Nutzungsrechte für die digitalen Inhalte und digitalen Dienstleistungen haben. In solchen Fällen sollte die Vertragsmäßigkeit der digitalen Inhalte oder digitalen Dienstleistungen zum Zeitpunkt der Bereitstellung geprüft werden, und daher sollte der Unternehmer nur für eine Vertragswidrigkeit haftbar sein, die zu dem Zeitpunkt besteht, zu dem die einmalige Bereitstellung oder jede einzelne Bereitstellung erfolgt. Um für Rechtssicherheit zu sorgen, sollten sich Unternehmer und Verbraucher auf einen einheitlichen Mindestzeitraum stützen können, während der der Unternehmer für eine Vertragswidrigkeit haftbar gemacht werden sollte. In Bezug auf Verträge, die eine einmalige Bereitstellung oder einer Reihe einzelner Bereitstellungen der digitalen Inhalte oder digitalen Dienstleistungen vorsehen, sollten die Mitgliedstaaten sicherstellen, dass Unternehmer für nicht weniger als zwei Jahre ab dem Zeitpunkt der Bereitstellung haften, wenn sie gemäß dem jeweiligen nationalen Recht nur für eine Vertragswidrigkeit haften, die innerhalb eines bestimmten Zeitraums nach der Beendigung offenbar wird.*"
204 RegE, BT-Drucks 19/27653, S. 49.
205 Dazu näher HK-BGB/*Schulze*, § 327b Rn 13.

Auch „kurzfristige Unterbrechungen" der Bereitstellung sollen als Vertragswidrigkeit behandelt werden, wenn die Unterbrechungen „mehr als vernachlässigbar oder wiederkehrend" sind.[206]
- Die **Beweislast** für die nach den vorstehenden Vorschriften erfolgte Erfüllung einer ordnungsgemäßen Bereitstellung trifft gemäß § 327b Abs. 6 BGB in Umsetzung von Art. 12 Abs. 1 Digitale-Inhalte-RL (wonach der Unternehmer die Beweislast dafür trägt, dass die digitalen Inhalte oder digitalen Dienstleistungen im Einklang mit Art. 5 Digitale-Inhalte-RL bereitgestellt wurden)[207] – allerdings abweichend von § 363 BGB – in verbraucherfreundlicher Manier den Unternehmer.

> *Beachte*
> § 327b BGB ist eine die §§ 269, 271 BGB verdrängende Spezialregelung, *„die aber kaum spürbare Neuerungen mit sich bringen durfte"*.[208]

> *Beachte zudem*
> Eine von den Vorgaben des Art. 5 Digitale-Inhalte-RL (Bereitstellung der digitalen Inhalte oder digitaler Dienstleistungen) *„abweichende Ausgestaltung einer vertraglichen Leistungspflicht zur Bereitstellung ist nur insoweit möglich, als die Digitale-Inhalte-RL selbst dies zulässt"*.[209]

II. Rechte des Verbrauchers bei unterbliebener Bereitstellung

44 Der Unternehmer haftet nach Art. 11 Digitale-Inhalte-RL für jede nicht nach Maßgabe von Art. 5 Digitale-Inhalte-RL erfolgte Bereitstellung eines digitalen Produkts, wobei Art. 13 Digitale-Inhalte-RL die Abhilfemöglichkeiten des Verbrauchers festlegt. Art. 13 Digitale-Inhalte-RL ist in § 327c BGB umgesetzt worden.

§ 327c BGB normiert die Grundzüge des Leistungsstörungsrechts für den Fall einer unterbliebenen Bereitstellung eines digitalen Produkts",[210] wobei eine **Trennung von Nichtleistung und Mängeln** (§ 327c BGB [Rechte bei unterbliebener Bereitstellung] versus § 327i BGB [Rechte des Verbrauchers bei Mängeln]) erfolgt.[211]

---

206 Erwägungsgrund 51 der Digitale-Inhalte-RL.
207 Dazu näher HK-BGB/*Schulze*, § 327b Rn 14.
208 *Wendehorst*, NJW 2021, 2913, 2916 Rn 19.
209 RegE, BT-Drucks 19/27653, S. 47.
210 Brönneke/Föhlisch/Tonner/*Tamm/Tonner*, Das neue Schuldrecht, § 2 Rn 82.
211 Brönneke/Föhlisch/Tonner/*Tamm/Tonner*, Das neue Schuldrecht, § 2 Rn 83.

K. Bereitstellung des digitalen Produkts § 3

1. Vertragsbeendigungsrecht

Kommt der Unternehmer seiner fälligen (und durchsetzbaren) Verpflichtung zur Bereitstellung des digitalen Produkts nach (nochmaliger) **Aufforderung** des Verbrauchers gegenüber dem Unternehmer, der Bereitstellungspflicht unverzüglich nachzukommen (vgl. § 327 Abs. 1 Satz 2 BGB, **als weiterer, neuer Verpflichtung** des Unternehmers),[212] nicht „unverzüglich" nach,[213] so kann der Verbraucher den Vertrag nach § 327c Abs. 1 Satz 1 BGB in Umsetzung von Art. 13 Abs. 1 Digitale-Inhalte-RL[214] beenden (Vertragsbeendigungsrecht).[215]

45

> *Beachte*
>
> Damit besteht ein **vorrangiger Nacherfüllungsanspruch** des Verbrauchers. Erst wenn der Verbraucher diesen reklamiert hat, kann er weitergehende Rechte geltend machen.[216] Die Digitale-Inhalte-RL enthält zwar keine Ausnahme für Fälle der Unmöglichkeit der Leistung, vgl. aber § 327l Abs. 2 Satz 1 BGB, wonach der Nacherfüllungsanspruch ausgeschlossen ist, wenn die Nacherfüllung unmöglich oder unvorhergesehene Kosten verursacht.

Die Leistungsaufforderung – nicht eingehender geregelt – kann auch mündlich oder konkludent erfolgen.[217] *„Weil die Mahnung aber eine empfangsbedürftige, geschäftsähnliche Handlung ist (vgl. § 130 Abs. 1 BGB), sollte in jedem Fall eine Form gewählt werden, bei der der Empfang dokumentiert wird"*.[218]

§ 327c Abs. 1 Satz 1 BGB normiert als **besonderes Gestaltungsrecht** des Verbrauchers[219] ein **spezielles Recht auf Vertragsbeendigung bei vollständig unterbliebener oder verzögerter Bereitstellung** (fällige Verpflichtung des Unternehmers zur Bereitstellung des digitalen Produkts aus einem Verbrauchervertrag i.S.v. § 327 BGB).[220] Eine Teilleistung ist hingegen eine mangelhafte Leistung i.S.v. § 327d BGB (mit korrespon-

46

---

212 RegE, BT-Drucks 19/27653, S. 50.
213 Zur unverzüglichen Bereitstellung HK-BGB/*Schulze*, § 327c Rn 6.
214 „Hat der Unternehmer die digitalen Inhalte oder digitalen Dienstleistungen nicht gemäß Art. 5 bereitgestellt, so fordert der Verbraucher den Unternehmer auf, die digitalen Inhalte oder Dienstleistungen bereitzustellen. Versäumt es der Unternehmer daraufhin, die digitalen Inhalte oder Dienstleistungen unverzüglich oder innerhalb einer ausdrücklich zwischen den Vertragsparteien vereinbarten zusätzlichen Frist bereitzustellen, so ist der Verbraucher zur Beendigung des Vertrags berechtigt".
215 Dazu näher HK-BGB/*Schulze*, § 327c Rn 4 ff.
216 Brönneke/Föhlisch/Tonner/*Tamm/Tonner*, Das neue Schuldrecht, § 2 Rn 85.
217 Brönneke/Föhlisch/Tonner/*Tamm/Tonner*, Das neue Schuldrecht, § 2 Rn 88 unter Bezugnahme auf *Metzger*, JZ 2019, 577, 583.
218 Brönneke/Föhlisch/Tonner/*Tamm/Tonner*, Das neue Schuldrecht, § 2 Rn 88.
219 *Metzger*, JZ 2019, 577, 582.
220 Dazu näher HK-BGB/*Schulze*, § 327c Rn 4.

dierenden Rechtsfolgen gemäß §§ 327i ff. BGB). Hiervon unberührt bleibt das Recht des Verbrauchers nach § 266 BGB Teilleistungen zurückzuweisen.[221]

Nach einer entsprechenden Aufforderung zur Leistung[222] kann zwar immer noch eine andere (abweichende) Zeit für die Bereitstellung (nicht sofort, sondern zu einem künftigen Zeitpunkt) vereinbart werden. Dies muss gemäß § 327c Abs. 1 Satz 2 BGB jedoch durch ausdrückliche Vereinbarung[223] (und nicht einseitig durch den Unternehmer bzw. durch eine AGB-Regelung)[224] erfolgen: *"D.h., der Unternehmer kann sich nicht auf eine angebliche konkludente Verlängerung der Leistungsfrist stützen"*.[225]

> *Beachte*
>
> *§ 327c BGB statuiert damit "von den allgemeinen Verzugsregeln geringfügig abweichende Bestimmungen über die Rechte des Verbrauchers für den Fall, dass der Unternehmer seiner fälligen Verpflichtung zur Bereitstellung des digitalen Produkts auf Aufforderung des Verbrauchers nicht unverzüglich nachkommt".*[226]

2. Schadensersatzansprüche

47
> *Beachte*
>
> Die Digitale-Inhalte-RL regelt keine Schadensersatzansprüche. Nach ihrem Art. 3 Abs. 10 können die Mitgliedstaaten Schadensersatzansprüche aber auch im Kontext mit Verträgen über digitale Inhalte und digitale Dienstleistungen beibehalten oder einführen.

Liegen die Voraussetzungen für eine Beendigung des Vertrags wegen Verletzung der Bereitstellungspflicht durch den Unternehmer nach § 327c Abs. 1 Satz 1 BGB vor, kann der Verbraucher nach der **Rechtsgrundverweisung** des § 327c Abs. 2 Satz 1 BGB – neben dem Recht auf Vertragsbeendigung – auch nach den

- §§ 280 und 281 Abs. 1 Satz 1 BGB **Schadensersatz** (wobei der generelle Verweis auf § 280 BGB auch § 280 Abs. 2 i.V.m. § 286 BGB, d.h. den Verzögerungsschaden erfasst) oder nach
- § 284 BGB **Ersatz vergeblicher Aufwendungen**

verlangen,[227] wenn die Voraussetzungen dieser Vorschriften vorliegen.

---

221 RegE, BT-Drucks 19/27653, S. 50.
222 Dazu näher HK-BGB/*Schulze*, § 327c Rn 5.
223 Zur Möglichkeit einer Parteivereinbarung HK-BGB/*Schulze*, § 327c Rn 7.
224 Brönneke/Föhlisch/Tonner/*Tamm/Tonner*, Das neue Schuldrecht, § 2 Rn 90.
225 *Wendehorst*, NJW 2021, 2913, 2916 Rn 19.
226 *Wendehorst*, NJW 2021, 2913, 2916 Rn 20.
227 Dazu näher HK-BGB/*Schulze*, § 327c Rn 16 ff.

K. Bereitstellung des digitalen Produkts § 3

Insoweit erfolgt ein grundsätzlicher Verweis auf die allgemeinen Regelungen einer Pflichtverletzung aus einem Schuldverhältnis nach den §§ 280 ff. BGB (einschließlich der §§ 249 ff. BGB),[228] diese haben allerdings eine **Modifikationen** erfahren: § 281 Abs. 1 Satz 1 BGB ist mit der Maßgabe anzuwenden, dass an die Stelle der Bestimmung einer angemessenen Frist die „Aufforderung nach § 327c Abs. 1 Satz 1 BGB" tritt. D.h., der Schadensersatzanspruch statt der Leistung wird an keine weitere Voraussetzung geknüpft.[229] Dies bedeutet einen Gleichlauf mit dem Vertragsbeendigungsrecht, wobei Schadens- und/oder Aufwendungsersatzansprüche allerdings ein Verschulden zur Voraussetzung haben[230] (vgl. jedoch die Beweislastumkehr in § 280 Abs. 1 Satz 2 BGB). In der Folge kann der Verbraucher sofort nach vergeblicher Aufforderung nicht nur den kleinen Schadensersatz (neben der Leistung), sondern auch den großen Schadensersatz statt der Leistung verlangen.[231] Ansprüche des Verbrauchers auf Schadensersatz nach den §§ 283 und 311 Abs. 2 BGB (bei Unmöglichkeit) bleiben nach § 327c Abs. 2 Satz 3 BGB unberührt.

48

> *Beachte*
>
> Eine Vertragsbeendigung nach § 327c Abs. 1 BGB schließt gemäß § 327c Abs. 4 Satz 3 i.V.m. § 325 BGB (nachstehende Rdn 50) den Schadens- bzw. Aufwendungsersatzanspruch nicht aus.

> *Beachte zudem*
>
> Verlangt der Verbraucher **Schadensersatz statt der ganzen Leistung** gemäß § 327c Abs. 2 i.V.m. §§ 280 Abs. 1 und 3, 281 Abs. 1 Satz 1 BGB, sind nach § 327c Abs. 4 Satz 2 BGB (nachstehende Rdn 50) die §§ 327o und p BGB entsprechend anzuwenden.

3. Entbehrlichkeit der Nacherfüllungsaufforderung

Die Aufforderung nach § 327c Abs. 1 Satz 1 und Abs. 2 Satz 2 BGB ist gemäß § 327c Abs. 3 Satz 1 BGB in Umsetzung von Art. 13 Abs. 2 Digitale-Inhalte-RL[232] in drei Sachlagen entbehrlich (**Entbehrlichkeit einer Aufforderung**),[233] nämlich wenn

49

---

228 HK-BGB/*Schulze*, § 327c Rn 19.
229 RegE, BT-Drucks 19/27653, S. 51.
230 RegE, BT-Drucks 19/27653, S. 51.
231 Brönneke/Föhlisch/Tonner/*Tamm/Tonner*, Das neue Schuldrecht, § 2 Rn 92.
232 „*Abs. 1 findet keine Anwendung und der Verbraucher ist zur sofortigen Beendigung des Vertrags berechtigt, wenn
a) der Unternehmer erklärt hat oder aus den Umständen eindeutig zu erkennen ist, dass er die digitalen Inhalte oder Dienstleistungen nicht bereitstellen wird;
b) der Verbraucher und der Unternehmer vereinbart haben oder aus den Vertragsschluss begleitenden Umständen eindeutig zu erkennen ist, dass für den Verbraucher ein bestimmter Zeitpunkt für die Bereitstellung von wesentlicher Bedeutung ist, und der Unternehmer es versäumt, die digitalen Inhalte oder Dienstleistungen bis zu oder zu diesem Zeitpunkt bereitzustellen*".
233 Dazu näher HK-BGB/*Schulze*, § 327c Rn 8.

- der Unternehmer die Bereitstellung verweigert (Nr. 1),
- es nach den Umständen eindeutig zu erkennen ist, dass der Unternehmer das digitale Produkt nicht bereitstellen wird (Nr. 2), oder
- der Unternehmer die Bereitstellung bis zu einem bestimmten (fixen) Termin oder innerhalb einer bestimmten Frist nicht bewirkt, obwohl vereinbart war oder es sich für den Unternehmer aus eindeutig erkennbaren, den Vertragsabschluss begleitenden Umständen ergeben konnte, dass die termin- oder fristgerechte Bereitstellung für den Verbraucher wesentlich ist (Nr. 3: Regelung der absoluten Fixschuld, in Anlehnung an § 323 Abs. 2 Nr. 2 BGB, die in Art. 13 Abs. 2 Digitale-Inhalte-RL nicht enthalten und daher nur dann richtlinienkonform ist, wenn sie als Konkretisierung von § 323c Abs. 3 Nr. 2 BGB begriffen und ausgelegt wird).[234]

In den genannten Fällen ist nach der Klarstellung des § 327c Abs. 3 Satz 2 BGB die Mahnung gemäß § 286 BGB stets entbehrlich.[235]

4. Rechtsfolgen der Vertragsbeendigung

50 Für die Beendigung des Vertrags und deren Rechtsfolgen sind gemäß § 327c Abs. 4 Satz 1 BGB die §§ 327o und p BGB (Form und Rechtsfolgen einer Vertragsbeendigung) entsprechend anzuwenden[236] (siehe dazu unter Rdn 82 ff. und Rdn 87 ff.). Das Gleiche gilt gemäß § 327c Abs. 4 Satz 2 BGB für den Fall, dass der Verbraucher Schadensersatz statt der ganzen Leistung verlangt. § 325 BGB gilt nach § 327c Abs. 4 Satz 3 BGB entsprechend, d.h. neben einer Vertragsbeendigung können auch Schadensersatzansprüche geltend gemacht werden.

5. Unwirksamkeit der Vertragsbeendigung

51 § 218 BGB ist nach § 327c Abs. 5 BGB auf die Vertragsbeendigung entsprechend anzuwenden,[237] um einen Gleichlauf der Verjährungsfristen zwischen dem Schadensersatzanspruch und der Beendigung zu gewährleisten. Demnach steht dem Verbraucher das Gestaltungsrecht zur Vertragsbeendigung dann nicht mehr zur Verfügung, wenn auch ein Rücktritt nach § 218 BGB ausgeschlossen wäre, mithin wenn der Leistungsanspruch bzw. der Nacherfüllungsanspruch verjährt ist und der Schuldner (d.h. der Unternehmer) sich auf Verjährung beruft.[238]

---

234 Brönneke/Föhlisch/Tonner/*Tamm/Tonner*, Das neue Schuldrecht, § 2 Rn 93.
235 Dazu näher HK-BGB/*Schulze*, § 327c Rn 9.
236 HK-BGB/*Schulze*, § 327c Rn 11.
237 Dazu näher HK-BGB/*Schulze*, § 327c Rn 12.
238 Brönneke/Föhlisch/Tonner/*Tamm/Tonner*, Das neue Schuldrecht, § 2 Rn 95.

6. Vertragsauflösungsrecht für die übrigen Bestandteile eines Paketvertrags und bei verbundenen Verträgen

Sofern der Verbraucher den Vertrag beenden kann, kann er sich nach dem **besonderen Vertragsauflösungsrecht** des § 327c Abs. 6 Satz 1 BGB im Hinblick auf alle Bestandteile des **Paketvertrags** (i.S.v. § 327a Abs. 1 BGB, vorstehende Rdn 32) vom Vertrag lösen, wenn er an dem anderen Teil des Paketvertrags ohne das nicht bereitgestellte digitale Produkt **kein Interesse** hat.[239]

52

Zur Auslegung der Begrifflichkeit „kein Interesse" kann auf die Rechtsprechung zum gleichlautenden Tatbestandsmerkmal in § 323 Abs. 5 Satz 1 BGB zurückgegriffen werden.[240]

Dies gilt allerdings nach der Rückausnahme in § 327c Abs. 6 Satz 2 BGB (in Umsetzung von Art. 3 Abs. 6 Unterabs. 3 Digitale-Inhalte-RL) nicht für Paketverträge, bei denen der andere Bestandteil ein Telekommunikationsdienst i.S.d. § 3 Nr. 24 TKG ist (arg.: Das TKG enthält in Umsetzung der Richtlinie über den elektronischen Kodex für die elektronische Kommunikation[241] vergleichbare verbraucherschützende Regelungen). „Telekommunikationsdienste" sind i.d.R. gegen Entgelt erbrachte Dienste, die ganz oder überwiegend in der Übertragung von Signalen über Telekommunikationsnetze bestehen, einschließlich Übertragungsdienste in Rundfunknetzen.

53

Sofern der Verbraucher den Vertrag beenden kann, kann er sich nach § 327c Abs. 7 BGB – als weiteres **besonderes Vertragsauflösungsrecht** – im Hinblick auf **alle (anderen) Bestandteile eines Vertrags mit digitalen Elementen** (der kein Kaufvertrag ist, vgl. § 327a Abs. 3 BGB) nach § 327a Abs. 2 BGB vom Vertrag lösen, wenn sich die Sache selbst aufgrund des nicht bereitgestellten digitalen Produkts (d.h. der unterbliebenen Bereitstellung) **nicht zur gewöhnlichen Verwendung eignet**.[242]

54

III. Verbraucherschutz: Umfang der Verpflichtung des Unternehmers zur mangelfreien Leistung

„Herzstück der Digitale-Inhalte-RL sind die neuen Bestimmungen über die Gewährleistung, also die verschuldensunabhängige Haftung des Unternehmers für Produktmängel und Rechtsmängel"[243] in den §§ 327d–327h BGB in Umsetzung der Art. 6–9 Digitale-Inhalte-RL wegen ihres *„vollkommen neuen Mangelbegriffs"*.[244]

55

---

239 Dazu näher HK-BGB/*Schulze*, § 327c Rn 13.
240 RegE, BT-Drucks 19/27653, S. 52.
241 Richtlinie (EU) 2018/1972.
242 Dazu RegE, BT-Drucks 19/27653, S. 52.
243 *Wendehorst*, NJW 2021, 2913, 2917 Rn 23.
244 Brönneke/Föhlisch/Tonner/*Tamm*/Tonner, Das neue Schuldrecht, § 2 Rn 98.

1. Vertragsgemäßheit digitaler Produkte

56 Ist der Unternehmer durch einen Verbrauchervertrag gemäß § 327 und § 327a BGB zur Bereitstellung eines digitalen Produkts verpflichtet, so hat er nach § 327d BGB (**Vertragsmäßigkeit**) das digitale Produkt frei von

- **Produkt-**[245] (Vertragsmängel i.S.d. Art. 7–9 Digitale-Inhalte-RL, vgl. § 327e BGB, siehe dazu unter Rdn 58) und
- **Rechtsmängeln** (vgl. Art. 327g BGB, siehe dazu unter Rdn 70)

bereitzustellen (Freiheit von Produkt- und Rechtsmängeln [i.S.d. §§ 327e–g BGB] in Konkretisierung der bereits bestehenden Leistungspflicht, Einführung eines einheitlichen Mangelbegriffs, der sich nicht an dem in Rede stehenden Vertragstyp orientiert).[246]

Die Begrifflichkeit geht von der „**Mangelfreiheit**" aufgrund der Besonderheit digitaler Inhalte und Dienstleistungen ab und rekurriert auf deren „Vertragsgemäßheit" (vgl. auch die Parallelregelungen infolge der Umsetzung der WKRL in den §§ 434, 479b BGB).

57 *Richtlinienvorgaben:*

1. Subjektive Anforderungen an die Vertragsgemäßheit

Art. 7 der Digitale-Inhalte-RL statuiert die subjektiven Anforderungen an die Vertragsmäßigkeit: Die digitalen Inhalte oder digitalen Dienstleistungen sind vertragsgemäß, wenn sie, soweit zutreffend, insbesondere

- hinsichtlich der Beschreibung, Quantität und Qualität, der Funktionalität, der Kompatibilität, der Interoperabilität und sonstiger Merkmale den Anforderungen entsprechen, die sich aus dem Vertrag ergeben (Buchst. a);
- sich für einen bestimmten vom Verbraucher angestrebten Zweck eignen, den der Verbraucher dem Unternehmer spätestens bei Vertragsschluss zur Kenntnis gebracht hat und dem der Unternehmer zugestimmt hat (Buchst. b);
- den Anforderungen des Vertrags entsprechend mit sämtlichem Zubehör, sämtlichen Anleitungen – einschließlich zur Installation – und Kundendienst bereitgestellt werden (Buchst. c) und
- wie im Vertrag bestimmt aktualisiert werden (Buchst. d).

2. Objektive Anforderungen an die Vertragsgemäßheit

Zusätzlich zur Einhaltung der subjektiven Anforderungen an die Vertragsmäßigkeit nach Art. 7 Digitale-Inhalte-RL müssen die digitalen Inhalte oder digitalen Dienst-

---

245 „*Weil ein Sachmangel mangels einer Verkörperung digitaler Produkte nicht in Betracht kommt*": Brönneke/Föhlisch/Tonner/*Tamm/Tonner*, Das neue Schuldrecht, § 2 Rn 99.
246 Brönneke/Föhlisch/Tonner/*Tamm/Tonner*, Das neue Schuldrecht, § 2 Rn 99.

K. Bereitstellung des digitalen Produkts § 3

leistungen gemäß Art. 8 Abs. 1 Digitale-Inhalte-RL auch objektive Anforderungen an die Vertragsmäßigkeit erfüllen, nämlich

- sich für die Zwecke eignen, für die digitale Inhalte oder digitale Dienstleistungen derselben Art in der Regel genutzt werden, soweit anwendbar unter Berücksichtigung des geltenden Unions- und nationalen Rechts, technischer Normen oder, in Ermangelung solcher technischer Normen, anwendbarer sektorspezifischer Verhaltenskodizes (Buchst. a);
- der Quantität, den Eigenschaften und den Leistungsmerkmalen (darunter Funktionalität, Kompatibilität, Zugänglichkeit, Kontinuität und Sicherheit) entsprechen, die bei digitalen Inhalten oder digitalen Dienstleistungen derselben Art üblich sind und die der Verbraucher aufgrund der Art der digitalen Inhalte oder digitalen Dienstleistungen und unter Berücksichtigung öffentlicher Erklärungen, die von dem Unternehmer oder anderen Personen in vorhergehenden Gliedern der Vertragskette oder in deren Namen insbesondere in der Werbung oder auf dem Etikett abgegeben werden, vernünftigerweise erwarten kann, es sei denn, der Unternehmer weist nach (Buchst. b), dass
  - der Unternehmer die betreffende öffentliche Erklärung nicht kannte und vernünftigerweise nicht kennen konnte (i),
  - die öffentliche Erklärung bis zum Zeitpunkt des Vertragsschlusses in derselben oder einer vergleichbaren Weise wie jener, in der sie abgegeben wurde, berichtigt worden ist (ii), oder
  - die Entscheidung, die digitalen Inhalte oder digitalen Dienstleistungen zu erwerben, nicht durch die öffentliche Erklärung beeinflusst worden sein konnte (iii);
- soweit zutreffend mit dem Zubehör und den Anleitungen, deren Erhalt der Verbraucher vernünftigerweise erwarten kann, bereitgestellt werden (Buchst. c) und
- der durch den Unternehmer vor Vertragsschluss zur Verfügung gestellten Testversion oder vor Anzeige der digitalen Inhalte oder digitalen Dienstleistungen entsprechen (Buchst. d).

Der Unternehmer stellt nach Art. 8 Abs. 2 Digitale-Inhalte-RL sicher, dass der Verbraucher über Aktualisierungen, einschließlich Sicherheitsaktualisierungen, die für den Erhalt der Vertragsmäßigkeit der digitalen Inhalte und digitalen Dienstleistungen erforderlich sind, informiert wird und dass diese ihm bereitgestellt werden, und zwar während des Zeitraums

- in dem die digitalen Inhalte oder digitalen Dienstleistungen im Rahmen des Vertrags bereitzustellen sind, wenn der Vertrag eine fortlaufende Bereitstellung über einen Zeitraum vorsieht (Buchst. a), oder

- die der Verbraucher aufgrund der Art und des Zwecks der digitalen Inhalte oder digitalen Dienstleistungen und unter Berücksichtigung der Umstände und der Art des Vertrags vernünftigerweise erwarten kann, wenn der Vertrag eine einmalige Bereitstellung oder eine Reihe einzelner Bereitstellungen vorsieht (Buchst. b).

Installiert der Verbraucher Aktualisierungen, die ihm vom Unternehmer in Übereinstimmung mit Art. 8 Abs. 2 RAL bereitgestellt wurden, nicht innerhalb einer angemessenen Frist, so haftet der Unternehmer nach Art. 8 Abs. 3 Digitale-Inhalte-RL nicht für eine etwaige Vertragswidrigkeit, die allein auf das Fehlen der entsprechenden Aktualisierung zurückzuführen ist, sofern

- der Unternehmer den Verbraucher über die Verfügbarkeit der Aktualisierungen und darüber, welche Folgen es hat, wenn der Verbraucher diese nicht installiert, informiert hat (Buchst. a) und
- die Tatsache, dass der Verbraucher die Aktualisierungen nicht oder unsachgemäß installiert hat, nicht auf eine vom Unternehmer bereitgestellte mangelhafte Installationsanleitung zurückzuführen ist (Buchst. b).

Sieht ein Vertrag die fortlaufende Bereitstellung digitaler Inhalte oder digitaler Dienstleistungen über einen Zeitraum vor, so müssen die digitalen Inhalte oder digitalen Dienstleistungen nach Art. 8 Abs. 4 Digitale-Inhalte-RL während des gesamten Zeitraums vertragsgemäß sein.

Es liegt gemäß Art. 8 Abs. 5 Digitale-Inhalte-RL **keine Vertragswidrigkeit** i.S.d. Art. 8 Abs. 1 oder 2 Digitale-Inhalte-RL vor, wenn der Verbraucher zum Zeitpunkt des Vertragsschlusses eigens darüber in Kenntnis gesetzt wurde, dass ein bestimmtes Merkmal der digitalen Inhalte oder digitalen Dienstleistungen von den in Art. 8 Abs. 1 und 2 Digitale-Inhalte-RL vorgesehenen objektiven Anforderungen an die Vertragsmäßigkeit abweicht, und er bei Vertragsschluss diese Abweichung ausdrücklich und gesondert akzeptiert hat.

Sofern die Vertragsparteien nichts anderes vereinbart haben, müssen nach Art. 8 Abs. 6 Digitale-Inhalte-RL digitale Inhalte oder digitale Dienstleistungen in der zum Zeitpunkt des Vertragsschlusses neuesten verfügbaren Version bereitgestellt werden.

3. Unsachgemäße Integration der digitalen Inhalte oder digitalen Dienstleistungen

Jede durch die unsachgemäße Integration der digitalen Inhalte oder digitalen Dienstleistungen in die digitale Umgebung des Verbrauchers verursachte Vertragswidrigkeit ist nach Art. 9 Digitale-Inhalte-RL als Vertragswidrigkeit der digitalen Inhalte oder digitalen Dienstleistungen anzusehen, wenn

| K. Bereitstellung des digitalen Produkts | § 3 |

- die digitalen Inhalte oder digitalen Dienstleistungen vom Unternehmer oder unter seiner Verantwortung integriert wurden (Buchst. a) oder
- die digitalen Inhalte oder digitalen Dienstleistungen vom Verbraucher zu integrieren waren und die unsachgemäße Integration auf eine mangelhafte, vom Unternehmer bereitgestellte Anleitung zurückzuführen ist (Buchst. b).

4. Rechte Dritter

Wenn eine Beschränkung, die sich aus der Verletzung von Rechten Dritter – insbesondere von Rechten des geistigen Eigentums – ergibt, die Nutzung der digitalen Inhalte oder digitalen Dienstleistungen i.S.d. Art. 7 und 8 Digitale-Inhalte-RL verhindert oder einschränkt, stellen die Mitgliedstaaten nach Art. 10 Digitale-Inhalte-RL sicher, dass der Verbraucher Anspruch auf die Abhilfen bei Vertragswidrigkeit gemäß Art. 14 Digitale-Inhalte-RL hat, es sei denn, im nationalen Recht ist in solchen Fällen die Nichtigkeit unter Aufhebung des Vertrags über die Bereitstellung digitaler Inhalte oder digitaler Dienstleistungen vorgesehen.

a) Produktmangel

Das digitale Produkt ist nach § 327e Abs. 1 Satz 1 BGB in Umsetzung von Art. 7–9 Digitale-Inhalte-RL (**Anforderungen an die Vertragsmäßigkeit digitaler Produkte in Konkretisierung der Leistungspflicht nach § 327d BGB**) frei von Produktmängeln (allgemeine Anforderungen an die Vertragsmäßigkeit), wenn es zur „maßgeblichen Zeit" (vgl. § 327e Abs. 1 Satz 2 und 3 BGB, d.h. dem Zeitpunkt der nach § 327b BGB zu bestimmenden Bereitstellung)[247] nach den Vorschriften der §§ 327–327s BGB (**kumulativ**)[248]

58

- den subjektiven Anforderungen,
- den objektiven Anforderungen und
- (gleichrangig) den Anforderungen an die Integration

entspricht. § 327e Abs. 1 BGB differenziert damit im Hinblick auf Produktmängel zwischen drei Typen von Anforderungen.

Beachte

Die infolge Art. 8 Digitale-Inhalte-RL umgesetzte Update-Verpflichtung findet sich in § 327f BGB.

Art. 8 Abs. 1 Digitale-Inhalte-RL verfolgt im Unterschied zur alten VerbrGKRL (die nunmehr durch die WKRL abgelöst worden ist) das **Konzept der Gleichrangigkeit**

---

[247] Wohingegen die Digitale-Inhalte-RL selbst den Zeitpunkt nicht vorgibt.
[248] Dazu näher HK-BGB/*Schulze*, § 327e Rn 2.

von subjektiven und objektiven Anforderungen an die **Vertragsmäßigkeit**[249] (arg.: Objektive Standards sollen durch Individualvereinbarung nicht abgesenkt werden können).[250]
Vgl. auch Erwägungsgrund 45 der Digitale-Inhalte-RL (wonach die objektiven Standards durch eine entsprechende Gestaltung der individuellen, d.h. subjektiven, Vereinbarungen abgesenkt werden können) und Art. 8 Abs. 5 Digitale-Inhalte-RL (wonach vertragliche Abweichungen nur zulässig sind, wenn der Verbraucher diese ausdrücklich und gesondert akzeptiert hat). D.h., *„die objektiven Kriterien sind zwingendes Recht, während die subjektiven Kriterien nur einschlägig sind, wenn die Personen entsprechende Vereinbarungen getroffen haben".*[251] Im Interesse eines effektiven Verbraucherschutzes sind dabei die Restriktionen des § 327h BGB (in Umsetzung von Art. 8 Abs. 5 Digitale-Inhalte-RL) zu beachten.

> *Beachte*
> Nach Erwägungsgrund 48 der Digitale-Inhalte-RL kann die Nichteinhaltung der Anforderungen der DSGVO – einschließlich wesentlicher Grundsätze der Datenminimierung, Datenschutz durch Technik und datenschutzfreundliche Voreinstellungen – nach den Umständen des Einzelfalls als Verstoß gegen die subjektive oder objektive Vertragsmäßigkeit qualifiziert werden.

59 Soweit nichts anderes bestimmt ist, ist gemäß § 327e Abs. 1 Satz 2 BGB[252] die „maßgebliche Zeit" der **Zeitpunkt der Bereitstellung** nach § 327b BGB.
Wenn der Unternehmer durch den Vertrag zu einer fortlaufenden Bereitstellung über einen Zeitraum (**dauerhafte Bereitstellung**) verpflichtet ist (i.S.e. Dauerleistung,[253] mithin im Unterschied zu einem einmaligen Akt oder einer mehraktigen Bereitstellung die durchgehende Vorhaltung des digitalen Produkts zum Abruf),[254] ist der „maßgebliche Zeitpunkt" nach § 327e Abs. 1 Satz 3 BGB[255] der gesamte vereinbarte Zeitraum der Bereitstellung (**Bereitstellungszeitraum**). Nach Erwägungsgrund 57 der Digitale-Inhalte-RL ist eine „dauerhafte Bereitstellung" bspw. ein Mehrjahresvertrag für einen Cloud-Speicher oder eine unbefristete Mitgliedschaft in einem sozialen Netzwerk.

---

249 RegE, BT-Drucks 19/27653, S. 53.
250 So Erwägungsgrund 45 der Digitale-Inhalte-RL.
251 Brönneke/Föhlisch/Tonner/*Tamm/Tonner*, Das neue Schuldrecht, § 2 Rn 101.
252 Dazu näher HK-BGB/*Schulze*, § 327e Rn 3.
253 Brönneke/Föhlisch/Tonner/*Tamm/Tonner*, Das neue Schuldrecht, § 2 Rn 104.
254 RegE, BT-Drucks 19/27653, S. 49.
255 Dazu näher HK-BGB/*Schulze*, § 327e Rn 4 f.

Einem Produktmangel steht es nach § 327e Abs. 5 BGB gleich, wenn der Unternehmer ein **anderes digitales Produkt** (Aliud)[256] als das vertraglich geschuldete digitale Produkt bereitgestellt hat.

aa) Subjektive Anforderungen

Das digitale Produkt entspricht nach § 327e Abs. 2 BGB[257] (in Umsetzung von Art. 7 Buchst. a und b Digitale-Inhalte-RL und in Anlehnung an § 434 Abs. 1 Satz 1 und Satz 2 Nr. 1 BGB alt) den subjektiven Anforderungen, wenn **60**

- das digitale Produkt (Nr. 1)
  - die (ausdrücklich oder konkludent) **vereinbarte Beschaffenheit** (i.w.S. alle Merkmale, die dem digitalen Produkt selbst anhaften oder sich aus seiner Beziehung zur Umwelt ergeben – und in Annäherung an § 434 BGB)[258] hat, einschließlich (d.h. nicht abschließend)[259] der Anforderungen an
    - seine Menge[260] (Quantität, z.B. Anzahl zugreifbarer Musikdateien),
    - seine Funktionalität[261] (nachstehende Rdn 61),
    - seine Kompatibilität[262] (Rdn 61) und
    - seine Interoperabilität[263] (Rdn 61)
    (Buchst. a[264] in Umsetzung von Art. 7 Buchst. a Digitale-Inhalte-RL; eine Beschreibung ist nur relevant, wenn sie Vertragsbestandteil geworden ist),[265]
  - sich für die **nach dem Vertrag vorausgesetzte Verwendung** eignet (Buchst. b[266] in Umsetzung von Art. 7 Buchst. b Digitale-Inhalte-RL),
- es wie im Vertrag vereinbart mit
  - **Zubehör** (physisches Zubehör, aber auch notwendige Treiber und ähnliche Ergänzungen für die Ausführung digitaler Produkte),

---

256 Näher HK-BGB/*Schulze*, § 327e Rn 36.
257 Dazu näher HK-BGB/*Schulze*, § 327e Rn 9 ff.
258 RegE, BT-Drucks 19/27653, S. 54.
259 Brönneke/Föhlisch/Tonner/*Tamm/Tonner*, Das neue Schuldrecht, § 2 Rn 106.
260 Dazu HK-BGB/*Schulze*, § 327e Rn 11.
261 Näher HK-BGB/*Schulze*, § 327e Rn 12.
262 Dazu HK-BGB/*Schulze*, § 327e Rn 13.
263 Die – ausweislich eines Vergleichs von § 327e Abs. 2 Nr. 1a BGB und § 327 Abs. 3 Nr. 2 BGB (anders als Funktionalität und Kompatibilität) – nur im Rahmen der subjektiven Anforderungen relevant wird: Brönneke/Föhlisch/Tonner/*Tamm/Tonner*, Das neue Schuldrecht, § 2 Rn 107 – womit der Gesetzgeber der Tatsache Rechnung tragen will, *„dass der Unternehmer Probleme bzgl. der Interoperabilität digitaler Produkte wegen der unüberschaubaren Vielzahl möglicher digitaler Umgehungen nicht vorhersehen kann"*, so auch RegE, BT-Drucks 19/27653, S. 55. Dazu näher auch HK-BGB/*Schulze*, § 327e Rn 14.
264 Dazu näher HK-BGB/*Schulze*, § 327e Rn 10 ff.
265 Dazu HK-BGB/*Schulze*, § 327e Rn 15.
266 Näher HK-BGB/*Schulze*, § 327e Rn 16.

- **Anleitungen** (*"nicht nur solche in haptischer Ausführung [...], [sondern] auch Anleitungen, die in digitaler Art und Weise bereitgestellt werden"*,[267] z.B. Erläuterungen digitaler Art während eines Integrationsprozesses)[268] und
- **Kundendienst** bereitgestellt wird (Nr. 2[269] in Umsetzung von Art. 7 Buchst. c Digitale-Inhalte-RL, wobei Zubehör für digitale Produkte nicht auf physische Güter beschränkt ist,[270] weshalb bspw. auch notwendige Treiber bzw. ähnliche Ergänzungen für die Ausführung oder Nutzung digitaler Prozesse unter die Begrifflichkeit fallen)[271] und
- die im Vertrag **vereinbarten Aktualisierungen** während des nach dem Vertrag maßgeblichen Zeitraums bereitgestellt werden (Nr. 3,[272] wobei die Vertragsparteien grundsätzlich frei Art, Dauer und Umfang der Aktualisierungspflichten vereinbaren können).[273] Aktualisierungen werden in § 327f BGB näher geregelt.

Beachte

„Auch andere vertraglich vereinbarte Merkmale gehören dazu, etwa Vereinbarungen über Zubehör, Anleitungen und Kundendienst oder auch über Aktualisierungen. Wie auch im Verbrauchsgüterkaufrecht steht die Bereitstellung eines anderen Produkts als dem vertraglich geschuldeten Produkt dem Produktmangel gleich".[274]

61 **Funktionalität** ist nach § 327e Abs. 2 Satz 2 BGB in Umsetzung von Art. 2 Nr. 11 Digitale-Inhalte-RL[275] die Fähigkeit eines digitalen Produkts, seine Funktionen seinem Zweck entsprechend zu erfüllen (Funktionsweise, z.B. digitale Rechteverwaltungen oder Regionalcodierungen).[276]

Kompatibilität ist gemäß § 327e Abs. 2 Satz 3 BGB in Umsetzung von Art. 2 Nr. 10 Digitale-Inhalte-RL[277] die Fähigkeit eines digitalen Produkts, (im Verbund) mit Hard-

---

267 Brönneke/Föhlisch/Tonner/*Tamm/Tonner*, Das neue Schuldrecht, § 2 Rn 109.
268 RegE, BT-Drucks 19/27653, S. 55.
269 Dazu näher HK-BGB/*Schulze*, § 327e Rn 17.
270 RegE, BT-Drucks 19/27653, S. 55.
271 Brönneke/Föhlisch/Tonner/*Tamm/Tonner*, Das neue Schuldrecht, § 2 Rn 109.
272 Dazu näher HK-BGB/*Schulze*, § 327e Rn 18 f.
273 RegE, BT-Drucks 19/27653, S. 55.
274 *Wendehorst*, NJW 2021, 2913, 2917 Rn 24.
275 „Im Sinne dieser Richtlinie bezeichnet der Ausdruck ‚Funktionalität' die Fähigkeit digitaler Inhalte oder digitaler Dienstleistungen, ihre Funktionen ihrem Zweck entsprechend zu erfüllen".
276 Erwägungsgrund 43 der Digitale-Inhalte-RL.
277 „Im Sinne dieser Richtlinie bezeichnet der Ausdruck ‚Kompatibilität' die Fähigkeit digitaler Inhalte oder digitaler Dienstleistungen, mit Hardware oder Software zu funktionieren, mit der digitale Inhalte oder digitale Dienstleistungen derselben Art in der Regel genutzt werden, ohne dass die digitalen Inhalte oder digitalen Dienstleistungen konvertiert werden müssen".

ware oder Software zu funktionieren, mit der digitale Produkte derselben Art i.d.R. genutzt werden, ohne dass sie konvertiert werden müssen.
Interoperabilität ist nach § 327e Abs. 2 Satz 4 BGB in Umsetzung von Art. 2 Nr. 12 Digitale-Inhalte-RL[278] die Fähigkeit eines digitalen Produkts, (im Verbund) mit anderer Hardware oder Software als derjenigen, mit der die digitale Produkte derselben Art i.d.R. genutzt werden, zu funktionieren.

bb) Objektive Anforderungen

Das digitale Produkt entspricht nach § 327e Abs. 3 Satz 1 BGB, der in § 327e Abs. 3 Satz 2 und 3 BGB im Hinblick auf die Bedeutung öffentlicher Äußerungen für die Beurteilung der berechtigten Verbrauchererwartung konkretisiert wird, den objektiven Anforderungen, wenn

62

- es sich für die (nach der Verkehrsanschauung zu beurteilende) **gewöhnliche Verwendung** eignet (Nr. 1[279] in Umsetzung von Art. 8 Buchst. a Digitale-Inhalte-RL und in Anlehnung an § 434 Abs. 1 Satz 2 Nr. 2 Halbs. 1 BGB alt), d.h., *„Zwecke, für die die digitalen Produkten derselben Art in der Regel genutzt werden"*,[280] wobei auch technische Normen bzw. – sofern solche nicht existieren – sektorspezifische Verhaltenskodizes zu berücksichtigen sind;[281]
- es eine **Beschaffenheit** (i.w.S.),[282] einschließlich
  - der Menge (aus Gründen der Klarstellung),[283]
  - der Funktionalität (vorstehende Rdn 61),
  - der Kompatibilität (Rdn 61),
  - der Zugänglichkeit (Pflicht zur Sicherstellung der Zugriffsmöglichkeit auf das digitale Produkt, insbesondere bei digitalen Dienstleistungen),
  - der Kontinuität (Pflicht des Unternehmers dafür Sorge zu tragen, dass die Funktionen des digitalen Produkts dauerhaft und ohne Unterbrechungen zur Verfügung stehen)[284] und
  - der Sicherheit

  aufweist, die
  - bei digitalen Produkten derselben Art üblich ist und

---

278 „Im Sinne dieser Richtlinie bezeichnet der Ausdruck ‚Interoperabilität' die Fähigkeit digitaler Inhalte oder digitaler Dienstleistungen, mit anderer Hardware oder Software als derjenigen, mit der die digitale Inhalte oder digitale Dienstleistungen derselben Art in der Regel genutzt werden, zu funktionieren".
279 Dazu näher HK-BGB/*Schulze*, § 327e Rn 20.
280 Brönneke/Föhlisch/Tonner/*Tamm/Tonner*, Das neue Schuldrecht, § 2 Rn 112.
281 Brönneke/Föhlisch/Tonner/*Tamm/Tonner*, Das neue Schuldrecht, § 2 Rn 112.
282 RegE, BT-Drucks 19/27653, S. 56.
283 RegE, BT-Drucks 19/27653, S. 56.
284 RegE, BT-Drucks 19/27653, S. 56.

- die der Verbraucher unter Berücksichtigung der Art des digitalen Produkts (nach objektiven Kriterien) erwarten kann (Verbrauchererwartung, vgl. Erwägungsgrund 46 der Digitale-Inhalte-RL, wonach die Bestimmung dessen, was der Verbraucher erwarten darf, sich nach objektiven Kriterien bestimmt) (Nr. 2[285] in Umsetzung von Art. 8 Buchst. b Digitale-Inhalte-RL und in Anlehnung an § 434 Abs. 1 Satz 2 Nr. 2 Halbs. 2 BGB alt)

Beachte: Nach Erwägungsgrund 48 der Digitale-Inhalte-RL ist die Nichteinhaltung der Anforderungen der DSGVO – je nach den Umständen des konkret in Rede stehenden Einzelfalls – als Verstoß gegen
- die subjektiven Anforderungen (Art. 7 Digitale-Inhalte-RL) oder
- die objektiven Anforderungen (Art. 8 Digitale-Inhalte-RL)

an die Vertragsgemäßheit eines digitalen Produkts zu qualifizieren – insoweit erfolgt in Nr. 2 eine Bezugnahme auf **Sicherungsanforderungen**.[286]

■ es der Beschaffenheit
- einer **Testversion** (i.S.e. möglicherweise auch im Funktionsumfang beschränkten Version,[287] die i.d.r. für den Markt noch nicht freigegeben ist, aber künftig dafür vorgesehen sind)[288] **oder**
- **Voranzeige** (z.B. Abbildungen oder Videoinhalte, die etwa die Funktionen des digitalen Produkts wiedergeben)

entspricht (**Entsprechung in der Beschaffenheit**), die der Unternehmer dem Verbraucher „vor Vertragsschluss" zur Verfügung gestellt hat (Nr. 3[289] in Umsetzung von Art. 8 Buchst. d Digitale-Inhalte-RL),

■ es mit dem **Zubehör** und den **Anleitungen** bereitgestellt wird, deren Erhalt der Verbraucher (nach objektiven Kriterien) erwarten kann (Nr. 4[290] in Umsetzung von Art. 8 Buchst. c Digitale-Inhalte-RL, was [anders als nach § 327e Abs. 2 Nr. 2, vorstehende Rdn 60] nicht für den „Kundendienst" gilt[291] und kein redaktionelles Versehen ist),[292]

■ dem Verbraucher gemäß § 327f BGB (siehe dazu Rdn 98 ff.) **Aktualisierungen** bereitgestellt werden und der Verbraucher über diese Aktualisierungen informiert wird (Nr. 5)[293] und

■ sofern die Parteien (ohne Beachtung der Anforderungen des § 327h BGB) nichts anderes vereinbart haben, es in der zum Zeitpunkt des Vertragsschlusses **neuesten ver-**

---

285 Dazu näher HK-BGB/*Schulze*, § 327e Rn 21 ff.
286 Dazu näher Brönneke/Föhlisch/Tonner/*Tamm/Tonner*, Das neue Schuldrecht, § 2 Rn 114.
287 RegE, BT-Drucks 19/27653, S. 56.
288 Brönneke/Föhlisch/Tonner/*Tamm/Tonner*, Das neue Schuldrecht, § 2 Rn 116.
289 Dazu näher HK-BGB/*Schulze*, § 327e Rn 27.
290 Näher HK-BGB/*Schulze*, § 327e Rn 28.
291 RegE, BT-Drucks 19/27653, S. 57.
292 Brönneke/Föhlisch/Tonner/*Tamm/Tonner*, Das neue Schuldrecht, § 2 Rn 118.
293 Dazu näher HK-BGB/*Schulze*, § 327e Rn 29.

fügbaren Version bereitgestellt wird (Nr. 6[294] – in Umsetzung von Art. 8 Abs. 6 Digitale-Inhalte-RL – wofür der Unternehmer beweislastpflichtig ist [weil es sich um eine für ihn günstige Tatsache handelt];[295] allerdings ist eine hiervon abweichende Vereinbarung – anders als in den Nrn. 1–5 – ohne Beachtung der Anforderungen nach § 327h möglich).[296]

Insbesondere: Einbeziehung öffentlicher Äußerungen

§ 327e Abs. 3 Satz 2 und 3 BGB (vergleichbar § 434 Abs. 1 Satz 3 BGB alt) ergänzen in Umsetzung von Art. 8 Abs. 1 Buchst. b Digitale-Inhalte-RL die Regelung des § 327e Abs. 3 Satz 1 Nr. 2 BGB.

Zu der üblichen Beschaffenheit nach § 327e Abs. 3 Satz 1 Nr. 2 BGB gehören gemäß § 327e Abs. 3 Satz 2 BGB[297] (in Anlehnung an § 434 Abs. 1 Satz 3 BGB alt) auch Anforderungen, die der Verbraucher nach vom Unternehmer oder einer anderen Person in vorhergehenden Gliedern der Vertriebskette (z.B. des Herstellers) selbst oder in deren Auftrag vorgenommenen **öffentlichen Äußerungen**, die insbesondere

- in der Werbung oder
- auf dem Etikett

abgegeben wurden, erwarten darf. Diese öffentlichen Äußerungen können nämlich Einfluss auf die berechtigten Verbrauchererwartungen haben.[298]

Das gilt nach der Ausnahmeregelung des § 327e Abs. 3 Satz 3 BGB[299] nicht, wenn der Unternehmer die Äußerung nicht kannte und auch nicht kennen konnte, wenn die Äußerung im Zeitpunkt des Vertragsschlusses

- in derselben oder in gleichwertiger Weise berichtigt war oder
- wenn die Äußerung die Entscheidung, das digitale Produkt zu erwerben, nicht beeinflussen konnte.

Beachte: Abweichende Vereinbarungen über Produktmerkmale

Von den **objektiven Anforderungen** nach § 327e Abs. 3 Satz 1 Nr. 1–5 und Satz 2 BGB sowie § 327f Abs. 1 und § 327g BGB – und nur von den objektiven Anforderungen[300] – kann im Verbraucherschutzinteresse gemäß **§ 327h BGB** (in Umsetzung von Art. 8 Abs. 5 Digitale-Inhalte-RL – in Durchbrechung des grundsätzlichen Gleich-

---

294 Näher HK-BGB/*Schulze*, § 327e Rn 30.
295 RegE, BT-Drucks 19/27653, S. 57.
296 Brönneke/Föhlisch/Tonner/*Tamm/Tonner*, Das neue Schuldrecht, § 2 Rn 120.
297 Dazu näher HK-BGB/*Schulze*, § 327e Rn 25.
298 Brönneke/Föhlisch/Tonner/*Tamm/Tonner*, Das neue Schuldrecht, § 2 Rn 121.
299 Dazu näher HK-BGB/*Schulze*, § 327e Rn 26.
300 Brönneke/Föhlisch/Tonner/*Tamm/Tonner*, Das neue Schuldrecht, § 2 Rn 144.

rangs von subjektiven und objektiven Anforderungen)[301] nur abgewichen werden (**abweichende Vereinbarungen über Produktmerkmale**), wenn der Verbraucher **vor Abgabe seiner Vertragserklärung**

- eigens davon in Kenntnis gesetzt wurde (i.S.e. ausdrücklichen Verbraucherinformation),[302] dass ein bestimmtes Merkmal des digitalen Produkts von diesen objektiven Anforderungen abweicht (womit pauschale Aussagen unzureichend sind), **und**
- diese Abweichungen im Vertrag
  - ausdrücklich (durch ein aktives und eindeutiges Verhalten)[303] und
  - gesondert (von anderen Erklärungen und Vereinbarungen) vereinbart wurde (z.B. durch „Anklicken eines Kästchens, Betätigung einer Schaltfläche oder Aktivierung einer ähnlichen Funktion"[304] – unzureichend sind Stillschweigen, AGB-Vereinbarungen, vorangekreuzte Kästchen, Untätigkeit oder eine nachträgliche Zustimmung),[305]

mithin in einer „expliziten und eigenständigen Erklärung",[306] wofür der Unternehmer nach allgemeinen Grundsätzen beweislastpflichtig ist.

„**Pauschale Aussagen** zu möglichen Einschränkungen der Vertragsmäßigkeit genügen damit nicht den Anforderungen".[307]

Beachte
Nach Erwägungsgrund Nr. 49 der Digitale-Inhalte-RL bedarf eine entsprechende qualifizierte Abbedingung ein „*aktives und eindeutiges Verhalten*".[308]

Kritik entzündet sich daran, dass mit § 327h BGB ein „Einfallstor" geschaffen worden sein könnte, „*um den zwingenden Charakter der neuen Regelungen (§ 327s BGB) zu unterlaufen*":[309] Ein „zweiter Klick" könnte sich routinemäßig durchsetzen.[310]

---

301 RegE, BT-Drucks 19/27653, S. 61.
302 Erwägungsgrund 49 der Digitale-Inhalte-RL: „*Um für ausreichende Flexibilität zu sorgen, sollten die Parteien die Möglichkeit haben, von den objektiven Anforderungen an die Vertragsmäßigkeit abzuweichen. Eine solche Abweichung sollte nur möglich sein, wenn der Verbraucher ausdrücklich davon unterrichtet wurde und wenn er sie gesondert von anderen Erklärungen oder Vereinbarungen und durch sein aktives und eindeutiges Verhalten akzeptiert hat. Beide Bedingungen könnten beispielsweise durch Anklicken eines Kästchens, Betätigung einer Schaltfläche oder Aktivierung einer ähnlichen Funktion erfüllt werden*".
303 Erwägungsgrund 49 der Digitale-Inhalte-RL, vorstehende Fn 302.
304 Erwägungsgrund 49 der Digitale-Inhalte-RL, vorstehende Fn 302.
305 RegE, BT-Drucks 19/27653, S. 62.
306 Brönneke/Föhlisch/Tonner/*Tamm/Tonner*, Das neue Schuldrecht, § 2 Rn 146.
307 Brönneke/Föhlisch/Tonner/*Tamm/Tonner*, Das neue Schuldrecht, § 2 Rn 145.
308 Vorstehende Fn 302.
309 Brönneke/Föhlisch/Tonner/*Tamm/Tonner*, Das neue Schuldrecht, § 2 Rn 147.
310 Brönneke/Föhlisch/Tonner/*Tamm/Tonner*, Das neue Schuldrecht, § 2 Rn 147.

cc) Anforderungen an die Integration des digitalen Produkts

§ 327e Abs. 4 BGB normiert die Anforderungen an die Integration des digitalen Produkts[311] – die gleichermaßen zur Vertragsmäßigkeit des digitalen Produkts i.S.v. § 327e Abs. 1 Satz 1 BGB (vorstehende Rdn 58) gehören.

Soweit eine Integration durchzuführen ist, d.h., das digitale Produkt in eine digitale Umgebung des Verbrauchers zu integrieren ist, entspricht das digitale Produkt nach § 327e Abs. 4 Satz 1 BGB (in Umsetzung von Art. 9 Digitale-Inhalte-RL) den Anforderungen an die Integration, wenn diese

- **sachgemäß** durchgeführt worden ist (Nr. 1) oder
- zwar **unsachgemäß** durchgeführt worden ist (Nr. 2), dies jedoch weder
  - auf einer unsachgemäßen Integration durch den Unternehmer noch
  - auf einem Mangel in den vom Unternehmer bereitgestellten Anleitungen beruht.

64

> *Beachte*
> § 327e Abs. 4 Satz 1 BGB gelangt nicht zur Anwendung, wenn die Integration weder vom Unternehmer geschuldet noch vom Verbraucher selbst durchzuführen ist.[312]

Integration ist nach § 327e Abs. 4 Satz 2 BGB in Umsetzung von Art. 2 Nr. 4 Digitale-Inhalte-RL[313] die Verbindung und die Einbindung eines digitalen Produkts mit den oder in die Komponenten der digitalen Umgebung des Verbrauchers, damit das digitale Produkt gemäß den Anforderungen nach den Vorschriften der §§ 327–327s BGB genutzt werden kann.

65

Digitale Umgebungen sind gemäß § 327e Abs. 4 Satz 3 BGB in Umsetzung von Art. 2 Nr. 9 Digitale-Inhalte-RL[314] also Hardware, Software oder Netzverbindungen aller Art, die vom Verbraucher für den Zugang zu einem digitalen Produkt oder für die Nutzung eines digitalen Produkts verwendet werden.

dd) Aktualisierungen

„Während sich die Fortschritte für den Verbraucherschutz, welche die Digitale-Inhalte-RL mit sich bringt, im Übrigen in Grenzen halten dürften und die Bedeutung der Digitale-Inhalte-RL eher in allgemeiner Bewusstseinsbildung und der Schaffung europaweit ein-

66

---

311 Dazu näher HK-BGB/*Schulze*, § 327e Rn 31 ff.
312 So die Begründung im Bericht des Rechtsausschusses, BT-Drucks 19/31116, S. 9.
313 „Im Sinne dieser Richtlinie bezeichnet der Ausdruck ,Integration' die Verbindung und die Einbindung von digitalen Inhalten oder digitalen Dienstleistungen mit dem bzw. in die Komponenten der digitalen Umgebung des Verbrauchers, damit die digitalen Inhalte oder digitalen Dienstleistungen gemäß den in dieser Richtlinie festgelegten Anforderungen an die Vertragsmäßigkeit genutzt werden können".
314 „Im Sinne dieser Richtlinie bezeichnet ,digitale Umgebung' Hardware, Software und Netzverbindungen aller Art, die von dem Verbraucher für den Zugang zu oder die Nutzung von digitalen Inhalten oder digitalen Dienstleistungen verwendet werden".

heitlicher Kategorien liegen dürfte, haben die Bestimmungen über Aktualisierungen tatsächlich so etwas wie einen Durchbruch für den Verbraucherschutz gebracht".[315] Damit wird **absolutes Neuland** betreten.[316]

Auch im Kaufrecht besteht bei Waren mit digitalen Elementen nach § 479b Abs. 4 Nr. 2 BGB (nachstehend: § 4 Rdn 89) eine Aktualisierungspflicht.

Der Unternehmer hat nach § 327f Abs. 1 Satz 1 BGB[317] in Umsetzung von Art. 8 Abs. 2 und 3 Digitale-Inhalte-RL als **wesentliche Neuerung der Digitale-Inhalte-RL**, „*welche für das Entstehen gewährleistungsrechtlicher Sekundärpflichten nicht mehr allein auf den Zeitpunkt des Bereitstellens abstellt, (...) ein Novum im Schuldrecht*",[318] sicherzustellen, dass

- dem Verbraucher während des „maßgeblichen Zeitraums" (vgl. § 327f Abs. 1 Satz 3 BGB) – auch bei Verträgen, die sich in einem einmaligen Leistungsaustausch erschöpfen[319] –, Aktualisierungen (Updates), die für den **Erhalt der Vertragsmäßigkeit des digitalen Produkts (d.h. der Vertragsmäßigkeit) erforderlich** sind (nicht jedoch ein Upgrade, mithin keine darüber hinausgehende Verbesserung),[320] bereitgestellt werden (auch über den Gewährleistungszeitraum hinaus) (1. Alt.) und

- der Verbraucher über diese Aktualisierungen (d.h. deren Vorliegen) informiert wird (**objektive Konformitätskriterien**). Hierbei handelt es sich um eine selbstständige Informationspflicht,[321] die neben der Bereitstellung der Aktualisierung besteht (2. Alt.).[322] Der Unternehmer muss den Verbraucher also auch in einem angemessenen Zeitrahmen von der Updatenotwendigkeit und -bereitstellung in Kenntnis setzen, damit der Verbraucher sich darauf rechtzeitig einstellen kann.[323]

67 Der Unternehmer kann auch Dritte (bspw. den Hersteller) in die Erfüllung seiner Pflicht als Erfüllungsgehilfen i.S.v. § 278 BGB einbeziehen,[324] womit sich das Problem einer Drei-Personen-Beziehung zwischen Verbraucher, Unternehmer und Developer ergibt:[325]

---

315 *Wendehorst*, NJW 2021, 2913, 2917 Rn 28 unter Bezugnahme auf dies., Aktualisierungen und andere digitale Dauerleistungen, in; *Stabentheiner/Wendehorst/Zöchling-Jud*, Das neue Gewährleistungsrecht, S. 111.
316 Brönneke/Föhlisch/Tonner/*Tamm/Tonner*, Das neue Schuldrecht, § 2 Rn 123,
317 Dazu näher HK-BGB/*Schulze*, § 327f Rn 4.
318 RegE, BT-Drucks 19/27653, S. 52.
319 RegE, BT-Drucks 19/27653, S. 58.
320 Brönneke/Föhlisch/Tonner/*Tamm/Tonner*, Das neue Schuldrecht, § 2 Rn 127.
321 Dazu näher HK-BGB/*Schulze*, § 327f Rn 5.
322 Brönneke/Föhlisch/Tonner/*Tamm/Tonner*, Das neue Schuldrecht, § 2 Rn 136.
323 Brönneke/Föhlisch/Tonner/*Tamm/Tonner*, Das neue Schuldrecht, § 2 Rn 136 unter Bezugnahme auf RegE, BT-Drucks 19/27653, S. 60.
324 RegE, BT-Drucks 19/27653, S. 58 f.
325 Dazu näher Brönneke/Föhlisch/Tonner/*Tamm/Tonner*, Das neue Schuldrecht, § 2 Rn 130.

K. Bereitstellung des digitalen Produkts § 3

Den Unternehmer trifft gegenüber dem Verbraucher die **Updatepflicht**. Zu deren Erfüllung kann der Unternehmer sich eines Dritten als seines Erfüllungsgehilfen bedienen.[326] Sofern der Dritte ein Update nicht rechtzeitig oder nicht vertragsmäßig vornimmt, hat der Unternehmer gegen ihn einen Rückgriffsanspruch, sofern der Dritte nicht vertragsmäßig gehandelt hat und vorhergehendes Glied der Vertragskette ist.[327] Die Aktualisierungen müssen so gestaltet sein, dass der Verbraucher sie auch selbst vornehmen (installieren) kann.[328] Zu den erforderlichen Aktualisierungen gehören nach § 327f Abs. 1 Satz 2 BGB insbesondere auch **Sicherheitsaktualisierungen**[329] (Schutz vor Cyberkriminalität),[330] wobei unionsrechtliche oder mitgliedstaatliche Verpflichtungen zur Bereitstellung von Sicherheitsaktualisierungen nach Erwägungsgrund 47 der Digitale-Inhalte-RL (letzter Satz) unberührt bleiben.

„Auch sonstige Veränderungen im digitalen Umfeld, die sich auf die Funktionalität oder Kompatibilität des digitalen Produkts auswirken, können eine Rolle spielen und Anlass von Updates sein".[331]

> *Beachte*
>
> Die vorgeschriebenen Aktualisierungsverpflichtungen des Unternehmers zählen zu den objektiven Anforderungen an die Vertragsmäßigkeit der Leistung. Eine Abbedingung kommt insoweit nur aufgrund einer besonders qualifizierten Vereinbarung in Betracht (siehe dazu vorstehende Rdn 63).

Der **maßgebliche Zeitraum** der Leistungs- und Aktualisierungsverpflichtung, der sogar über den Gewährleistungszeitraum hinausgehen kann,[332] ist gemäß § 327f Abs. 1 Satz 3 BGB (in Anknüpfung an die Differenzierung in § 327e Abs. 1 BGB, siehe dazu vorstehende Rdn 59) **68**

- bei einem Vertrag über die **dauerhafte Bereitstellung** eines digitalen Produkts (i.S.v. § 327f Abs. 1 Nr. 1 BGB in Umsetzung von Art. 8 Nr. 2a Digitale-Inhalte-RL, bzw. im Kontext mit Cloud Computing oder Streaming-Diensten) der **(gesamte) Bereitstellungszeitraum** (Nr. 1),[333]

---

326 RegE, BT-Drucks 19/27653 unter Bezugnahme auf BGHZ 13, 11.
327 Brönneke/Föhlisch/Tonner/*Tamm/Tonner*, Das neue Schuldrecht, § 2 Rn 131: *„Das Risiko, dass der Dritte leistungsfähig und -bereit ist, verbleibt ... dennoch zu einem gewissen Teil beim Verbraucher. denn gegenüber dem Unternehmer wird der Verbraucher regelmäßig nur Sekundäransprüche durchsetzen können, falls der Dritte die Aktualisierung nicht leistet".*
328 Brönneke/Föhlisch/Tonner/*Tamm/Tonner*, Das neue Schuldrecht, § 2 Rn 129.
329 Dazu näher HK-BGB/*Schulze*, § 327f Rn 5.
330 Brönneke/Föhlisch/Tonner/*Tamm/Tonner*, Das neue Schuldrecht, § 2 Rn 128.
331 Brönneke/Föhlisch/Tonner/*Tamm/Tonner*, Das neue Schuldrecht, § 2 Rn 128.
332 Brönneke/Föhlisch/Tonner/*Tamm/Tonner*, Das neue Schuldrecht, § 2 Rn 123.
333 Dazu näher HK-BGB/*Schulze*, § 327f Rn 7.

■ in allen anderen Fällen (d.h. bei einmaliger Bereitstellung oder einer Reihe einzelner [wiederholter] Bereitstellungen i.S.v. § 327f Abs. 1 Nr. 2 BGB in Umsetzung von Art. 8 Nr. 2b Digitale-Inhalte-RL) der Zeitraum (der kürzer [oder auch länger][334] als die gesetzliche Gewährleistungsfrist sein kann,[335] im Einzelfall über diese aber auch deutlich hinausreichen kann),[336] **den der Verbraucher** (anhand eines objektiven Maßstabs)[337] aufgrund der Art und des Zwecks des digitalen Produkts und unter Berücksichtigung der Umstände und der Art des Vertrags **erwarten kann**[338] (Nr. 2).[339]

„Der maßgebliche Zeitraum sollte (…) mit der zu erwartenden Nutzungsdauer übereinstimmen, die bei auf eine lange Nutzungsdauer hin ausgerichteten digitalen Produkten auch zu Update-Fristen von zehn Jahren oder mehr führen kann".[340]

---

334 Vgl. Erwägungsgrund 47 der Digitale-Inhalte-RL (nachstehende Fn 336).
335 *Wendehorst*, NJW 2021, 2913, 2918 Rn 29.
336 Erwägungsgrund 47 der Digitale-Inhalte-RL: *„Während des Zeitraums, den der Verbraucher vernünftigerweise erwarten würde, sollte der Unternehmer dem Verbraucher Aktualisierungen, einschließlich Sicherheitsaktualisierungen, bereitstellen, damit die digitalen Inhalte oder digitalen Dienstleistungen in vertragsgemäßem Zustand bleiben und sicher bleiben. So sollte beispielsweise in Bezug auf digitale Inhalte oder digitale Dienstleistungen, deren Zweck zeitlich begrenzt ist, die Verpflichtung zur Bereitstellung von Aktualisierungen auf diesen begrenzten Zeitraum beschränkt sein, während bei anderen Arten digitaler Inhalte oder digitaler Dienstleistungen der Zeitraum, in dem dem Verbraucher Aktualisierungen bereitgestellt werden sollten, den Gewährleistungszeitraum für Vertragswidrigkeit entsprechen könnte oder über diesen Zeitraum hinaus gehen könnte, was insbesondere bei Sicherheitsaktualisierungen der Fall sein könnte. Es sollte den Verbrauchern freistehen, die bereitgestellten Aktualisierungen zu installieren. Entscheidet sich der Verbraucher dafür, die Aktualisierungen nicht zu installieren, sollte er jedoch nicht erwarten, dass die Vertragsmäßigkeit der digitalen Inhalte oder digitalen Dienstleistungen gewahrt bleibt. Der Unternehmer sollte den Verbraucher darüber informieren, dass sich die Entscheidung des Verbrauchers, Aktualisierungen nicht zu installieren, die für die Aufrechterhaltung der Vertragsmäßigkeit der digitalen Inhalte oder digitalen Dienstleistungen erforderlich sind, einschließlich der Sicherheitsaktualisierungen, auf die Haftung des Unternehmers für die Vertragsmäßigkeit dieser Merkmale der digitalen Inhalte oder digitalen Dienstleistungen, die durch die betreffenden Aktualisierungen gewahrt werden soll, auswirkt. Diese Richtlinie sollte die im Unionsrecht oder im nationalen Recht festgelegten Verpflichtungen zur Bereitstellung von Sicherheitsaktualisierungen unberührt lassen".*
337 Erwägungsgrund 46 der Digitale-Inhalte-RL: *„Der Standard für Vernünftigkeit bei allen Verweisen in dieser Richtlinie darauf, was eine Person vernünftigerweise erwarten kann, sollte objektiv und unter Berücksichtigung der Art und des Zwecks der digitalen Inhalte oder digitalen Dienstleistungen, der Umstände des Einzelfalls und der Gebräuche und Gepflogenheiten der Vertragsparteien bestimmt werden. Eine objektive Bestimmung ist insbesondere dann erforderlich, wenn es gilt, eine angemessene Frist für die Herstellung des vertragsgemäßen Zustands der digitalen Inhalte oder digitalen Dienstleistungen festzulegen, wobei der Art der Vertragswidrigkeit Rechnung zu tragen ist".*
338 Eine entscheidende Schwachstelle der Richtlinie, *„weil sie den Erfordernissen der Rechtssicherheit nicht entspricht"*: Brönneke/Föhlisch/Tonner/*Tamm/Tonner*, Das neue Schuldrecht, § 2 Rn 133 unter Bezugnahme auf *Bach*, NJW 2019, 1705, 1707; *Kühner/Piltz*, CR 2021, 1, 6; *Schulze*, ZEuP 2019, 695, 714.
339 Dazu näher HK-BGB/*Schulze*, § 327f Rn 8
340 Brönneke/Föhlisch/Tonner/*Tamm/Tonner*, Das neue Schuldrecht, § 2 Rn 133.

K. Bereitstellung des digitalen Produkts § 3

Der Gesetzgeber[341] führt hierzu erläuternd aus: *„Als Beispiele für den Einfluss der Art und des Zwecks des digitalen Produkts auf den relevanten Zeitraum kann auf den Unterschied zwischen einem Betriebssystem einerseits und einer Anwendungssoftware andererseits verwiesen werden. Ein Betriebssystem für ein mit dem Internet verbundenes Gerät wird wegen seiner zentralen Bedeutung länger mit Aktualisierungen zu versorgen sein als eine Anwendungssoftware, für deren Verwendung keine Verbindung mit dem Internet erforderlich ist. Auch die Umstände und die Art des Vertrags sind für die Bemessung der Frist zu berücksichtigen. Die Tatsache, dass ein Unternehmer in bestimmten Abständen regelmäßig neue Versionen eines digitalen Produkts veröffentlicht, hat als solche keinen Einfluss auf die berechtigte Verbrauchererwartung – anders jedoch, wenn dies wie zum Beispiel bei Steuerberatungssoftware wegen bestimmter externer Faktoren nach objektiven Maßstäben notwendig erscheint. Andere denkbare Kriterien, welche bei der Bestimmung der berechtigten Verbrauchererwartung zu berücksichtigen sein können, sind die Frage, inwieweit das digitale Produkt weiterhin vertrieben wird oder der Umfang des ohne die Aktualisierung drohenden Risikos. Wenn das digitale Produkt in einer Sache enthalten oder mit dieser verbunden ist, hat die übliche Nutzungs- und Verwendungsdauer der Sache einen maßgeblichen Einfluss auf die Dauer des Zeitraums, für den der Verbraucher berechtigterweise Aktualisierungen erwarten kann. So darf der Verbraucher zum Beispiel für komplexe Steuerungsanlagen für Smart-Home-Anwendungen erwarten, dass Aktualisierungen für vertraglich vereinbarte Zusatzfunktionen (zum Beispiel die Steuerung einer Heizung über eine mobile Anwendung) während der objektiv üblichen Nutzungsdauer der Heizungsanlage bereitgestellt werden. Dasselbe dürfte bei in einem Kraftfahrzeug integrierten Geräten wie Navigationssystemen oder Unterhaltungselektronik gelten".*[342]

Beachte: Wenn die entsprechend notwendigen Aktualisierungen nicht bereitgestellt werden, *„kann der Verbraucher gegenüber dem Unternehmer die üblichen Rechte wegen Produktmängeln geltend machen".*[343]

Kommt es zu keiner (rechtzeitig installierten) Aktualisierung durch den Verbraucher, tritt nach § 327f Abs. 2 BGB ein **Haftungsausschluss zugunsten des Unternehmers** ein:[344] Unterlässt es der Verbraucher (der Aktualisierungen selbstbestimmt vornehmen kann) aber, eine ihm bereitgestellte Aktualisierung innerhalb einer angemessenen Frist zu installieren (Kopieren der Aktualisierungsinhalte und Ausführung der vom Unternehmer als notwendig umschriebenen Schritte), so haftet der Unternehmer nach § 327e Abs. 2

69

---

341 RegE, BT-Drucks 19/27653, S. 60.
342 RegE, BT-Drucks 19/27653, S. 60.
343 *Wendehorst*, NJW 2021, 2913, 2918 Rn 29.
344 Dazu näher HK-BGB/*Schulze*, § 327f Rn 11 ff.

BGB nicht für einen Produktmangel (**Entlassung aus der Haftung**), der allein auf das Fehlen dieser Aktualisierung zurückzuführen ist, sofern
- der Unternehmer den Verbraucher über die Verfügbarkeit der Aktualisierung und die Folgen einer unterlassenen Installation informiert hat (Nr. 1 – in Konkretisierung des Inhalts der Informationspflicht,[345] „*je gravierender [die Folgen] ausfallen können, desto eindringlicher muss der Verbraucher gewarnt werden*")[346] und
- die Tatsache, dass der Verbraucher die Aktualisierung nicht oder unsachgemäß installiert hat, nicht auf eine dem Verbraucher bereitgestellte mangelhafte Installationsanleitung zurückzuführen ist (Nr. 2).[347]

Der Haftungsausschluss zugunsten des Unternehmers beruht in dieser Konstellation auf einer **Obliegenheitsverletzung des Verbrauchers**.[348]

b) Rechtsmangel

70 Der Unternehmer muss das digitale Produkt nicht nur frei von Sachmängeln, sondern auch frei von Rechtsmängeln[349] bereitstellen: Das digitale Produkt – meist immaterialgüterrechtlich geschützt – ist nach § 327g BGB in Umsetzung von Art. 10 Digitale-Inhalte-RL (wonach „Rechte Dritter" insbesondere Rechte des geistigen Eigentums sind) frei von Rechtsmängeln, wenn der Verbraucher es gemäß den subjektiven oder objektiven Anforderungen nach § 327e Abs. 2 und 3 BGB nutzen kann, **ohne Rechte Dritter zu verletzen**. Die „Rechte Dritter"[350] sind neben jenen des Urheberrechts auch sonstige mit dem Urheberrecht verwandte Schutzrechte.[351]

§ 327g BGB kommt insoweit eine große Relevanz zu, als „*ein Großteil der digitalen Inhalte und Dienstleistungen durch Immaterialgüterrechte geschützt ist*".[352]

Sofern Verbraucher bei sog. **End User License Agreements** (EULA) Nutzungsbeschränkungen akzeptieren müssen, „*können diese (...) als Rechtsmangel angesehen werden*",[353] sofern ursprünglich mit dem Unternehmer etwas anderes vereinbart war. Ein Rechtsmangel kann auch darin liegen, dass der Unternehmer – wegen fehlender Rechtsmacht – dem Verbraucher nicht die zu einer vertragsgemäßen Nutzung benötigten Rechte einräumen kann.[354]

---

345 Brönneke/Föhlisch/Tonner/*Tamm/Tonner*, Das neue Schuldrecht, § 2 Rn 139.
346 RegE, BT-Drucks 19/27653, S. 60.
347 Dazu näher HK-BGB/*Schulze*, § 327f Rn 16.
348 Brönneke/Föhlisch/Tonner/*Tamm/Tonner,* Das neue Schuldrecht, § 2 Rn 138 unter Bezugnahme auf *Kühner/Piltz*, CR 2021, 1, 4; *Schippel*, K&R 2021, 151, 153.
349 Dazu näher HK-BGB/*Schulze*, § 327g Rn 2.
350 Näher HK-BGB/*Schulze*, § 327g Rn 3.
351 RegE, BT-Drucks 19/27653, S. 61.
352 Brönneke/Föhlisch/Tonner/*Tamm/Tonner*, Das neue Schuldrecht, § 2 Rn 142.
353 RegE, BT-Drucks 19/27653, S. 61.
354 RegE, BT-Drucks 19/27653, S. 61.

> Beachte
>
> Die Digitale-Inhalte-RL erfasst nicht nur das erstmalige Inverkehrbringen eines digitalen Produkts. *"Der gewerbliche Zweitmarkt für digitale Produkte wird auch von der Digitale-Inhalte-RL erfasst, sofern es sich um Verbraucherverträge handelt"*.[355]

2. Rechtsbehelfe des Verbrauchers bei Mängeln

Die §§ 327l–n BGB regeln die **Abhilfen bei Vertragswidrigkeit**.[356] Ist das digitale Produkt **mangelhaft** (Produkt- oder Rechtsmangel), kann der Verbraucher nach der Hierarchie- bzw. Stufenleiter des **§ 327i BGB** (Rechte des Verbrauchers bei Mängeln) in Umsetzung von Art. 14 Abs. 1 Digitale-Inhalte-RL, wonach bei Vertragswidrigkeit der Verbraucher unter den in Art. 14 Digitale-Inhalte-RL genannten Bedingungen einen Anspruch auf Herstellung des vertragsgemäßen Zustands der digitalen Inhalte oder digitalen Dienstleistungen, auf eine anteilsmäßige Preisminderung oder auf Beendigung des Vertrags hat, und in Anlehnung an § 437 BGB, wenn die Voraussetzungen der folgenden Vorschriften vorliegen nach einem **zweistufigen System der Rechtsbehelfe**[357] (Vorrang der Nacherfüllung)

71

- nach § 327l BGB Nacherfüllung verlangen (Nr. 1: **Prinzip des Vorrangs der Nacherfüllung**),
- nach § 327m Abs. 1, 2, 4 und 5 (ohne Abs. 3) BGB den Vertrag beenden (**Vertragsbeendigung**) oder (alternativ) nach § 327n BGB den Preis mindern (**Minderung**) (Nr. 2) und
- (zusätzlich, obgleich nicht Gegenstand der Digitale-Inhalte-RL) nach § 280 Abs. 1 oder § 327m Abs. 3 BGB **Schadensersatz** bzw. nach § 284 BGB **Ersatz vergeblicher Aufwendungen** verlangen (Nr. 3).

a) Nacherfüllung (Herstellung des vertragsgemäßen Zustands)

Verlangt der Verbraucher vom Unternehmer Nacherfüllung, so hat dieser nach § 327l Abs. 1 Satz 1 BGB in Umsetzung von Art. 14 Abs. 2 Digitale-Inhalte-RL[358]

72

---

[355] RegE, BT-Drucks 19/27653, S. 61.
[356] Brönneke/Föhlisch/Tonner/*Tamm/Tonner*, Das neue Schuldrecht, § 2 Rn 165; HK-BGB/*Schulze*, § 327g Rn 4.
[357] Brönneke/Föhlisch/Tonner/*Tamm/Tonner*, Das neue Schuldrecht, § 2 Rn 148.
[358] *"Der Verbraucher hat Anspruch auf Herstellung des vertragsgemäßen Zustands der digitalen Inhalte oder digitalen Dienstleistungen, es sei denn, dies wäre unmöglich oder würde dem Unternehmer Kosten verursachen, die unter Berücksichtigung aller Umstände des Einzelfalls unverhältnismäßig wären; zu diesen Umständen zählt Folgendes:*
a) der Wert, den die digitalen Inhalte oder digitalen Dienstleistungen hätten, wenn keine Vertragswidrigkeit vorläge, und
b) die Erheblichkeit der Vertragswidrigkeit".

- den **vertragsgemäßen Zustand** (unentgeltlich, vgl. Art. 14 Abs. 3 Digitale-Inhalte-RL:[359] Der Unternehmer hat entstehende Aufwendungen selbst zu tragen) **herzustellen** und
- die zum Zwecke der Nacherfüllung **erforderlichen Aufwendungen** zu tragen.

Beachte

Art. 14 Abs. 2 Digitale-Inhalte-RL trifft keine Differenzierung zwischen „Nachbesserung" und „erneuter Bereitstellung", womit es im Ermessen des Unternehmers liegt, wie er die Vertragsmäßigkeit des digitalen Produkts wiederherstellt.[360]

Achtung

Anders als im Kaufrecht hat der Verbraucher **kein Wahlrecht:**[361] Er bestimmt also nicht die Art der Nacherfüllung. Vielmehr bestimmt der Unternehmer die Form der Nacherfüllung[362] (bei freier Wahl der Mittel, etwa Übermittlung einer aktualisierten Version eines digitalen Produkts oder durch erneute Bereitstellung einer fehlerfreien Kopie).[363] Der Ausschluss des Wahlrechts zugunsten des Käufers liegt in der Eigenart digitaler Produkte begründet: So wird der Unternehmer dem Nachbesserungsverlangen des Verbrauchers wohl regelmäßig durch die Bereitstellung einer mangelfreien Kopie Rechnung tragen. Das geht schnell und ist auch angemessen.[364] Die Unterschiede zwischen Nachbesserung und Bereitstellung verschwimmen bei digitalen Produkten.[365]

73 Das Nacherfüllungsverlangen des Verbrauchers kann formfrei (auch mündlich) ohne Verwendung der Begrifflichkeit „Nacherfüllung" erfolgen, etwa durch Schilderung der die Vertragswidrigkeit aus Verbrauchersicht ausmachenden Tatsachen verbunden mit der Bitte um Abhilfe.[366]

---

359 *„Der Unternehmer hat den vertragsgemäßen Zustand der digitalen Inhalte oder digitalen Dienstleistungen gemäß Abs. 2 innerhalb einer angemessenen Frist, nachdem er vom Verbraucher von der Vertragswidrigkeit in Kenntnis gesetzt wurde, kostenfrei und ohne erhebliche Unannehmlichkeiten für den Verbraucher herzustellen, wobei die Art der digitalen Dienste oder digitalen Dienstleistungen und der Zweck, für den der Verbraucher die digitalen Inhalte oder digitalen Dienstleistungen benötigt, zu berücksichtigen sind".*
360 Brönneke/Föhlisch/Tonner/*Tamm/Tonner*, Das neue Schuldrecht, § 2 Rn 166.
361 RegE, BT-Drucks 19/27653, S. 66.
362 Dazu näher HK-BGB/*Schulze*, § 327l Rn 4.
363 Erwägungsgrund 63 der Digitale-Inhalte-RL: *„Je nach den technischen Merkmalen der digitalen Inhalte oder digitalen Dienstleistungen sollte der Unternehmer entscheiden dürfen, wie er den vertragsgemäßen Zustand der digitalen Inhalte oder digitalen Dienstleistungen herstellt, beispielsweise indem er aktualisierte Versionen übermittelt oder dem Verbraucher eine neue Kopie der digitalen Inhalte oder digitalen Dienstleistungen bereitstellt".*
364 Brönneke/Föhlisch/Tonner/*Tamm/Tonner*, Das neue Schuldrecht, § 2 Rn 166.
365 Brönneke/Föhlisch/Tonner/*Tamm/Tonner*, Das neue Schuldrecht, § 2 Rn 166.
366 Brönneke/Föhlisch/Tonner/*Tamm/Tonner*, Das neue Schuldrecht, § 2 Rn 167.

§ 3 K. Bereitstellung des digitalen Produkts

Beachte

Da der Unternehmer nach § 327l Abs. 1 Satz 1 BGB den vertragsmäßigen Zustand „unentgeltlich" herbeizuführen hat, sind auch die für ggf. eine Tätigkeit Dritter (Einbindung anderer Personen durch den Unternehmer zur Erfüllung seiner Verbindlichkeiten) anfallenden Kosten für den Verbraucher unentgeltlich.[367] Selbst eine mittelbare Kostenbelastung des Verbrauchers (Kostenabwälzung) ist ausgeschlossen. Dies betrifft insbesondere andere Kosten (bspw. Netzübertragungskosten beim Download einer bereitgestellten mangelfreien Version): Eine Kostenabwälzung muss ausscheiden, da der Regelungszweck darin besteht, *„den Verbraucher von allen entstehenden Kosten der Nacherfüllung freizuhalten, weil ihn diese von der Durchsetzung seines Rechts abhalten könnten, zumal er auf die vom Unternehmer gewählte Form der Nacherfüllung keinen Einfluss hat".*[368]

Der Unternehmer hat – in Konkretisierung der ihn treffenden Verpflichtung – die Nacherfüllung gemäß § 327l Abs. 1 Satz 2 BGB

- innerhalb einer „angemessenen Frist"[369] ab dem Zeitpunkt, zu dem der Verbraucher ihn über den Mangel informiert hat (ohne feste Fristvorgabe – obgleich die Parteien im Einzelfall auch eine „angemessene Frist" für die Herstellung des vertragsmäßigen Zustandes vereinbaren können, vgl. Erwägungsgrund 64 der Digitale-Inhalte-RL) und
- ohne „erhebliche Unannehmlichkeiten" für den Verbraucher[370] durchzuführen.
  Eine erhebliche Unannehmlichkeit kann sich etwa daraus ergeben, dass der Verbraucher zur Ermöglichung der Nacherfüllung erhebliche Änderungen an anderer Software oder Hardware vornehmen muss.[371]

Beachte

Eine „unangemessen" (kurze) Frist *„setzt, wie auch sonst, eine angemessen lange Frist in Gang".*[372]

---

367 Dazu näher HK-BGB/*Schulze*, § 327l Rn 8.
368 Brönneke/Föhlisch/Tonner/*Tamm/Tonner*, Das neue Schuldrecht, § 2 Rn 168.
369 Was nach Erwägungsgrund 64 der Digitale-Inhalte-RL die notwendige Flexibilität, um den Anforderungen an die große Vielfalt digitaler Produkte gerecht zu werden, sichert. Dazu näher HK-BGB/*Schulze*, § 327l Rn 5 f.
370 Dazu näher HK-BGB/*Schulze*, § 327l Rn 7.
371 RegE, BT-Drucks 19/27653, S. 66.
372 Brönneke/Föhlisch/Tonner/*Tamm/Tonner*, Das neue Schuldrecht, § 2 Rn 169.

74 Der Anspruch auf Nacherfüllung ist gemäß § 327l Abs. 2 Satz 1 BGB ausgeschlossen (**Ausschluss des Nacherfüllungsanspruchs**), wenn die Nacherfüllung für den Unternehmer
- (tatsächlich oder rechtlich)[373] **unmöglich**[374] (Art. 14 Abs. 2 Digitale-Inhalte-RL,[375] vgl. dazu die Wertungen in § 275 Abs. 1 BGB [nicht jedoch jene in § 275 Abs. 2 und 3 BGB, da diese in der Digitale-Inhalte-RL keinen Anhalt finden],[376] wobei eine *"enge Auslegung geboten [ist], da der Unternehmer auf den Einwand der unverhältnismäßigen Kosten ausweichen [könnte]"*[377]) oder
- nur mit **unverhältnismäßigen Kosten**[378] (wobei teilweise die zu § 439 Abs. 4 Satz 2 BGB ergangene Judikatur berücksichtigt werden kann)[379]

möglich ist.

> *Beachte*
>
> *"Die Unmöglichkeit der Nacherfüllung rechtfertigt dabei die Vertragsbeendigung aus sich heraus".*[380]

75 In Bezug auf die „Unverhältnismäßigkeit der Kosten" sind nach § 327l Abs. 2 Satz 2 BGB in Umsetzung von Art. 14 Abs. 2 Buchst. a und b Digitale-Inhalte-RL[381] insbesondere der Wert des digitalen Produkts in mangelfreiem Zustand sowie die Bedeutung des

---

373 Erwägungsgrund 65 der Digitale-Inhalte-RL: *„Ist die Herstellung des vertragsgemäßen Zustands der digitalen Inhalte oder digitalen Dienstleistungen rechtlich oder tatsächlich unmöglich oder weigert sich der Unternehmer, den vertragsgemäßen Zustand der digitalen Inhalte oder digitalen Dienstleistungen herzustellen, da ihm dies unverhältnismäßige Kosten verursachen würde, oder hat der Unternehmer den vertragsgemäßen Zustand der digitalen Inhalte oder digitalen Dienstleistungen nicht innerhalb einer angemessenen Frist kostenlos und ohne erhebliche Unannehmlichkeiten für den Verbraucher hergestellt, so sollte der Verbraucher Anspruch auf Abhilfe in Form einer Preisminderung oder einer Beendigung des Vertrags haben. In bestimmten Fällen ist es gerechtfertigt, dass der Verbraucher sofort Anspruch auf Minderung des Preises oder Beendigung des Vertrags haben sollte, beispielsweise wenn der Unternehmer bereits zuvor die Vertragsmäßigkeit der digitalen Inhalte oder digitalen Dienstleistungen erfolglos herzustellen versucht hat oder wenn aufgrund der schwerwiegenden Art der Vertragswidrigkeit vom Verbraucher kein weiteres Vertrauen in die Fähigkeit des Unternehmers, den vertragsgemäßen Zustand der digitalen Inhalte oder digitalen Dienstleistungen herzustellen, erwartet werden kann. So sollte der Verbraucher beispielsweise das Recht haben, unmittelbar die Beendigung des Vertrags oder eine Preisminderung zu fordern, wenn ihm ein Antivirenprogramm bereitgestellt wird, das selbst mit Viren infiziert ist, da dies eine solche schwerwiegende Vertragswidrigkeit darstellen würde. Dasselbe sollte gelten, wenn klar zu erkennen ist, dass der Unternehmer den vertragsgemäßen Zustand der digitalen Inhalte oder digitalen Dienstleistungen nicht innerhalb einer angemessenen Frist bzw. nicht ohne erhebliche Unannehmlichkeiten für den Verbraucher herstellen wird".*
374 Dazu näher HK-BGB/*Schulze*, § 327l Rn 9.
375 Vorstehende Fn 359.
376 RegE, BT-Drucks 19/27653, S. 67.
377 Brönneke/Föhlisch/Tonner/*Tamm/Tonner*, Das neue Schuldrecht, § 2 Rn 171.
378 Dazu näher HK-BGB/*Schulze*, § 327l Rn 10.
379 RegE, BT-Drucks 19/27653, S. 67.
380 Brönneke/Föhlisch/Tonner/*Tamm/Tonner*, Das neue Schuldrecht, § 2 Rn 172.
381 Vorstehende Fn 373.

K. Bereitstellung des digitalen Produkts § 3

Mangels (als abwägungserhebliche Tatsachen) zu berücksichtigen. Zudem muss berücksichtigt werden, dass dem Verbraucher im Hinblick auf die dem Unternehmer zur Verfügung stehenden Nacherfüllungsmöglichkeiten kein Wahlrecht zusteht (vorstehende Rdn 72).[382]
Die Leistungsverweigerungsrechte nach § 275 Abs. 2 und 3 BGB finden gemäß § 327l Abs. 2 Satz 3 BGB keine Anwendung.

> *Beachte* **76**
> Verweigert der Unternehmer die Nacherfüllung, kann der Verbraucher den Vertrag nach § 327m Abs. 1 Nr. 5 BGB (unter Rdn 77) beenden.

b) Vertragsbeendigung

aa) Vertragsbeendigungsgründe

Ist das **digitale Produkt mangelhaft**, so kann der Verbraucher nach § 327m Abs. 1 BGB **77** in Umsetzung von Art. 14 Abs. 4 Digitale-Inhalte-RL[383] den Vertrag gemäß § 327o BGB durch Erklärung gegenüber dem Unternehmer (nur) beenden (**sofortige Vertragsbeendigung**), wenn (entsprechend der Grundsätze des allgemeinen Leistungsstörungsrechts)[384] – enumerativ und **abschließend** gelistet (dem grundsätzlichen Primat der Nacherfüllung folgend)[385] –

- der Nacherfüllungsanspruch gemäß § 327l Abs. 2 BGB (i.V.m. § 275 Abs. 1 BGB) wegen Unmöglichkeit ausgeschlossen ist (Nr. 1[386] in Umsetzung von Art. 14 Abs. 4 Buchst. a Digitale-Inhalte-RL),

---

382 RegE, BT-Drucks 19/27653, S. 67.
383 „*Der Verbraucher hat Anspruch entweder auf eine anteilsmäßige Minderung des Preises gemäß Abs. 5, wenn die digitalen Inhalte oder digitalen Dienstleistungen gegen Zahlung eines Preises bereitgestellt werden, oder auf Beendigung des Vertrags gemäß Abs. 6, wenn einer der folgenden Fälle vorliegt:*
a) die Herstellung des vertragsgemäßen Zustandes der digitalen Inhalte oder digitalen Dienstleistungen ist gemäß Abs. 2 unmöglich oder unverhältnismäßig;
b) der Unternehmer hat den vertragsgemäßen Zustand der digitalen Inhalte oder digitalen Dienstleistungen nicht gemäß Abs. 3 hergestellt;
c) eine Vertragswidrigkeit tritt trotz des Versuchs des Unternehmers ein, den vertragsgemäßen Zustand der digitalen Inhalte oder digitalen Dienstleistungen herzustellen;
d) die Vertragswidrigkeit ist derart schwerwiegend, dass eine sofortige Preisminderung oder Beendigung des Vertrags gerechtfertigt ist; oder
e) der Unternehmer hat erklärt oder es ist klar aus den Umständen zu erkennen, dass er den vertragsgemäßen Zustand der digitalen Inhalte oder digitalen Dienstleistungen nicht innerhalb einer angemessenen Frist bzw. nicht ohne erhebliche Unannehmlichkeiten für den Verbraucher herstellen wird".
384 *Wendehorst*, NJW 2021, 2913, 2918, Rn 33.
385 Dazu näher HK-BGB/*Schulze*, § 327m Rn 2.
386 Näher HK-BGB/*Schulze*, § 327m Rn 5.

- der (vorrangige) Nacherfüllungsanspruch des Verbrauchers durch den Unternehmer nicht gemäß § 327l Abs. 1 BGB innerhalb angemessener Frist erfüllt wurde (Nr. 2[387] in Umsetzung von Art. 14 Abs. 4 Buchst. b Digitale-Inhalte-RL, wenn der Anspruch nach § 327l Abs. 2 BGB ausgeschlossen ist, gilt hingegen Nr. 1),[388]
- sich trotz der vom Unternehmer versuchten Nacherfüllung ein Mangel zeigt – und die Nacherfüllung sich damit als „fehlgeschlagen" erweist[389] (Nr. 3[390] in Umsetzung von Art. 14 Abs. 4 Buchst. c Digitale-Inhalte-RL).
Der Verbraucher soll nicht auf eine nochmalige – d.h. zweite – Möglichkeit der Nacherfüllung verwiesen werden – wodurch das Gewährleistungsrecht für digitale Produkte vom Kaufrecht (vgl. § 440 Satz 2 BGB: Minderung oder Rücktritt erst nach einem erfolglosen zweiten Versuch) abweicht.[391]
Erfasst werden auch bereits bei Bereitstellung vorliegende, aber noch nicht erkennbare Mängel erfolgloser Nacherfüllungsversuche in Bezug auf den geltend gemachten Mangel oder bei erfolgreicher Nacherfüllung, wenn sich hiernach ein anderer Mangel zeigt; womit der Verbraucher, weil das notwendige Vertrauen in den Unternehmer erschüttert ist, auf keinen weiteren Nacherfüllungsanspruch verwiesen wird.
- der Mangel derart (d.h. besonders) schwerwiegend ist (z.B. die Bereitstellung eines Antivirenprogramms, welches selbst mit Viren infiziert ist),[392] dass die sofortige Vertragsbeendigung gerechtfertigt ist[393] (Nr. 4[394] in Umsetzung von Art. 14 Abs. 4 Buchst. d Digitale-Inhalte-RL – Abwägung der widerstreitenden Interessen im Einzelfall),
- der Unternehmer die ihm gemäß § 327l Abs. 1 Satz 1 BGB obliegende ordnungsgemäße Nacherfüllung (nach einem entsprechenden Verlangen des Verbrauchers) verweigert hat (Nr. 5[395] in Umsetzung von Art. 14 Abs. 4 Buchst. e Digitale-Inhalte-RL, vgl. dazu auch die Wertungsparallele in § 323 Abs. 2 Nr. 1 BGB).

---

387 Dazu näher HK-BGB/*Schulze*, § 327m Rn 6.
388 RegE, BT-Drucks 19/27653, S. 68.
389 Unerheblich ist in Bezug auf den „Fehlschlag", „*ob sich nach der Nacherfüllung des Unternehmers der gleiche oder ein anderer (ggf. zuvor versteckter) Mangel zeigt*": Brönneke/Föhlisch/Tonner/*Tamm/Tonner*, Das neue Schuldrecht, § 2 Rn 177 unter Bezugnahme auf RegE, BT-Drucks 19/27653, S. 68.
390 Dazu näher HK-BGB/*Schulze*, § 327m Rn 7.
391 Brönneke/Föhlisch/Tonner/*Tamm/Tonner*, Das neue Schuldrecht, § 2 Rn 177.
392 Erwägungsgrund 68 der Digitale-Inhalte-RL.
393 Dazu näher HK-BGB/*Schulze*, § 327m Rn 8.
394 „*Insoweit schlagen in dieser Vertragsbeendigungsvariante die Wertungen, die eine Vertragsbeendigung durch Rücktritt (vgl. § 323 Abs. 2 Nr. 2 BGB: „besondere Umstände") oder Kündigung (siehe § 314 BGB: „wichtiger Grund") rechtfertigen würden, durch*": Brönneke/Föhlisch/Tonner/*Tamm/Tonner*, Das neue Schuldrecht, § 2 Rn 178.
395 Dazu näher HK-BGB/*Schulze*, § 327m Rn 9.

Unerheblich ist dabei, ob der Unternehmer die Nacherfüllung berechtigt oder unberechtigt verweigert hat.[396] Im Fall einer berechtigten Verweigerung, geht der Nacherfüllungsanspruch unter und die Rechtsbehelfe der zweiten Stufe greifen nach Nr. 5. Bei unberechtigter Verweigerung kann der Verbraucher nach seiner Wahl (zusätzliche Option) den Nacherfüllungsanspruch durchsetzen (Beharren auf Nacherfüllung und zwangsweise Durchsetzung des entsprechenden Anspruchs) oder die weiteren Rechtsbehelfe ergreifen.[397]

- oder es nach den Umständen offensichtlich ist, dass (trotz fehlender ausdrücklicher Weigerung) der Unternehmer nicht gemäß § 327l Abs. 1 Satz 2 BGB ordnungsgemäß nacherfüllen wird (Nr. 6[398] in Umsetzung von Art. 14 Abs. 4 Buchst. e Digitale-Inhalte-RL, vgl. auch § 324 Abs. 4 BGB mit einer vergleichbaren Wertung).

Die genannten Umstände – von denen nur einer erfüllt sein muss – sind geeignet, dem Unternehmer das „Recht zur zweiten Andienung" zu nehmen.[399]

> *Beachte*
> Das Rechtsinstitut der Beendigung erfasst sowohl Verträge mit einmaligem Leistungsaustausch als auch Dauerschuldverhältnisse, im Übrigen sowohl Fälle unterbliebener Bereitstellung (§ 327c BGB) als auch mangelhafter Bereitstellung (§ 327m BGB).

§ 327m Abs. 1 BGB erlangt Relevanz auch für den Schadensersatz- und Aufwendungsersatzanspruch (§ 327m Abs. 3 BGB, siehe dazu unter Rdn 95 ff.) und die Minderung (§ 327n BGB, dazu unter Rdn 92).

bb) Ausschluss einer Vertragsbeendigung

Eine Beendigung des Vertrags gemäß § 327m Abs. 1 BGB ist nach § 327m Abs. 2 Satz 1 BGB (in Umsetzung von Art. 14 Abs. 6 Satz 1 Digitale-Inhalte-RL) ausnahmsweise ausgeschlossen, wenn der **Mangel unerheblich** ist[400] (in Übereinstimmung mit § 323 Abs. 5 Satz 2 BGB, Ausschluss des Rücktrittsrechts bei Unerheblichkeit des Mangels).

Eine Ausnahme von der Ausnahme (Rückausnahme) statuiert § 327m Abs. 2 Satz 2 BGB:[401] Der Ausschluss einer Vertragsbeendigung wegen Unerheblichkeit des Mangels gilt nicht für Verbraucherverträge i.S.d. § 327 Abs. 3 BGB, bei denen der Verbraucher ausschließlich mit „seinen Daten bezahlt", bei denen also *„die einzige „Gegenleistung"*

78

---

396 Brönneke/Föhlisch/Tonner/*Tamm/Tonner*, Das neue Schuldrecht, § 2 Rn 179.
397 RegE, BT-Drucks 19/27653, S. 68.
398 Dazu näher HK-BGB/*Schulze*, § 327m Rn 10.
399 *Wendehorst*, NJW 2021, 2913, 2918 Rn 33.
400 Dazu näher HK-BGB/*Schulze*, § 327m Rn 11.
401 Dazu näher HK-BGB/*Schulze*, § 327m Rn 12.

in personenbezogenen Daten liegt, weil sonst dem Verbraucher überhaupt kein Rechtsbehelf zur Verfügung stünde".[402]

cc) Vertragsbeendigung wegen Teilleistungen?

79 Die Digitale-Inhalte-RL trifft keine Regelungen im Hinblick auf ein Vertragsbeendigungsrecht in Bezug auf Teilleistungen (d.h. i.d.R. einem Quantitätsmangel). Insoweit soll es maßgeblich sein, inwieweit der Mangel weiterhin erheblich ist.[403]

dd) Reichweite des Vertragsauflösungsrecht nach § 327m Abs. 4 und 5 BGB

(1) Paketverträge

80 Sofern der Verbraucher den Vertrag nach § 327m Abs. 1 BGB beenden kann, kann er sich nach der Klarstellung des besonderen Vertragsauflösungsrechts in § 327m Abs. 4 Satz 1 BGB (entsprechend § 327c Abs. 6 BGB, siehe dazu unter Rdn 35) im Hinblick auf **alle (anderen) Bestandteile des Paketvertrags** vom Vertrag lösen,[404] wenn er an dem anderen Teil des Paketvertrags ohne das mangelhafte digitale Produkt kein „Interesse" (vgl. hierzu die Judikatur zu § 323 Abs. 5 Satz 1 BGB) mehr hat: Das Vertragsauflösungsrecht erstreckt sich damit auch auf die übrigen Bestandteile eines Paketvertrags.

Dies gilt nach der Ausnahmenorm des § 327m Abs. 4 Satz 2 BGB nicht für Paketverträge, bei denen der andere Bestandteil ein Telekommunikationsdienst i.S.d. § 7 Nr. 61 TKG (in Umsetzung der Richtlinie über den europäischen Kodex für die elektronische Kommunikation, für die Art. 3 Abs. 6 Unterabs. 3 Digitale-Inhalte-RL eine Ausnahme vorsieht, da der Kodex eine vergleichbare Regelung vorgibt) ist.

(2) Verbundene Verträge

81 Sofern der Verbraucher den Vertrag beenden kann, kann er sich im Hinblick auf alle Bestandteile eines Vertrags über eine Sache mit digitalen Elementen, der kein Kaufvertrag ist (§ 327a Abs. 3 BGB), gemäß § 327m Abs. 5 BGB (entsprechend § 327c Abs. 7 BGB) als weiterem **besonderen Vertragsauflösungsrecht** nach § 327a Abs. 2 BGB vom Vertrag lösen, wenn aufgrund des Mangels des digitalen Produkts sich die Sache nicht zur gewöhnlichen Verwendung eignet.[405]

ee) Modalitäten der Vertragsbeendigung

82 In den §§ 327o und p BGB sind die Modalitäten der Vertragsbeendigung geregelt.

---

402 *Wendehorst*, NJW 2021, 2913, 2918 Rn 33.
403 RegE, BT-Drucks 19/27653, S. 69.
404 Dazu näher HK-BGB/*Schulze*, § 327m Rn 17.
405 Näher HK-BGB/*Schulze*, § 327m Rn 17.

K. Bereitstellung des digitalen Produkts § 3

(1) Erklärung der Vertragsbeendigung

Die Beendigung des Vertrags erfolgt nach § 327o Abs. 1 BGB[406] – in Umsetzung von Art. 15 Digitale-Inhalte-RL, wonach der Verbraucher sein Recht auf Vertragsbeendigung durch eine Erklärung an den Unternehmer ausübt, die seinen Entschluss zur Vertragsbeendigung zum Ausdruck bringt – durch form- (mithin auch durch eine mündliche oder konkludente)[407] und begründungsfreie, aber empfangsbedürftige Erklärung (vgl. § 130 Abs. 1 BGB) gegenüber dem Unternehmer, in welcher der Entschluss des Verbrauchers zur Beendigung des Vertrags zum Ausdruck kommt (d.h. den Vertrag mit dem Unternehmer nicht mehr fortsetzen zu wollen, ohne dass das Wort „Vertragsbeendigung" Verwendung finden muss).[408]

83

> *Beachte*
> Aufgrund der Empfangsbedürftigkeit der Erklärung kommt aber ein bloßer De-Installationsakt des Verbrauchers in Bezug auf das digitale Produkt dann nicht in Betracht, wenn der Unternehmer davon und der damit einhergehenden Auswirkung auf den Vertrag nichts erfährt.[409]

§ 351 BGB ist gemäß § 327a Abs. 1 Satz 2 BGB entsprechend anzuwenden, womit bei mehreren Ausübungsberechtigten das Recht zur Vertragsbeendigung nur von allen gemeinsam ausgeübt werden kann[410] („*was durch den Verweis in § 327n Abs. 1 S. 3 BGB auch im Fall der Minderung gilt*").[411]

(2) Rechtsfolgen der Vertragsbeendigung

Die Rechtsfolgen der Vertragsbeendigung finden in Bezug auf die Rückerstattung der Leistungen durch den Unternehmer an den Verbraucher in § 327o Abs. 2–5 BGB eine Sonderregelung, die zwar in der Digitale-Inhalte-RL nicht vorgegeben ist. Gleichwohl ist Art. 17 Abs. 3 Digitale-Inhalte-RL zu beachten, wonach ein Wertersatzanspruch ausdrücklich ausgeschlossen wird (weshalb auch „*ein eingeschränkter Verweis auf die §§ 346 ff. BGB schon deshalb nicht möglich [war]*").[412]
Im Fall der Vertragsbeendigung hat der Unternehmer den Verbraucher nach § 327o Abs. 2 Satz 1 BGB (in Umsetzung von Art. 16 Abs. 1 Unterabs. 1 Digitale-Inhalte-RL, wonach im Fall der Beendigung des Vertrags der Unternehmer dem Verbraucher alle

84

---

406 Dazu näher HK-BGB/*Schulze*, § 327o Rn 4.
407 RegE, BT-Drucks 19/27653, S. 71, was aber aus Beweisgründen nicht ratsam ist: Brönneke/Föhlisch/Tonner/*Tamm/Tonner*, Das neue Schuldrecht, § 2 Rn 199.
408 RegE, BT-Drucks 19/27653, S. 71.
409 Brönneke/Föhlisch/Tonner/*Tamm/Tonner*, Das neue Schuldrecht, § 2 Rn 199.
410 Dazu näher HK-BGB/*Schulze*, § 327o Rn 5.
411 RegE, BT-Drucks 19/27653, S. 71.
412 Brönneke/Föhlisch/Tonner/*Tamm/Tonner*, Das neue Schuldrecht, § 2 Rn 200.

im Rahmen des Vertrags gezahlten Beträge zurückzuerstatten hat) die **Zahlungen zu erstatten**, die der Verbraucher zur Erfüllung des Vertrags bereits geleistet hat.[413]

§ 327o Abs. 1 Satz 1 BGB erfasst alle vom Anwendungsbereich der §§ 327 ff. BGB erfassten Verträge für den Fall, dass der Unternehmer bei Vertragsbeendigung zur Rückzahlung der vom Verbraucher erhaltenen Leistungen verpflichtet ist.[414]

Für Leistungen, die der Unternehmer aufgrund der Vertragsbeendigung nicht mehr zu erbringen hat (sowohl im Rahmen einer einmaligen Bereitstellung als auch im Hinblick auf weitere Zahlungen im Fall dauerhafter Bereitstellungen), erlischt gemäß § 327o Abs. 2 Satz 2 BGB (in Umsetzung von Art. 16 Abs. 1 Unterabs. 2 Digitale-Inhalte-RL)[415] gleichzeitig sein Anspruch gegen den Verbraucher auf Zahlung des vereinbarten Preises[416] (bzw. weiterer Zahlungen im Falle dauerhafter Bereitstellungen).

85 Abweichend hiervon erlischt nach § 327o Abs. 3 Satz 1 BGB bei Verträgen über die **dauerhafte Bereitstellung eines digitalen Produkts** der Anspruch des Unternehmers auf bereits erbrachte Leistungen (Schicksal geschuldeter oder bereits geleisteter Zahlungen) – jedoch nur für denjenigen Teil des Bereitstellungszeitraums, in dem das digitale Produkt mangelhaft war (Wegfall des Anspruchs für den Zeitraum der Mangelhaftigkeit des digitalen Produkts).[417] Der gezahlte Preis für den Zeitraum, für den der Anspruch entfallen ist, ist dem Verbraucher zu erstatten (so § 327o Abs. 3 Satz 2 BGB, anteilige Rückerstattung des gezahlten Preises). *„Anders als bei der Minderung entfällt der Vergütungsanspruch des Unternehmers für den relevanten Zeitraum nach § 327o Abs. 3 BGB vollständig, auch wenn die Nutzung des digitalen Produkts nur teilweise beeinträchtigt ist. Dies ist jedoch vor dem Hintergrund der Erheblichkeitsschwelle des § 327m Abs. 2 S. 2 BGB gerechtfertigt".*[418]

---

413 Dazu näher HK-BGB/*Schulze*, § 327o Rn 6.
414 Brönneke/Föhlisch/Tonner/*Tamm/Tonner*, Das neue Schuldrecht, § 2 Rn 201.
415 *„In Fällen, in denen der Vertrag die Bereitstellung der digitalen Inhalte oder digitalen Dienstleistungen gegen Zahlung eines Preises und über einen bestimmten Zeitraum vorsieht und in denen die digitalen Inhalte oder digitalen Dienstleistungen während eines Zeitraums vor der Beendigung des Vertrags in vertragsgemäßem Zustand waren, hat der Unternehmer dem Verbraucher jedoch nur den Anteil des gezahlten Preises zurückzuerstatten, der dem Zeitraum entspricht, in dem die digitalen Inhalte oder digitalen Dienstleistungen nicht in vertragsgemäßem Zustand waren, sowie gegebenenfalls den Teil des Preises, den der Verbraucher im Voraus für den verbleibenden Zeitraum des Vertrags – wenn dieser nicht beendet worden wäre – gezahlt hat".*
416 Dazu näher HK-BGB/*Schulze*, § 327o Rn 7
417 Näher HK-BGB/*Schulze*, § 327o Rn 8.
418 RegE, BT-Drucks 19/27653, S. 72.

K. Bereitstellung des digitalen Produkts § 3

Für die weiteren Modalitäten der Erstattung ist gemäß § 327o Abs. 4 BGB in Umsetzung von Art. 18 Digitale-Inhalte-RL (Fristen und Zahlungsmittel für die Erstattung durch den Unternehmer)[419] die Regelung des § 327 Abs. 4 Sätze 2–5 BGB entsprechend anzuwenden (Verweis im Hinblick auf weitere Details zur Erstattung der Zahlungen bei Vertragsbeendigung auf die Erstattungsregelung der Minderung):[420]

- Der Unternehmer muss den zu erstattenden Betrag dem Verbraucher unverzüglich – in jedem Fall aber innerhalb von 14 Tagen ab Zugang der Vertragsbeendigungserklärung – zurückzuzahlen (§ 327n Abs. 4 Satz 2 und 3 BGB).
- Der Unternehmer muss dasselbe Zahlungsmittel verwenden (§ 327n Abs. 4 Satz 4 BGB) und dem Verbraucher dürfen aus der Rückerstattung keine zusätzlichen Kosten entstehen (§ 327n Abs. 4 Satz 5 BGB).

Der Verbraucher ist gemäß § 327o Abs. 5 Satz 1 BGB (in Umsetzung von Art. 17 Abs. 2 Digitale-Inhalte-RL, wonach in Bezug auf personenbezogene Daten des Verbrauchers der Unternehmer die gemäß der VO (EU) 2016/679 geltenden Verpflichtungen einzuhalten hat) verpflichtet, einen **vom Unternehmer bereitgestellten körperlichen (haptischen) Datenträger** an diesen unverzüglich (vgl. § 121 Abs. 1 Satz 1 BGB) zurückzusenden,[421] wenn der Unternehmer dies spätestens 14 Tage nach Vertragsbeendigung verlangt (Aufforderung gegenüber dem Verbraucher). Dieser Regelung soll wohl – angesichts vielfältiger Download-Möglichkeiten des Verbrauchers – nur noch eine geringe Bedeutung zukommen (geringer Anwendungsnutzen), *„weil digitale Inhalte heute kaum noch durch die Übersendung einer DVD oder einer CD-ROM auf körperlichen Datenträgern bereitgestellt werden"*.[422]

Der Unternehmer trägt in diesem praktisch unwahrscheinlichen Fall nach § 327o Abs. 5 Satz 2 BGB dann auch noch die Kosten der Rücksendung (Kostentragungspflicht des Unternehmers – Freistellung des Verbrauchers von den Rücksendekosten). § 348 BGB (Erfüllung Zug-um-Zug) ist gemäß § 327o Abs. 5 Satz 3 BGB entsprechend anzuwenden.

86

---

419 „*(1) Jede Erstattung, die der Unternehmer dem Verbraucher gemäß Art. 14 Abs. 4 und 5 oder gemäß Art. 16 Abs. 1 aufgrund einer Preisminderung oder Beendigung des Vertrags schuldet, hat unverzüglich und in jedem Fall innerhalb von 14 Tagen ab dem Tag, an dem der Unternehmer über den Entschluss des Verbrauchers, sein Recht auf eine Preisminderung oder auf Beendigung des Vertrags in Anspruch zu nehmen, in Kenntnis gesetzt wurde, zu erfolgen.*
(2) Der Unternehmer nimmt die Erstattung unter Verwendung der gleichen Zahlungsmittel vor, die der Verbraucher zur Zahlung der digitalen Inhalte oder digitalen Dienstleistungen verwendet hat, es sei denn, der Verbraucher stimmt ausdrücklich einer anderslautenden Vereinbarung zu, und vorausgesetzt, dass für den Verbraucher infolge einer solchen Erstattung keine Gebühren anfallen.
(3) Der Unternehmer berechnet dem Verbraucher für die Erstattung keine Gebühr".
420 Brönneke/Föhlisch/Tonner/*Tamm/Tonner*, Das neue Schuldrecht, § 2 Rn 203.
421 Dazu näher HK-BGB/*Schulze*, § 327o Rn 10.
422 Brönneke/Föhlisch/Tonner/*Tamm/Tonner*, Das neue Schuldrecht, § 2 Rn 204.

(3) Verbot einer weiteren Nutzung nach Vertragsbeendigung

87 Für den Zeitraum nach Vertragsbeendigung regelt § 327p BGB[423]
- die Folgen einer weiteren Nutzung des digitalen Produkts und
- den Umfang der Nutzungsmöglichkeiten der vom Verbraucher bereitgestellten bzw. erzeugten Inhalte; hier allerdings nur in Bezug auf nicht-personenbezogene Daten, deren Weiterverwendung durch den Unternehmer erfolgt.

c) Nutzungsuntersagung und Sperrung

88 Der Verbraucher darf das digitale Produkt nach Vertragsbeendigung, weil dessen Rückgabe bzw. Rückübermittlung allein im Fall von § 327o Abs. 5 BGB (Rückgabe eines körperlichen Datenträgers, vorstehende Rdn 86) sinnhaft ist,[424] gemäß § 327p Abs. 1 S. 1 BGB (ggf. aber auch ergänzt um die Verpflichtung nach § 327o Abs. 5 BGB zur Rückgabe) in Umsetzung von Art. 17 Abs. 1 Digitale-Inhalte-RL, wonach nach Beendigung des Vertrags der Verbraucher die Nutzung der digitalen Inhalte bzw. der digitalen Dienstleistungen sowie deren Zurverfügungstellung an Dritte zu unterlassen hat, weder

- weiter nutzen (**Nutzungsuntersagung**) noch
- Dritten zur Verfügung stellen (**Weitergabeuntersagung**, Verbot, anderen einen Zugang zu ermöglichen).[425]

Die Verpflichtung des Verbrauchers ist nicht auf ein schlichtes (bloßes) Unterlassen beschränkt. Der Verbraucher muss vielmehr auch aktiv dafür Sorge tragen, naheliegende Zugangsmöglichkeiten für Dritte zu unterbinden oder durch Löschen digitaler Inhalte bzw. von Kopien einen Zugriff (i.S.e. Weiternutzung durch Dritte) verhindern.[426]

Der Unternehmer ist nach § 327p Abs. 1 Satz 2 BGB – spiegelbildlich zu § 327p Abs. 1 Satz 1 BGB – auch berechtigt, wenn der Verbraucher der Nutzungsuntersagung bzw. Weitergabeuntersagung nicht nachkommt, seinerseits die weitere Nutzung durch den Verbraucher zu unterbinden[427] (z.B. durch Sperrung des Zugangs des Verbrauchers zum digitalen Produkt oder durch Sperrung [Deaktivierung] des Nutzerkontos),[428] wodurch jedoch der Anspruch des Verbrauchers nach § 327p Abs. 3 BGB auf Übermittlung

---

423 Brönneke/Föhlisch/Tonner/*Tamm/Tonner*, Das neue Schuldrecht, § 2 Rn 205.
424 RegE, BT-Drucks 19/27653, S. 72.
425 Dazu näher HK-BGB/*Schulze*, § 327p Rn 3.
426 Erwägungsgrund 72 der Digitale-Inhalte-RL: „*Wurde der Vertrag beendet, sollte der Verbraucher nicht verpflichtet sein, für die Nutzung der digitalen Inhalte oder digitalen Dienstleistungen für einen Zeitraum, in dem die digitalen Inhalte oder digitalen Dienstleistungen vertragswidrig waren, zu zahlen, da dem Verbraucher hierdurch der wirksame Schutz entzogen würde. Jedoch sollte der Verbraucher auch die Nutzung der digitalen Inhalte oder digitalen Dienstleistungen und deren Zurverfügungstellung an Dritte unterlassen, beispielsweise indem er die digitalen Inhalte oder jede verwendbare Kopie löscht oder die digitalen Inhalte oder digitalen Dienstleistungen auf andere Weise unzugänglich gemacht*".
427 Dazu näher HK-BGB/*Schulze*, § 327p Rn 4.
428 RegE, BT-Drucks 19/27653, S. 73.

der vom Verbraucher bereitgestellten oder erzeugten Inhalte nicht beeinträchtigt werden darf (so § 327p Abs. 1 Satz 3 BGB).

Der Unternehmer darf die **Inhalte, die nicht personenbezogene Daten** (i.S.v. Art. 4 Nr. 1 DSGVO) sind (personenbezogene Daten sind ggf. bereits nach der DSGVO zu löschen)[429] und die der Verbraucher bei der Nutzung des vom Unternehmer bereitgestellten digitalen Produkts bereitgestellt oder erstellt hat (z.b. *„digitale Bilder, Video- und Audiodateien oder auf mobilen Geräten erstellte Inhalte"*[430] – *„allerdings nur für den Fall, dass sich auch unter Zuhilfenahme von Metadaten kein Personenbezug herstellen lässt"*),[431] nach der Vertragsbeendigung gemäß § 327p Abs. 2 BGB[432] (in Umsetzung von Art. 16 Abs. 3 Digitale-Inhalte-RL zum Umfang und den Ausnahmen der Verpflichtung des Unternehmers) nicht weiter nutzen (Spiegelbild zu § 327p Abs. 1 BGB): D.h., der Unternehmer muss die weitere Verwendung von im Rahmen der Nutzung des digitalen Produkts bereitgestellten oder erstellten Inhalte (dazu nachstehende Rdn 90) des Verbrauchers, welche keine personenbezogenen Daten sind – unterlassen.

89

„**Inhalte**" sind nach Erwägungsgrund 69 der Digitale-Inhalte-RL bspw. digitale Bilder, Video- und Audiodateien oder auf mobilen Geräten erstellte sonstige digitale Inhalte.

Damit besteht nach der Vertragsbeendigung grundsätzlich ein **beiderseitiges Nutzungsverbot**.[433]

Dies liegt darin begründet, dass für – und nur für – **personenbezogene Daten** die DSGVO eine abschließende Regelung bildet, *„deren Geltung sich der Rechtsanwender praktisch dazu denken muss"*.[434] Nach der DSGVO hat der Verbraucher das Recht, seine Einwilligung (jederzeit) zu widerrufen und einer weiteren Datennutzung zu widersprechen.

---

429 RegE, BT-Drucks 19/27653, S. 73.
430 Erwägungsgrund 69 der Digitale-Inhalte-RL: *„Stellt der Verbraucher dem Unternehmer personenbezogene Daten bereit, so sollte der Unternehmer die Verpflichtungen der VO (EU) 2016/679 einhalten. Solche Verpflichtungen sollten auch in jenen Fällen zu erfüllen sein, in denen der Verbraucher eine Geldzahlung leistet und personenbezogene Daten bereitstellt. Nach Beendigung des Vertrags sollte es der Unternehmer zudem unterlassen, Inhalte, die nicht personenbezogene Daten sind und die der Verbraucher bei der Nutzung der vom Unternehmer bereitgestellten digitalen Inhalte oder digitale Dienstleistungen bereitgestellt oder erstellt wurden, zu nutzen. Solche anderen Inhalte könnten digitale Bilder, Video- und Audiodateien oder auf mobilen Geräten erstellte Inhalte umfassen. Jedoch sollte der Unternehmer berechtigt sein, die vom Verbraucher bereitgestellten oder erstellten Inhalte weiter zu nutzen, wenn solche Inhalte außerhalb des Kontextes der von dem Unternehmer bereitgestellten digitalen Inhalte oder digitalen Dienstleistungen keinen Nutzen haben, wenn sie ausschließlich mit der Aktivität des Verbrauchers zusammenhängen, wenn sie vom Unternehmer mit anderen Daten aggregiert wurden und nicht oder nur mit unverhältnismäßigem Aufwand disaggregiert werden können oder wenn sie vom Verbraucher gemeinsam mit anderen erzeugt wurden und sie von anderen Verbrauchern weitergenutzt werden können".*
431 RegE, BT-Drucks 19/27653, S. 73.
432 Dazu näher HK-BGB/*Schulze*, § 327p Rn 5.
433 Brönneke/Föhlisch/Tonner/*Tamm/Tonner*, Das neue Schuldrecht, § 2 Rn 208.
434 *Wendehorst*, NJW 2021, 2913, 2918 Rn 35.

Er kann im Übrigen gemäß Art. 17 DSGVO ggf. die Löschung personenbezogener Daten oder deren Übertragung (Art. 20 DSGVO) verlangen. Da die DSGVO nur personenbezogene Daten erfasst, hat der europäische Richtliniensetzer und infolgedessen auch der deutsche Gesetzgeber in Umsetzung der Digitale-Inhalte-RL für nicht personenbezogene Daten eine eigenständige Regelung getroffen.[435]

90

Beachte

§ 327p Abs. 2 Satz 1 BGB statuiert damit *„eine ergänzende Regelung für sonstige (nicht personenbezogene) Daten im vertragsrechtlichen Bereich"*.[436]

Von der den Unternehmer treffenden Nutzungsuntersagung an durch den Verbraucher hergestellten oder erstellten Inhalten statuiert § 327p Abs. 2 Satz 2 BGB eine Ausnahme unter engen Grenzen:[437] Die Nutzungsuntersagung zu Lasten des Unternehmers gilt nach § 327p Abs. 2 Satz 2 BGB nicht (d.h., der Unternehmer hat ein Nutzungsrecht an Inhalten des Verbrauchers, welche keine personenbezogenen Daten sind),[438] wenn die Inhalte

- außerhalb des Kontextes des vom Unternehmer bereitgestellten digitalen Produkts keinen Nutzen haben (Nr. 1[439] in Umsetzung von Art. 16 Abs. 3 Buchst. a Digitale-Inhalte-RL).

Dabei handelt es sich um Inhalte, die vom Verbraucher zwar erzeugt werden, aber in keiner anderen Art und Weise als in dem vom Unternehmer bereitgestellten Umfeld sinnvoll genutzt werden können.[440]

Darunter fällt z.B. ein vom Unternehmer vorgegebenes und vom Verbraucher nur ausgewähltes Profilbild für den Charakter eines Computerspiels.[441] Etwas anderes gilt, wenn eine Konvertierung der betreffenden Inhalte und damit zumindest auf diesem Wege eine Weiterverwendung in anderen digitalen Produkten oder Umgebungen technisch möglich ist.[442]

---

435 Wendehorst, NJW 2021, 2913, 2918 Rn 35: „*Dass damit trotz identischer vertragsrechtlicher Wertungslage die Rechtslage für personenbezogene Daten von derjenigen nicht personenbezogener Daten in ganz unnötiger Weise abweicht, wurde in Kauf genommen*".
436 Brönneke/Föhlisch/Tonner/*Tamm/Tonner*, Das neue Schuldrecht, § 2 Rn 208.
437 Brönneke/Föhlisch/Tonner/*Tamm/Tonner*, Das neue Schuldrecht, § 2 Rn 210.
438 Einschränkungen, die *Wendehorst* (NJW 2021, 2913, 2918 Rn 35) als „*aus vertragsrechtlicher Sicht teilweise schwer nachvollziehbar*" bewertet.
439 Dazu näher HK-BGB/*Schulze*, § 327p Rn 8.
440 Brönneke/Föhlisch/Tonner/*Tamm/Tonner*, Das neue Schuldrecht, § 2 Rn 210.
441 RegE, BT-Drucks 19/27653, S. 73 f.
442 RegE, BT-Drucks 19/27653, S. 74.

K. Bereitstellung des digitalen Produkts § 3

- ausschließlich mit der Nutzung des vom Unternehmer bereitgestellten digitalen Produkts durch den Verbraucher zusammenhängen (Nr. 2[443] in Umsetzung von Art. 16 Abs. 3 Buchst. b Digitale-Inhalte-RL).
Darunter fällt bspw. eine vom Nutzer vorgenommene Anpassung einer Benutzeroberfläche.[444]
Beachte: Erwägungsgrund 69 der Digitale-Inhalte-RL spricht in Bezug auf Art. 16 Abs. 3 Buchst. b Digitale-Inhalte-RL statt von „Nutzung" von „Aktivität", womit „auch Inhalte betreffend das Nutzerverhalten" von Nr. 2 erfasst sind.[445]

- vom Unternehmer mit anderen Daten aggregiert (verbunden) wurden und nicht oder nur mit unverhältnismäßigem Aufwand disaggregiert (Umkehr der Verbindung) werden können (Nr. 3[446] in Umsetzung von Art. 16 Abs. 3 Buchst. c Digitale-Inhalte-RL).
Ob Daten nicht oder nur mit unverhältnismäßigem Aufwand disaggregiert werden können, beurteilt sich – so der RegE[447] – nach dem Begriff „untrennbar miteinander verbunden" in Art. 2 Abs. 2 der VO über einen Rahmen für den freien Verkehr nicht-personenbezogener Daten in der EU.[448]
Dies ist bspw. dann der Fall, *„wenn der Unternehmer Vorkehrungen treffen muss, die seinen finanziellen Aufwand verdoppeln"*.[449]

- oder vom Verbraucher gemeinsam mit anderen (auch Nicht-Verbrauchern) erzeugt wurden, sofern andere Verbraucher die Inhalte weiterhin nutzen können (Nr. 4[450] in Umsetzung von Art. 16 Abs. 3 Buchst. d Digitale-Inhalte-RL).
Der Personenkreis, der die Inhalte mit dem Verbraucher potenziell erstellt, ist nicht eingeschränkt – hingegen soll es bei der Möglichkeit zur Weiternutzung nur auf eine solche durch den Verbraucher ankommen.[451]
Ein gemeinsam erzeugter Inhalt ist bspw. eine im Rahmen eines Online-Computerspiels durch mehrere Nutzer erstellte Spiellandschaft.[452] Unzureichend soll hingegen ein bloßes Teilen oder Kommentieren eines Inhalts im Rahmen eines sozialen Netzwerks sein.[453]

---

443 Dazu näher HK-BGB/*Schulze*, § 327p Rn 8.
444 RegE, BT-Drucks 19/27653, S. 74.
445 Brönneke/Föhlisch/Tonner/*Tamm/Tonner*, Das neue Schuldrecht, § 2 Rn 211.
446 Dazu näher HK-BGB/*Schulze*, § 327p Rn 5.
447 RegE, BT-Drucks 19/27653, S. 74.
448 VO (EU) 2018/1807.
449 RegE, BT-Drucks 19/27653, S. 74.
450 Dazu näher HK-BGB/*Schulze*, § 327p Rn 5.
451 Brönneke/Föhlisch/Tonner/*Tamm/Tonner*, Das neue Schuldrecht, § 2 Rn 213.
452 RegE, BT-Drucks 19/27653, S. 74.
453 RegE, BT-Drucks 19/27653, S. 74.

91 Der Unternehmer hat dem Verbraucher (als Erzeuger) auf dessen Verlangen nach § 327p Abs. 3 Satz 1 BGB, der sich an Art. 20 DSGVO orientiert, in Umsetzung von Art. 16 Abs. 4 Unterabs. 1 Digitale-Inhalte-RL[454] die Inhalte nach § 327p Abs. 2 Satz 1 BGB, die er selbst nicht weiter nutzen darf, bereitzustellen (**Bereitstellungspflicht des Unternehmers**).[455] Damit kann der Verbraucher – so er es will – mit diesen weiterarbeiten.

Die Bereitstellungspflicht nach § 327p Abs. 3 Satz 1 BGB erfasst gemäß § 327p Abs. 3 Satz 2 BGB solche Inhalte nicht, die der Unternehmer nach § 327p Abs. 2 Satz 2 Nr. 1–3 BGB selbst (ausnahmsweise) weiternutzen darf.[456]

Die Inhalte müssen dem Verbraucher aber, wenn nach § 327p Abs. 1 Satz 1 BGB grundsätzlich eine Bereitstellungspflicht seitens des Unternehmers besteht, nach § 327p Abs. 3 Satz 3 BGB (in Umsetzung von Art. 16 Abs. 4 Satz 2 Digitale-Inhalte-RL)

- unentgeltlich (wobei hiervon solche Kosten nicht erfasst werden, *„die allein in der Sphäre des Verbrauchers entstehen und nicht mit der Wiedererlangung der Inhalte zusammenhängen"*,[457] z.B. Internetverbindungskosten),[458]
- ohne Behinderung durch den Unternehmer (i.S.e. jedweden rechtlichen oder technischen Hürde, *„durch die ein Verantwortlicher den Datenzugriff, die Datenübertragung oder die Datenwiederverwendung vonseiten der betroffenen Personen verlangsamen oder verhindern möchte"*, z.B. eine absichtliche Verschleierung von Daten),[459]

---

454 „Mit Ausnahme der in Abs. 3 Buchst. a, b oder c genannten Fälle stellt der Unternehmer dem Verbraucher auf dessen Ersuchen alle Inhalte, die nicht personenbezogene Daten sind, bereit, welche vom Verbraucher bei der Nutzung der vom Unternehmer bereitgestellten digitalen Inhalte oder digitalen Dienstleistungen bereitgestellt oder erstellt wurden".
455 Dazu näher HK-BGB/*Schulze*, § 327p Rn 9.
456 Näher HK-BGB/*Schulze*, § 327p Rn 9.
457 RegE, BT-Drucks 19/27653, S. 75.
458 So Erwägungsgrund 71 der Digitale-Inhalte-RL: *„Der Verbraucher sollte das Recht haben, die Inhalte innerhalb einer angemessenen Frist, ohne Behinderung durch den Unternehmer, in einem gebräuchlichen, maschinenlesbaren Format und kostenfrei wiederzuerlangen; dies gilt nicht für Kosten wie Internetverbindungskosten, die durch die digitale Umgebung des Verbrauchers bedingt sind, wenn diese Kosten nicht spezifisch mit der Wiedererlangung der Inhalte zusammenhängen. Die Verpflichtung des Unternehmers zur Zugänglichmachung solcher Inhalte sollte jedoch nicht gelten, wenn die Inhalte nur im Kontext der Nutzung der digitalen Inhalte oder digitalen Dienstleistungen von Nutzen sind, sie ausschließlich mit der Nutzung der digitalen Inhalte oder digitalen Dienstleistungen durch den Verbraucher zusammenhängen, vom Unternehmer mit anderen Daten aggregiert wurden und nicht oder nur mit unverhältnismäßigem Aufwand disaggregiert werden können. In diesen Fällen sind die Inhalte für den Verbraucher nicht von nennenswertem praktischen Nutzen oder von nennenswertem Belang, wobei auch die Interessen des Unternehmers zu berücksichtigen sind. Darüber hinaus sollte die Verpflichtung des Unternehmers, den Verbraucher nach Beendigung des Vertrags Inhalte bereitzustellen, die keine personenbezogenen Daten darstellen und die vom Verbraucher bereitgestellt oder erstellt wurden, unbeschadet des Rechts des Unternehmers gelten, im Einklang mit den geltenden Rechtsvorschriften bestimmte Inhalte nicht offenzulegen"*.
459 RegE, BT-Drucks 19/27653, S. 75.

- innerhalb einer angemessenen Frist (höchstens ein Monat nach Eingang des Antrags, vgl. Art. 12 Abs. 3 Satz 1 DSGVO) und
- in einem gängigen (vgl. Art. 20 DSGVO, keine proprietären Formate)[460] und maschinenlesbaren Format

durch den Unternehmer bereitgestellt werden.[461]
In Bezug auf die **Dauer** (wie lange muss der Unternehmer die dem Anspruch gemäß § 327p Abs. 3 BGB unterfallenden Inhalte (die der Verbraucher bereitgestellt oder erstellt hat) speichern, um sie dem Verbraucher nach der Vertragsbeendigung bereitstellen zu können?) ist (ohne Vorgabe in der Digitale-Inhalte-RL) darauf abzustellen, „*was in Abwägung des Speicheraufwandes und der Bedeutung der Inhalte für den Verbraucher, erwartbar ist*".[462] Eine vorfristige Löschung, die eine Bereitstellung unmöglich macht, führt ggf. zu einem Schadensersatzanspruch des Verbrauchers gegen den Unternehmer nach § 280 Abs. 1 BGB.[463]

„*In den Regelungen von § 327p Abs. 2 und 3 BGB liegt ein für den Verbraucher über das Datenschutzrecht hinausgehender Mehrwert, weil dieser auch mehr Selbstbestimmung mit Blick auf nicht-personenbezogene Daten erlangt*".[464]

> *Beachte*
>
> „*Die Rechte und Pflichten des Unternehmers als Verantwortlicher und des Verbrauchers als Betroffener ergeben sich hingegen abschließend aus dem Datenschutzrecht, insbesondere aus der DSGVO*".[465]

d) Minderung

Statt den Vertrag nach § 327m Abs. 1 BGB zu beenden, kann der Verbraucher nach § 327n Abs. 1 BGB[466] (aber **nur, wenn er einen Preis zu zahlen hat**,[467] wohingegen eine Vertragsbeendigung nach § 327m BGB auch bei Verträgen möglich ist, bei denen der Verbraucher dem Unternehmer personenbezogene Daten bereitstellt; werden sowohl ein Preis gezahlt als auch entsprechende Daten als Preisäquivalent bereitgestellt, bleibt

92

---

460 RegE, BT-Drucks 19/27653, S. 75.
461 Dazu näher HK-BGB/*Schulze*, § 327p Rn 10.
462 Brönneke/Föhlisch/Tonner/*Tamm*/Tonner, Das neue Schuldrecht, § 2 Rn 215.
463 RegE, BT-Drucks 19/27653, S. 75.
464 RegE, BT-Drucks 19/27653, S. 73.
465 RegE, BT-Drucks 19/27653, S. 72.
466 Dazu näher HK-BGB/*Schulze*, § 327n Rn 2: beim Vorliegen der Voraussetzungen einer Vertragsbeendigung nach § 327m Abs. 1 BGB.
467 RegE, BT-Drucks 19/27653, S. 70.

das Recht zur Minderung,[468] auch den Preis durch empfangsbedürftige Erklärung (§ 130 Abs. 1 BGB) gegenüber dem Unternehmer zu mindern[469] (Wiederherstellung eines Gleichgewichts – Äquivalenz – von Leistung und Gegenleistung).[470] Minderung und Vertragsbeendigung schließen sich somit aus. Die weiteren Voraussetzungen für eine Vertragsbeendigung nach § 327m Abs. 1 BGB sind hingegen auch Voraussetzung für das **Minderungsrecht**,[471] nämlich das

- Vorliegen eines mangelhaften digitalen Produkts und das
- Ausbleiben oder Fehlschlagen der Nacherfüllung.

Der Ausschlussgrund des § 327m Abs. 2 Satz 1 BGB findet gemäß § 327n Abs. 1 Satz 2 BGB keine Anwendung, womit das Recht zur Minderung – im Gegensatz zur Vertragsbeendigung – auch dann gegeben ist, wenn **der Mangel nur „unerheblich"** ist. *„Bei unerheblichen Mängeln ist (die Minderung) sogar das einzige (verschuldensunabhängige) Abhilferecht, wenn die Nacherfüllung scheitert".*[472]

Die Regelung des § 327o Abs. 1 BGB (Geltendmachung der Vertragsbeendigung) ist nach § 327n Abs. 1 Satz 3 BGB auf die Minderung entsprechend anzuwenden.

93 Bei der Minderung ist der Preis nach § 327n Abs. 2 Satz 1 BGB in Umsetzung von Art. 14 Abs. 5 Digitale-Inhalte-RL in dem Verhältnis herabzusetzen,[473] in welchem zum **Zeitpunkt der Bereitstellung** (nicht des Vertragsschlusses, vgl. insoweit die Anforderungen nach Art. 14 Abs. 5 Digitale-Inhalte-RL) der Wert des digitalen Produkts in mangelfreiem Zustand zu dem wirklichen Wert gestanden hätte (**Berechnung der Minderungshöhe** – maßgeblich ist die objektive Wertminderung, wobei das dem Vertrag zugrundeliegende Äquivalenzverhältnis von Preis und Leistung erhalten bleibt). Bei Verträgen über die dauerhafte Bereitstellung eines digitalen Produkts ist der Preis unter entsprechen-

---

468 So Erwägungsgrund 67 der Digitale-Inhalte-RL: *„Werden die digitalen Inhalte oder digitalen Dienstleistungen gegen Zahlung eines Preises bereitgestellt, so sollte der Verbraucher den Vertrag nur dann beenden können, wenn es sich nicht um eine geringfügige Vertragswidrigkeit handelt. Wenn die digitalen Inhalte oder digitalen Dienstleistungen zwar nicht gegen Zahlung eines Preises bereitgestellt werden, der Verbraucher jedoch personenbezogene Daten bereitstellt, so sollte der Verbraucher das Recht haben, den Vertrag auch in Fällen einer geringfügigen Vertragswidrigkeit zu beenden, da ihm Abhilfe in Form einer Preisminderung nicht zur Verfügung steht. In Fällen, in denen der Verbraucher sowohl einen Preis zahlt als auch personenbezogene Daten bereitstellt, sollte der Verbraucher im Fall einer Vertragswidrigkeit Anspruch auf alle zur Verfügung stehenden Abhilfen haben. Insbesondere sollte der Verbraucher, sofern alle anderen Bedingungen erfüllt sind, Anspruch auf Herstellung des vertragsgemäßen Zustands der digitalen Inhalte oder digitalen Dienstleistungen, eine Minderung des für die digitalen Inhalte oder digitalen Dienstleistungen bezahlten Preises oder die Beendigung des Vertrags haben".*
469 Dazu näher HK-BGB/*Schulze*, § 327n Rn 3.
470 Brönneke/Föhlisch/Tonner/*Tamm*/Tonner, Das neue Schuldrecht, § 2 Rn 189.
471 Brönneke/Föhlisch/Tonner/*Tamm*/Tonner, Das neue Schuldrecht, § 2 Rn 190.
472 Brönneke/Föhlisch/Tonner/*Tamm*/Tonner, Das neue Schuldrecht, § 2 Rn 190.
473 Dazu näher HK-BGB/*Schulze*, § 327n Rn 4 zur Berechnungsmethode.

der Anwendung der Regelung nur anteilig für die Dauer der Mangelhaftigkeit herabzusetzen (§ 437n Abs. 2 Satz 2 BGB).[474]
Die Minderung ist nach § 327n Abs. 3 BGB (vergleichbar § 441 Abs. 3 Satz 2 bzw. § 638 Abs. 3 Satz 2 BGB), soweit erforderlich, durch Schätzung zu ermitteln (**Schätzung der Minderungshöhe**).

Hat der Verbraucher mehr als den geminderten Preis bezahlt,[475] so hat der Unternehmer nach § 327n Abs. 4 Satz 1 BGB in Umsetzung von Art. 18 Abs. 1 Digitale-Inhalte-RL den Mehrbetrag (der über den durch die Minderung ermittelten Kaufpreis hinaus geleisteten Betrag) zu erstatten (**eigenständiger Erstattungsanspruch bei Überzahlung**). Der Mehrbetrag (d.h. der überschießende Betrag) ist dem Verbraucher gemäß § 327n Abs. 4 Satz 2 BGB (vergleichbar § 651h Abs. 5 BGB) **unverzüglich** (vgl. § 121 Abs. 1 Satz 1 BGB) und ohne dass es dabei einer zusätzlichen Aufforderung durch den Verbraucher bedürfte – auf **jeden Fall aber innerhalb von 14 Tagen** – durch den Unternehmer zu erstatten. Die Frist beginnt nach § 327n Abs. 4 Satz 3 BGB (in Anlehnung an § 355 Abs. 3 Satz 2 BGB) mit dem Zugang der Minderungserklärung beim Unternehmer. Für die Erstattung muss der Unternehmer gemäß § 327n Abs. 4 Satz 4 BGB (in Umsetzung von Art. 18 Abs. 2 Digitale-Inhalte-RL) **dasselbe Zahlungsmittel** verwenden, das der Verbraucher bei der Zahlung verwendet hat, es sei denn,

94

- es wurde ausdrücklich etwas anderes vereinbart und
- dem Verbraucher entstehen durch die Verwendung eines anderen Zahlungsmittels keine Kosten.

Der Unternehmer kann im Übrigen vom Verbraucher nach § 327n Abs. 4 Satz 5 BGB keinen Ersatz für die Kosten verlangen, die ihm selbst für die Erstattung des Mehrbetrags entstehen, womit der Unternehmer die Rückerstattungskosten selbst (allein) zu tragen hat.[476]

> *Beachte*
>
> Ein Nutzungsersatzanspruch des Unternehmers gegen den Verbraucher ist nach der Digitale-Inhalte-RL ausgeschlossen. Es besteht *„auch keine Zahlungspflicht auf Umwegen in Form eines Nutzungsersatzes für die eventuell noch mögliche (Teil-)Nutzung des digitalen Produkts für den Zeitraum, in dem das digitale Produkt vertragswidrig mit einem Mangel behaftet war"*.[477]

---

474 Näher HK-BGB/*Schulze*, § 327n Rn 5.
475 Dazu näher HK-BGB/*Schulze*, § 327n Rn 6.
476 Brönneke/Föhlisch/Tonner/*Tamm/Tonner*, Das neue Schuldrecht, § 2 Rn 195.
477 Brönneke/Föhlisch/Tonner/*Tamm/Tonner*, Das neue Schuldrecht, § 2 Rn 196: Infolgedessen war dem Gesetzgeber ein Verweis auf die Rückabwicklung von Leistungen (Rücktrittsfolgen – §§ 346 Abs. 1 und 347 Abs. 1 BGB) verwehrt.

Die Digitale-Inhalte-RL schließt einen Nutzungsersatz aus, womit „*ein Verweis auf § 346 Abs. 1 und § 347 Abs. 1 BGB – anders als in § 441 Abs. 4 BGB – nicht möglich*" ist.[478] Die Minderung unterliegt der relativen Berechnungsmethode mit der Folge, dass der Minderungsbetrag, wenn dies erforderlich sein sollte, durch Schätzung ermittelt werden kann.[479]

e) Anspruch auf Schadensersatz statt der Leistung

95 In den Fällen des § 327m Abs. 1 Nr. 1–6 BGB, d.h. unter den gleichen Voraussetzungen, unter denen auch Vertragsbeendigung oder Minderung verlangt werden könnte, kann der Verbraucher gemäß der Anspruchsgrundlage des § 327m Abs. 3 Satz 1 BGB, der an die Stelle des § 281 BGB tritt und dessen Regelungsinhalt entsprechend anpasst,[480] unter den Voraussetzungen des § 280 Abs. 1 BGB (insoweit erfolgt ein teilweiser Rechtsgrundverweis),[481] d.h.

- Vorliegen eines Schuldverhältnisses,
- Pflichtverletzung,
- Umkehr der Beweislast für das Verschulden nach § 280 Abs. 1 Satz 2 BGB und
- Ersatz des entstehenden Schadens,

auch **Schadensersatz statt der ganzen Leistung**[482] (sog. großer Schadensersatz) verlangen. Dabei hat der Gesetzgeber versucht, § 327m BGB „*so nahe wie möglich am geltenden Leistungsstörungsrecht zu orientieren, (er musste) aber doch mit Rücksicht auf die Digitale-Inhalte-RL zahlreiche Ausnahmen einbauen*",[483] wodurch die Regelung sehr unübersichtlich geworden ist.[484]

Anders als § 281 BGB, der an eine fällige oder nicht wie geschuldet erbrachte Leistung anknüpft, rekurriert § 327m Abs. 3 Satz 1 BGB auf die Vertragsbeendigungsgründe des § 327 Abs. 1 BGB. Es ist im Übrigen kein Verweis auf § 281 Abs. 1 Satz 1 BGB (Erfordernis einer angemessenen Fristsetzung) erfolgt.[485]

Dabei sind § 283 Abs. 1 Satz 3 und Abs. 4 BGB[486] gemäß § 327m Abs. 3 Satz 2 BGB entsprechend anzuwenden.[487]

---

478 RegE, BT-Drucks 19/27653, S. 71.
479 *Wendehorst*, NJW 2021, 2913, 2918 Rn 33.
480 RegE, BT-Drucks 19/27653, S. 69.
481 Brönneke/Föhlisch/Tonner/*Tamm/Tonner*, Das neue Schuldrecht, § 2 Rn 184.
482 Dazu näher HK-BGB/*Schulze*, § 327m Rn 13.
483 Brönneke/Föhlisch/Tonner/*Tamm/Tonner*, Das neue Schuldrecht, § 2 Rn 183.
484 Brönneke/Föhlisch/Tonner/*Tamm/Tonner*, Das neue Schuldrecht, § 2 Rn 183.
485 Brönneke/Föhlisch/Tonner/*Tamm/Tonner*, Das neue Schuldrecht, § 2 Rn 184.
486 Durch den Verweis auf § 281 Abs. 4 will der Gesetzgeber einen Nacherfüllungsanspruch neben dem Schadensersatzanspruch ausschließen: Bericht des Rechtsausschusses, BT-Drucks 19/31116, S. 11.
487 Dazu näher HK-BGB/*Schulze*, § 327m Rn 14.

> *Beachte*
> Teilleistungen führen zu einem Mangel und nicht zu § 281 Abs. 1 Satz 2 BGB, weswegen der Gesetzgeber dessen Anwendung auch bewusst ausgeschlossen hat.[488]

Verlangt der Verbraucher Schadensersatz statt der ganzen Leistung, so ist der Unternehmer nach § 327m Abs. 3 Satz 3 BGB[489] (als Äquivalent zu § 281 Abs. 5 BGB) zur Rückforderung des Geleisteten nach den §§ 327o und p BGB berechtigt (womit *„weitgehend die Vorschriften über die Rückabwicklung nach Vertragsbeendigung"* gelten und womit, wie bei der Vertragsbeendigung, ein Schadensersatzanspruch statt der ganzen Leistung bei einer **„Unerheblichkeit der Pflichtverletzung"** ausgeschlossen ist):[490] § 327m Abs. 2 Satz 2 i.V.m. § 281 Abs. 3 Satz 3 BGB.

96

§ 325 BGB gilt gemäß § 327m Abs. 3 Satz 4 BGB entsprechend, womit sichergestellt wird, dass die Vertragsbeendigung neben den Schadensersatzansprüchen möglich bleibt.

f) Verjährungsfrist

> *Hinweis*
> Der deutsche Gesetzgeber hat sich (anders als einige ausländische Rechtsordnungen) grundsätzlich dafür entschieden, nur eine **Verjährungsfrist** (und keine Kombination aus Haftungsfrist [innerhalb der sich ein Mangel gezeigt haben muss] und Verjährungsfrist [innerhalb der Rechtsbehelfe geltend zu machen sind], vgl. zu dieser Unterscheidung Art. 11 Abs. 2 Digitale-Inhalte-RL) einzuführen.[491]

97

Die in § 327i Nr. 1 und 3 BGB bezeichneten Gewährleistungsansprüche (aus Verträgen über die einmalige oder auch über die mehrmalige Bereitstellung digitaler Produkte, die als **sukzessive Vertragserfüllung**[492] bezeichnet wird)[493] verjähren nach § 327j Abs. 1 Satz 1 BGB in Umsetzung von Art. 11 Abs. 2 Unterabs. 2 der Digitale-Inhalte-RL[494] in **zwei Jahren**[495] (Grundregel: Anknüpfung an die Bereitstellung).[496]

---

488 Bericht des Rechtsausschusses, BT-Drucks 19/31116, S. 11.
489 Dazu näher HK-BGB/*Schulze*, § 327m Rn 15.
490 *Wendehorst*, NJW 2021, 2913, 2918 Rn 36.
491 *Wendehorst*, NJW 2021, 2913, 2919 Rn 38.
492 RegE, BT-Drucks 19/27653, S. 63.
493 RegE, BT-Drucks 19/27653, S. 62.
494 *„Ist der Unternehmer gemäß dem nationalen Recht nur für Vertragswidrigkeiten haftbar, die innerhalb eines bestimmten Zeitraums nach der Bereitstellung offenbar werden, so beträgt dieser Zeitraum unbeschadet des Art. 8 Abs. 2 Buchst. b nicht weniger als zwei Jahre ab dem Zeitpunkt der Bereitstellung".*
495 Dazu näher HK-BGB/*Schulze*, § 327j Rn 2.
496 Brönneke/Föhlisch/Tonner/*Tamm/Tonner*, Das neue Schuldrecht, § 2 Rn 153.

Die Verjährung beginnt mit der Bereitstellung (§ 327j Abs. 1 Satz 2 BGB).[497] Da eine Ablaufhemmung nicht normiert wurde, kann der Verbraucher im Falle einer Reihe von Bereitstellungen im Rahmen eines laufenden Vertrags keinen Mangel der Bereitstellung geltend machen, der länger als zwei Jahre zurückliegt.[498]

Im Fall der **dauerhaften Bereitstellung** verjähren die Ansprüche gemäß § 327j Abs. 2 BGB nicht vor Ablauf von zwölf Monaten nach dem Ende des Bereitstellungszeitraums[499] (**Ablaufhemmung**).[500]

> Beachte:
> *„Die Schwierigkeiten, die Dauer des Bereitstellungszeitraums wegen des Rechtsbegriffs der ‚Erwartungen des Verbrauchers' zu bestimmen (§ 327f Abs. 1 S. 3 Nr. 2 BGB), wirken sich jedoch damit auch und vor allem bei der Verjährung aus".*[501]

98 Ansprüche wegen einer **Verletzung der Aktualisierungspflicht** verjähren nach § 327j Abs. 3 BGB nicht vor Ablauf von zwölf Monaten nach dem Ende des für die Aktualisierungspflicht maßgeblichen Zeitraums.[502] Insoweit erfolgt eine Anpassung der Frist für Ansprüche nach § 327f Abs. 1 Satz 3 Nr. 2 BGB an § 327j Abs. 2 BGB:[503] Die Verjährungsfrist endet zwölf Monate nach dem Ende des für die Aktualisierungspflicht maßgeblichen Zeitraums, wobei es zu einem zeitlichen Zusammenfallen des Endes der Frist nach § 327j Abs. 2 BGB mit jener des § 327j Abs. 3 BGB kommt.[504]

Hat sich ein Mangel innerhalb der Verjährungsfrist gezeigt, so tritt die Verjährung nach § 327j Abs. 4 BGB (einer Regelung, mit der sich der deutsche Gesetzgeber in Umsetzung von Art. 11 Abs. 2 Unterabs. 3 Digitale-Inhalte-RL dem zweistufigen Modell einiger Staaten [vorstehende Rdn 97] doch etwas annähert)[505] nicht vor dem Ablauf von **vier Monaten** nach dem Zeitpunkt ein (Ablaufhemmung), in dem sich der Mangel erstmals gezeigt hat.[506] Die Regelung stellt sicher, dass der Verbraucher seine Gewährleistungsrechte bei einer Vertragswidrigkeit, die sich während der Verjährungsfrist zeigt, auch tatsächlich in Anspruch nehmen kann.

---

497 Dazu näher HK-BGB/*Schulze*, § 327j Rn 3.
498 Brönneke/Föhlisch/Tonner/*Tamm/Tonner*, Das neue Schuldrecht, § 2 Rn 153.
499 Dazu näher HK-BGB/*Schulze*, § 327j Rn 3.
500 Infolge einer Änderung des RegE im Rechtsausschuss: Beschlussempfehlung, BT-Drucks 19/30951.
501 Brönneke/Föhlisch/Tonner/*Tamm/Tonner*, Das neue Schuldrecht, § 2 Rn 155.
502 Dazu näher HK-BGB/*Schulze*, § 327j Rn 4.
503 Brönneke/Föhlisch/Tonner/*Tamm/Tonner*, Das neue Schuldrecht, § 2 Rn 156.
504 Brönneke/Föhlisch/Tonner/*Tamm/Tonner*, Das neue Schuldrecht, § 2 Rn 156.
505 *Wendehorst*, NJW 2021, 2913, 2919 Rn 38.
506 Dazu näher HK-BGB/*Schulze*, § 327j Rn 5.

Für die in § 327i Nr. 2 BGB bezeichneten (Gestaltungs-)Rechte (die anders als Nacherfüllung, Schadens- und Aufwendungsersatz keine Ansprüche i.S.v. § 194 Abs. 1 BGB sind, weswegen § 327j Abs. 1–4 BGB auf sie keine unmittelbare Anwendung findet) – Vertragsbeendigung und Minderung – gilt nach der Sonderregelung des § 327j Abs. 5 BGB die Regelung des § 218 BGB entsprechend. § 327j Abs. 5 BGB[507] stellt – entsprechend der Regelung des § 438 Abs. 4 Satz 1 BGB – sicher, dass die gewährleistungsrechtlichen Verjährungsregelungen auch bei Vertragsbeendigung und Minderung zur Anwendung gelangen.

g) Beweislastumkehr

§ 327k BGB differenziert in Bezug auf die Beweislast zwischen einer einmaligen Bereitstellung (oder einer Reihe einzelner Bereitstellungen) digitaler Produkte, die in Abs. 1 eine Regelung erfahren hat, und einer dauerhaften Bereitstellung digitaler Produkte, die in Abs. 2 geregelt ist. § 327k Abs. 3 und 4 BGB regeln Ausnahmen und Beschränkungen der Beweislastumkehr. 99

aa) Beweislastumkehr bei einmaliger Bereitstellung

Zeigt sich bei einem digitalen Produkt innerhalb **eines Jahres** seit seiner Bereitstellung i.S.e. 100

- einmaligen Bereitstellung oder einer
- Reihe einzelner Bereitstellungen

ein von den Anforderungen nach § 327e oder g BGB abweichender Zustand, so wird nach § 327k Abs. 1 BGB[508] in Umsetzung von Art. 11 Abs. 2 Unterabs. 1 und 3 Digitale-Inhalte-RL[509] vermutet, dass das digitale Produkt bereits „bei Bereitstellung" mangelhaft war.

bb) Beweislastumkehr bei dauerhafter Bereitstellung

Zeigt sich bei einem **dauerhaft bereitgestellten digitalen Produkt** während der Dauer der Bereitstellung ein von den Anforderungen nach § 327e oder g BGB abweichender Zu- 101

---

507 Dazu näher HK-BGB/*Schulze*, § 327j Rn 6.
508 Näher HK-BGB/*Schulze*, § 327k Rn 4.
509 „Sieht ein Vertrag eine einmalige Bereitstellung oder eine Reihe einzelner Bereitstellungen vor, so haftet der Unternehmer unbeschadet des Art. 8 Abs. 2 Buchst. b für jede Vertragswidrigkeit im Sinne der Art. 7, 8 und 9, die zum Zeitpunkt der Bereitstellung besteht. Unterliegen die Ansprüche nach Art. 14 gemäß dem nationalen Recht unter anderem oder ausschließlich einer Verjährungsfrist, so stellen die Mitgliedstaaten sicher, dass es diese Verjährungsfrist den Verbraucher ermöglicht, die Abhilfen nach Art. 14 bei einer Vertragswidrigkeit, die zudem in Unterabsatz 1 genannten Zeitpunkt besteht und innerhalb des in Unterabsatz 2 genannten Zeitraums offenbar wird, in Anspruch zu nehmen".

stand, so wird nach § 327k Abs. 2 BGB[510] in Umsetzung von Art. 12 Abs. 3 Digitale-Inhalte-RL[511] vermutet, dass das digitale Produkt während der bisherigen Dauer der Bereitstellung mangelhaft war. Damit kann der Zeitraum, in dem die Beweislastumkehr zur Anwendung gelangt – wie bei der Verjährung – wesentlich länger als ein Jahr sein.[512]

cc) Ausnahmen von der Beweislastumkehr

102 Die vorstehenden **Vermutungen für das Vorliegen einer Vertragswidrigkeit im Zeitpunkt der Geltendmachung der Verbraucherrechte** (nach § 327k Abs. 1 BGB für den Fall einer einmaligen Bereitstellung oder einer Reihe einzelner Bereitstellungen) gelten nach § 327k Abs. 3 BGB[513] in Umsetzung von Art. 12 Abs. 4 und 5 Digitale-Inhalte-RL[514] – vorbehaltlich § 327 Abs. 4 BGB **(Gegenausnahme)** – nicht, wenn

- die **digitale Umgebung** (i.S.v. § 327e Abs. 4 Satz 3 BGB, womit zur digitalen Umgebung neben der Hard- und Software auch die Netzverbindung zählt) des Verbrauchers mit den technischen Anforderungen des digitalen Produkts zur maßgeblichen Zeit **nicht kompatibel** war (Nr. 1:[515] Inkompatibilität – in diesem Fall „*trägt der Verbraucher in Anwendung der allgemeinen Grundsätze die Beweislast dafür, dass die digitalen Produkte zum maßgeblichen Zeitpunkt mangelfrei waren*")[516] oder

- der Unternehmer nicht feststellen kann, ob die Voraussetzungen der Nr. 1 vorlagen, weil der Verbraucher eine hierfür (nach objektivem Maßstab unter Berücksichtigung der Umstände des Einzelfalls) notwendige und ihm mögliche **Mitwirkungshandlung nicht vornimmt** (vernünftigerweise „notwendige" Mitwirkungshandlung, Art. 12 Abs. 5 Satz 1 Digitale-Inhalte-RL)[517] und der Unternehmer zur Feststellung ein technisches Mittel einsetzen wollte, das für den Verbraucher den geringsten Ein-

---

510 Näher HK-BGB/*Schulze*, § 327k Rn 5.
511 „*[Unterabsatz 1] Sieht ein Vertrag eine fortlaufende Bereitstellung über einen Zeitraum vor, so haftet der Unternehmer für eine Vertragswidrigkeit im Sinne der Art. 7, 8 und 9, die während des Zeitraums, in dem die digitalen Inhalte oder Dienstleistungen aufgrund des Vertrags bereitzustellen sind, eintritt oder offenbar wird. [Unterabsatz 2] Unterliegen die Ansprüche nach Art. 14 gemäß dem nationalen Recht unter anderem oder ausschließlich einer Verjährungsfrist, so stellen die Mitgliedstaaten sicher, dass es diese Verjährungsfrist den Verbrauchern ermöglicht, die Abhilfen nach Art. 14 bei einer Vertragswidrigkeit, die während des in Unterabsatz 1 genannten Zeitraums eintritt oder offenbar wird, in Anspruch zu nehmen*".
512 Brönneke/Föhlisch/Tonner/*Tamm/Tonner*, Das neue Schuldrecht, § 2 Rn 161.
513 Näher HK-BGB/*Schulze*, § 327k Rn 6.
514 „*Die Absätze 2 und 3 finden keine Anwendung, wenn der Unternehmer nachweist, dass die digitale Umgebung des Verbrauchers in Bezug auf die technischen Anforderungen der digitalen Inhalte oder digitalen Dienstleistungen nicht kompatibel ist, und wenn er den Verbraucher vor Vertragsschluss in klarer und verständlicher Weise von diesen Anforderungen in Kenntnis gesetzt hat*".
515 Näher HK-BGB/*Schulze*, § 327k Rn 6.
516 Brönneke/Föhlisch/Tonner/*Tamm/Tonner*, Das neue Schuldrecht, § 2 Rn 162.
517 „*Der Verbraucher arbeitet mit dem Unternehmen zusammen, sobald dies vernünftigerweise notwendig und möglich ist, um festzustellen, ob die Ursache für die Vertragswidrigkeit der digitalen Inhalte oder Dienstleistungen zu dem im Art. 11 Abs. 2 oder Abs. 3 genannten Zeitpunkt in der digitalen Umgebung des Verbrauchers lag*".

griff (sonst ist ihm die Mitwirkung nicht zuzumuten, in Umsetzung von Art. 12 Abs. 5 Satz 2 Digitale-Inhalte-RL[518] – Art. 7 und 8 EuGrCH, Achtung der Kommunikation und des Schutzes personenbezogener Daten des Verbrauchers, Mittel, welche die Privatsphäre des Verbrauchers anhand eines objektiven Maßstabs am wenigsten beeinträchtigen)[519] darstellt (Nr. 2:[520] unterlassene Mitwirkungshandlungen des Verbrauchers bei der Fehlersuche des Unternehmers als Obliegenheitsverletzung des Verbrauchers).[521] Der Verbraucher trägt, wenn er seiner Mitwirkungsobliegenheit nicht nachkommt (im Falle einer Obliegenheitsverletzung) die Beweislast für die Mangelhaftigkeit des digitalen Produkts (so Art. 12 Abs. 5 Satz 3 Digitale-Inhalte-RL).[522] Von Nr. 2 ist die Ermittlung der genauen Umstände der Mangelhaftigkeit nicht umfasst. Die Notwendigkeit beurteilt sich unter Berücksichtigung von Art und Zweck des digitalen Produkts, den Umständen des Einzelfalls und Gebräuchen und Gepflogenheiten der Vertragsparteien (Erwägungsgrund 46 der Digitale-Inhalte-RL).[523] Der Unternehmer muss technische Mittel verwenden, die mit Blick auf Standard oder bewährte Verfahren höchsten Anforderungen an den Schutz der Privatsphäre des Verbrauchers erfüllen.

---

518 *„Die Pflicht zur Zusammenarbeit ist auf die technisch verfügbaren Mittel beschränkt, die für den Verbraucher dem geringsten Eingriff darstellen".*
519 Erwägungsgrund 60 der Digitale-Inhalte-RL: *„Unbeschadet des Grundrechts auf Schutz der Privatsphäre, einschließlich der Vertraulichkeit der Kommunikation, und auf Schutz der personenbezogenen Daten des Verbrauchers sollte der Verbraucher mit dem Unternehmer im Hinblick darauf zusammenarbeiten, dass der Unternehmer unter Verwendung der zur Verfügung stehenden technischen Mittel, die die Privatsphäre des Verbrauchers am wenigsten beeinträchtigen, prüft, ob die Ursache für die Vertragswidrigkeit in der digitalen Umgebung des Verbrauchers liegt. Dies kann beispielsweise erfolgen, indem dem Unternehmer automatisch erzeugte Berichte über Zwischenfälle übermittelt werden, oder mittels Details der Internetverbindung des Verbrauchers. Nur in begründeten Ausnahmefällen, in denen es keine andere Möglichkeit gibt, obwohl alle Mittel ausgeschöpft wurde, müssen Verbraucher möglicherweise virtuellen Zugang zu ihrer digitalen Umgebung gewähren. Arbeitet der Verbraucher jedoch nicht mit dem Unternehmer zusammen und wurde er über die Folgen mangelnder Zusammenarbeit unterrichtet, sollte nicht nur die Beweislast für die Vertragswidrigkeit digitaler Inhalte oder digitaler Dienstleistungen beim Verbraucher liegen, sondern auch die Beweislast dafür, dass die Vertragswidrigkeit digitaler Inhalte oder digitaler Dienstleistungen im Falle eines Vertrags, in dem eine einmalige Bereitstellung oder einer Reihe einzelner Bereitstellungen vorgesehen ist, zum Zeitpunkt von deren Bereitstellung bzw. – im Falle eines Vertrags, in dem die fortlaufende Bereitstellung über einen Zeitraum vorgesehen ist – während der Vertragslaufzeit vorlag".*
520 Näher HK-BGB/*Schulze*, § 327k Rn 7.
521 RegE, BT-Drucks 19/27653, S. 65.
522 *„Kommt der Verbraucher seiner Pflicht zur Zusammenarbeit nicht nach und hat der Unternehmer den Verbraucher vor Vertragsschluss in klarer und verständlicher Weise von dieser Pflicht in Kenntnis gesetzt, trägt der Verbraucher die Beweislast dafür, dass die Vertragswidrigkeit zu dem in Art. 11 Abs. 2 bzw. 3 genannten Zeitpunkt vorlag".*
523 Dazu vorstehende Fn 337.

dd) Gegenausnahme

103 § 327k Abs. 3 BGB ist nach § 327k Abs. 4 BGB nur anzuwenden, wenn der Unternehmer den Verbraucher vor Vertragsschluss „klar und verständlich" informiert hat[524] (**Informationspflicht** unter Rückgriff auf die Judikatur zu § 307 Abs. 1 Satz 2 BGB)[525] über
- die technischen Anforderungen des digitalen Produkts an die digitale Umgebung im Fall des § 327k Abs. 3 Nr. 1 BGB (Nr. 1 in Umsetzung von Art. 12 Abs. 4 letzter Halbs. Digitale-Inhalte-RL) oder
- die Obliegenheit des Verbrauchers nach § 327k Abs. 3 Nr. 2 BGB (Nr. 2 in Umsetzung von Art. 12 Abs. 5 Satz 3 Digitale-Inhalte-RL).

3. Abweichende Vereinbarungen

104 § 327s BGB statuiert
- die Unabdingbarkeit der Vorgaben in den §§ 327–327r BGB,
- einschließlich eines Umgehungsverbots.

Auf eine Vereinbarung mit dem Verbraucher, die zum Nachteil des Verbrauchers von den Vorschriften der §§ 327–327s BGB abweicht, kann der Unternehmer sich nach § 327s Abs. 1 BGB in Anlehnung an § 476 Abs. 1 Satz 1 BGB und in Umsetzung von Art. 22 Abs. 1 Digitale-Inhalte-RL[526] nicht berufen (entsprechend anderer auf verbrauchervertragsrechtlicher Grundlage erlassener Regelungen, wie § 312l, § 476, § 512 bzw. § 651y BGB),[527] es sei denn, die Vereinbarung wurde erst **nach der Mitteilung** des Verbrauchers gegenüber dem Unternehmer
- über die unterbliebene Bereitstellung oder
- über den Mangel des digitalen Produkts

getroffen (**Unabdingbarkeit**).

---

524 Näher HK-BGB/*Schulze*, § 327k Rn 10.
525 RegE, BT-Drucks 19/27653, S. 66.
526 „*Vertragsklauseln, die die Anwendung nationaler Maßnahmen zur Umsetzung dieser Richtlinie zum Nachteil des Verbrauchers ausschließen, davon abweichen oder deren Wirkungen abändern, bevor der Verbraucher dem Unternehmer die nicht erfolgte Bereitstellung oder die Vertragswidrigkeit zur Kenntnis gebracht hat oder bevor der Unternehmer dem Verbraucher die Änderung der digitalen Inhalte oder digitalen Dienstleistungen gemäß Art. 19 zur Kenntnis gebracht hat, sind für den Verbraucher nicht bindend, es sei denn, dieser Richtlinie bestimmt etwas anderes*".
527 Brönneke/Föhlisch/Tonner/*Tamm/Tonner*, Das neue Schuldrecht, § 2 Rn 232.

K. Bereitstellung des digitalen Produkts § 3

Damit begründen die §§ 327 ff. BGB **einseitig zwingendes Recht**[528] (ohne eine Möglichkeit der Abbedingung durch vertragliche, auch AGB-Absprachen)[529] mit der Folge, dass allein den Verbraucher privilegierende Regelungen, d.h. solche, die für ihn günstiger sind, zulässig sind.

105

> *Beachte*
> Die Unabdingbarkeit betreffend die **Verkürzung von Verjährungsfristen** folgt – ohne gesonderte Regelung – gleichermaßen aus § 327s Abs. 1 BGB.[530]

Auf eine Vereinbarung mit dem Verbraucher über eine **Änderung des digitalen Produkts**, die zum Nachteil des Verbrauchers von den Vorschriften abweicht, kann der Unternehmer sich nach § 327s Abs. 2 BGB nicht berufen, es sei denn, sie wurde nach der Information des Verbrauchers über die Änderung des digitalen Produkts gemäß § 327r BGB getroffen.

Die Vorschriften der §§ 327–327s BGB sind nach § 327s Abs. 3 BGB in Anlehnung an § 476 Abs. 1 Satz 2 BGB und in Umsetzung von Art. 22 Abs. 1 Digitale-Inhalte-RL auch anzuwenden, wenn sie durch anderweitige Gestaltungen umgangen werden (**Umgehungsverbot,** um keine Lücken im gesetzgeberischen Schutzkonzept zuzulassen).[531]

> *Beachte*
> § 327s Abs. 1 und 2 BGB (Unabdingbarkeit und Umgehungsverbot) gelten allerdings nicht für
> - den Ausschluss oder
> - die Beschränkung des Anspruchs auf Schadensersatz
>
> (so § 327s Abs. 4 BGB, entsprechend § 476 Abs. 3 BGB).

Der Schadensersatzanspruch wird nämlich nach Art. 3 Abs. 10 Digitale-Inhalte-RL (s. Rdn 47) von der Digitale-Inhalte-RL nicht erfasst wird.

Allerdings unterliegen Ausschlüsse oder Beschränkungen des Schadensersatzanspruchs in AGB-Klauseln der Klauselkontrolle nach den §§ 305 ff. BGB.[532]

---

528 Brönneke/Föhlisch/Tonner/*Tamm/Tonner*, Das neue Schuldrecht, § 2 Rn 232.
529 Brönneke/Föhlisch/Tonner/*Tamm/Tonner*, Das neue Schuldrecht, § 2 Rn 234.
530 RegE, BT-Drucks 19/27653, S. 80.
531 Brönneke/Föhlisch/Tonner/*Tamm/Tonner*, Das neue Schuldrecht, § 2 Rn 235.
532 Brönneke/Föhlisch/Tonner/*Tamm/Tonner*, Das neue Schuldrecht, § 2 Rn 237.

§ 327s Abs. 5 BGB stellt klar, dass § 327h BGB von § 327s BGB unberührt bleibt mit der Folge, dass von § 327e Abs. 3 BGB abweichende Produktmerkmale – trotz § 327s BGB – vereinbart werden können, wenn die sehr restriktiven Voraussetzungen des § 327h BGB beachtet werden.[533]

4. Weiterer Regelungsgehalt

106
- § 327q BGB normiert vertragsrechtliche Folgen datenschutzrechtlicher Erklärungen des Verbrauchers und
- § 327r BGB Änderungen an digitalen Produkten als „dritte große Kategorie von Verbraucherrechten".[534]

a) Vertragsrechtliche Folgen datenschutzrechtlicher Erklärungen des Verbrauchers

107 Die Ausübung von datenschutzrechtlich betroffenen Rechten und die Abgabe datenschutzrechtlicher Erklärungen des Verbrauchers nach Vertragsschluss lassen gemäß § 327q Abs. 1 BGB[535] die Wirksamkeit des Vertrags unberührt. Widerruft der Verbraucher eine von ihm erteilte datenschutzrechtliche Einwilligung oder widerspricht er einer weiteren Verarbeitung seiner personenbezogenen Daten, so kann der Unternehmer nach § 327o Abs. 2 BGB[536] einen Vertrag, der ihm zu einer Reihe einzelner Bereitstellungen digitaler Produkte oder zur dauerhaften Bereitstellung eines digitalen Produkts verpflichtet, ohne Einhaltung einer Kündigungsfrist kündigen, wenn ihm unter Berücksichtigung des weiterhin zulässigen Umfangs der Datenverarbeitung und unter Abwägung der beiderseitigen Interessen die Fortsetzung des Vertragsverhältnisses bis zum vereinbarten Vertragsende oder bis zum Ablauf einer gesetzlichen oder vertraglichen Kündigungsfrist nicht zugemutet werden kann.

Ersatzansprüche des Unternehmers gegen den Verbraucher wegen einer durch die Ausübung von Datenschutzrecht oder die Abgabe datenschutzrechtlicher Erklärungen bewirkten Einschränkung der zulässigen Datenverarbeitung sind gemäß § 327 Abs. 3 BGB ausgeschlossen.[537]

---

533 Brönneke/Föhlisch/Tonner/*Tamm/Tonner*, Das neue Schuldrecht, § 2 Rn 238.
534 *Wendehorst*, NJW 2021, 2913, 2919 Rn 40.
535 Näher HK-BGB/*Schulze*, § 327q Rn 2.
536 Dazu näher HK-BGB/*Schulze*, § 3270 Rn 6.
537 Näher HK-BGB/*Schulze*, § 327 Rn 13.

K. Bereitstellung des digitalen Produkts § 3

b) Änderungen an digitalen Produkten

> *Beachte* **108**
>
> Der Unternehmer ist zwar ggf. nach Maßgabe von § 327f BGB zu einem Update – nicht jedoch zu einem Upgrade – verpflichtet. Hierzu besteht keine gesetzliche Verpflichtung.[538]

Dadurch ist ein **Upgrade** jedoch auch nicht verboten. Dem Verbraucher darf ein Upgrade gleichermaßen aber auch nicht aufgezwungen werden. Bei einem Upgrade ist der Unternehmer vielmehr an die Vorgaben des § 327r BGB (in Umsetzung von Art. 19 Digitale-Dienste-RL) gebunden, der die nachträgliche Änderung digitaler Produkte umfassend i.S.e Regelung der Voraussetzungen und der Rechtsfolgen von einseitigen, durch den Unternehmer initiierten Änderungen des digitalen Produkts vorgibt.[539]

> *Beachte:*
>
> § 327r BGB ist – anders als die Update-Verpflichtung nach § 327f BGB – auf Fälle einer „dauerhaften Bereitstellung" beschränkt[540] und als Ausnahmeregelung grundsätzlich eng auszulegen.[541]

Allein bei einer dauerhaften Bereitstellung, d.h. bspw. bei Software-as-a-Service-Verträgen oder bei Verträgen über die Zurverfügungstellung von Cloud-Speicherplatz,[542] darf der Unternehmer nach § 327r Abs. 1 BGB, der die **Änderungsvoraussetzungen** aufstellt,[543] Änderungen des digitalen Produkts (i.S. aller Arten von Änderungen,[544] wobei in Bezug auf den Verbraucher nachteilige Änderungen sich in § 327r Abs. 2 und 3 BGB ergänzende Regelungen finden) nach Vertragsschluss, die über das zur Aufrechterhaltung der Vertragsmäßigkeit nach **109**

- § 327e Abs. 2 und 3 BGB (subjektive und objektive Anforderungen des digitalen Produkts) und
- § 327f BGB (Aktualisierungen)

erforderliche Maß hinausgehen, **einseitig vornehmen**, wenn drei Voraussetzungen (kumulativ) erfüllt sind:

---

538 Brönneke/Föhlisch/Tonner/*Tamm/Tonner*, Das neue Schuldrecht, § 2 Rn 216.
539 Brönneke/Föhlisch/Tonner/*Tamm/Tonner*, Das neue Schuldrecht, § 2 Rn 216.
540 Brönneke/Föhlisch/Tonner/*Tamm/Tonner*, Das neue Schuldrecht, § 2 Rn 216.
541 RegE, BT-Drucks 19/27653, S. 77.
542 *Wendehorst*, NJW 2021, 2913, 2919 Rn 40.
543 Näher HK-BGB/*Schulze*, § 327r Rn 2.
544 Brönneke/Föhlisch/Tonner/*Tamm/Tonner*, Das neue Schuldrecht, § 2 Rn 218: einschließlich aus Verbrauchersicht günstiger Änderungen oder zumindest solcher von neutraler Natur.

- der Vertrag muss diese Möglichkeit vorsehen (kein neues bzw. zusätzliches Änderungsrecht neben dem Vertrag, die Rechtsausübung „*muss vielmehr auf einer bereits vorhandenen vertraglichen Abrede beruhen*")[545] und einen triftigen Grund[546] dafür (keine pauschale Einräumung)[547] enthalten (Nr. 1[548] in Umsetzung von Art. 19 Abs. 1 Buchst. a Digitale-Inhalte-RL)
  Erfolgt – wie in der Praxis üblich – eine Änderungsvereinbarung zugunsten eines Unternehmers in Gestalt Allgemeiner Geschäftsbedingungen, soll (obgleich die Digitale-Inhalte-RL die Vorgaben der §§ 305 ff. BGB im Hinblick auf eine Einbeziehungs- und Inhaltskontrolle Allgemeiner Geschäftsbedingungen unberührt lassen soll) eine „gewisse Wertungsparallele" bestehen.[549]
- dem Verbraucher dürfen durch die Änderung keine zusätzlichen Kosten entstehen (Nr. 2[550] in Umsetzung von Art. 19 Abs. 1 Buchst. b Digitale-Inhalte-RL) und
- der Verbraucher muss klar und verständlich (entsprechend der Anforderungen des § 307 Abs. 1 Satz 2 BGB)[551] über die Änderung informiert werden (Nr. 3[552] in Umsetzung von Art. 19 Abs. 1 Buchst. c Digitale-Inhalte-RL).

Die Digitale-Inhalte-RL setzt eine Vorabinformation des Verbrauchers nicht zwingend voraus; eine zeitgleiche Verbraucherinformation soll ausreichend sein.[553]

> **Beachte**
>
> § 327r Abs. 1 BGB „*stellt klar, dass [diese] nur für solche Änderungen gilt, die über die Beseitigung von Mängeln und eine Aktualisierung i.S.d. § 327f BGB hinausgehen*".[554]

---

[545] Brönneke/Föhlisch/Tonner/*Tamm/Tonner*, Das neue Schuldrecht, § 2 Rn 221.
[546] Nach Erwägungsgrund 65 der Digitale-Inhalte-RL bspw. Veränderungen, die das digitale Produkt an eine neue technische Umgebung oder an erhöhte Nutzerzahlen anpassen. „*Im Übrigen können aber auch rein betriebstechnische Gründe zulässig sein*": Brönneke/Föhlisch/Tonner/*Tamm/Tonner*, Das neue Schuldrecht, § 2 Rn 222.
[547] Brönneke/Föhlisch/Tonner/*Tamm/Tonner*, Das neue Schuldrecht, § 2 Rn 222.
[548] Näher HK-BGB/*Schulze*, § 327r Rn 4.
[549] Brönneke/Föhlisch/Tonner/*Tamm/Tonner*, Das neue Schuldrecht, § 2 Rn 222: Art. 19 Abs. 1 Buchst. a Digitale-Inhalte-RL decke sich zumindest teilweise mit Nr. 1 Buchst. k des Anhangs der Missbräuchliche-Klausel-RL.
[550] Näher HK-BGB/*Schulze*, § 327r Rn 5.
[551] Brönneke/Föhlisch/Tonner/*Tamm/Tonner*, Das neue Schuldrecht, § 2 Rn 223.
[552] Näher HK-BGB/*Schulze*, § 327r Rn 6.
[553] RegE, BT-Drucks 19/27653, S. 78.
[554] Brönneke/Föhlisch/Tonner/*Tamm/Tonner*, Das neue Schuldrecht, § 2 Rn 217.

> Beachte weiter
>
> Nach Erwägungsgrund 75 der Digitale-Inhalte-RL findet die Regelung keine Anwendung auf den Fall, dass die Vertragsparteien – bspw. anlässlich der Veröffentlichung einer neuen Version des digitalen Produkts – einen neuen Vertrag schließen.

> Beachte zudem
>
> *„Anders als die im Rahmen der Vertragsmäßigkeit geschuldeten Aktualisierungen (...), behandelt § 327r BGB Änderungen des digitalen Produkts, welche über das erforderliche Maß hinausgehen, etwa weil sie das digitale Produkt ganz verändern oder sogar den Leistungsumfang einschränken".*[555]

Im Falle einer Mischform von Update und Upgrade *„müssen die Update-Teile, in der Sprache des Gesetzes die Aktualisierungen, den Erfordernissen des § 327f BGB entsprechen, und die Upgrade-Anteile, also die Änderungen, dem § 327r BGB"*.[556]

110

§ 327r Abs. 2 BGB[557] normiert in Umsetzung von Art. 19 Digitale-Inhalte-RL **zusätzliche Anforderungen im Falle benachteiligender Änderungen:**[558] Eine Änderung des digitalen Produkts, welche

- die Zugriffsmöglichkeit des Verbrauchers auf das digitale Produkt oder welche
- die Nutzbarkeit des digitalen Produkts für den Verbraucher beeinträchtigt, (Beeinträchtigung der Nutzungsmöglichkeit des digitalen Produkts nach dessen Art, Zweck, und wesentlichen Merkmalen [einschließlich Qualität, Funktionalität und Kompatibilität] für den Verbraucher, was nach Erwägungsgrund 75 der Digitale-Inhalte-RL nach objektiven Maßstäben zu bestimmen ist)

darf der Unternehmer nach § 327r Abs. 2 Satz 1 BGB nur vornehmen, wenn er den Verbraucher darüber hinaus

- innerhalb einer angemessenen Frist (einzelfallabhängig, *„sie bemisst sich unabhängig von der 30-tägigen Frist des § 327r Abs. 3 BGB"*)[559] vor dem Zeitpunkt der Änderung und
- mittels eines dauerhaften Datenträgers (i.S.d. Legaldefinition in Art. 2 Nr. 13 Digitale-Inhalte-RL, entsprechend § 126b Satz 2 BGB) informiert.

---

[555] *Wendehorst*, NJW 2021, 2913, 2919 Rn 40.
[556] Dazu näher Brönneke/Föhlisch/Tonner/*Tamm/Tonner*, Das neue Schuldrecht, § 2 Rn 219 – was relativ kompliziert ist.
[557] Näher HK-BGB/*Schulze*, § 327r Rn 8.
[558] Brönneke/Föhlisch/Tonner/*Tamm/Tonner*, Das neue Schuldrecht, § 2 Rn 224.
[559] Brönneke/Föhlisch/Tonner/*Tamm/Tonner*, Das neue Schuldrecht, § 2 Rn 224.

111 Die Information muss gemäß § 327r Abs. 2 Satz 2 BGB Angaben enthalten über
- Merkmal und Zeitpunkt der Änderung (Nr. 1) sowie
- die Rechte des Verbrauchers nach § 327r Abs. 3 und 4 BGB (Vertragsbeendigungsrecht und dessen Voraussetzungen – Nr. 2).

§ 327r Abs. 2 Satz 1 BGB gilt nicht, wenn die Beeinträchtigung der Zugriffsmöglichkeit oder der Nutzbarkeit nur „unerheblich" ist (so § 327r Abs. 2 Satz 3 BGB).

§ 327r Abs. 3 und 4 BGB statuieren ein Vertragsbeendigungsrecht zugunsten des Verbrauchers (nebst Ausnahmen): **Beeinträchtigt** eine Änderung des digitalen Produkts die Zugriffsmöglichkeit oder die Nutzbarkeit i.S.d. § 327r Abs. 2 Satz 1 BGB, so kann der Verbraucher nach § 327r Abs. 3 Satz 1 BGB[560] den Vertrag innerhalb von 30 Tagen unentgeltlich beenden (Lösungsrecht; in bewusst enger Anlehnung an die Wertung von Nr. 1 Buchst. j i.V.m. Nr. 2 Buchst. b des Anhangs der Missbräuchliche-Klausel-RL),[561] unabhängig vom Vorliegen der nach § 327r Abs. 2 BGB zu erteilenden Informationen[562] (vorstehende Rdn 110), d.h. auch bei Nichterteilung oder nicht vollständig erteilter Information.[563]

112 Die Frist beginnt gemäß § 327r Abs. 3 Satz 2 BGB mit dem **Zugang der Information** nach § 327r Abs. 2 BGB zu laufen. Infolge der Bestimmung des Fristbeginns beginnt die 30-Tage-Frist frühestens zu dem Zeitpunkt, zu dem der Verbraucher das digitale Produkt auch in der geänderten Version nutzt, wodurch er die Möglichkeit erlangt, *„die Auswirkungen der Änderungen nachzuvollziehen und ggf. auf ihre Wirkung hin zu prüfen"*.[564]

Erfolgt die Änderung nach dem Zugang der Information, so tritt nach § 327r Abs. 3 Satz 3 BGB an die Stelle des Zeitpunkts des Zugangs der Information der Zeitpunkt der Änderung, was sicherstellt, dass die Frist auch losgelöst von der Information des Unternehmers zu laufen beginnt.[565]

113 Die Beendigung des Vertrags nach § 327r Abs. 3 Satz 1 BGB ist gemäß § 327r Abs. 4 BGB ausgeschlossen (**Ausschluss des Vertragsbeendigungsrechts**),[566] wenn

---

560 Näher HK-BGB/*Schulze*, § 327r Rn 10.
561 RegE, BT-Drucks 19/27653, S. 78.
562 Brönneke/Föhlisch/Tonner/*Tamm/Tonner*, Das neue Schuldrecht, § 2 Rn 226.
563 RegE, BT-Drucks 19/27653, S. 78.
564 Brönneke/Föhlisch/Tonner/*Tamm/Tonner*, Das neue Schuldrecht, § 2 Rn 227.
565 RegE, BT-Drucks 19/27653, S. 78.
566 Näher HK-BGB/*Schulze*, § 327r Rn 11.

K. Bereitstellung des digitalen Produkts § 3

- die Beeinträchtigung der Zugriffsmöglichkeit oder der Nutzbarkeit nur „unerheblich" ist (Nr. 1 in Umsetzung von Art. 19 Abs. 2 Satz 1 Digitale-Inhalte-RL, bspw. die graphische Neugestaltung einer Anwendung, die keinen Einfluss auf die Funktionalität des digitalen Produkts hat)[567] oder
- dem Verbraucher die Zugriffsmöglichkeit auf das unveränderte digitale Produkt und die Nutzbarkeit des unveränderten digitalen Produkts (insbesondere fortbestehende Funktionsfähigkeit)[568] ohne zusätzliche Kosten erhalten bleiben (Nr. 2 in Umsetzung von Art. 19 Abs. 4 Digitale-Inhalte-RL).

Für die Beendigung des Vertrags nach § 327r Abs. 3 Satz 1 BGB und deren Rechtsfolgen sind gemäß § 327r Abs. 5 BGB[569] die Regelungen über die Vertragsrückabwicklung nach den §§ 327o und p BGB entsprechend anzuwenden (Anspruch des Verbrauchers auf Erstattung des dem Zeitraum ab der Änderung entsprechenden Preises).[570] § 327r Abs. 1–5 BGB sind gemäß § 327r Abs. 6 BGB[571] auf Paketverträge, bei denen der andere Bestandteil des Paketvertrags die Bereitstellung eines Internetzugangsdienstes oder eines öffentlich zugänglichen, nummerngebundenen interpersonellen Telekommunikationsdienstes im Rahmen eines Paketvertrags i.S.d. § 66 Abs. 1 TKG zum Gegenstand hat (z.B. die Kombination eines Internetzugangs mit einem Videokonferenzdienst),[572] nicht anzuwenden (**keine Erstreckung auf bestimmte Paketverträge**).[573]

IV. Besondere Bestimmungen für Verträge über digitale Produkte zwischen Unternehmern

1. Anwendungsbereich

Auf Verträge zwischen Unternehmern, die der Bereitstellung digitaler Produkte gemäß der nach den §§ 327 und 327a BGB vom Anwendungsbereich der §§ 327–327s BGB erfassten Verbraucherverträge dienen, sind gemäß § 327t BGB, der den Anwendungsbereich (sämtliche Verträge eines Unternehmers mit Vertriebspartnern, um die eigene Leistungspflicht zur Bereitstellung eines digitalen Produkts aus einem von den §§ 327t–327u BGB erfassten

114

---

567 RegE, BT-Drucks 19/27653, S. 79.
568 Brönneke/Föhlisch/Tonner/*Tamm/Tonner*, Das neue Schuldrecht, § 2 Rn 229: „*die ggf. eines Updates bedarf*".
569 Näher HK-BGB/*Schulze*, § 327r Rn 12.
570 RegE, BT-Drucks 19/27653, S. 79.
571 Näher HK-BGB/*Schulze*, § 327r Rn 13.
572 Brönneke/Föhlisch/Tonner/*Tamm/Tonner*, Das neue Schuldrecht, § 2 Rn 231.
573 Brönneke/Föhlisch/Tonner/*Tamm/Tonner*, Das neue Schuldrecht, § 2 Rn 231.

Vertrag erfüllen zu können) umreißt, in Umsetzung von Art. 20 Digitale-Inhalte-RL (Rückgriffsansprüche)[574] ergänzend die Vorschriften der §§ 327t und u BGB anzuwenden.

2. Rückgriff des Unternehmers

115 Da die §§ 327–327s BGB auf Verbraucherverträge beschränkt sind, besteht für die von den §§ 327t und u BGB erfasste Vertriebskette kein einheitliches Vertragsrecht im BGB. „*Damit bleiben insbesondere die Regelungen des Abschnitts 8 von Buch 2 [§§ 433 bis 487 BGB] im Übrigen auf die entsprechenden Vertragsverhältnisse anwendbar*".[575]

a) Aufwendungsersatz in der Regresskette

116 Nach Art. 20 Digitale-Inhalte-RL ist der Unternehmer, der einem Verbraucher für die nicht erfolgte oder nicht vertragsgemäße Bereitstellung digitaler Inhalte oder digitaler Dienstleistungen infolge eines Handelns oder Unterlassens einer Person in vorhergehenden Gliedern der Vertragskette haftet, berechtigt, den oder die innerhalb der gewerblichen Vertragskette Haftenden in Regress zu nehmen, wobei die Richtlinie dem nationalen Gesetzgeber die Entscheidung darüber überlässt, welche Person der Unternehmer in Regress nimmt und welche entsprechenden Maßnahmen und Bedingungen für die Geltendmachung der Rückgriffsansprüche er ergreift.

Der Rückgriffsanspruch nach Art. 20 Digitale-Inhalte-RL soll gemäß Erwägungsgrund 78 der Digitale-Inhalte-RL auf den Geschäftsverkehr beschränkt werden. Nicht erfasst werden sollen Konstellationen, in denen der Unternehmer gegenüber dem Verbraucher wegen einer Vertragswidrigkeit digitaler Inhalte oder digitaler Dienstleistungen haftet, die auf einer Software aufbauen, die ohne die Zahlung eines Preises im Rahmen einer freien und quelloffenen Lizenz von einer Person in vorhergehenden Gliedern der Vertragskette bereitgestellt werden.

Damit ist vom Anwendungsbereich des Art. 20 Digitale-Inhalte-RL insbesondere die Open Source Software ausgenommen.[576]

Vgl. auch Art. 3 Abs. 5 Buchst. f Digitale-Inhalte-RL, der Verträge vom Anwendungsbereich der Richtlinie ausnimmt, die Software zum Gegenstand haben, die der Unternehmer im Rahmen einer freien und quelloffenen Lizenz anbietet, wenn der Verbraucher kei-

---

574 „*Haftet der Unternehmer dem Verbraucher für die nicht erfolgte oder die nicht vertragsgemäße Bereitstellung digitaler Inhalte oder digitaler Dienstleistungen infolge eines Handelns oder Unterlassens einer Person in vorhergehenden Gliedern der Vertragskette, ist der Unternehmer berechtigt, den oder die innerhalb der gewerblichen Vertragskette Haftenden in Regress zu nehmen. Welche Person der Unternehmer in Regress nehmen kann, sowie die diesbezüglichen Maßnahmen und Bedingungen für die Geltendmachung der Regressansprüche bestimmt das nationale Recht*".
575 RegE, BT-Drucks 19/27653, S. 80.
576 Vgl. auch Erwägungsgrund 32 der Digitale-Inhalte-RL, der diese als Beitrag zu Forschung und Innovation auf dem Markt für digitale Inhalte und digitale Dienstleistungen anerkennt.

K. Bereitstellung des digitalen Produkts § 3

nen Preis zahlt und die vom Verbraucher bereitgestellten personenbezogenen Daten durch den Unternehmer ausschließlich zur Verbesserung der Sicherheit, der Kompatibilität oder der Interoperabilität dieser speziellen Software verarbeitet werden.

§ 327u BGB regelt in Umsetzung von Art. 20 Digitale-Inhalte-RL den **Rückgriff des Unternehmers bei digitalen Produkten.** **117**

> *Beachte*
> § 327u BGB ist nach der Klarstellung in § 327t BGB nur auf Verträge zwischen Unternehmern anzuwenden, d.h. in der Relation B2B, die die Bereitstellung digitaler Produkte (welche vom Anwendungsbereich der §§ 327 und 327a BGB umfasst werden, zum Gegenstand haben. Im Verhältnis zum Kaufrecht gilt Folgendes:
> - § 327t BGB ist lex specialis gegenüber den §§ 327 ff., soweit der Regressanspruch des Unternehmers gegenüber einem Vertragspartner betroffen ist, und der letzte Vertrag in der Lieferkette Verbrauchervertrag (B2C-Vertrag) ist, was auch § 445c BGB klarstellt.[577]
> - Steht im letzten Glied der Vertragskette hingegen ein B2B-Vertrag in Rede, gelangen die §§ 445a ff. BGB zur Anwendung mit der Folge, dass es keines Rückgriffs auf § 327u BGB bedarf.[578]

Der Unternehmer kann von dem Unternehmer, der sich ihm gegenüber zur Bereitstellung eines digitalen Produkts verpflichtet hat (**Legaldefinition des Vertriebspartners** [Vertragspartner] als Schuldner, *„der sich im vorletzten Glied der Vertragskette gegenüber dem betreffenden Letztunternehmer zur Bereitstellung eines digitalen Produkts verpflichtet hat,"*[579] d.h. der Vertragspartner, von dem der Unternehmer das digitale Produkt bezogen hat), nach § 327u Abs. 1 Satz 1 BGB **Ersatz der Aufwendungen** verlangen,[580] die ihm im Verhältnis zu einem Verbraucher wegen einer durch den Vertriebspartner verursachten (i.S.e. kausalen Zusammenhangs, der in einem Tun oder Unterlassen bestehen kann)[581] **unterbliebenen Bereitstellung des vom Vertriebspartner bereitzustellenden digitalen Produkts,** d.h. eine vom Vertriebspartner verursachten Vertragsverletzung, aufgrund der Ausübung des Rechts des Verbrauchers nach § 327c Abs. 1 Satz 1 BGB entstanden sind (d.h. Aufwendungen infolge der Ausübung des Rücktrittsrechts und der Rückabwicklung des Vertragsverhältnisses).[582]

---

577 Brönneke/Föhlisch/Tonner/*Buchmann/Panfili*, Das neue Schuldrecht, § 5 Rn 32.
578 Brönneke/Föhlisch/Tonner/*Buchmann/Panfili*, Das neue Schuldrecht, § 5 Rn 32.
579 Brönneke/Föhlisch/Tonner/*Buchmann/Panfili*, Das neue Schuldrecht, § 5 Rn 14.
580 Näher HK-BGB/*Schulze*, § 327u Rn 3.
581 RegE, BT-Drucks 19/27653, S. 81.
582 Brönneke/Föhlisch/Tonner/*Buchmann/Panfili*, Das neue Schuldrecht, § 5 Rn 19.

118 § 327u Abs. 1 BGB hat aber zur Voraussetzung, „*dass auf der letzten Stufe der Vertragskette ein Verbrauchervertrag steht*",[583] sowohl beim Vertriebspartner als auch beim Regressnehmenden muss es sich hingegen um einen Unternehmer (i.S.v. § 14 BGB) handeln.[584]

> *Beachte*
>
> Der Aufwendungsersatzanspruch des Unternehmers „*ist allerdings auf die Befriedigung bestimmter Verbraucherrechte beschränkt – auffallend ist, dass der Unternehmer keinerlei Ansprüche nach § 327u BGB gegen seinen Vertriebspartner hat, wenn der Verbraucher den Weg der Vertragsbeendigung, der Minderung oder des Schadensersatzes gewählt hat*".[585]

Erfasst werden sowohl Handlungen als auch Unterlassungen. Nach Art. 20 Digitale-Inhalte-RL[586] soll der Unternehmer nämlich den oder die innerhalb der gewerblichen Vertragskette Haftenden in Anspruch nehmen können, wenn er selbst vom Verbraucher in Anspruch genommen worden ist.

> *Beachte*
>
> Nach Erwägungsgrund 20 der Digitale-Inhalte-RL[587] sollen die Rechte des Unternehmers auf den Geschäftsverkehr beschränkt bleiben. Hintergrund dafür ist die im Bereich der Erstellung von Software übliche Verwendung von Software-Bestandteilen, „*welche unter einer Open Source-Lizenz i.S.d. § 327 Abs. 6 Nr. 6 BGB stehen. Um diese Art der Lizenzvergabe nicht attraktiv zu machen, sollen die Ersteller und Lizenzgeber solcher Software vor möglichen Regressansprüchen bewahrt werden*".[588]

119 Das Gleiche, d.h. ein Anspruch auf Ersatz der Aufwendungen, greift gemäß § 327u Abs. 1 S. 2 BGB[589] in Bezug auf nach § 327l Abs. 1 BGB vom Unternehmer zu tragenden Aufwendungen, wenn der vom Verbraucher gegenüber dem Unternehmer geltend gemachte Mangel

- bereits bei der Bereitstellung durch den Vertriebspartner vorhanden war oder
- in einer durch den Vertriebspartner verursachten Verletzung der Aktualisierungspflicht des Unternehmers nach § 327f Abs. 1 BGB[590]

besteht (**Mangel des bereitgestellten digitalen Produkts**). Damit soll derjenige, der für eine Nicht- oder Schlechterfüllung verantwortlich ist, dafür die Konsequenzen tragen –

---

583 Brönneke/Föhlisch/Tonner/*Buchmann/Panfili*, Das neue Schuldrecht, § 5 Rn 12.
584 Brönneke/Föhlisch/Tonner/*Buchmann/Panfili*, Das neue Schuldrecht, § 5 Rn 13.
585 *Wendehorst*, NJW 2021, 2913, 2919 Rn 39.
586 Vorstehende Fn 574.
587 Vorstehende Fn 574.
588 RegE, BT-Drucks 19/27653, S. 81.
589 Näher HK-BGB/*Schulze*, § 327u Rn 4.
590 Dazu näher Brönneke/Föhlisch/Tonner/*Buchmann/Panfili*, Das neue Schuldrecht, § 5 Rn 23 ff.

K. Bereitstellung des digitalen Produkts § 3

und nicht der Händler (als letztes Glied in der Lieferkette,[591] vgl. auch die Parallelregelung des § 445a BGB).

b) Verjährung des Aufwendungsersatzanspruchs

Die Aufwendungsersatzansprüche verjähren nach § 327u Abs. 2 Satz 1 BGB in Anlehnung an § 445b Abs. 1 BGB in sechs Monaten.[592] Die Verjährung beginnt gemäß § 327u Abs. 2 Satz 2 BGB

- im Fall des § 327u Abs. 1 Satz 1 BGB mit dem Zeitpunkt, zu dem der Verbraucher sein Recht ausgeübt hat (Nr. 1: **Ausübung des Gestaltungsrechts** nach § 327c Abs. 1 Satz 1 BGB),
- im Fall des § 327u Abs. 1 Satz 2 BGB mit dem Zeitpunkt, zu dem der Unternehmer die Ansprüche des Verbrauchers nach § 327l Abs. 1 BGB erfüllt hat (Nr. 2: **Erfüllung der Nacherfüllungsansprüche des Verbrauchers durch den Unternehmer**).[593]

120

c) Beweislastregelungen

Die Beweislastregelungen der § 327k Abs. 1 und 2 BGB sind gemäß § 327u Abs. 3 BGB[594] mit der Maßgabe entsprechend anzuwenden, dass die Frist mit der Bereitstellung an den Verbraucher beginnt. Dies verhindert, *„dass ein Unternehmer, der gegenüber dem Verbraucher zur Mangelbeseitigung verpflichtet ist, durch eine doppelte Beweislast belastet und faktisch an der Durchsetzung seines Rückgriffanspruchs nach § 327u Abs. 1 S. 2 Alt. 1 BGB gehindert wird"*.[595]

121

d) Abweichende Vereinbarungen

Der Vertriebspartner kann sich nach § 327u Abs. 4 Satz 1 BGB nicht auf eine Vereinbarung berufen, die er vor Geltendmachung der in § 327u Abs. 1 BGB bezeichneten Aufwendungsersatzansprüche mit dem Unternehmer getroffen hat und die zum Nachteil des Unternehmers von § 327u Abs. 1–3 BGB abweicht (**Unabdingbarkeit**).[596] Das Verbot gilt – anders als § 478 Abs. 2 Satz 1 Halbs. 2 BGB – auch dann, wenn dem Un-

122

---

591 Brönneke/Föhlisch/Tonner/*Buchmann/Panfili*, Das neue Schuldrecht, § 5 Rn 11.
592 Näher HK-BGB/*Schulze*, § 327u Rn 5.
593 Damit (Anknüpfung an die Erfüllung und nicht an den Zeitpunkt der Bereitstellung) soll *„der Tatsache Rechnung getragen werden, dass insbesondere die Aktualisierungspflicht nach § 327f Abs. 1 BGB gegenüber dem Verbraucher über die Gewährleistungspflicht von zwei Jahren hinaus bestehen kann"*: Brönneke/Föhlisch/Tonner/*Buchmann/Panfili*, Das neue Schuldrecht, § 5 Rn 27.
594 Näher HK-BGB/*Schulze*, § 327u Rn 4.
595 Brönneke/Föhlisch/Tonner/*Buchmann/Panfili*, Das neue Schuldrecht, § 5 Rn 22 unter Bezugnahme auf RegE, BT-Drucks 19/27653, S. 81.
596 Näher HK-BGB/*Schulze*, § 327u Rn 6.

ternehmer ein gleichwertiger Ausgleich eingeräumt wird[597] (zwingendes Verbot einer Abdingbarkeit).
Die Regelung ist gemäß § 327u Abs. 4 Satz 2 BGB auch anzuwenden, wenn § 327u Abs. 1–3 BGB durch anderweitige Gestaltungen umgangen werden (**Umgehungsverbot**).

e) Anwendbarkeit von § 377 HGB

123 Nach § 327u Abs. 5 BGB[598] bleibt die Regelung des § 377 HGB für den Handelskauf im Verhältnis Unternehmer – Vertriebspartner anwendbar – insbesondere die besonderen Prüf- und Anzeigeobliegenheiten (was vor allem für die von § 327 Abs. 5 BGB erfassten digitalen Inhalte auf körperlichen Datenträgern relevant sein kann).[599]

f) Anwendung auf die gesamte Regresskette

124 Diese Regelungen sind auf die Ansprüche des Vertriebspartners und der übrigen Vertragspartner in der Vertriebskette gegen die jeweiligen zur Bereitstellung verpflichteten Vertragspartner entsprechend anzuwenden (**Kettenregress entlang der Vertriebskette**),[600] wenn die Schuldner Unternehmer sind (so § 327u Abs. 6 BGB,[601] in Anlehnung an § 478 Abs. 3 BGB).

3. Anwendungsausschluss

125 Nach § 445c BGB sind, wenn der letzte Vertrag in der Lieferkette ein Verbrauchervertrag über die Bereitstellung digitaler Produkte i.S.d. §§ 327 und 327a BGB ist, die §§ 445a und b sowie § 478 BGB nicht anzuwenden. An die Stelle der nicht anzuwendenden Vorschriften treten die §§ 327t und u BGB.

V. Das Verhältnis von Verträgen über die Bereitstellung digitaler Produkte zum Kaufvertrag und zum Verbrauchsgüterkaufvertrag

1. § 453 Abs. 1 Satz 2 und 3 BGB (Verbrauchervertrag über den Kauf digitaler Inhalte)

126 Kernregelung für das Verhältnis der Regelungen über die Bereitstellung digitaler Produkte – die häufig vertragstypisch dem Kaufvertrag zuzuordnen sind – zum Kaufvertrags-

---

[597] Brönneke/Föhlisch/Tonner/*Buchmann/Panfili*, Das neue Schuldrecht, § 5 Rn 29 unter Bezugnahme auf RegE, BT-Drucks 19/27653, S. 81: Schutz des in der Lieferkette strukturell meist schwächeren Unternehmers.
[598] Näher HK-BGB/*Schulze*, § 327u Rn 7.
[599] RegE, BT-Drucks 19/27653, S. 82.
[600] RegE, BT-Drucks 19/27653, S. 82.
[601] Näher HK-BGB/*Schulze*, § 327u Rn 8.

recht ist § 453 Abs. 1 Satz 2 und 3 BGB, da Software als „sonstiger Gegenstand" i.S.d. § 453 Abs. 1 BGB zu qualifizieren ist.[602]
Auf einen Verbrauchervertrag über den Verkauf digitaler Inhalte durch einen Unternehmer sind nach § 453 Abs. 1 Satz 2 BGB folgende Vorschriften nicht anzuwenden:[603]

- § 433 Abs. 1 Satz 1 BGB und § 475 Abs. 1 BGB über die Übergabe der Kaufsache und die Leistungszeit (Nr. 1: Spezialregelungen dazu sind § 327 und § 327b BGB) und
- § 433 Abs. 1 Satz 2 BGB, die §§ 434–442, 475 Abs. 3 Satz 1 und Abs. 4–6 BGB sowie die §§ 476 und 477 BGB über die Rechte bei Mängeln (Nr. 2: Spezialregelungen hierzu sind § 327d BGB [Verpflichtung zur mangelhaften Leistung], §§ 327e und g BGB [Produkt- und Rechtsmangel] und die §§ 327i–n BGB [Verbraucherrechte]).

An die Stelle der damit nicht anzuwendenden Vorschriften treten gemäß § 453 Abs. 1 Satz 3 BGB die Regelungen der §§ 327–327s BGB.

2. Verhältnis zum Verbrauchsgüterkaufvertrag

§ 475a BGB regelt das Verhältnis zwischen den §§ 327–327s BGB und den Vorschriften über den Verbrauchsgüterkauf neu.[604]

Auf einen Verbrauchsgüterkaufvertrag, welcher einen körperlichen Datenträger zum Gegenstand hat, der ausschließlich als Träger digitaler Inhalte dient, sind nach § 475a Abs. 1 Satz 1 BGB[605] diverse Vorschriften über die Rechte bei Mängeln (nämlich die §§ 433 Abs. 1 Satz 2, 434–442, 475 Abs. 3 Satz 1 und Abs. 4–6, 475b–e, 476 und 477 BGB) nicht anzuwenden. An deren Stelle treten die Neuregelungen der §§ 327–327s BGB über Verbraucherverträge über digitale Produkte.

Auf einen Verbrauchsgüterkaufvertrag über eine Ware, die in einer Weise digitale Produkte enthält oder mit digitalen Produkten verbunden ist, dass die Ware ihre Funktionen auch ohne diese digitalen Produkte erfüllen kann, sind nach § 475a Abs. 2 Satz 1 BGB – der berücksichtigt, dass die zum 1.7.2021 umzusetzende WKRL auch Regelungen für Verbraucherverträge über den Verkauf von Sachen mit digitalen Elementen enthält – im Hinblick auf diejenigen Bestandteile des Vertrags, welche die digitalen Produkte betreffen, die folgenden Vorschriften nicht anzuwenden:[606]

- § 433 Abs. 1 Satz 1 BGB und § 475 Abs. 1 BGB über die Übergabe der Kaufsache und die Leistungszeit sowie

---

602 RegE, BT-Drucks 19/27653, S. 82.
603 Näher HK-BGB/*Saenger*, § 453 Rn 5.1.
604 RegE, BT-Drucks 19/27653, S. 82.
605 Näher HK-BGB/*Saenger*, § 475a Rn 4.
606 Näher HK-BGB/*Saenger*, § 475a Rn 5.

- § 433 Abs. 1 Satz 2 BGB, die §§ 434–442 BGB, § 475 Abs. 3 Satz 1 und Abs. 4–6 BGB, die §§ 475b–e BGB und die §§ 476 und 477 BGB über die Rechte bei Mängeln (Nr. 2).

An die Stelle der vorgenannten, nicht anzuwendendem Vorschriften treten gleichermaßen die Neuregelungen der §§ 327–327s BGB über Verbraucherverträge über digitale Produkte.

VI. Weitere Sonderregelungen

128 Weitere Sonderregelungen (Korrekturen im Bereich des Besonderen Teils des BGB infolge der Umsetzung der Digitale-Inhalte-RL)[607] finden sich in

- § 516a BGB zum Verbrauchervertrag über die Schenkung digitaler Produkte,
- § 548a BGB über die Miete digitaler Produkte,
- § 620 Abs. 4 BGB über den Verbrauchervertrag über digitale Dienstleistungen und in
- § 650 BGB über den Verbrauchervertrag über die Herstellung digitaler Produkte (Werklieferungsverträge),

obgleich die Digitale-Inhalte-RL ursprünglich nicht nach Vertragsarten differenziert[608] und unabhängig davon gilt, *„ob die vereinbarte Leistung einmalig zu erbringen ist (wie etwa bei der Übergabe einer gekauften CD) oder über einen Zeitraum (wie die Bereitstellung einer gemieteten DVD)"* erfolgt.[609]

Der Gesetzgeber hatte sich zu entscheiden, ob er das von der Digitale-Inhalte-RL vorgegebene Gewährleistungsrecht für digitale Produkte bei den betreffenden Vertragsarten (und dann ggf. auch mit Wiederholungen) normiert, oder durch einen Verweis auf die zentralen Regelungen im Allgemeinen Teil des Schuldrechts (§§ 327 ff. BGB). Insoweit hat er sich für eine Zentralisierung – und gegen eine Zersplitterung – des Gewährleistungsrechts entschieden.[610]

1. Verbrauchervertrag über die Schenkung digitaler Produkte

129 Auf einen Verbrauchervertrag, bei dem der Unternehmer dem Verbraucher

- digitale Produkte (Nr. 1) oder
- einen körperlichen Datenträger, der ausschließlich als Träger digitaler Inhalte dient (Nr. 2),

---

607 Brönneke/Föhlisch/Tonner/*Kroschwald/Tonner*, Das neue Schuldrecht, § 8 Rn 1.
608 Brönneke/Föhlisch/Tonner/*Kroschwald/Tonner*, Das neue Schuldrecht, § 8 Rn 2.
609 RegE, BT-Drucks 19/27653, S. 26.
610 RegE, BT-Drucks 19/27653, S. 25.

schenkt,[611] und der Verbraucher dem Unternehmer personenbezogene Daten nach Maßgabe des § 327 Abs. 3 BGB bereitstellt oder sich hierzu verpflichtet, sind nach § 516a Abs. 1 Satz 1 BGB[612] die §§ 523 und 524 BGB über die Haftung des Schenkers für Rechts- oder Sachmängel nicht anzuwenden. An die Stelle der nach § 516a Abs. 1 Satz 1 BGB nicht anzuwendenden Vorschriften treten die Vorschriften des Abschnitts 3 Titel 2a (d.h. die §§ 327 ff. BGB).

Für einen Verbrauchervertrag, bei dem der Unternehmer dem Verbraucher eine Sache schenkt, die digitale Produkte enthält oder mit digitalen Produkten verbunden ist, gilt gemäß § 516a Abs. 2 BGB der Ausschluss nach § 516a Abs. 1 BGB entsprechend für diejenigen Bestandteile des Vertrags, welche die digitalen Produkte betreffen.

2. Miete digitaler Produkte

Die Vorschriften über die Miete von Sachen (§§ 535 ff. BGB) sind auf die Miete digitaler Produkte nach § 548a BGB entsprechend anzuwenden.[613]

130

Auf einen Verbrauchervertrag, bei dem der Unternehmer sich verpflichtet, dem Verbraucher digitale Produkte zu vermieten, sind nach § 578b Abs. 1 Satz 1 BGB[614] die folgenden Vorschriften nicht anzuwenden:[615]

- § 535 Abs. 1 Satz 2 BGB und die §§ 536–536d BGB über die Rechte bei Mängeln (Nr. 1) und
- § 543 Abs. 2 Satz 1 Nr. 1 und Abs. 4 BGB über die Rechte bei unterbliebener Bereitstellung (Nr. 2).

An die Stelle der nach § 578b Abs. 1 Satz 1 BGB nicht anzuwendenden Vorschriften treten gemäß § 578b Abs. 1 Satz 2 BGB die Vorschriften des Abschnitts 3 Titel 2a (d.h. die §§ 327 ff. BGB).

Der Anwendungsausschluss nach § 578b Abs. 1 Satz 1 Nr. 2 BGB gilt gemäß § 578b Abs. 1 Satz 3 BGB nicht, wenn der Vertrag die Bereitstellung eines körperlichen Datenträgers zum Gegenstand hat, der ausschließlich als Träger digitaler Inhalte dient.

Wenn der Verbraucher einen Verbrauchervertrag nach § 578b Abs. 1 BGB wegen

- unterbliebener Bereitstellung (§ 327c BGB),
- Mangelhaftigkeit (§ 327m BGB) oder
- Änderung (§ 327r Abs. 3 und 4 BGB)

---

611 Dazu näher Brönneke/Föhlisch/Tonner/*Kroschwald/Tonner*, Das neue Schuldrecht, § 8 Rn 9 ff.
612 Näher HK-BGB/*Saenger*, § 516a Rn 2.
613 Näher Brönneke/Föhlisch/Tonner/*Kroschwald/Tonner*, Das neue Schuldrecht, § 8 Rn 13 ff.
614 Näher HK-BGB/*Saenger*, § 578b Rn 2.
615 Dazu näher Brönneke/Föhlisch/Tonner/*Kroschwald/Tonner*, Das neue Schuldrecht, § 8 Rn 16 ff.

des digitalen Produkts beendet, sind nach § 578b Abs. 2 Satz 1 BGB die §§ 546–548 BGB nicht anzuwenden. An die Stelle der danach nicht anzuwendenden Vorschriften treten gemäß § 578b Abs. 2 Satz 2 BGB die Vorschriften des Abschnitts 3 Titel 2a (d.h. die §§ 327 ff. BGB).

Für einen Verbrauchervertrag, bei dem der Unternehmer sich verpflichtet, dem Verbraucher eine Sache zu vermieten, die ein digitales Produkt enthält oder mit ihm verbunden ist, gelten nach § 578b Abs. 3 BGB die Anwendungsausschlüsse nach § 578b Abs. 1 und 2 BGB entsprechend für diejenigen Bestandteile des Vertrags, die das digitale Produkt betreffen.

131 Auf einen Vertrag zwischen Unternehmern, der der Bereitstellung digitaler Produkte gemäß eines Verbrauchervertrags nach § 578b Abs. 1 oder Abs. 3 BGB dient, ist nach § 578b Abs. 4 Satz 1 BGB die Regelung des § 536a Abs. 2 BGB über den Anspruch des Unternehmers gegen den Vertriebspartner auf Ersatz von denjenigen Aufwendungen nicht anzuwenden, die er im Verhältnis zum Verbraucher nach § 327l BGB zu tragen hätte. An die Stelle des nach § 578b Abs. 4 Satz 1 BGB nicht anzuwendenden § 536a Abs. 2 BGB treten nach § 578b Abs. 4 Satz 2 BGB die Vorschriften des Abschnitts 3 Titel 2a Untertitel 2 (d.h. die §§ 327t–327u BGB).

Bei einem **Mietverhältnis über** bewegliche Sachen oder **digitale Produkte** ist die ordentliche Kündigung nach § 580a Abs. 3 Satz 1 BGB zulässig,

- wenn die Miete nach Tagen bemessen ist, an jedem Tag zum Ablauf des folgenden Tages (Nr. 1);
- wenn die Miete nach längeren Zeitabschnitten bemessen ist, spätestens am dritten Tag vor dem Tag, mit dessen Ablauf das Mietverhältnis enden soll (Nr. 2).

Die Vorschriften über die Beendigung von Verbraucherverträgen über digitale Produkte bleiben nach § 580a Abs. 3 Satz 2 BGB unberührt.

3. Verbrauchervertrag über digitale Dienstleistungen

132 Ein Verbrauchervertrag über eine digitale Dienstleistung kann nach § 620 Abs. 4 BGB[616] auch nach Maßgabe der §§ 327c, 327m, 327r Abs. 3 und 4 BGB beendet werden.

4. Werklieferungsvertrag (Verbrauchervertrag über die Herstellung digitaler Produkte)

133 Auf einen Verbrauchervertrag,[617] bei dem der Unternehmer sich verpflichtet,

- digitalen Inhalte herzustellen (Nr. 1),
- einen Erfolg durch eine digitale Dienstleistung herbeizuführen (Nr. 2) oder

---

[616] Näher HK-BGB/*Schreiber*, § 620 Rn 8.
[617] Näher Brönneke/Föhlisch/Tonner/*Kroschwald/Tonner*, Das neue Schuldrecht, § 8 Rn 21 ff.

K. Bereitstellung des digitalen Produkts §3

- einen körperlichen Datenträger herzustellen, der ausschließlich als Träger digitaler Inhalte dient (Nr. 3),

sind nach § 650 Abs. 2 Satz 1 BGB[618] die §§ 633–639 BGB über die Rechte bei Mängeln sowie § 640 BGB über die Abnahme nicht anzuwenden (Verhältnis der §§ 327 ff. BGB zum Werkvertragsrecht). An die Stelle der dergestalt nicht anzuwendenden Vorschriften treten gemäß § 650 Abs. 2 Satz 2 BGB die Vorschriften des Abschnitts 3 Titel 2a (d.h. die §§ 327 ff. BGB).

Die §§ 641, 644, 645 BGB sind nach § 650 Abs. 2 Satz 3 BGB mit der Maßgabe anzuwenden, dass an die Stelle der Abnahme die Bereitstellung des digitalen Produkts (§ 327b Abs. 3–5 BGB) tritt.

Auf einen Verbrauchervertrag, bei dem der Unternehmer sich verpflichtet, einen herzustellenden körperlichen Datenträger zu liefern, der ausschließlich als Träger digitaler Inhalte dient, sind nach § 650 Abs. 3 Satz 1 BGB[619] (Verhältnis der §§ 327 ff. BGB zum Werklieferungsvertragsrecht) abweichend von § 650 Abs. 1 Sätze 1 und 2 BGB die Regelungen der

134

- § 433 Abs. 1 Satz 2 BGB,
- §§ 434–442 BGB,
- § 475 Abs. 3 Satz 1 und Abs. 4–6 BGB,
- §§ 476 und 477 BGB

über die Rechte bei Mängeln nicht anzuwenden. An die Stelle der dergestalt nicht anzuwendenden Vorschriften treten gemäß § 650 Abs. 3 Satz 2 BGB die Vorschriften des Abschnitts 3 Titel 2a (d.h. die §§ 327 ff. BGB).

Für einen Verbrauchervertrag, bei dem der Unternehmer sich verpflichtet, eine Sache herzustellen, die ein digitales Produkt enthält oder mit digitalen Produkten verbunden ist, gilt nach § 650 Abs. 4 Satz 1 BGB[620] der Anwendungsausschluss nach § 650 Abs. 2 BGB entsprechend für diejenigen Bestandteile des Vertrags, welche die digitalen Produkte betreffen.

Für einen Verbrauchervertrag, bei dem der Unternehmer sich verpflichtet, eine herzustellende Sache zu liefern, die ein digitales Produkt enthält oder mit digitalen Produkten verbunden ist, gilt gemäß § 650 Abs. 4 Satz 2 BGB der Anwendungsausschluss des § 650 Abs. 3 BGB entsprechend für diejenigen Bestandteile des Vertrags, welche die digitalen Produkte betreffen.

---

618 Näher HK-BGB/*Scheuch*, § 650 Rn 6 f.
619 Näher HK-BGB/*Scheuch*, § 650 Rn 8.
620 Näher HK-BGB/*Scheuch*, § 650 Rn 9.

VII. Vorläufiges Fazit

135 Die Neuregelungen der §§ 327 ff. BGB folgen weitgehend den Vorgaben der Digitale-Inhalte-RL.

Wendehorst[621] begrüßt die Regelung des § 327g BGB zu den vertragsrechtlichen Folgen datenschutzrechtlicher Erklärungen, da dadurch Unklarheiten beseitigt werden konnten, moniert aber zugleich, dass sich der deutsche Gesetzgeber

- nicht zu einem Direktanspruch gegen den Plattformbetreiber – bspw. den Betreiber eines App-Stores – durchringen konnte[622] und
- keine klare Regel für Mangelfolgeschäden, welche durch digitale Produkte in der digitalen Umgebung des Verbrauchers verursacht wurden, getroffen hat.[623]

---

[621] *Wendehorst*, NJW 2021, 2913, 2919 Rn 42.

[622] *Wendehorst*, NJW 2021, 2913, 2919 Rn 42, womit „*die §§ 327 ff. BGB bei digitalen Produkten, die deutschen Verbrauchern von Unternehmern aus Drittstaaten (z.B. USA, China) bereitgestellt werden, zwar dank Art. 6 Rom I-VO meist anwendbar sind, aber faktisch kaum durchgesetzt werden können*".

[623] *Wendehorst*, NJW 2021, 2913, 2919 Rn 42: „*etwa wenn der ‚gratis' zur Verfügung gestellte Cloud-Service alle Familienfotos löscht*", eine virenverseuchte App die fast fertiggestellte Abschlussarbeit vernichtet oder durch eine Sicherheitslücke sensible Verbraucherdaten preisgegeben werden.

§ 4 Umsetzung der Warenkaufrichtlinie im BGB

Literatur:

Bach, Neue Richtlinien zum Verbrauchsgüterkauf und zu Verbraucherverträgen über digitale Inhalte, NJW 2019, 1705; *Bach/Wöbbeking*, Das Haltbarkeitserfordernis der Warenkauf-RL als neuer Hebel für mehr Nachhaltigkeit?, NJW 2020, 2772; *Firsching*, Der Kauf von Sachen mit digitalen Elementen, ZUM 2021, 210; *Hoffmann*, Ein- und Ausbaufälle nach Umsetzung der Warenkauf-RL, NJW 2021, 2839; *Lorenz*, Die Umsetzung der EU-Warenkaufrichtlinie in deutsches Recht, NJW 2021, 2065; *Kirchhefer-Lauber*, Digitales Kaufrecht, JuS 2021, 918; *Pfeiffer*, Die Umsetzung der Warenkauf-RL in Deutschland, GPR 2021, 120; *Ring*, Die Transformation der EU-Warenkaufrichtlinie ins BGB, ZAP 2021, 907; *Schrader*, Umsetzung der Warenkauf-Richtlinie: Auswirkungen auf die Haltbarkeit von Fahrzeugen mit digitalen Elementen, NZV 2021, 67; *Staudenmayer*, Kauf von Waren mit digitalen Elementen – Die Richtlinie zum Warenkauf, NJW 2019, 2889; *Tonner*, Die EU-Warenkauf-Richtlinie: auf dem Wege zur Regelung langlebiger Waren mit digitalen Elementen, VuR 2019, 363; *Weiß*, Die Neuerungen durch die Umsetzung der Digitale-Inhalte-RL und der Warenkauf-RL, ZVertriebsR 2021, 208; *Wilke*, (Verbrauchsgüter-)Kaufrecht 2022 – die Warenkauf-Richtlinie der EU und ihre Auswirkungen, BB 2019, 2434; *ders.*, Das neue Kaufrecht nach Umsetzung der Warenkauf-Richtlinie, VuR 2021, 283.

A. Einführung

Das *„Gesetz zur Regelung des Verkaufs von Sachen mit digitalen Elementen und anderer* 1
Aspekte des Kaufvertrags" datiert ebenso wie das Gesetz zur Umsetzung der Richtlinie über bestimmte vertragsrechtliche Aspekte der Bereitstellung digitaler Inhalte und digitaler Dienstleistungen (siehe vorstehend § 3) vom 25.6.2021.[1] Es dient der Umsetzung der Richtlinie (EU) 2019/771 des Europäischen Parlaments und des Rates vom 20.5.2019 über bestimmte vertragsrechtliche Aspekte des Warenkaufs (**Warenkaufrichtlinie**, fortan WKRL), zur Änderung der Verordnung (EU) 2017/2394 und der Richtlinie 2009/22/EG sowie zur Aufhebung der Richtlinie 1994/44/EG[2] (Verbrauchsgüterkaufrichtlinie – VerbrGKRL).[3]
Das Umsetzungsgesetz wurde am 30.6.2021 verkündet. Es tritt nach seinem Art. 3 am **1.1.2022** in Kraft.

> *Beachte*
>
> Für **Altverträge** gilt nach Art. 229 § 58 EGBGB, dass auf einen Kaufvertrag, der vor dem 1.1.2002 geschlossen worden ist, die Regeln in der bis einschließlich 31.12.2021 geltenden Fassung anzuwenden sind.

---

1 BGBl I, S. 2133.
2 ABl L 136 vom 22.5.2019, S. 28; L 305 vom 26.11.2019, S. 66.
3 Die Richtlinie 1999/44/EG des Europäischen Parlaments und des Rates vom 25.5.1999 zu bestimmten Aspekten des Verbrauchsgüterkaufs und der Garantien für Verbrauchsgüter (ABl 1999, L 171/12) bildete einen Anstoß für die große Schuldrechtsreform 2002: *Wilke*, VuR 2021, 283.

2 Die WKRL löst die VerbrGKRL ab und ersetzt diese. Diese *„hat nach 20 Jahren ausgedient"*[4] und wird zum 1.1.2022 durch die WKRL ersetzt, deren Einwirkung auf das BGB weit geringer ausfällt als jener der VerbrGKRL: *„eher ein Update erster"*.[5] Die WKRL war bis zum **1.7.2021** umzusetzen. Sie bringt entscheidende Neuerungen für Kaufverträge in der Relation B2C. Nach Art. 4 WKRL dürfen die Mitgliedstaaten im Rahmen der Transformation der WKRL – im Unterschied zur vormaligen VerbrGKRL – vorbehaltlich einer ausdrücklichen Gestattung (Öffnungsklauseln)[6] in der Richtlinie kein höheres Verbraucherschutzniveau als das der WKRL vorsehen (**Grundsatz der Vollharmonisierung**), womit ein Gestaltungsspielraum des deutschen Gesetzgebers bei der Umsetzung der Richtlinie weitgehend ausgeschlossen war. Zum Teil werden allerdings Umsetzungsdefizite moniert.[7]

> *Beachte*
>
> Der Gesetzgeber hat sich dafür entschieden, Teile der WKRL im allgemeinen Kaufrecht umzusetzen (womit es in allen Beziehungen gilt, d.h. der Relation B2C, B2B, C2B und C2C). Die entsprechenden Regelungen sind dann allerdings – abgesehen vom Verbrauchsgüterkaufvertrag (§ 476 BGB) – in den Beziehungen B2B, C2C und C2B abdingbar.[8]

3 Die WKRL wurde in der EU zwar in enger inhaltlicher Abstimmung mit der Digitale-Inhalte-RL (umgesetzt im Gesetz zur Umsetzung der Richtlinie über bestimmte vertragsrechtliche Aspekte der Bereitstellung digitaler Inhalte und digitaler Dienstleistungen (siehe vorstehend § 3) erlassen.[9] Von dieser unterscheidet sie sich jedoch wie folgt: Soweit die WKRL sich auf Verträge über den Kauf von Waren mit digitalen Inhalten bezieht, werden damit Waren erfasst, die eines digitalen Produkts bedürfen, um ihre Funktionen erfüllen zu können. Dem hingegen stellt die Digitale-Inhalte-RL Anforderungen an Verträge für die Bereitstellung digitaler Inhalte und digitaler Dienstleistungen auf.[10]

4 Die infolge des Umsetzungsgesetzes erfolgten Änderungen des BGB erfassen im Wesentlichen folgende Aspekte:

---

4 *Wilke*, VuR 2021, 283.
5 *Wilke*, VuR 2021, 283: kein neuer großer Wurf – unter Bezugnahme auf *Bach*, NJW 2019, 1705, 1711; *Estner*, ZVertriebsR 2020, 178, 184; *Wilke*, BB 2019, 2019, 2434, 2435.
6 In Bezug auf die Kaufmängelgewährleistung und die Beweislastumkehr sind verbraucherfreundlichere Lösungen der Mitgliedstaaten möglich (wovon Deutschland jedoch keinen Gebrauch gemacht hat): Brönneke/Föhlisch/Tonner/*Brönneke/Schmidt/Willburger*, Das neue Schuldrecht, § 4 Rn 3.
7 Brönneke/Föhlisch/Tonner/*Brönneke/Schmidt/Willburger*, Das neue Schuldrecht, § 4 Rn 4: bspw. Art. 7 Abs. 1 Buchst. a Halbs. 2 und Art. 2 Nr. 13 WKRL (Haltbarkeitsbegriff).
8 Brönneke/Föhlisch/Tonner/*Brönneke/Schmidt/Willburger*, Das neue Schuldrecht, § 4 Rn 6.
9 Brönneke/Föhlisch/Tonner/*Brönneke/Schmidt/Willburger*, Das neue Schuldrecht, § 4 Rn 3.
10 *Kirchhefer-Lauber*, JuS 2021, 918.

- **Neuregelung des Sachmangelbegriffs** (§ 434 BGB):
  - Neudefinition des Fehlerbegriffs,
  - Abschied vom Vorrang des subjektiven Fehlerbegriffs;
- die §§ 474 ff. BGB sprechen von „**Waren**" (unter Bezugnahme auf die Legaldefinition in § 241a Abs. 1 BGB) statt von „beweglichen Sachen" (um den Verkauf von Sachen aufgrund gerichtlicher Maßnahmen vom Anwendungsbereich auszuschließen);
- der **dauerhafte Erwerb von Software** unterfällt nach § 475a BGB grundsätzlich dem Kaufvertragsrecht, doch normieren die §§ 327 ff. BGB (Vorschriften über die Bereitstellung digitaler Produkte) vielfältige Ausnahmen vom Kaufvertragsrecht (z.B. bei der Mängelgewährleistung oder der Einführung einer Update-Verpflichtung bei Verbrauchsgüterkaufverträgen);
- Einführung besonderer Pflichten für den **Verkauf von Waren mit digitalen Elementen beim Verbrauchsgüterkauf** (§§ 475b–e BGB), insbesondere
  - Vorgabe einer Aktualisierungsverpflichtung (Updateverpflichtung),
  - Einführung von Sonderbestimmungen für Sachen, für die eine dauerhafte Bereitstellung digitaler Elemente vereinbart ist (§§ 475c und 477 Abs. 2 BGB);
- Regelung des **Regresses in der Lieferkette** in einem eigenen Kapitel (§§ 445a und b BGB);
- Einführung von **Sonderbestimmungen für die Rückabwicklung des Kaufvertrags nach Rücktritt** (§ 475 Abs. 6 BGB);
- Einschränkung der Anwendbarkeit der Kaufvertragsregeln in Bezug auf Sachmängel beim **isolierten Softwareerwerb** im Rahmen von Verbrauchsgüterkaufverträgen (§§ 475b und c BGB);
- Einführung besonderer Anforderungen an die Vereinbarung einer **Abweichung von objektiven Anforderungen** an die Kaufsache (§ 476 Abs. 1 BGB);
- Verlängerung der **Beweislastumkehr bei Mängeln** von sechs Monaten auf ein Jahr (§ 477 Abs. 1 BGB – Beschaffenheitsvereinbarungen);
- ergänzende Bestimmungen für **Garantien** (§ 479 BGB).

B. Neuregelung des Sachmangelbegriffs

Eine grundsätzliche Änderung hat der Begriff des Sachmangels erfahren. In Umsetzung der Art. 5–8 WKRL wird § 434 BGB – der weiterhin als *„Regelungsort des Sachmangels"* verbleibt[11] – neu gefasst, der Regelungsgehalt erheblich erweitert, systematisiert und dabei der Fehlerbegriff konkretisiert.[12]

5

---

11 *Wilke*, VuR 2021, 283.
12 RegE, BT-Drucks. 19/27424, S. 22.

6 Eine Sache ist nach § 434 Abs. 1 BGB in Umsetzung von Art. 5 WKRL (*"Vertragsmäßigkeit von Waren"*)[13] frei von Sachmängeln, wenn sie bei Gefahrübergang i.S.e. für das deutsche Recht neuen **Gleichrangs** von subjektivem und objektivem Fehlerbegriff[14] (*"der subjektive Mangelbegriff bzw. nunmehr die subjektiven Anforderungen [haben] keinen Vorrang vor dem objektiven Mangelbegriff mehr"*)[15] – mithin der subjektiven Anforderungen, der objektiven Anforderungen und der Montageanforderungen (entgegen § 434 Abs. 1 BGB alt: Vorrang der vereinbarten Beschaffenheit) – drei **kumulativen Voraussetzungen** genügt, nämlich den

- subjektiven Anforderungen (§ 434 Abs. 2 BGB, unter Rdn 11 ff.),
- objektiven Anforderungen (§ 433 Abs. 3 BGB, Rdn 18 ff.) und den
- Montageanforderungen (§ 434 Abs. 4 BGB, Rdn 24 ff.)

entspricht (**Sachmangelfreiheit**).

7 Dieser Sachmangelbegriff stellt einen **systematischen Neuansatz** dar, der vor allem für den Verbrauchsgüterkaufvertrag Relevanz erlangt, da er hier nach § 476 Abs. 1 Satz 1 BGB zwingend gilt.[16]

Der Gesetzgeber hat die detaillierte Mangeldefinition in den Art. 6 ff. WKRL *"überschießend mehr oder weniger übernommen"*.[17]

8 In der Relation **B2B**, d.h. im unternehmerischen Verkehr, hat dieser geänderte systematische Ansatz eines Gleichrangs keine gravierenden Auswirkungen, da die Parteien auch weiterhin frei eine vom objektiven Qualitätsstandard abweichende Beschaffenheit der Kaufsache ausdrücklich oder konkludent vereinbaren bzw. von den gesetzlichen Regelungen abweichende Vereinbarungen treffen können (Möglichkeit **negativer Beschaffenheitsvereinbarungen**, arg.: Die objektiven Anforderungen an eine Sache gelten nach § 434 Abs. 3 BGB nur, *"soweit nicht wirksam etwas anderes vereinbart wurde"*). So ist es möglich, dass, ohne spezielle Formerfordernisse, die ansonsten auf Verbrauchsgüterkaufverträge beschränkten Aktualisierungspflichten i.S.d. §§ 475b und c BGB auch hier Anwendung finden sollen.[18]

9 Hingegen ist § 434 BGB in der Relation **B2C**, d.h. für den Verbrauchsgüterkaufvertrag, grundsätzlich zwingend: Auf eine vor Mitteilung eines Mangels an den Unternehmer ge-

---

13 *"Unbeschadet des Art. 9 liefert der Verkäufer dem Verbraucher Waren, die – soweit anwendbar – die Anforderungen der Art. 6, 7 und 8 erfüllen"*.
14 RegE, BT-Drucks. 19/27424, S. 23. „Vertragsgemäßheit von Waren" verdeutlicht, *"dass es sich hier um positive Leistungspflichten des Verkäufers handelt"*: Brönneke/Föhlisch/Tonner/*Brönneke/Schmidt/Willburger*, Das neue Schuldrecht, § 4 Rn 8.
15 Brönneke/Föhlisch/Tonner/*Brönneke/Schmidt/Willburger*, Das neue Schuldrecht, § 4 Rn 9.
16 *Kirchhefer-Lauber*, JuS 2021, 918.
17 *Wilke*, VuR 2021, 283 unter Bezugnahme auf Bach, NJW 2019, 1705, 1711, der zu dieser Vorgehensweise „ästhetische Bauchschmerzen" äußert.
18 RegE, BT-Drucks. 19/27424, S. 23.

troffene Vereinbarung, die zum Nachteil des Verbrauchers von § 434 BGB abweicht, kann der Unternehmer sich nach **§ 476 Abs. 1 Satz 1 BGB** nicht berufen: *„Es kann daher nicht ohne Weiteres eine den objektiven Anforderungen vorgehende Beschaffenheitsvereinbarung getroffen werden"*.[19]

Von den Vorgaben des § 434 Abs. 3 BGB (oder des § 475b Abs. 4 BGB) kann i.S.e. negativen Beschaffenheitsangabe vor Mitteilung eines Mangels durch den Verbraucher an den Unternehmer durch Vertrag gemäß § 476 Abs. 1 Satz 2 BGB in Umsetzung von Art. 7 Abs. 5 WKRL[20] nur noch in der Form abgewichen werden (vgl. auch § 434 Abs. 3 Satz 1 BGB: *„soweit nicht wirksam etwas anderes vereinbart wurde"*), dass

- der Verbraucher vor der Abgabe seiner Vertragserklärung eigens davon in Kenntnis gesetzt wurde, dass ein bestimmtes Merkmal der Sache von den objektiven Anforderungen abweicht (Nr. 1), **und**
- die Abweichung i.S.d. Nr. 1 im Vertrag ausdrücklich und gesondert vereinbart wurde (Nr. 2).

10

Diese Formvorschrift dürfte nach Ansicht von *Kirchhefer-Lauber*[21] in der Praxis nicht nur die Beurteilung erleichtern, *„ob überhaupt eine Beschaffenheitsvereinbarung vorliegt, sondern insbesondere die Abgrenzung zwischen einer zulässigen Beschaffenheitsvereinbarung und einer unzulässigen Beschränkung der Käuferrechte (...)"* klarstellen.

> *Beachte*
>
> Infolge von § 475 Abs. 3 Satz 2 BGB bleibt § 442 BGB beim Verbrauchsgüterkauf künftig unanwendbar, womit *„die Kenntnis oder auch die (grob) fahrlässige Unkenntnis (...) künftig die Mängelrechte des Verbrauchers nicht aus(schließen)"*.[22]

---

19 RegE, BT-Drucks. 19/27424, S. 23.
20 *„Es liegt keine Vertragswidrigkeit im Sinne der Absätze 1 oder 3 vor, wenn der Verbraucher zum Zeitpunkt des Abschlusses des Kaufvertrags eigens darüber in Kenntnis gesetzt wurde, dass ein bestimmtes Merkmal der Waren von den in den Absätzen 1 und 3 vorgesehenen objektiven Anforderungen an die Vertragsmäßigkeit abweicht, und er bei Abschluss des Kaufvertrags dieser Abweichung ausdrücklich und gesondert zugestimmt hat"*.
21 *Kirchhefer-Lauber*, JuS 2021, 918, 919 – arg.: Eine Prüfung der gesonderten Information des Verbrauchers könne besser darüber Aufschluss geben, ob punktuell von objektiv erwartbaren Merkmalen abgewichen wird oder ob das Risiko eines verborgenen Mangels unzulässig auf den Käufer abgewälzt werde.
22 Brönneke/Föhlisch/Tonner/*Brönneke/Schmidt/Willburger*, Das neue Schuldrecht, § 4 Rn 9.

I. Subjektive Anforderungen

11 Eine Sache entspricht nach § 434 Abs. 2 Satz 1 BGB[23] in Umsetzung von Art. 6 WKRL (subjektive Anforderungen an die Vertragsmäßigkeit)[24] und ohne Änderung des bisherigen Rechtszustands[25] den subjektiven Anforderungen, wenn sie
- die (ausdrücklich oder konkludent) **vereinbarte Beschaffenheit** (i.S.e. Beschaffenheitsvereinbarung der Parteien)[26] hat (**Nr. 1**),[27]
- sich für die nach dem Vertrag vorausgesetzte Verwendung eignet[28] (**Eignung zur vorausgesetzten Verwendung, Nr. 2**).[29]

Nach dem Vertrag ist eine Verwendung vorausgesetzt, die der Käufer dem Verkäufer spätestens bei Abschluss des Kaufvertrags zur Kenntnis gebracht und der der Verkäufer zugestimmt hat, vgl. Art. 6 Buchst. b WKRL.[30] Dabei ist eine ausdrückliche Zustimmung des Verkäufers nicht erforderlich. Vielmehr reicht es aus, dass der Verkäufer in Kenntnis der vom Käufer angestrebten Verwendung der Sache den Vertrag abschließt, ohne dem Käufer mitzuteilen, *„dass die Kaufsache sich nicht für diese Verwendung eignet".*[31]

Beachte: Damit dürfte – so *Wilke*[32] – *„die großzügige Linie des BGH,*[33] *hierfür bereits die nicht vereinbarte, aber übereinstimmend unterstellte Verwendung genügen zu lassen (...) weiter unter Druck geraten":* Art. 6 Buchst. b WKRL[34] setzt eine „Zustim-

---

23 Näher HK-BGB/*Saenger*, § 434 Rn 10 ff.
24 *„Die Waren entsprechen dem Kaufvertrag, insbesondere wenn sie, soweit dies anwendbar ist,*
   a) hinsichtlich der Beschreibung, der Art, der Menge und der Qualität, der Funktionalität, der Kompatibilität, der Interoperabilität und sonstiger Merkmale den Anforderungen entsprechen, die sich aus dem Kaufvertrag ergeben;
   b) sich für einen bestimmten vom Verbraucher angestrebten Zweck eignen, den der Verbraucher dem Verkäufer spätestens bei Abschluss des Kaufvertrags zur Kenntnis gebracht und dem der Verkäufer zugestimmt hat;
   c) wie im Kaufvertrag bestimmt mit sämtlichem Zubehör und Anleitungen, einschließlich Montage- oder Installationsanleitungen geliefert werden und
   d) wie im Kaufvertrag bestimmt weitere Aktualisierungen enthalten".
25 *Lorenz*, NJW 2021, 2065, 2066.
26 Zu den subjektiven Anforderungen als „positive Beschaffenheitsvereinbarung" näher Brönneke/Föhlisch/Tonner/*Brönneke/Schmidt/Willburger*, Das neue Schuldrecht, § 4 Rn 35 ff.
27 Näher HK-BGB/*Saenger*, § 434 Rn 11.
28 Näher HK-BGB/*Saenger*, § 434 Rn 20.
29 Zu nach Vorgaben von Öko-Durchführungsverordnungen vom Hersteller anzugebenden Lebensdauer- oder Energieverbrauchsangaben näher Brönneke/Föhlisch/Tonner/*Brönneke/Schmidt/Willburger*, Das neue Schuldrecht, § 4 Rn 37.
30 Vorstehende Fn 24.
31 RegE, BT-Drucks. 19/27424, S. 23.
32 *Wilke*, VuR 2021, 283.
33 So BGH, Urt. v. 20.3.2019 – VIII ZR 213/18, NJW 2019, 1937, 1938: Es gehe *„um die konkrete Nutzung der Kaufsache durch den Käufer, die die Parteien zwar nicht vereinbart, aber übereinstimmend unterstellt haben".*
34 Wie Art. 2 Abs. 2 Buchst. b VerbrGKRL.

mung (...) des Verkäufers zu dem Zweck voraus, den der Verbraucher ihm zur Kenntnis gebracht hat".[35] *„Jedenfalls für den Bereich des Verbrauchsgüterkaufs ist diese Auslegung nun aber nicht mehr zu halten. Für eine generelle Aufgabe spricht gerade die Einbettung dieser Mängelvariante zwischen zwei Varianten, die eben ausdrücklich auf Vereinbarungen abstellen".*[36] Der Richtlinientext deutet darauf hin, *„dass es sich um eine echte Vertragsabrede handeln muss, auch wenn der Verkäufer konkludent annehmen bzw. zustimmen kann"*.[37]

- Und wenn die Sache mit dem **vereinbarten Zubehör** und den **vereinbarten Anleitungen** (einschließlich Montage- und Installationsanleitungen, vgl. Art. 6 Buchst. c WKRL)[38] übergeben wird (**Nr. 3**).[39]

Zu der **Beschaffenheit** nach § 434 Abs. 2 Satz 1 Nr. 1 BGB i.S. jeglicher Merkmale einer Sache, die ihr selbst anhaften oder sich aus ihrer Beziehung zur Umwelt ergeben[40] (sofern sie nach der Verkehrsauffassung Einfluss auf die Wertschätzung der Sache haben),[41] gehören *„nach der nicht abschließenden (d.h. bloß beispielhaften) Aufzählung"*[42] des § 434 Abs. 2 Satz 2 BGB (in Umsetzung von Art. 6 Buchst. a WKRL)[43] Merkmale wie[44]

12

- Art,
- Menge (wobei eine Mengenabweichung [Quantitätsmangel][45] schon wegen § 434 Abs. 2 Satz 2 BGB i.V.m. Abs. 2 Satz 1 Nr. 1 BGB einen Sachmangel begründet, weshalb § 434 Abs. 3 2. Alt. BGB alt entfallen konnte),[46]
- Qualität,
- Funktionalität,
- Kompatibilität,

---

35 *Wilke*, VuR 2021, 283 unter Bezugnahme auf *Pfeiffer* (GPR 2021, 120, 122 und 124), der gleichermaßen für ein Konsenserfordernis plädiert.
36 *Wilke*, VuR 2021, 283.
37 *Kirchhefer-Lauber*, JuS 2021, 918, 919.
38 Siehe Fn 24.
39 Näher HK-BGB/*Saenger*, § 434 Rn 21.
40 *Kirchhefer-Lauber*, JuS 2021, 918 – wobei sich der unionsrechtliche Beschaffenheitsbegriff *„wohl insgesamt mit dem Beschaffenheitsbegriff in der deutschen höchstrichterlichen Rechtsprechung (dazu BGH, Urt. v. 11.3.2008 – VI ZR 164/07, NJW 2008, 1519) deckt".*
41 § 434 Abs. 2 Satz 2 BGB folgt damit dem weiten Beschaffenheitsverständnis der bisherigen BGH-Judikatur, vgl. etwa BGH, Urt. v. 15.6.2016 – VIII ZR 134/15, NJW 2016, 2874.
42 *Lorenz*, NJW 2021, 2065, 2066.
43 Vorstehende Fn 24.
44 Näher HK-BGB/*Saenger*, § 434 Rn 11.
45 Näher HK-BGB/*Saenger*, § 434 Rn 18.
46 *Wilke*, VuR 2021, 283, 285.

- Interoperabilität (der in § 434 Abs. 3 BGB im Rahmen der objektiven Anforderungen nicht erscheint,[47] siehe hierzu Rdn 16) und
- sonstige Merkmale

der Sache (die gelisteten Faktoren zählen zur Beschaffenheit, *„konstituieren sie [aber] nicht"*),[48] für die die Parteien Anforderungen vereinbart haben. Die Parteien sollen aber auch „sonstige Merkmale" der Sache vereinbaren können.[49]

13 *Kirchhefer-Lauber*[50] weist allerdings darauf hin, dass weder der Richtlinientext noch die gesetzliche Formulierung im BGB die strengen Voraussetzungen abbilden, die der BGH an das Vorliegen einer Beschaffenheitsvereinbarung stellt: *„Der Verkäufer (muss) in vertragsgemäß bindender Weise die Gewähr für das Vorhandensein einer Eigenschaft der Kaufsache (übernehmen) und damit seine Bereitschaft zu erkennen (geben), für alle Folgen des Fehlens dieser Eigenschaft einzustehen"*.[51] *„Ob diese Voraussetzungen weiter aufrechterhalten bleiben können, ist zu bezweifeln"*.[52]

14 **Kompatibilität** ist gemäß Art. 2 Nr. 8 WKRL (§ 327e Abs. 2 Satz 3 BGB) die *„Fähigkeit der Waren, mit der Hardware und Software zu funktionieren, mit der Waren derselben Art in aller Regel benutzt werden, ohne dass die Waren, die Hardware oder die Software verändert werden müssen"*.

15 **Funktionalität** ist nach Art. 2 Nr. 9 WKRL (§ 327e Abs. 2 Satz 2 BGB) die Fähigkeit der Waren, ihre Funktionen ihrem Zweck entsprechend zu erfüllen.

16 **Interoperabilität** ist nach Art. 2 Nr. 10 WKRL (§ 327e Abs. 2 Satz 4 BGB) die Fähigkeit der Waren, mit einer anderen Hard- oder Software zu funktionieren als jener, mit der Sachen derselben Art benutzt werden. *„Letztlich geht es dabei um Qualitätsanforderungen an das ‚Internet der Dinge', also etwa um die Fähigkeit von Smartphones, Smart-Home-Geräten wie Türklingeln, Sicherheitssystemen, Thermostaten, smarten Kühlschränken und virtuellen Assistenten (wie z.B. Alexa, Siri und dergleichen), untereinander zu kommunizieren und Daten auszutauschen"*.[53]

17 Vgl. zur Mangelfreiheit einer **Sache mit digitalen Elementen** § 475b Abs. 2 BGB (siehe hierzu Rdn 83 ff.).

---

[47] Brönneke/Föhlisch/Tonner/*Brönneke/Schmidt/Willburger*, Das neue Schuldrecht, § 4 Rn 36.
[48] *Wilke*, VuR 2021, 283, 284.
[49] *Wilke*, VuR 2021, 283, 284.
[50] *Kirchhefer-Lauber*, JuS 2021, 918. So auch *Wilke*, BB 2019, 2434, 2437.
[51] BGH, Urt. v. 20.3.2019 – VIII ZR 213/18, NJW 2019, 1937 Rn 22.
[52] *Kirchhefer-Lauber*, JuS 2021, 918.
[53] *Lorenz*, NJW 2021, 2065, 2066.

II. Objektive Anforderungen

Vorbehaltlich einer wirksamen[54] anderweitigen Vereinbarung (**Vereinbarungsvorbehalt – negative Beschaffenheitsvereinbarung**)[55] entspricht eine Sache nach § 434 Abs. 3 Satz 1 BGB in Umsetzung von Art. 7 Abs. 1 WKRL (Objektive Anforderungen an die Vertragsmäßigkeit)[56] den objektiven Anforderungen, wenn eine der vier normierten Konstellationen (Gruppen) vorliegt,[57] nämlich wenn die Sache

18

- sich für die gewöhnliche Verwendung (bei der Verwendungseignung sind bestehendes Unionsrecht, das nationale Recht, technische Normen bzw. – in Ermangelung solcher – anwendbare sektorspezifische Verhaltenskodizes zu berücksichtigen)[58] eignet (Nr. 1[59] – **Eignung für die gewöhnliche Verwendung**, in Umsetzung von Art. 7 Abs. 1 Buchst. a WKRL). Das Produkt muss für seine üblichen Einsatzmöglichkeiten funktionieren, *„wobei dies objektiv nach der Art der Kaufsache und dem Verkehrskreis der angesprochenen Käufer zu bestimmen ist"*.[60]
Durch den Verweis in Art. 7 Abs. 1 Buchst. a WKRL in Bezug auf eine gewöhnliche Verwendungseignung auf eine Berücksichtigung des besonderen Unionsrechts und nationalen Rechts, technischer Normen oder – in Ermangelung solcher technischer Normen – anwendbarer sektorspezifischer Verhaltenskodizes gilt die bisherige Annahme fort, dass die gewöhnliche Verwendung von der durchschnittlich gebräuchli-

---

54 Was *Wilke* (VuR 2021, 283, 284) als *„seltsame Formulierung"* (*„was denn sonst?"*) bezeichnet, die aber *„wohl ein Hinweis auf die Besonderheiten beim Verbrauchsgüterkauf sein"* soll.
55 Eine negative Beschaffenheitsvereinbarung ist eine Erklärung, dass die Sache nicht die gewöhnliche oder nach objektiven Kriterien erwartbare Beschaffenheit aufweist – die nach § 476 Abs. 1 Satz 2 BGB nur getroffen werden kann, wenn der Unternehmer den Verbraucher gesondert informiert und eine ausdrückliche und gesonderte Zustimmung des Verbrauchers erhält; siehe vorstehende Rdn 10.
56 *„Zusätzlich zur Einhaltung der subjektiven Anforderungen an die Vertragsmäßigkeit müssen die Waren
a) für die Zwecke geeignet sein, für die Waren der gleichen Art in der Regel gebraucht werden, gegebenenfalls unter Berücksichtigung des besonderen Unionsrechts und nationalen Rechts, technischer Normen oder – in Ermangelung solcher technischer Normen – anwendbarer sektorspezifischer Verhaltenskodizes,
b) soweit anwendbar, der Qualität und der Beschreibung einer Probe oder eines Musters entsprechen, das der Verkäufer dem Verbraucher vor Vertragsschluss zur Verfügung gestellt hat,
c) soweit anwendbar, mit solchem Zubehör einschließlich Verpackung, Montage- und Installationsanleitungen und anderen Anleitungen geliefert werden, deren Erhalt der Verbraucher vernünftigerweise erwarten kann, und
d) hinsichtlich ihrer Menge, Qualität und sonstigen Merkmale – einschließlich ihrer Haltbarkeit, Funktionalität, Kompatibilität und Sicherheit – dem entsprechen, was bei Waren der gleichen Art üblich ist und was der Verkäufer in Anbetracht der Art der Waren und unter Berücksichtigung öffentlicher Erklärungen die von dem Verkäufer oder im Auftrag des Verkäufers oder einer anderen Person in vorhergehenden Gliedern der Vertragskette einschließlich des Herstellers, insbesondere in der Werbung oder auf dem Etikett, abgegeben wurden, vernünftigerweise erwarten kann"*.
57 Näher HK-BGB/*Saenger*, § 434 Rn 23 ff.
58 RegE, BT-Drucks 19/27424, S. 24.
59 Näher HK-BGB/*Saenger*, § 434 Rn 24.
60 Brönneke/Föhlisch/Tonner/*Brönneke/Schmidt/Willburger*, Das neue Schuldrecht, § 4 Rn 15.

chen Verwendung einer Sache dieser Art abzuleiten ist, *„die sich, wenn nichts Besonderes vereinbart ist, an der üblichen Beschaffenheit orientiert"*.[61]

- Wenn die Sache eine Beschaffenheit aufweist, die bei Sachen derselben Art üblich ist und die der Käufer erwarten kann[62] (Nr. 2,[63] **übliche oder erwartbare Beschaffenheit**, in Umsetzung von Art. 7 Abs. 1 Buchst. d WKRL).[64] Die **Kaufwartung** beurteilt sich dabei unter Berücksichtigung
  - der Art der Sache (Buchst. a) und
  - der öffentlichen Äußerungen,[65] die von dem Verkäufer oder einem anderen Mitglied der Vertragskette[66] oder in deren Auftrag (auch im Rahmen eines Dienst- oder Arbeitsverhältnisses), insbesondere in der Werbung[67] oder auf dem Etikett, abgegeben wurden (Buchst. b).

Dem Verkäufer eröffnet sich in Bezug auf Buchst. b *„so die Möglichkeit, durch klare, nicht übertreibende Werbebotschaften, Etikettierungen etc. die objektiven Anforderungen an die Kaufsache mit zu bestimmen, d.h. gegenüber den Aussagen des Herstellers sowie der genannten Dritten auf Unternehmerseite zu relativieren"*.[68]

Gesetzlich vorgegebene Mindeststandards (etwa zur Produktsicherheit) bilden – ebenso wie das Datenschutzrecht (DSGVO) – immer die Untergrenze für die an ein Produkt zu stellenden objektiven Anforderungen.[69] Zur Bestimmung der berechtigten Käuferwartung im Rahmen des objektiven Fehlerbegriffs ist aber auch der Stand der Technik – einschließlich der zu seiner Bestimmung heranzuziehenden Industrienormen – zu berücksichtigen[70] (vgl. insoweit auch die nicht umgesetzte Vorgabe in Art. 7 Abs. 1 Buchst. a WKRL, wonach subsidiär sektorspezifische Verhaltenskodizes zu berücksichtigen sind).

Zur üblichen Beschaffenheit gehören nach der Klarstellung in § 434 Abs. 3 Satz 2 BGB (nachstehende Rdn 20) auch Haltbarkeit, Funktionalität, Kompatibilität und Sicherheit.

---

61 *Kirchhefer-Lauber*, JuS 2021, 918, 919 unter Bezugnahme auf MüKo-BGB/*Westermann*, § 434 Rn 24 und die Gerichtspraxis des BGH, bspw. BGH, Urt. v. 7.2.2007 – VIII ZR 266/06, NJW 2007, 1351; BGH, Urt. v. 4.3.2009 – VIII ZR 160/08, NJW 2009, 2056; BGH, Urt. v. 20.5.2009 – VIII ZR 191/07, BGHZ 181, 170 = NJW 2009, 170.
62 Näher HK-BGB/*Saenger*, § 434 Rn 25.
63 Wobei Nr. 1 und Nr. 2 *„im Wesentlichen mit § 434 Abs. 1 S. 2 Nr. 2, z.T. in Verbindung mit S. 3 (BGB alt)"* korrespondieren: *Wilke*, VuR 2021, 283, 284.
64 Dazu näher Brönneke/Föhlisch/Tonner/*Brönneke/Schmidt/Willburger*, Das neue Schuldrecht, § 4 Rn 16 ff.
65 Näher HK-BGB/*Saenger*, § 434 Rn 28.
66 HK-BGB/*Saenger*, § 434 Rn 30 zur Haftung des Verkäufers für öffentliche Äußerungen (insbesondere Erklärungen Dritter, vor allem des Herstellers).
67 HK-BGB/*Saenger*, § 434 Rn 29 zu Werbeanzeigen des Verkäufers.
68 Brönneke/Föhlisch/Tonner/*Brönneke/Schmidt/Willburger*, Das neue Schuldrecht, § 4 Rn 17.
69 Brönneke/Föhlisch/Tonner/*Brönneke/Schmidt/Willburger*, Das neue Schuldrecht, § 4 Rn 18.
70 Dazu näher Brönneke/Föhlisch/Tonner/*Brönneke/Schmidt/Willburger*, Das neue Schuldrecht, § 4 Rn 19.

B. Neuregelung des Sachmangelbegriffs § 4

- Wenn die Sache der Beschaffenheit einer Probe oder eines Musters entspricht, die oder das der Verkäufer dem Käufer vor Vertragsschluss zur Verfügung gestellt hat[71] (Nr. 3:[72] **Entsprechung mit einem Muster oder einer Probe**, Art. 7 Abs. 1 Buchst. b WKRL).[73]
- Schließlich entspricht eine Sache – vorbehaltlich einer wirksamen anderweitigen Vereinbarung – auch dann den objektiven Anforderungen, wenn sie mit dem Zubehör (einschließlich der Verpackung, der Montage- oder Installationsanleitung sowie anderer Anleitungen) übergeben wird, deren Erhalt der Käufer (vernünftigerweise) erwarten kann[74] (Nr. 4:[75] **Lieferung des erwarteten Zubehörs**, in Umsetzung von Art. 7 Abs. 1 Buchst. c WKRL als „Weiterentwicklung der Ikea-Klausel"[76] des § 434 Abs. 2 Satz 2 BGB alt).

> *Hinweis*
> Die objektiven Anforderungen, die zusätzlich zu den subjektiven Anforderungen erfüllt sein müssen, haben zur Folge, *„dass eine Ware, die sich für die von den Parteien vorausgesetzte Verwendung eignet, dennoch mangelhaft sein kann, wenn sie sich nicht für die gewöhnliche Verwendung eignet oder nicht die übliche Beschaffenheit aufweist"*.[77]

Beachte für den Verbrauchsgüterkaufvertrag aber § 476 Abs. 1 Satz 1 BGB (vorstehend unter Rdn 9), der § 434 BGB grundsätzlich für zwingend erklärt und für eine vertragliche Abweichung von den objektiven Voraussetzungen (etwa in Gestalt einer negativen Beschaffenheitsvereinbarung, dass die Sache eine schlechtere als die übliche Beschaffenheit hat) nach § 476 Abs. 1 Satz 2 BGB eine besondere Information des Verbrauchers und eine

19

---

71 Näher HK-BGB/*Saenger*, § 434 Rn 32.
72 Dazu näher Brönneke/Föhlisch/Tonner/*Brönneke/Schmidt/Willburger*, Das neue Schuldrecht, § 4 Rn 30.
73 Vgl. die Anlehnung an Art. 35 Abs. 2 Buchst. c CISG. Die entsprechende Vorgabe in Art. 2 Abs. 2 Buchst. a der VerbrGKRL hatte der Gesetzgeber 2002 nicht ausdrücklich umgesetzt, da er in entsprechenden Konstellationen von einer konkludenten Beschaffenheitsvereinbarung ausging: *Wilke*, VuR 2021, 283, 284 unter Bezugnahme auf RegE, BT-Drucks 14/6040, S. 207. Vgl. auch *Kirchhefer-Lauber*, JuS 2021, 918, 919.
74 Abhilfe boten hier nach altem Recht – so *Wilke* (VuR 2021, 283, 284) – § 434 Abs. 1 Satz 2 Nr. 2 BGB alt (bei fehlender Anleitung, vgl. BeckOK-BGB/*Faust*, § 434 Rn 64). Auch nach neuem Recht könnten § 434 Abs. 3 Satz 1 Nr. 1 bzw. Nr. 2 BGB greifen (*Wilke*, a.a.O.).
75 Dazu näher Brönneke/Föhlisch/Tonner/*Brönneke/Schmidt/Willburger*, Das neue Schuldrecht, § 4 Rn 31 ff.; näher HK-BGB/*Saenger*, § 434 Rn 33.
76 *Kirchhefer-Lauber*, JuS 2021, 918, 919, wobei die Neuregelung auch *„die Meinungsstreitigkeiten [beendet], ob die [Vorgänger-] Vorschrift auch auf das gänzliche Fehlen einer Montageanleitung anwendbar war [dazu Erman/Grunewald, § 434 BGB Rn 58], und die Frage, ob auch Bedienungsanleitungen erfasst waren"*.
77 *Kirchhefer-Lauber*, JuS 2021, 918, 919, womit auch die vormalige Streitfrage, ob das Stufenverhältnis in § 434 Abs. 1 Satz 2 BGB alt richtlinienkonform sei (vgl. Art. 8 VerbrGKRL), jetzt i.S.e. notwendigen Kumulation klargestellt wird.

ausdrückliche und gesonderte Vereinbarung der Parteien verlangt. In der Relation B2B ist eine negative Beschaffenheitsvereinbarung hingegen formfrei möglich.

20 Die **übliche Beschaffenheit** nach § 434 Abs. 3 Satz 1 Nr. 2 BGB umfasst jegliche Merkmale der Sache, insbesondere (vgl. Art. 7 Abs. 1 Buchst. d WKRL)

- ■ **Menge**,
- ■ **Qualität** und
- ■ sonstige Merkmale der Sache, einschließlich ihrer
  - **Haltbarkeit**[78] (i.S.d. Fähigkeit einer Sache, ihre erforderlichen Funktionen und ihre Leistung bei normaler Verwendung zu behalten – *„erreicht die Sache bei Normalnutzung [eine gewisse Lebensdauer, die vom Kunden nach einem objektiven Maßstab erwartet werden kann] nicht, so handelt es sich um vorzeitigen Verschleiß bzw. vorzeitige Obsoleszenz"*,[79] wobei weder Vorsatz noch Fahrlässigkeit erforderlich ist und es sich auch um keine uneingeschränkte Haltbarkeitsgarantie dergestalt handelt, *„dass jede nach Gefahrübergang auftretende Negativabweichung vom ursprünglich geschuldeten Zustand zu einem Sachmangel führte"*,[80] so Art. 2 Nr. 13 WKRL),[81] aber auch
  - der **Möglichkeit einer Wartung und Reparatur** der Sache),[82]
  - **Funktionalität** (d.h. nach § 327e Abs. 2 Satz 2 BGB *„die Fähigkeit eines digitalen Produkts, seine Funktionen seinem Zweck entsprechend zu erfüllen"*, vorstehend: § 3 Rdn 61), die sich aus öffentlichen Äußerungen des Herstellers oder Händlers (etwa einem nach Art. 246 Abs. 1 Nr. 1 EGBGB bzw. Art. 246a § 1 Satz 1 Nr. 1 EGBGB bereitzustellenden technischen Datenblatt oder den in einer Betriebsanleitung beschriebenen Funktionen) ergeben kann.[83]
  - **Kompatibilität** (d.h. nach § 327e Abs. 2 Satz 3 BGB *„die Fähigkeit eines digitalen Produkts, mit Hardware oder Software zu funktionieren, mit der digitale Produkte derselben Art in der Regel benutzt werden, ohne dass sie konvertiert werden müssen"*, vgl. dazu § 3 Rdn 61) und
  - **Sicherheit** (Produktsicherheit – zum Schutz der Gesundheit von Menschen und Schutz vor Schäden an anderen Sachgütern, als dem verkauften – aber auch Schutz des allgemeinen Persönlichkeitsrechts, etwa des Rechts auf informationelle Selbstbestimmung),[84]

so die **Klarstellung in § 434 Abs. 3 Satz 2 BGB**.

---

[78] Näher HK-BGB/*Saenger*, § 434 Rn 27.
[79] Brönneke/Föhlisch/Tonner/*Brönneke/Schmidt/Willburger*, Das neue Schuldrecht, § 4 Rn 23.
[80] Brönneke/Föhlisch/Tonner/*Brönneke/Schmidt/Willburger*, Das neue Schuldrecht, § 4 Rn 23.
[81] Nicht jedoch, „dass eine Sache ihre Funktion und Leistung behalten muss und damit ein späterer Funktions- bzw. Leistungsverlust automatisch einen Sachmangel begründet": *Wilke*, VuR 2021, 283, 284.
[82] So Erwägungsgrund Nr. 32 der WKRL.
[83] Brönneke/Föhlisch/Tonner/*Brönneke/Schmidt/Willburger*, Das neue Schuldrecht, § 4 Rn 21.
[84] Brönneke/Föhlisch/Tonner/*Brönneke/Schmidt/Willburger*, Das neue Schuldrecht, § 4 Rn 22.

B. Neuregelung des Sachmangelbegriffs § 4

Die **Interoperabilität** (d.h. nach § 327e Abs. 2 Satz 4 BGB „*die Fähigkeit eines Produkts, mit anderer Hardware oder Software als derjenigen, mit der digitale Produkte derselben Art in der Regel genutzt werden, zu funktionieren*") wird hingegen nicht genannt. Sie ist zwischen Käufer und Verkäufer besonders zu vereinbaren (vgl. dazu § 434 Abs. 2 Satz 2 BGB,[85] vorstehende Rdn 12).   **21**

> *Beachte*
>
> „**Mogelpackungen**" sollen § 434 Abs. 3 Satz 2 Fall 1 BGB unterfallen.[86]

„*Der Verkäufer (hat) dafür einzustehen (…), dass die Sache zum Zeitpunkt des Gefahrübergangs (als **maßgeblicher Beurteilungszeitpunkt*)*[87] die Fähigkeit hat, ihre erforderlichen Funktionen und ihre Leistung bei normaler Verwendung zu behalten*"[88] – **ohne dass sich daraus eine gesetzliche Haltbarkeitsgarantie ergibt**.[89] Der Verkäufer muss also nicht dafür einstehen, „*dass die Sache ihre Funktionen und ihre Leistung bei normaler Verwendung auch tatsächlich behält*".[90]   **22**

> *Beachte*
>
> Aufgrund von § 477 BGB wird beim Funktionsverlust einer Ware innerhalb eines Jahres beim Verbrauchsgüterkauf allerdings vermutet, dass die Sache von Anfang an nicht haltbar war,[91] weswegen es, so *Wilke*,[92] „*wegen der unberührt gebliebenen Verjährung von Mängelansprüchen damit zu dem wenig überzeugenden Ergebnis (kommt), dass Verkäufer im Regelfall auch für entsprechende Mängel nur zwei Jahre ab Lieferung einstehen müssen, selbst wenn die Sache länger halten soll*".

Nach *Lorenz*[93] spielen bei der anzustellenden **Gesamtbeurteilung** „*auch der Preis der Sache und die übliche Häufigkeit und Intensität ihrer Nutzung eine Rolle*".   **23**

---

[85] Brönneke/Föhlisch/Tonner/*Brönneke/Schmidt/Willburger*, Das neue Schuldrecht, § 4 Rn 20.
[86] Brönneke/Föhlisch/Tonner/*Brönneke/Schmidt/Willburger*, Das neue Schuldrecht, § 4 Rn 13.
[87] RegE, BT-Drucks 19/27424, S. 23 und 32. Ebenso *Staudenmayer*, NJW 2019, 2889, 2890; *Wilke*, BB 2019, 2434, 2438; *ders.*, VuR 2021, 283, 284; *Zöchling-Jud*, GPR 2019, 115, 123; a.A. hingegen *Kupfer/Weiß*, VuR 2020, 95, 97: faktische Haltbarkeitsgarantie.
[88] RegE, BT-Drucks 19/27424, S. 24. Dazu näher auch *Staudenmayer*, NJW 2019, 2889, 2890; *Schrader*, NZV 2021, 67.
[89] RegE, BT-Drucks 19/27424, S. 24.
[90] *Kirchhefer-Lauber*, JuS 2021, 918, 919.
[91] *Wilke*, VuR 2021, 283, 284 unter Bezugnahme auf *Harke*, GPR 2021, 129, 132.
[92] *Wilke*, VuR 2021, 283, 284.
[93] NJW 2021, 2065, 2066.

Der Verkäufer ist durch die in § 434 Abs. 3 Satz 1 Nr. 2 Buchst. b BGB genannten öffentlichen Äußerungen nicht gebunden (**Ausschlusstatbestand**),
- wenn er sie gemäß § 434 Abs. 3 Satz 3 BGB[94] (in Umsetzung von Art. 7 Abs. 2 WKRL)[95] nicht kannte und auch nicht kennen konnte,
- wenn die Äußerung im Zeitpunkt des Vertragsschlusses in derselben oder in gleichwertiger Weise berichtigt worden war oder
- wenn die Äußerung die Kaufentscheidung nicht beeinflussen konnte.

> *Beachte*
> Von den objektiven Anforderungen kann auf der Grundlage der Privatautonomie durch eine **negative Beschaffenheitsvereinbarung** abgewichen werden und zwar außerhalb des Bereichs von Verbraucherverträgen (i.S.v. § 310 Abs. 3 BGB – Relation B2C – mithin in den Beziehungen B2B, C2C oder C2B) ohne die Beachtung besonderer Voraussetzungen.
> Im Rahmen eines **Verbrauchsgüterkaufvertrags** (in der Relation B2C) ist eine negative (vertragliche) Beschaffenheitsvereinbarung, d.h. eine Abweichung von den Anforderungen nach § 434 Abs. 3 BGB (oder § 475b Abs. 4 BGB), vor Mitteilung eines Mangels an den Unternehmer nach § 476 Abs. 1 Satz 2 BGB (nachstehende Rdn 130 ff.) nur unter zwei Voraussetzungen zulässig, nämlich wenn
> - der Verbraucher vor der Abgabe seiner Vertragserklärung eigens davon in Kenntnis gesetzt wurde, dass ein bestimmtes Merkmal der Ware von den objektiven Anforderungen abweicht (Nr. 1), und (**kumulativ**)
> - die Abweichung i.S.d. Nr. 1 im Vertrag ausdrücklich und gesondert vereinbart wurde (Nr. 2).

---

[94] Entsprechend § 434 Abs. 1 S. 2 Nr. 2a a.E. BGB alt.
[95] „*Der Verkäufer ist durch die in Abs. 1 Buchst. d genannten öffentlichen Erklärungen nicht gebunden, wenn er nachweisen kann, dass*
a) er die betreffende öffentliche Erklärung nicht kannte und vernünftigerweise nicht kennen konnte,
b) die betreffende öffentliche Erklärung bis zum Zeitpunkt des Vertragsschlusses in derselben oder einer vergleichbaren Weise wie jener, in der sie abgegeben wurde, berichtigt worden ist, oder
c) die Kaufentscheidung nicht durch die öffentliche Erklärung beeinflusst worden sein konnte".

III. Montageanforderungen

Eine Sache entspricht nach § 434 Abs. 4 BGB (Kauf mit Montageverpflichtung)[96] in Umsetzung von Art. 8 WKRL (unsachgemäße Montage oder Installierung der Waren)[97] und (entsprechend § 434 Abs. 2 BGB alt) den Montageanforderungen[98] (Voraussetzungen für die Übereinstimmung mit den Anforderungen), wenn die Montage

■ sachgemäß durchgeführt worden ist[99] (Nr. 1:[100] sachgemäße Montage, wenn diese Teil des Kaufvertrags ist und vom Verkäufer oder unter seiner Verantwortung vorgenommen wurde)[101] oder

■ zwar unsachgemäß durchgeführt worden ist, dies jedoch weder auf einer unsachgemäßen Montage durch den Verkäufer noch auf einem Mangel in der vom Verkäufer übergebenen Anleitung beruht[102] (Nr. 2).[103]

24

Obgleich im Unterschied zu § 434 Abs. 2 Satz 1 BGB alt die Verantwortung des Verkäufers für seinen **Erfüllungsgehilfen** (§ 278 BGB) in § 434 Abs. 4 BGB keine Erwähnung mehr findet (Verzicht auf die Nennung des Erfüllungsgehilfen)[104] und auch nicht aus Art. 8 Buchst. a WKRL folgt (Montage unter der Verantwortung des Verkäufers) soll, da Leistungen grundsätzlich delegiert werden können (Delegation von Arbeiten durch den Verkäufer an Dritte) und der Gesetzgeber eine inhaltliche Änderung nicht bezweckt hat (redaktionelle Bereinigung).[105] Das Verhalten des Erfüllungsgehilfen (Dritten) ist dem Verkäufer also zurechenbar. Der delegierende Verkäufer als Schuldner ist *„auch ohne ausdrückliche gesetzliche Anordnung für die vertragsgemäße Erfüllung der Leis-*

25

---

96 Dazu näher Brönneke/Föhlisch/Tonner/*Brönneke/Schmidt/Willburger*, Das neue Schuldrecht, § 4 Rn 38 f.
97 *„Jede Vertragswidrigkeit, die durch die unsachgemäße Montage oder Installierung der Waren verursacht wird, ist als Vertragswidrigkeit der Waren anzusehen, wenn*
   a) die Montage oder Installierung Teil des Kaufvertrags ist und vom Verkäufer oder unter seiner Verantwortung vorgenommen wurde oder
   b) die vom Verbraucher vorzunehmende Montage oder Installierung von diesem getätigt wurde und die unsachgemäße Montage oder Installierung auf einen Mangel in der vom Verkäufer oder, im Falle von Waren mit digitalen Elementen, vom Verkäufer oder vom Anbieter der digitalen Inhalte oder digitalen Dienstleistungen mitgelieferten Anleitung zurückzuführen ist".
98 Näher HK-BGB/*Saenger*, § 434 Rn 34 ff. zu Montagefehlern.
99 Näher HK-BGB/*Saenger*, § 434 Rn 35.
100 Entsprechend § 434 Abs. 2 Satz 1 BGB alt (Montage durch den Verkäufer) bzw. § 434 Abs. 2 Satz 2 a.E. BGB alt (Selbstmontage trotz fehlerhafter Anleitung).
101 *Kirchhefer-Lauber*, JuS 2021, 918, 919.
102 Näher HK-BGB/*Saenger*, § 434 Rn 36.
103 Eine Konstellation – fehlerhafte Selbstmontage trotz mangelfreier Anleitung – war von § 434 Abs. 2 BGB nicht erfasst, weshalb auch schon nach altem Recht kein Sachmangel vorlag: *Wilke*, VuR 2021, 283, 284.
104 *Wilke*, VuR 2021, 283, 284.
105 *Kirchhefer-Lauber*, JuS 2021, 918, 920.

tung verantwortlich" (keine Entlastungsmöglichkeit des Verkäufers, *„die Verantwortung des Verkäufers für den von ihm eingesetzten Erfüllungsgehilfen ergibt sich bereits aus allgemeinen Grundsätzen"*).[106]

IV. Aliud und Minuslieferung

26 Einem Sachmangel steht es gemäß § 434 Abs. 5 BGB gleich, wenn der Verkäufer eine andere Sache als die vertraglich geschuldete Sache liefert[107] (Aliudlieferung).[108] Die **Minus- (Minder-)** bzw. **Mankolieferung** („Lieferung einer zu geringen Menge", vgl. § 434 Abs. 3 BGB alt) findet in diesem Kontext keine Erwähnung mehr, da sie in Art. 6 Buchst. a WKRL[109] ausdrücklich als Anwendungsfall der **subjektiven Anforderungen an eine Kaufsache** benannt wird und damit als echter Sachmangel i.S.v. § 434 Abs. 2 Satz 2 bzw. § 434 Abs. 3 Satz 2 BGB zu qualifizieren ist (und damit einem solchen nicht nur gleichsteht):[110] Eine systematische Korrektur, die durch die Vorgaben des Unionsrecht nötig geworden ist, an den Rechtsfolgen aber nichts ändert.[111]

> *Beachte*
> Die Zuviellieferung hat hingegen – wie bisher[112] – keine ausdrückliche Regelung erfahren, wobei jedoch Art. 6 Buchst. a WKRL die Menge (ohne Einschränkungen, weniger oder mehr) nennt,[113] ebenso § 434 Abs. 2 Satz 2 respektive § 434 Abs. 3 Satz 2 BGB.

---

106 RegE, BT-Drucks 19/27424, S. 25.
107 *Wilke* (VuR 2021, 283, 285): *„Warum eigentlich, wenn doch die ‚Art' bereits zur Beschaffenheit gehört?"* Zum Aliud auch HK-BGB/*Saenger*, § 434 Rn 37.
108 Wohingegen nach der Altregelung (§ 434 Abs. 3 BGB alt) die Lieferung einer „anderen Sache" einem Sachmangel gleichstand.
109 Siehe Rdn 7.
110 RegE, BT-Drucks 19/27424, S. 25. Insoweit merkt *Wilke* (VuR 2021, 283, 284 f.) aber richtig an, dass „*es (...) nur seltsam an[mutet], ausgerechnet an dieser eher untergeordneten Stelle dem wortreichen Vorbild der Richtlinie (...) die Gefolgschaft zu versagen, anderenorts jedoch rechtlich Überflüssiges offenbar aus Gründen der Klarstellung zu reproduzieren*".
111 *Kirchhefer-Lauber*, JuS 2021, 918, 920.
112 Was unter der Geltung der VerbrGKRL als richtlinienkonform galt: *Wilke*, VuR 2021, 283, 285.
113 Auch die analoge Formulierung in Art. 35 Abs. 1 CSIG soll sowohl Zuviel- als auch Zuweniglieferungen erfassen: Schlechtriem/Schwenzer/Schroeter/*Schwenzer*, Art. 35 CSIG Rn 8 – „*Ob dennoch eine teleologische Reduktion der Richtlinienvorgaben erfolgen sollte (...), kann letztlich nur der EuGH klären*": *Wilke*, VuR 2021, 283, 285, dafür spreche „*der Fokus der Warenkauf-RL auf Störungen des Äquivalenzinteresses, welches von einer Zuviellieferung nicht beeinträchtigt wird*" (*Wilke*, a.a.O.).

B. Neuregelung des Sachmangelbegriffs § 4

Neue Prüfungsfolge[114] *(aufgrund der Abkehr vom Vorrang des subjektiven Fehlerbegriffs, vorstehende Rdn 6):*
- ☐ Liegt eine besondere Fehlerkategorie vor?
  - ☐ Aliudllieferung (§ 434 Abs. 5 BGB, vorstehende Rdn 26)?
  - ☐ Minder-/Minuslieferung (§ 434 Abs. 2 Satz 2 BGB [Rdn 26] respektive § 434 Abs. 3 Satz 2 BGB [Rdn 26])?
  - ☐ Fehlen von Zubehör (§ 434 Abs. 2 Satz 1 Nr. 3 BGB [Rdn 11] respektive § 434 Abs. 3 Satz 1 Nr. 4 BGB [Rdn 18])?
  - ☐ Montagemangel (§ 434 Abs. 4 BGB, Rdn 24)?
- ☐ Stimmt die Ware mit den objektiven Anforderungen (Rdn 18 ff.) überein (ohne Rückgriff auf vertragliche Vereinbarungen)? Fraglich, sofern dies nicht bereits im Kontext mit einer besonderen Fehlerkategorie eine Prüfung erfahren hat.
- ☐ Stimmt die Ware mit den subjektiven Anforderungen überein, ggf. unter Heranziehung einer (nur unter engen Voraussetzungen möglichen) negativen Beschaffenheitsvereinbarung?
- ☐ Prüfung der negativen Beschaffenheitsvereinbarung:
  - ☐ § 476 BGB in der Konstellation B2C;
  - ☐ §§ 305 ff. BGB in der Konstellation B2B (mit dem Problem einer Klauselkontrolle in dieser Relation, vgl. § 310 Abs. 1 Satz 1 BGB).

Zusammenfassung
- Die Umsetzung der WKRL führt zu erheblichen sprachlichen Veränderungen in der gesetzlichen Regelung, deren materielle Auswirkungen jedoch gering bleiben werden.
- Statt eines vormaligen Vorrangs der subjektiven Anforderungen (vgl. § 434 Abs. 1 Satz 2 BGB: „*Soweit die Beschaffenheit nicht vereinbart ist, [...]*") kommt es zu einer Kumulation der subjektiven und objektiven Anforderungen.
- Von den objektiven Anforderungen ist eine subjektive Abweichung möglich.

---

[114] In Anlehnung an Brönneke/Föhlisch/Tonner/*Brönneke/Schmidt/Willburger*, Das neue Schuldrecht, § 4 Rn 11.

C. Änderungen (Ergänzungen) in Bezug auf die Nacherfüllung

27 Die Umsetzung der WKRL führt die Abhilfekaskade der Rechte des Käufers bei Mängeln nach § 437 BGB zwar fort:
- Nacherfüllung (§ 439 BGB, in Gestalt von Nachbesserung oder Nachlieferung – Nr. 1)
- Rücktritt vom Vertrag (§§ 440, 323 und 326 Abs. 5 BGB) bzw. Minderung des Kaufpreises (§ 441 BGB) (Nr. 2)
- Schadens- (§§ 440, 280, 281, 283 und 311a BGB) oder Aufwendungsersatz (§ 284 BGB) (Nr. 3)

28 Die Vorgaben der WKRL machten jedoch eine Modifikation von § 439 Abs. 3 BGB alt, der die Kodifizierung der EuGH-Rechtsprechung in den Rechtssachen *Weber/Putz*[115] vollzogen hatte, notwendig. In Bezug auf die Notwendigkeit einer Gutgläubigkeit nach Maßgabe der Entscheidung des EuGH hatte § 439 Abs. 2 Satz 2 BGB alt bestimmt, dass im Hinblick auf den Ersatz von Aufwendungen für den Aus- und Wiedereinbau die Regelung des § 442 Abs. 1 BGB alt (Kenntnis des Mangels) mit der Maßgabe anzuwenden war, dass für die Kenntnis des Käufers an die Stelle des Zeitpunkt des Vertragsschlusses der Zeitpunkt des Einbaus oder des Anbringens der mangelhaften Sache durch den Käufer trat. Damit war ein Aufwendungsersatz ausgeschlossen, wenn der Käufer die Sache in Kenntnis oder grob fahrlässiger Unkenntnis des Mangels eingebaut hatte.

I. Ersatz der Aus- und Einbaukosten

29 Nach § 439 Abs. 3 BGB, dessen zweiter Satz gestrichen wurde (zur modifizierten Anwendung des § 442 Abs. 1 BGB, da Art. 14 Abs. 3 WKRL[116] keine Beschränkung der Käuferrechte vorsieht, wenn diesem der Mangel vor dem Einbau unbekannt geblieben ist,[117] kein Ausschluss des Aufwendungsersatzanspruchs bei grob fahrlässiger Unkenntnis), ist der Verkäufer im Rahmen der Nacherfüllung, wenn der Käufer die mangelhafte Sache gemäß ihrer Art und ihrem Verwendungszweck

---

115 EuGH, Urt. v. 16.6.2011 – C-65/09 und C-87/09, NJW 2011, 2269, wobei das Gericht entschieden hatte, dass der Nacherfüllungsanspruch sich im Fall der Lieferung einer mangelhaften Sache nicht nur auf eine Neulieferung beschränkt. Vielmehr muss der Unternehmer – darüber hinaus – auch entweder den Ausbau der mangelhaften und den Einbau der neu gelieferten Sache bzw. die dafür anfallenden Kosten tragen, wenn und soweit der Verbraucher die gekaufte Sache ihrer Bestimmung gemäß „gutgläubig" eingebaut hat.

116 „*Erfordert die Nachbesserung die Entfernung von Waren, die entsprechend ihrer Art und ihrem Zweck montiert oder installiert wurden, bevor die Vertragswidrigkeit offenbar wurde, oder sind solche Waren zu ersetzen, so umfasst die Pflicht zur Nachbesserung oder Ersatzlieferung die Entfernung der nicht vertragsgemäßen Waren und die Montage oder Installierung der Ersatzwaren oder der nachgebesserten Waren oder die Übernahme der Kosten dieser Entfernung und Montage oder Installierung*".

117 RegE, BT-Drucks 19/27424, S. 26.

C. Änderungen (Ergänzungen) in Bezug auf die Nacherfüllung § 4

- in eine andere Sache eingebaut (installiert) oder
- an eine andere Sache angebracht (montiert) hat,

„*bevor der Mangel (d.h. die Vertragswidrigkeit) offenbar wurde*", verpflichtet, dem Käufer die erforderlichen Aufwendungen für das Entfernen der mangelhaften und den Einbau oder das Anbringen der nachgebesserten oder gelieferten mangelfreien Sache zu ersetzen (**Kostenübernahmeverpflichtung des Verkäufers**).

Die **Kenntnis des Mangels** folgt damit direkt aus § 439 Abs. 3 BGB: „*Der Käufer hat unmittelbar einen Anspruch gegen den Verkäufer auf Ersatz der Aus- und Einbaukosten, ohne dass der Verkäufer (oder dessen Lieferanten) Gelegenheit bekommen, den Aus- und Einbau in Natur vorzunehmen*".[118] 30

Nach *Lorenz*[119] soll für das bislang weder im BGB noch jetzt in der WKRL Erwähnung findende neue Tatbestandsmerkmal „**offenbar wurde**" – anders als der RegE,[120] der es mit positiver Kenntnis gleichsetzen will – i.S.e. objektivierten Sichtweise (ähnlich § 377 HGB) maßgeblich sein, „*ob sich die Vertragswidrigkeit einem Durchschnittskäufer nachgerade aufdrängen muss, was wiederum sachlich mit dem bislang maßgeblichen Kriterium der groben Fahrlässigkeit in § 442 Abs. 1 BGB übereinstimmen dürfte*". 31

Die Regelung dient – wie bisher – der Umsetzung der Vorgaben des EuGH aus der *Weber/Putz*-Entscheidung[121] (im Hinblick auf die Erfordernisse eines gutgläubigen Einbaus), wonach der Verkäufer einer beweglichen Sache im Rahmen der Nacherfüllung verpflichtet sein kann, die bereits in eine andere Sache eingebaute mangelhafte Kaufsache auszubauen und die Ersatzsache neu einzubauen oder die Kosten für beides zu tragen. Art. 14 Abs. 3 WKRL[122] hält an dieser Beurteilung zwar fest, fordert aber Anpassungen im Detail. 32

Die Vorgabe des EuGH für einen Ersatz der Ein- und Ausbaukosten, dass der Verkäufer die Sache gutgläubig eingebaut hat (umgesetzt in § 439 Abs. 3 Satz 2 BGB alt) bedarf aufgrund von Art. 14 Abs. 3 WKRL,[123] der zur Voraussetzung hat, dass die Sache „*bevor die Vertragswidrigkeit offenbar wurde*" montiert oder installiert wurde, nur einer entsprechenden Anpassung im Detail. 33

---

118 *Kirchhefer-Lauber*, JuS 2021, 918, 920.
119 NJW 2021, 2065, 2067.
120 BT-Drucks 19/27424, S. 26.
121 EuGH, Urt. v. 16.6.2011 – C-65/09 und C-87/09, NJW 2011, 2269.
122 „*Erfordert die Nachbesserung die Entfernung von Waren, die entsprechend ihrer Art und ihrem Zweck montiert oder installiert wurden, bevor die Vertragswidrigkeit offenbar wurde, oder sind solche Waren zu ersetzen, so umfasst die Pflicht zur Nachbesserung oder Ersatzlieferung die Entfernung der nicht vertragsgemäßen Waren und die Montage oder Installierung der Ersatzwaren oder der nachgebesserten Waren oder die Übernahme der Kosten dieser Entfernung und Montage oder Installierung*".
123 Vorstehende Fn 122.

34 Die **Pflicht des Verkäufers zur Nacherfüllung** umfasst nach Art. 14 Abs. 3 WKRL[124] die Durchführung des Aus- und Einbaus in Selbstvornahme oder (alternativ) die Übernahme der entsprechenden Kosten, ohne dass die WKRL bestimmt, wer die Auswahl zwischen den beiden Rechtsbehelfen treffen darf. Die Entscheidung darüber hat auch der EuGH dem nationalen Gesetzgeber überlassen. Mit dem Gesetz zur Reform des Bauvertragsrechts, zur Änderung der kaufrechtlichen Mängelhaftung usw. vom 28.4.2017[125] wurde (zwecks Vermeidung von Konkurrenzen von Hauptleistungspflichten aus einem Werkvertrag einerseits und Gewährleistungsrechten aus einem Kaufvertrag andererseits) dem Käufer in § 439 Abs. 3 BGB alt ein unmittelbarer Anspruch auf Ersatz der Aus- und Einbaukosten zugebilligt, ohne dem Verkäufer bzw. dessen Lieferanten aber die Gelegenheit einzuräumen, den Aus- und Einbau in natura vorzunehmen. Daran hält der Gesetzgeber in Umsetzung der WKRL fest.

35 Beim **Einbau einer mangelhaften** Sache hat der Käufer somit nach § 439 Abs. 3 BGB[126] nur dann einen Anspruch gegen den Verkäufer auf Ersatz der erforderlichen Aufwendungen für den Ausbau der mangelhaften und den Einbau einer mangelfreien Sache, wenn er den Einbau vornimmt, bevor der Mangel „offenbar" wird.[127]

36 *Wilke*[128] weist darauf hin, dass, soweit nach der Neufassung **grob fahrlässige Mangelunkenntnis** dem Käufer in entsprechenden Konstellationen nicht mehr schadet (da § 439 Abs. 3 Satz 2 sich auch auf § 442 Abs. 1 Satz 2 BGB bezieht), eine überschießende Umsetzung der WKRL erfolgt ist, die allein auf „*rechtstechnische(n) Überlegungen im Zusammenhang mit § 475 Abs. 3 BGB*" (siehe nachstehende Rdn 42) beruht.

II. Pflicht des Käufers, dem Verkäufer die Sache zum Zweck der Nacherfüllung zur Verfügung zu stellen

37 Nach § 439 Abs. 5 BGB[129] neu trifft den Käufer in Umsetzung von Art. 14 Abs. 2 Satz 1 WKRL[130] die erzwingbare Verpflichtung[131] (und keine bloße Obliegenheit),[132] dass er dem Verkäufer die mangelhafte Sache zum Zweck der Nacherfüllung zur Verfügung zu stellen hat[133] (Pflichten im Zusammenhang mit Nachbesserung und Nachlieferung).

---

124 Vorstehende Fn 122.
125 BGBl I, S. 969.
126 Näher HK-BGB/*Saenger*, § 439 Rn 8.
127 Brönneke/Föhlisch/Tonner/*Brönneke/Schmidt/Willburger*, Das neue Schuldrecht, § 4 Rn 73.
128 *Wilke*, VuR 2021, 283, 288.
129 Näher HK-BGB/*Saenger*, § 439 Rn 11.
130 „*Hat die Abhilfe der Vertragswidrigkeit durch Nachbesserung der Waren oder durch Ersatzlieferung zu erfolgen, so stellt der Verbraucher dem Verkäufer die Waren zur Verfügung*".
131 A.A. *Lorenz*, NJW 2021, 2065, 2067: Obliegenheit.
132 RegE, BT-Drucks 19/27424, S. 26.
133 Dazu näher Brönneke/Föhlisch/Tonner/*Brönneke/Schmidt/Willburger*, Das neue Schuldrecht, § 4 Rn 75.

C. Änderungen (Ergänzungen) in Bezug auf die Nacherfüllung § 4

Eine **Verletzung dieser Verpflichtung** des Käufers soll die allgemeinen Rechtsfolgen nach den §§ 273 ff. BGB auslösen,[134] womit *„der Verkäufer die Nachlieferung einredeweise von der Rückgabe der mangelhaften Sache abhängig machen (kann)".*[135] Ob aber eine **verspätete Zurverfügungstellung** im Rahmen der **Nachbesserung** auch Schadensersatzansprüche des Verkäufers nach sich ziehen kann, *„wird jedenfalls für den Verbrauchsgüterkauf letztlich in Luxemburg zu klären sein".*[136] Schon bisher traf den Käufer nach Ansicht des BGH[137] zumindest eine Obliegenheit, dem Verkäufer die mangelhafte Sache am Erfüllungsort zur Verfügung zu stellen, um diese auf Mangelhaftigkeit zu überprüfen und ggf. die vom Käufer begehrte Nacherfüllung vorzunehmen. 38

III. Rücknahme der ersetzten Sache durch den Verkäufer

Nach § 439 Abs. 6 Satz 2 BGB[138] neu hat der Verkäufer in Umsetzung von Art. 14 Abs. 2 Satz 2 WKRL[139] die ersetzte Sache auf seine Kosten zurückzunehmen (Rücknahmepflicht des Verkäufers in Bezug auf die mangelhafte Sache im Falle der Nachlieferung), was sich bislang in vielen Fällen auch schon bereits aus § 242 BGB im Falle eines berechtigten Käuferinteresses ergeben[140] und sich damit als richtlinienbedingte Klarstellung des bereits nach h.M. geltenden Rechts entpuppt hat.[141] 39

Die Regelung erlangt in Fällen Bedeutung, *„in denen der Käufer die mangelhafte Sache loswerden will und sie für den Verkäufer keinen Wert mehr hat und immer dann, wenn der Käufer den Ersatz notwendiger Verwendungen gem. § 347 Abs. 2 Satz 1 (BGB) geltend macht, weil der Anspruch die Rückgabe der Sache voraussetzt".*[142]

---

134 RegE, BT-Drucks 19/27424, S. 27. Ebenso *Wilke*, VuR 2021, 283, 288.
135 *Wilke*, VuR 2021, 283, 288.
136 *Wilke*, VuR 2021, 283, 288: *„Frage der Käuferpflicht als von der WKRL erfasste Vorfrage für den nicht [von der WKRL] erfassten Schadensersatz".*
137 BGH, Urt. v. 10.3.2010 – VIII ZR 310/08, NJW 2010, 1448 Rn 12.
138 Näher HK-BGB/*Saenger*, § 439 Rn 19.
139 *„Der Verkäufer nimmt die ersetzten Waren auf seine Kosten zurück".*
140 RegE, BT-Drucks 19/27424, S. 27. Vgl. auch BeckOK-BGB/*Faust*, § 439 Rn 25.
141 *Wilke*, VuR 2021, 283, 289.
142 *Kirchhefer-Lauber*, JuS 2021, 918, 921.

> *Beachte*
>
> Art. 14 Abs. 2 WKRL[143] erfasst in Satz 1 beide Arten der Nacherfüllung (deswegen der neue Absatz 5 des § 439 BGB), in Satz 2 aber nur die Ersatzlieferung („ersetzten Waren", deswegen der neue Satz 2 des § 439 Abs. 6 BGB).

40 Vgl. dazu auch die Sonderregelung des § 475 Abs. 3 BGB für Verbrauchsgüterkaufverträge (unter Rdn 56 ff.).

IV. Exkurs

41 Unverändert bleibt § 439 Abs. 4 BGB, wonach der Verkäufer die vom Käufer gewählte Art der Nacherfüllung verweigern kann, wenn sie nur mit unverhältnismäßigen Kosten möglich ist. Unverhältnismäßigkeit

- im Vergleich mit der anderen Art der Nacherfüllung (sog. relative Unverhältnismäßigkeit) oder
- im Vergleich zwischen Aufwand des Verkäufers und Leistungsinteresse des Käufers (sog. absolute Unverhältnismäßigkeit).

Macht der Verkäufer wegen relativer Unverhältnismäßigkeit sein Verweigerungsrecht geltend, reduziert sich sein Nacherfüllungsrecht nach § 439 Abs. 4 Satz 3 Halbs. 1 BGB auf die noch verbliebene Art der Nacherfüllung, wobei der Verkäufer gemäß § 439 Abs. 4 Satz 3 Halbs. 2 BGB aber auch diese noch verbliebene Möglichkeit der Nacherfüllung, so sie mit unverhältnismäßig hohen Kosten verbunden ist, verweigern kann.[144]

42 Dem entgegen stand bisher – infolge der *Weber/Putz*-Entscheidung des EuGH – die Sonderregelung des § 475 Abs. 4 BGB alt, die ein „Totalverweigerungsrecht" des Verkäufers ausschloss. Da die WKRL die Rechtsprechung des EuGH zur Unverhältnismäßigkeit der Nacherfüllung nicht übernommen hat, sind § 475 Abs. 4 und 5 BGB alt gestrichen worden. Infolgedessen steht dem Verkäufer auch im Verhältnis zum Verbraucher ein **Totalverweigerungsrecht** zu.[145]

> *Beachte*
>
> Beim Verbrauchsgüterkauf ist der Verbraucher nach § 475 Abs. 3 Satz 1 BGB auch weiterhin nicht verpflichtet, Nutzungen herauszugeben oder ihren Wert zu ersetzen:

---

143 „Hat die Abhilfe der Vertragswidrigkeit durch Nachbesserung der Waren oder durch Ersatzlieferung zu erfolgen, so stellt der Verbraucher dem Verkäufer die Waren zur Verfügung. Der Verkäufer nimmt die ersetzten Waren auf seine Kosten zurück".
144 *Kirchhefer-Lauber*, JuS 2021, 918, 921.
145 *Kirchhefer-Lauber*, JuS 2021, 918, 921.

Gemäß § 475 Abs. 3 Satz 2 BGB sind die §§ 442, 445 und 447 Abs. 2 BGB auf den Verbrauchsgüterkauf nicht anzuwenden.

D. Aufwendungsersatz in der Regresskette

Der Unternehmerrückgriff (Regress) hat sowohl infolge von 43
- Art. 20 Digitale-Inhalte-RL in § 327u BGB (siehe dazu § 3 Rdn 115 ff.), mithin im allgemeinen Schuldrecht, als auch durch
- Art. 18 WKRL in den §§ 445a–c und 478 BGB

eine Neuregelung bzw. Modifikationen erfahren.

Nach Art. 18 Satz 1 WKRL[146] muss der Verkäufer in der Regresskette berechtigt sein, auf 44
die oder den in der Vertragskette Haftenden Rückgriff zu nehmen, wenn er selbst gegenüber dem Verbraucher aufgrund einer Vertragswidrigkeit haftet, die auf ein Handeln oder Unterlassen einer Person in vorhergehenden Gliedern der Vertragskette zurückgeht, wobei das nationale Recht gemäß Art. 18 Satz 2 WKRL[147] die Einzelheiten regeln kann.

I. Selbstständiger Regressanspruch des Verkäufers gegen seinen Lieferanten (§ 445a Abs. 1 BGB)

Der Verkäufer kann beim Verkauf einer neu hergestellten Sache nach § 445a Abs. 1 BGB 45
vom Verkäufer (Lieferanten), der ihm die Sache verkauft hat (Lieferant), Ersatz der anfallenden Aufwendungen verlangen (Rückgriff in der Lieferkette – Weiterreichen der angefallenen Aufwendungen),[148] die er im Verhältnis zum Käufer
- nach § 439 Abs. 2, Abs. 3 und Abs. 6 Satz 2 BGB[149] neu (Anspruch des Käufers gegen den Verkäufer auf Rücknahme der ersetzten Sache) sowie nach
- § 475 Abs. 4 BGB neu (Anspruch auf Vorschuss)

zu tragen hat, wenn der vom Käufer geltend gemachte Mangel nach seinem **Anknüpfungspunkt**
- bereits beim Übergang der Gefahr auf den Verkäufer vorhanden war oder

---

146 „Haftet der Verbraucher aufgrund einer Vertragswidrigkeit infolge eines Handelns oder Unterlassens einer Person in vorhergehenden Gliedern der Vertragskette, einschließlich des Unterlassens, Aktualisierungen für Waren mit digitalen Elementen gemäß Art. 7 Abs. 3 zur Verfügung zu stellen, ist der Verkäufer berechtigt, bei den oder dem innerhalb der Vertragskette Haftenden Rückgriff zu nehmen".
147 „Bei welcher Person der Verkäufer Rückgriff nehmen kann, sowie die diesbezüglichen Maßnahmen und Bedingungen für die Geltendmachung des Rückgriffs der Rückgriffsansprüche bestimmt das nationale Recht".
148 Näher HK-BGB/*Saenger*, § 445a Rn 3 ff.
149 Vormals § 439 Abs. 5 BGB alt.

- auf einer Verletzung der (objektiven) Aktualisierungspflicht gemäß § 475b Abs. 4 BGB[150] beruht (für Waren mit digitalen Elementen – der ergänzend zu § 434 BGB gilt: Danach genügt eine Ware mit digitalen Elementen den objektiven Anforderungen, wenn sie den [objektiven] Anforderungen des § 434 Abs. 3 BGB entspricht und der Verbraucher während des Zeitraums, den er aufgrund der Art und des Zwecks der Ware und ihrer digitalen Elemente sowie unter Berücksichtigung der Umstände und der Art des Vertrags erwarten kann, Aktualisierungen bereitgestellt werden, die für den Erhalt der Vertragsgemäßheit der Ware erforderlich sind, und der Verbraucher über diese Aktualisierungen informiert wird: **kumulative objektive Anforderungen an eine Ware mit digitalen Elementen beim Verbrauchsgüterkauf**).[151]

> *Beachte*
> *Die subjektiven Anforderungen „an eine Sache mit digitalen Elementen nach § 475b Abs. 3 BGB in Gestalt von Einzelvereinbarungen zwischen den Parteien im letzten Glied der Lieferkette über die Aktualisierung (sind) von dem Anwendungsbereich des § 445a BGB ausgenommen".*[152]

46 Der vormalige Verweis auf § 475 Abs. 6 BGB alt wurde gestrichen (weil die Vorschussregelung nach § 475 Abs. 4 BGB verschoben wurde), beibehalten wurde hingegen der Verweis auf den (inhaltlich geänderten) § 475 Abs. 4 BGB.

Die Beschränkung des Aufwendungsersatzes auf § 475b Abs. 4 BGB liegt darin begründet, dass dem Lieferanten ein vertragliches Versprechen über die Länge der Aktualisierungsverpflichtung durch den Verkäufer nicht zugerechnet werden kann: *„Wenn der Lieferant nicht selbst Zusagen über die Länge der Aktualisierungsverpflichtung gemacht hat, haftet er daher nicht für einen Verstoß des Verkäufers gegen eine mit einem Verbraucher vereinbarte Aktualisierungsverpflichtung nach § 475b Abs. 3 BGB".*[153]

47 *Lorenz*[154] weist darauf hin, dass § 445a Abs. 1 BGB – angesichts des persönlichen und sachlichen Anwendungsbereichs des § 475b BGB, die nur das Verhältnis Verkäufer – Verbraucher (nicht jedoch das Verhältnis Verkäufer – Lieferant) betrifft – zu der „merkwürdigen Situation" führt, *„dass der Regressanspruch des Verkäufers gegenüber seinem*

---

150 „Hintergrund für die Erweiterung des Anwendungsbereichs des § 445a BGB auf die Verletzung der Aktualisierungspflicht ist, dass der Verkäufer typischerweise gar nicht die technischen und rechtlichen Möglichkeiten hat, die vom Gesetz geforderte Aktualisierung umzusetzen, und insoweit regelmäßig auf eine Mitwirkungshandlung des Herstellers angewiesen ist": Brönneke/Föhlisch/Tonner/*Buchmann/Panfili*, Das neue Schuldrecht, § 5 Rn 39 – Weiterreichen der Aktualisierungspflicht durch den Verkäufer entlang der Lieferkette an jenen, der die Aktualisierung tatsächlich vornehmen kann.
151 Brönneke/Föhlisch/Tonner/*Buchmann/Panfili*, Das neue Schuldrecht, § 5 Rn 38.
152 Brönneke/Föhlisch/Tonner/*Buchmann/Panfili*, Das neue Schuldrecht, § 5 Rn 40.
153 RegE, BT-Drucks 19/27424, S. 27.
154 NJW 2021, 2065, 2067 f.

Lieferanten allein durch eine Pflichtverletzung des Verkäufers gegenüber dem Verbraucher ausgelöst wird". Im Rahmen einer teleologischen Reduktion will *Lorenz*[155] daher dem Verkäufer einen Regress gegen seinen Lieferanten dann versagen, *"wenn das unterlassene Zurverfügungstellen von Aktualisierungen beim Verbraucher allein aus der Sphäre des Verkäufers selbst herrührt und nicht auf den Lieferanten oder einen Dritten zurückzuführen ist"* (**Problem einer Haftung des Lieferanten im Regress für eine Pflichtverletzung, die ihn gegenüber seinem Vertragspartner gar nicht trifft**).

Vgl. dazu auch die Sonderregelung des § 478 BGB, wenn der letzte Vertrag in der Regresskette ein Verbrauchsgüterkaufvertrag ist. 48

II. Wegfall der Höchstgrenze der Ablaufhemmung (§ 445b Abs. 2 BGB)

§ 445b Abs. 2 Satz 1 BGB hemmt den Ablauf der Verjährung von Rückgriffsansprüchen   49
des Verkäufers gegen seinen Lieferanten.[156] Die Regelung des § 445b Abs. 2 Satz 2 BGB alt, die die Beschränkung der Ablaufhemmung auf einen Zeitraum von fünf Jahren ab der Lieferung der Sache an den Verkäufer begrenzt hatte, wurde aufgehoben (obgleich die WKRL nichts Entsprechendes anordnet), weil schon bisher bei Sachen mit einer Verjährungsfrist, die zwei Jahre überschritt (bspw. Baustoffen), der Verkäufer oft die Rückgriffsansprüche des § 445a BGB (bei bereits eingetretener Verjährung) nicht geltend machen konnte, bevor er davon erfuhr, dass der Käufer gegen ihn selbst Ansprüche geltend macht.[157] Die Aktualisierungsverpflichtung des neuen Rechts und die Vereinbarung über die Bereitstellung digitaler Elemente über einen dauerhaften Zeitraum würde nach Ansicht des Gesetzgebers diese Situation aber noch weiter verschärfen, *"weil auch bei diesen Pflichten eine über den Zeitraum von fünf Jahren hinausgehende Haftung des Verkäufers denkbar ist"*.[158] Infolgedessen ist die Begrenzung der Verjährungshemmung auf fünf Jahre gestrichen worden.

III. Rügeobliegenheit

Beibehalten wurde in § 445a BGB die Regelung, dass § 377 HGB (Untersuchungs- und   50
Rügeobliegenheit) auch im Zusammenhang mit den §§ 445a ff. BGB Anwendung findet (vgl. § 445a Abs. 4 BGB).[159]

---

155 *Lorenz*, NJW 2021, 2065, 2068 unter Verweis auf Erwägungsgrund Nr. 63 der WKRL.
156 Näher HK-BGB/*Saenger*, § 445b Rn 3.
157 RegE, BT-Drucks 19/27424, S. 28.
158 RegE, BT-Drucks 19/27424, S. 28.
159 Näher HK-BGB/*Saenger*, § 445a Rn 16.

IV. Verhältnis von § 445a BGB zu § 327u BGB

51 Im Unterschied zu § 445a BGB, der eine Übergabe der – mangelbehafteten – Kaufsache voraussetzt, erfasst die im allgemeinen Schuldrecht angesiedelte Regelung des § 327u BGB (vorstehende Rdn 43) *„auch Sachverhalte, bei denen es noch nicht zu einem Leistungsaustausch gekommen ist, also bspw. das digitale Produkt gar nicht bereitgestellt wurde"*:[160] *„Der Unterschied im Anwendungsbereich liegt folglich im Gefahrübergang"*.[161]

52 Notwendig ist dabei in jedem Fall die nicht einfache Prüfung der Frage, ob ein
- Verbrauchervertrag über digitale Inhalte (§ 445a BGB) oder ein
- Vertrag über die Bereitstellung eines digitalen Produkts (§ 327u BGB)

in Rede steht.

E. Besonderheiten für den Verbrauchsgüterkauf

53 In § 474 Abs. 1 BGB (Anwendungsbereich des Verbrauchsgüterkaufs) ist ohne inhaltliche Veränderung der vormalige Begriff „bewegliche Sache" für das gesamte Verbrauchsgüterkaufrecht durch **„Ware"** i.S.v. § 241a Abs. 1 BGB ersetzt worden.

Ware wird in § 241 Abs. 1 BGB als bewegliche Sache legal definiert, die nicht aufgrund von Zwangsvollstreckungsmaßnahmen oder anderen gerichtlichen Maßnahmen verkauft wird. Vom Begriff erfasst werden auch Tiere (vgl. § 477 Abs. 1 Satz 2 BGB).[162]

> *Beachte*
> Erfolgt die Versteigerung einer beweglichen Sache hingegen aufgrund gerichtlicher oder behördlicher Zwangsvollstreckungsmaßnahmen, sind gemäß § 806 ZPO respektive § 283 AO kaufrechtliche Gewährleistungsansprüche generell ausgeschlossen.[163] Kaufverträge im Zuge von Zwangsvollstreckungsmaßnahmen oder anderen gerichtlichen Maßnahmen sind – richtlinienkonform (vgl. Art. 3 Abs. 4 Buchst. b WKRL) – ausgeschlossen.[164]

---

160 Brönneke/Föhlisch/Tonner/*Buchmann/Panfili*, Das neue Schuldrecht, § 5 Rn 45.
161 Brönneke/Föhlisch/Tonner/*Buchmann/Panfili*, Das neue Schuldrecht, § 5 Rn 45.
162 *Wilke,* VuR 2021, 283, 286.
163 Dazu auch *Lorenz*, NJW 2021, 2065, 2068.
164 *Wilke,* VuR 2021, 283, 286.

E. Besonderheiten für den Verbrauchsgüterkauf § 4

Der Gesetzgeber hat in Umsetzung der WKRL davon Abstand genommen, die möglicherweise treffendere Bezeichnung „Verbraucherwarenkauf" (statt Verbrauchsgüterkauf) neu einzuführen.[165] **54**
§ 434 BGB (siehe Rdn 5 ff.) mit der neugefassten Mangeldefinition gilt – wie bisher – grundsätzlich auch für Verbrauchsgüterkaufverträge.[166]
Für den Verbrauchsgüterkauf gelten gemäß § 474 Abs. 2 Satz 1 BGB[167] ergänzend die folgenden Vorschriften dieses Untertitels für **gebrauchte Sachen, die in einer öffentlich zugänglichen Versteigerung verkauft werden**. **55**
„Öffentliche Versteigerung" ist nach der Legaldefinition des § 312g Abs. 2 Nr. 10 BGB eine Vermarktung, bei der der Verkäufer Verbrauchern, die persönlich anwesend sind oder denen diese Möglichkeit gewährt wird (ohne dass diese auch tatsächlich an der Versteigerung teilgenommen haben – womit auch eine Versteigerung über eine Online-Plattform „öffentlich zugängliche Versteigerung" sein kann), Waren oder Dienstleistungen anbietet, und zwar in einem vom Versteigerer durchgeführten, auf konkurrierenden Geboten basierenden transparenten Verfahren, bei dem der Bieter, der den Zuschlag erhalten hat, beim Erwerb der Waren oder Dienstleistungen verpflichtet wird.

Dies gilt nach der Rückausnahme des § 474 Abs. 2 Satz 2 BGB[168] in Umsetzung von Art. 3 Abs. 5 Satz 2 WKRL[169] nicht, wenn dem Verbraucher klare und umfassende[170] Informationen darüber, dass die Vorschriften dieses Untertitels (über seine Rechte) nicht gelten, leicht verfügbar gemacht wurden. *„Aber bedeutet das, dass der Verbraucher im Einzelnen darüber zu informieren ist, was alles nicht gilt? Oder sogar darüber, was stattdessen gilt, mithin über die allgemeinen Regeln des Kaufrechts?"*[171]

---

165 *Wilke*, BB 2019, 2434, 2435 f.: „*eine jetzt sogar noch besser passende Bezeichnung*" (*ders.*, VuR 2021, 283, 286).
166 *Wilke*, VuR 2021, 283, 285.
167 Näher HK-BGB/*Saenger*, § 474 Rn 4.
168 Näher HK-BGB/*Saenger*, § 474 Rn 4.
169 Nach Art. 3 Abs. 5 Satz 1 WKRL können die Mitgliedstaaten Verträge über den Verkauf folgender Waren vom Anwendungsbereich der Richtlinie ausschließen: gebrauchte Waren, die in einer öffentlichen Versteigerung verkauft werden (Buchst. a), und lebende Tiere (Buchst. b). Im Falle des Buchstabens a müssen nach Art. 3 Abs. 5 Satz 2 WKRL „*klare und umfassende Informationen darüber, dass die aus dieser Richtlinie herrührenden Rechte nicht gelten, für Verbraucher leicht verfügbar gemacht werden*".
170 *Wilke*, VuR 2021, 283, 289: Wobei „*die bloße Aussage, dass die besonderen Vorschriften des Verbrauchsgüterkaufs nicht gelten, (…) kaum genügen (kann)*".
171 *Wilke*, VuR 2021, 283, 289.

F. Anwendbare Vorschriften beim Verbrauchsgüterkauf

56 In § 475 Abs. 3 BGB[172] ist die Aufzählung der nicht auf den Verbrauchsgüterkauf anzuwendenden Vorschriften um § 442 BGB (Ausschluss der Mängelrechte, wenn der Käufer bei Vertragsschluss den Mangel kennt) ergänzt worden. Die Neuregelung ersetzt den in Art. 2 Abs. 3 VerbrGKRL vorgesehenen Haftungsausschluss bei Kenntnis. Das Vorliegen einer Vertragswidrigkeit nach Art. 7 Abs. 5 WKRL[173] wird nämlich nicht bereits schon bei bloßer Kenntnis des Mangels durch den Verbraucher, sondern erst nach Maßgabe der zusätzlichen, in § 476 Abs. 1 Satz 2 BGB genannten Voraussetzungen ausgeschlossen.

57 Entfallen ist der Verweis auf den beschränkten Aufwendungsersatz (§ 475 Abs. 4 Satz 2 BGB alt).

58 § 442 BGB bleibt im allgemeinen Kaufrecht anwendbar und wird nur für den Verbrauchsgüterkauf ausgeschlossen. Der in Art. 7 Abs. 5 WKRL[174] vorgesehene Haftungsausschluss durch besondere Vereinbarung hat der Gesetzgeber in § 476 Abs. 2 BGB nur für den Verbrauchsgüterkauf umgesetzt.[175]

59 Die Regelungen des § 475 Abs. 4 und 5 BGB alt (die 2018 Eingang in das BGB fanden) – die der Umsetzung der *Weber/Putz*-Entscheidung des EuGH[176] dienten (worin der BGH[177] den Nacherfüllungsverweigerungsgrund der absoluten Unverhältnismäßigkeit nach § 439 Abs. 4 Satz 3 Halbs. 2 a.E. BGB alt nach den Vorgaben der VerbrGKRL in Auslegung durch den EuGH[178] teleologisch auf Fälle außerhalb des Verbrauchsgüterkaufs reduzierte, siehe dazu Rdn 28) und die es dem Verkäufer verwehrten, sowohl Nachbesserung als auch Nachlieferung unter Berufung auf unverhältnismäßige Kosten zu verweigern (relatives Leistungsverweigerungsrecht des Verkäufers,[179] mit Ausnahme der Einbaukosten bei andersartiger Kompensation) – sind jetzt wegen Nichtübereinstimmung mit der WKRL (nach nur vier Jahren) im BGB wieder gestrichen worden: „*Art. 13 III WKRL*[180] *lässt nunmehr (...) auch ein „Totalverweigerungsrecht" zu*[181]".

---

172 Näher HK-BGB/*Saenger*, § 475 Rn 4.
173 „*Es liegt keine Vertragswidrigkeit (...) vor, wenn der Verbraucher zum Zeitpunkt des Abschlusses des Kaufvertrags eigens darüber in Kenntnis gesetzt wurde, dass ein bestimmtes Merkmal der Waren von den in den Absätzen 1 und 3 vorgesehenen objektiven Anforderungen an die Vertragsmäßigkeit abweicht, und er bei Abschluss des Kaufvertrags dieser Abweichung ausdrücklich und gesondert zugestimmt hat*".
174 Vorstehende Fn 173.
175 RegE, BT-Drucks 19/27424, S. 29.
176 EuGH, Urt. v. 16.6.2011 – C-65/09 und C-87/09, NJW 2011, 2269.
177 BGH, Urt. v. 21.12.2011 – VIII ZR 70/08, BGHZ 192, 148 = NJW 2012, 430.
178 EuGH, Urt. v. 16.6.2011 – Rs. C-65/09 und C-87/08, NJW 2011, 2269 – Weber/Putz.
179 Brönneke/Föhlisch/Tonner/*Brönneke/Schmidt/Willburger*, Das neue Schuldrecht, § 4 Rn 74.
180 „*Der Verkäufer kann die Herstellung des vertragsgemäßen Zustands der Waren verweigern, wenn ihm sowohl Nachbesserung als auch Ersatzlieferung unter Berücksichtigung aller Umstände, einschließlich der in Abs. 2 Buchst. a und b genannten, unmöglich gewesen oder unverhältnismäßige Kosten verursachen würden*".
181 *Lorenz*, NJW 2021, 2065, 2069.

F. Anwendbare Vorschriften beim Verbrauchsgüterkauf § 4

Der Vorschussanspruch (§ 475 Abs. 6 BGB alt) rückt unverändert als § 475 Abs. 4 BGB neu auf. **60**

Nach § 475 Abs. 5 BGB (Zeitraum und Art der Nacherfüllung)[182] hat der Unternehmer in Umsetzung von Art. 14 Abs. 1 WKRL (Nachbesserung der Waren oder Ersatzlieferung)[183] die Nacherfüllung innerhalb einer angemessenen Frist ab dem Zeitpunkt, zu dem der Verbraucher ihn über den Mangel unterrichtet hat, und ohne erhebliche Unannehmlichkeiten für den Verbraucher durchzuführen.[184] Dabei ist die Art der Sache sowie der Zweck, für den der Verbraucher die Sache benötigt, zu berücksichtigen. Im Falle einer zwar rechtzeitigen, aber mit erheblichen Unannehmlichkeiten für den Verbraucher erfolgten Nacherfüllung hat der Verbraucher kein Recht zur Minderung oder zum Rücktritt, jedoch bleibt ein Schadensersatzanspruch nach § 280 Abs. 1 BGB wegen Verletzung der Verpflichtung nach § 475 Abs. 1 Satz 1 BGB möglich.[185] **61**

Außerhalb von Verbrauchsgüterkaufverträgen ergeben sich die Grenzen der Nacherfüllung aus § 323 Abs. 1 und § 440 BGB.[186] **62**

Im **Fall des Rücktritts wegen eines Mangels der Sache** ist nach § 475 Abs. 6 Satz 1 BGB[187] in Umsetzung von Art. 16 Abs. 3 Buchst. b WKRL (Mindestanforderungen für die Rückabwicklung des Kaufvertrags nach Vertragsbeendigung wegen eines Mangels der Kaufsache)[188] die Regelung des § 346 BGB mit der Maßgabe anzuwenden, **dass der Unternehmer die Kosten der Rückgabe der mangelhaften Kaufsache trägt.** **63**

Gemäß § 475 Abs. 6 Satz 2 BGB (entsprechend Art. 16 Abs. 3 WKRL) ist § 348 BGB, d.h. die Verpflichtung des Unternehmers dem Verbraucher den gezahlten Kaufpreis zu erstatten, mit der Maßgabe anzuwenden, dass der Nachweis des Verbrauchers über die Rücksendung (z.B. durch Vorlage eines Einlieferungsbelegs der Post oder eines anderen **64**

---

182 Näher HK-BGB/*Saenger*, § 475 Rn 11.
183 „*Eine Nachbesserung oder die Ersatzlieferung wird wie folgt vorgenommen:*
   a) unentgeltlich,
   b) innerhalb einer angemessenen Frist ab dem Zeitpunkt, zu dem der Verbraucher den Verkäufer über die Vertragswidrigkeit unterrichtet hat, und
   c) ohne erhebliche Unannehmlichkeiten für den Verbraucher, wobei die Art der Waren sowie der Zweck, für den der Verbraucher die Waren benötigt, zu berücksichtigen sind".
184 Dazu näher Brönneke/Föhlisch/Tonner/*Brönneke/Schmidt/Willburger*, Das neue Schuldrecht, § 4 Rn 75.
185 *Lorenz*, NJW 2021, 2065, 2069.
186 RegE, BT-Drucks 19/27424, S. 29.
187 Näher HK-BGB/*Saenger*, § 475 Rn 12.
188 „*Beendet der Verbraucher den Kaufvertrag insgesamt oder in Bezug auf einen Teil der gelieferten Waren gemäß Art. 16 Abs. 2 WKRL, gilt nach Art. 16 Abs. 3 WKRL Folgendes:*
   a) der Verbraucher hat dem Verkäufer die Waren auf dessen Kosten zurückzugeben, und
   b) der Verkäufer hat dem Verbraucher den für die Waren gezahlten Preis zu erstatten, sobald er die Waren erhält oder der Verbraucher einen Nachweis erbringt, dass die Waren zurückgesandt hat.
   Für die Zwecke dieses Absatzes können die Mitgliedstaaten die Modalitäten der Rückgabe und Erstattung festgelegen".

Transportunternehmers) der Rückgewähr der Sache gleichsteht (Erleichterung für Verbraucher). Das heißt, der Verbraucher kann die Einrede des Verkäufers gegenüber dem (Rück-) Zahlungsanspruch des Verbrauchers, die ersterer im Hinblick auf eine noch nicht erbrachte Rückgabe (§§ 348, 320, ggf. i.V.m. § 281 Abs. 5 BGB) erheben könnte, bereits durch den Nachweis der unternommenen Rücksendung „aushebeln".[189]

G. Sonderbestimmungen für Sachen mit digitalen Elementen (§§ 475b–e BGB)

65 § 475a BGB neu regelt im Anwendungsbereich des Verbrauchsgüterkaufs in Umsetzung der Richtlinie (EU) in 2019/770 vom 20.9.2019 über digitale Inhalte[190] durch das „Gesetz zur Umsetzung der Richtlinie über bestimmte vertragsrechtliche Aspekte der Bereitstellung digitaler Inhalte und digitaler Dienstleistungen" vom 25.6.2021[191] den **Verbrauchsgüterkaufvertrag über digitale Produkte**[192] (vgl. § 327 Abs. 1 Satz 1 BGB, der die Bereitstellung digitaler Inhalte oder digitaler Dienstleistungen unter den Oberbegriff „digitale Produkte" zusammenfasst, vorstehend: § 3 Rdn 22 ff.).

66 **Digitale Inhalte** sind nach § 327 Abs. 2 Satz 1 BGB Daten, die in digitaler Form erstellt oder bereitgestellt werden (vgl. dazu § 3 Rdn 23).

67 **Digitale Dienstleistungen** sind gemäß § 327 Abs. 2 Satz 2 BGB (siehe § 3 Rdn 25 ff.) Dienstleistungen, die dem Verbraucher

- die Erstellung, die Verarbeitung oder die Speicherung von Daten in digitaler Form oder den Zugang zu solchen Daten ermöglichen (Nr. 1), oder
- die gemeinsame Nutzung der vom Verbraucher oder von anderen Nutzern der entsprechenden Dienstleistung in digitaler Form hochgeladenen oder erstellten Daten oder sonstige Interaktionen mit diesen Daten ermöglichen (Nr. 2).

68 **Waren mit digitalen Elementen** sind nach § 327a Abs. 3 Satz 1 BGB (§ 3 Rdn 16) Waren, die in einer Weise digitale Produkte enthalten oder mit ihnen verbunden sind, dass die Waren ihre Funktionen ohne diese digitalen Produkte nicht erfüllen können.

69 In den §§ 475b und c BGB finden sich nun **Sonderregelungen**, die die Vorschriften über Sachmängel (§§ 434 ff. BGB) in Bezug *„auf die mit ihnen in besonderer Weise verbundenen digitalen Elemente ergänzen"*:[193]

---

[189] *Wilke*, VuR 2021, 283, 290.
[190] ABl L 136 vom 22.5.2019, S. 1.
[191] BGBl I, S. 2123.
[192] Dazu näher Brönneke/Föhlisch/Tonner/*Brönneke/Schmidt/Willburger*, Das neue Schuldrecht, § 4 Rn 44 ff.
[193] Brönneke/Föhlisch/Tonner/*Brönneke/Schmidt/Willburger*, Das neue Schuldrecht, § 4 Rn 44.

G. Sonderbestimmungen für Sachen mit digitalen Elementen (§§ 475b–e BGB) § 4

- § 475a Abs. 1 BGB[194] regelt den Verbraucherkaufvertrag für körperliche Datenträger, die ausschließlich als Träger digitaler Inhalte dienen (nachstehende Rdn 72, d.h. Konstellationen, *„in denen bei einer Online-Übermittlung der Daten auf ein leeres Speichermedium des Verbrauchers dasselbe Ergebnis erzielt wird wie in dem Fall, in dem dieses Speichermedium mitsamt den aufgespielten Daten übermittelt würde"*).[195]
- § 475a Abs. 2 BGB[196] regelt den Verbrauchsgüterkauf über Waren, die in einer Weise digitale Produkte enthalten oder mit digitalen Produkten verbunden sind, dass die Waren ihre Funktionen auch ohne diese digitalen Produkte erfüllen können (nachstehende Rdn 73).
- § 475b Abs. 1 BGB[197] erklärt für Waren mit digitalen Elementen, die ihre Funktionen ohne diese digitalen Produkte nicht erfüllen können, ergänzend die Anwendbarkeit der Vorgaben in § 475b Abs. 2–6 BGB[198] (Rdn 78 ff.).
- § 475c BGB regelt speziell den Sachmangel einer Ware mit digitalen Elementen bei dauerhafter Bereitstellung der digitalen Elemente (Rdn 100 ff.).

Beachte
Die speziellen Vorgaben der
- §§ 327–327s BGB über die Bereitstellung digitaler Produkte und der
- §§ 475b und c BGB mit Sondervorschriften über Waren mit digitalen Elementen

gelten nur für Verbraucherverträge i.S.v. § 474 Abs. 1 BGB, wobei der Gesetzgeber sich *„insoweit auf eine 1:1-Umsetzung der WKRL beschränkt (hat) und – anders als beim Kauf digitaler Elemente in § 434 BGB – keine allgemeinen kaufrechtlichen Regeln über Sachen mit digitalen Elementen geschaffen hat"*.[199]

Entsprechende Verbraucherverträge über digitale Produkte haben – einschließlich des Gewährleistungsrechts – eine umfassende Neuregelung in den §§ 327–327s BGB erfahren. Insoweit *„besteht ein Abgrenzungsproblem zum Kaufrecht"*,[200] das wie folgt aufzulösen ist:[201]

70

- Der Kauf von Waren mit digitalen Elementen und der Kauf digitaler Inhalte ist zu unterscheiden.

---

194 Näher HK-BGB/*Saenger*, § 475a Rn 2.
195 Brönneke/Föhlisch/Tonner/*Brönneke/Schmidt/Willburger*, Das neue Schuldrecht, § 4 Rn 45.
196 Näher HK-BGB/*Saenger*, § 475a Rn 3.
197 Näher HK-BGB/*Saenger*, § 475b Rn 2 ff.
198 Näher HK-BGB/*Saenger*, § 475 Rn 6 ff.
199 Brönneke/Föhlisch/Tonner/*Brönneke/Schmidt/Willburger*, Das neue Schuldrecht, § 4 Rn 48: *„Die Sachgerechtigkeit dieses Ansatzes lässt sich durchaus bezweifeln"*.
200 *Lorenz*, NJW 2021, 2065, 2069.
201 *Kirchhefer-Lauber*, JuS 2021, 918, 921.

- Warenkäufe unterliegen nur der WKRL.
- Die Umsetzung von Warenkäufen mit digitalen Elementen auf der Grundlage der WKRL ist in den §§ 475b–e BGB erfolgt.
- Voraussetzung dafür ist, dass Waren im Sinne körperlicher Gegenstände innerhalb eines Verbrauchsgüterkaufvertrags digitale Elemente enthalten.
- Dem gegenüber erfasst die Digitale-Inhalte-RL – umgesetzt in den §§ 327–327s BGB – keine Warenkäufe.

71 § 475b BGB (nachstehende Rdn 72 ff.) ergänzt § 434 BGB (vorstehende Rdn 5 ff.), eine weitere Ergänzung erfolgt in § 475c BGB (Rdn 100 ff.) für Waren mit digitalen Elementen, wenn eine dauerhafte Bereitstellung der digitalen Elemente vereinbart worden ist.

I. Verbrauchsgüterkaufvertrag über digitale Produkte

1. § 475a Abs. 1 BGB

72 Auf einen Verbrauchsgüterkaufvertrag, welcher einen körperlichen Datenträger, der ausschließlich als Träger digitaler Inhalte dient, zum Gegenstand hat, sind gemäß § 475a Abs. 1 Satz 1 BGB[202] die Vorschriften der
- § 433 Abs. 1 Satz 1 BGB,
- §§ 434–442 BGB,
- § 475 Abs. 3 Satz 1 und Abs. 4–6 BGB,
- §§ 475b–e BGB und
- §§ 476, 477 BGB

über die Rechte bei Mängeln nicht anzuwenden. An die Stelle der nicht anzuwendenden Vorschriften treten nach § 475a Abs. 1 Satz 2 BGB die Neuregelungen der §§ 327–327s BGB über Verbraucherverträge über digitale Produkte.

2. § 475a Abs. 2 BGB

73 Auf einem Verbrauchsgüterkaufvertrag über eine Ware, die zwar in einer Weise
- digitale Produkte enthält oder
- mit digitalen Produkten verbunden ist,

dass die Ware ihre Funktion **auch ohne diese digitalen Produkte erfüllen kann**, ist zu unterscheiden:[203] Auf die Ware gelangt Kaufrecht zur Anwendung. Im Hinblick auf die-

---

202 Näher HK-BGB/*Saenger*, § 475a Rn 2.
203 Zu Abgrenzungsfragen *Mayer/Möllnitz*, RDi 2021, 333 Rn 11 ff.

G. Sonderbestimmungen für Sachen mit digitalen Elementen (§§ 475b–e BGB) § 4

jenigen Bestandteile des Vertrags, welche die digitalen Produkte betreffen, sind nach § 475a Abs. 2 Satz 1 BGB[204] aber die **folgenden Vorschriften nicht anzuwenden**:
- § 433 Abs. 1 Satz 1 und § 475 Abs. 1 BGB über die **Übergabe der Kaufsache** und die **Leistungszeit** (Nr. 1) sowie
- § 433 Abs. 1 Satz 2, die §§ 434 bis 442, 475 Abs. 3 Satz 1 und Abs. 4 bis 6, die §§ 475b bis e und die §§ 476 und 477 BGB über die **Rechte bei Mängeln** (Nr. 2).

An die Stelle der hiernach nicht anzuwendenden Vorschriften treten gemäß § 475a Abs. 2 Satz 2 BGB wiederum die Neuregelungen der §§ 327 bis 327s BGB über Verbraucherverträge über digitale Produkte.

Beachte

Obgleich Verträge über digitale Produkte auch solche über unbewegliche Sachen betreffen, erfasst der Verbrauchsgüterkauf nur bewegliche Sachen.[205]

II. Besonderheiten in Bezug auf den Sachmangelbegriff bei Waren mit digitalen Elementen

Die §§ 475b und c BGB normieren **Sonderbestimmungen** für den Erwerb von Waren mit digitalen Elementen, zu deren Bereitstellung (selbst oder durch einen Dritten) der Unternehmer sich beim Verbrauchsgüterkauf verpflichtet hat, in Ergänzung von § 434 BGB im Hinblick auf einen Sachmangel.

74

Beachte

§ 475b BGB ergänzt § 434 BGB wie folgt:[206]
- § 434 BGB bleibt anwendbar, wenn es um die Frage geht, ob eine Sache – unabhängig vom Zusammenwirken mit den digitalen Elementen – mangelhaft ist.[207]
- In Bezug auf die Frage, ob bereits bei Gefahrübergang ein Mangel im Hinblick auf die digitalen Elemente selbst vorliegt, verweisen
  - § 475b Abs. 3 Nr. 1 BGB wegen der subjektiven Anforderungen auf § 434 Abs. 2 BGB und
  - § 475b Abs. 4 Nr. 1 BGB wegen der objektiven Anforderungen auf § 434 Abs. 3 BGB.

---

204 Näher HK-BGB/*Saenger*, § 475a Rn 3.
205 *Wilke*, VuR 2021, 283, 286.
206 Dazu näher Brönneke/Föhlisch/Tonner/*Brönneke/Schmidt/Willburger*, Das neue Schuldrecht, § 4 Rn 49.
207 Bspw. ist der Flachbildschirm oder der Lautsprecher eines Smartfernsehers „physisch defekt" (auch bei vorzeitigem Verschleiß): Brönneke/Föhlisch/Tonner/*Brönneke/Schmidt/Willburger*, Das neue Schuldrecht, § 4 Rn 49.

- § 475b Abs. 6 Nr. 1 BGB verweist in Bezug auf eine ggf. notwendige Montage auf § 434 Abs. 4 BGB.[208]

Beachte zudem:
Die Sonderregelungen der §§ 475b ff. BGB gelangen nur zur Anwendung bei einer Verpflichtung des Unternehmers zur Bereitstellung digitaler Produkte beim Kauf einer Ware mit digitalen Elementen (vgl. zur Vermutungsregelung des § 475b Abs. 1 Satz 3 BGB, nachstehende Rdn 82). Es ist somit vorab durch Auslegung zu ermitteln, ob ein Kaufvertrag über eine Sache mit digitalen Inhalten in Rede steht.[209] Ansonsten, d.h. ohne eine entsprechende Verpflichtung des Unternehmers, *„gilt selbst beim Kauf einer Ware mit digitalen Elementen „normales" Verbrauchsgüterkaufrecht".*[210]

Prüfungsfolge:[211]
- Im Vertrag ist die Bereitstellung digitaler Elemente bereits ausdrücklich vorgesehen.
- Wenn nicht: Notwendigkeit einer Bestimmung des Zwecks der Sache i.S.d. ihr zugedachten Funktion. Welche konkreten Funktionen haben die Parteien der Sache beigemessen?
  – Kann die konkrete Funktion der Sache nur mit Hilfe digitaler Produkte erreicht werden?
  – Gehören die digitalen Elemente zur Vertragsgemäßheit der Ware?

75 **Waren mit digitalen Elementen** sind nach der Legaldefinition des § 327a Abs. 3 Satz 1 BGB neu[212] (vorstehend: § 3 Rdn 37 ff.) solche, die digitale Produkte dergestalt enthalten oder mit ihnen verbunden sind, dass die Waren ihre Funktion ohne diese digitalen Produkte nicht erfüllen können. *Wilke*[213] bringt den Begriff auf die Kurzform: *„Waren, bei denen das Fehlen von digitalen Inhalten/Dienstleistungen dazu führt, dass die Waren ihre Funktion nicht erfüllen können".* „Hier wird also ein Kausalverhältnis zwischen

---

208 Bspw. „wenn ein Datenträger, der die für die Funktionen des Geräts notwendigen digitalen Inhalte enthält, erst mit dem Gerät, für das er bestimmt ist, zusammengefügt werden muss. Dies könnte ... eine SIM- oder eine Speicherkarte bei einem Smartphone betreffen, die nicht immer ganz einfach in das Gerät eingeführt werden kann": Brönneke/Föhlisch/Tonner/*Brönneke/Schmidt/Willburger*, Das neue Schuldrecht, § 4 Rn 50.
209 *Kirchhefer-Lauber*, JuS 2021, 918, 921.
210 *Wilke*, VuR 2021, 283, 286 unter Bezugnahme auf *Mayer/Möllnitz*, RDi 2021, 333 Rn 19; *Schrader*, NZV 2021, 67, 68.
211 Entsprechend *Kirchhefer-Lauber*, JuS 2021, 918, 921.
212 Weitgehend wortgleich mit Art. 2 Nr. 5 Buchst. b WKRL, wonach „digitale Produkte" den Oberbegriff zu „digitalen Inhalten" und „digitalen Dienstleistungen" bilden (so auch § 327 Abs. 1 BGB).
213 *Wilke*, VuR 2021, 283, 286 unter Bezugnahme auf *Mayer/Möllnitz*, RDi 2021, 333 Rn 25 ff.

G. Sonderbestimmungen für Sachen mit digitalen Elementen (§§ 475b–e BGB) § 4

dem Zweck der Sache, der auch individualvertraglich vereinbart werden kann, und dem Mittel zur Erreichung dieses Zwecks, einem digitalen Element, etabliert".[214] Darunter fallen insbesondere „smarte" Geräte,[215] *„die ein Betriebssystem und Anwendungen* **(digitale Inhalte)** *benötigen, oder (…) Navigationssysteme, für die fortlaufend Verkehrsdaten bereitgestellt werden* **(digitale Dienstleistungen)** *".*[216]

Dabei erfasst § 475b BGB alle Sachen mit digitalen Elementen und § 475c BGB solche Sachen mit digitalen Elementen, wenn die digitalen Elemente nach der vertraglichen Vereinbarung nicht einmalig (bspw. mit der Lieferung der Sache), sondern dauerhaft über einen Zeitraum bereitgestellt werden. 76

Insoweit sind auf einen Sachmangel bei Sachen mit digitalen Elementen, die dauerhaft über einen Zeitraum bereitgestellt werden, sowohl § 434 BGB als auch die §§ 475b und c BGB anwendbar. 77

1. Sachmangel einer Sache mit digitalen Elementen (§ 475b BGB)

Für den Kauf einer Sache mit digitalen Elementen, bei dem sich der Unternehmer verpflichtet, dass er selbst oder ein Dritter die digitalen Elemente i.S.v. § 327a Abs. 3 Satz 1 BGB bereitstellt, gelten gemäß § 475b Abs. 1 Satz 1 BGB[217] in Umsetzung von Art. 3 Abs. 3 Satz 2[218] i.V.m. Art. 2 Abs. 5 Buchst. b WKRL[219] **ergänzend** die Regelungen dieser Vorschrift. 78

a) Sache mit digitalen Elementen

Eine Ware mit digitalen Elementen ist nach der **Legaldefinition** des § 327a Abs. 3 Satz 1 BGB eine Sache, die in einer solchen Weise digitale Inhalte oder digitale Dienstleistungen enthält oder mit ihnen verbunden ist, dass sie ihre Funktionen ohne diese digitalen Inhalte oder digitalen Dienstleistungen nicht erfüllen kann. 79

---

214 *Kirchhefer-Lauber*, JuS 2021, 918, 921 – unter Bezugnahme auf Art. 27 WKRL (Funktionalität).
215 Vgl. Erwägungsgrund Nr. 14 WKRL.
216 *Wilke*, VuR 2021, 283, 286.
217 Näher HK-BGB/*Saenger*, § 475b Rn 2.
218 In Bezug auf den Anwendungsbereich gilt die WKRL danach *„für digitale Inhalte oder digitale Dienstleistungen, die im Sinne von Art. 2 Nr. 5 Buchst. b in Waren enthalten oder mit ihnen verbunden sind und gemäß dem Kaufvertrag mit diesen Waren bereitgestellt werden, unabhängig davon, ob diese digitalen Inhalte oder digitalen Dienstleistungen vom Verkäufer oder von einem Dritten bereitgestellt werden".*
219 Wonach im Sinne der WKRL der Ausdruck „Waren" auch bewegliche körperliche Gegenstände bezeichnet, *„die in einer Weise digitale Inhalte oder digitale Dienstleistungen enthalten oder mit ihnen verbunden sind, dass die Waren ihre Funktionen ohne diese digitalen Inhalte oder digitalen Dienstleistungen nicht erfüllen könnten"* – entsprechende Waren bezeichnet die WKRL als *„Waren mit digitalen Elementen".*

Gemäß § 475b Abs. 1 Satz 2 BGB gilt die **Auslegungsregel**[220] des § 327a Abs. 3 Satz 2 BGB: Danach ist beim Kauf einer Ware mit digitalen Elementen im Zweifel anzunehmen, dass die Verpflichtung des Verkäufers die Bereitstellung digitaler Inhalte oder digitaler Dienstleistungen umfasst.

80 **Digitale Inhalte** sind gemäß Art. 2 Nr. 6 WKRL (entsprechend § 327 Abs. 2 Satz 1 BGB neu) Daten, die in digitaler Form erstellt oder bereitgestellt werden.

81 **Digitale Dienstleistungen** sind nach Art. 2 Nr. 7 WKRL (entsprechend § 327 Abs. 2 Satz 2 BGB neu) Dienstleistungen, die

- dem Verbraucher die Erstellung, Verarbeitung und Speicherung von Daten in digitaler Form oder den Zugang zu Daten in digitaler Form ermöglichen (Buchstabe a), oder
- die gemeinsame Nutzung der von dem Verbraucher oder von anderen Nutzern der entsprechenden Dienstleistung in digitaler Form hochgeladenen oder erstellten Daten oder sonstige Interaktion mit diesen Daten ermöglichen (Buchst. b).

Nach dem durch Auslegung zu ermittelnden Inhalt eines Verbrauchsgüterkaufvertrags einer Sache mit digitalen Elementen beurteilt sich, ob die Bereitstellung digitaler Elemente vom Unternehmer geschuldet wird. Sei es, dass dies im Vertrag ausdrücklich bestimmt ist oder die Auslegung ergibt, dass die Bereitstellung spezifischer digitaler Elemente vom Vertrag mit umfasst ist, *„weil diese bei Sachen der gleichen Art üblich sind und der Verbraucher sie erwarten kann"*.[221] Nach Erwägungsgrund Nr. 15 der WKRL[222] sind zur Bestimmung dieser „Erwartung" die Beschaffenheit der Sache und öffentliche Erklärungen des Unternehmers, eines Gehilfen oder anderer Personen in vorhergehenden Gliedern der Vertragskette im Vorfeld des Vertragsschlusses zu berücksichtigen.

---

220 Näher HK-BGB/*Saenger*, § 475b Rn 4.
221 RegE, BT-Drucks 19/27424, S. 30.
222 *„Diese Richtlinie sollte für Verträge über den Verkauf von Waren gelten, einschließlich von Waren mit digitalen Elementen, bei denen das Fehlen von darin enthaltenen oder damit verbundenen digitalen Inhalten oder Dienstleistungen die Waren daran hindert, ihre Funktionen zu erfüllen und bei denen die digitalen Inhalte oder Dienstleistungen gemäß dem Kaufvertrag über diese Waren mit den Waren bereitgestellt werden. Ob die Bereitstellung enthaltener oder verbundener digitaler Inhalte oder Dienstleistungen Bestandteil des Kaufvertrags mit dem Verkäufer ist, sollte vom Inhalt dieses Kaufvertrags abhängen. Dies sollte für enthaltene oder verbundene digitale Inhalte oder Dienstleistungen gelten, deren Bereitstellung im Vertrag ausdrücklich vorgesehen ist. Dies sollte zudem für Kaufverträge gelten, die dahingehend verstanden werden können, dass sie die Bereitstellung spezifischer digitaler Inhalte oder einer spezifischen digitalen Dienstleistung abdecken, weil diese bei Waren der gleichen Art üblich sind und der Verbraucher sie – in Anbetracht der Beschaffenheit der Waren und unter Berücksichtigung öffentlicher Erklärungen, die im Vorfeld des Vertragsschlusses von dem Verkäufer oder im Auftrag des Verkäufers oder anderer Personen in vorhergehenden Gliedern der Vertragskette, einschließlich des Herstellers abgegeben wurden – vernünftigerweise erwarten könnte".*

G. Sonderbestimmungen für Sachen mit digitalen Elementen (§§ 475b–e BGB) § 4

Beim Kauf einer Sache mit digitalen Elementen ist nach der Auslegungsregel (**gesetzliche Vermutung**) des § 475b Abs. 1 Satz 2 BGB im Zweifel anzunehmen, dass die Verpflichtung des Unternehmers die Bereitstellung digitaler Inhalte oder digitaler Dienstleistungen umfasst, womit „*künstliche Vertragsaufspaltungen, Umgehungen und Unsicherheit über den Umgang der vertraglichen Verpflichtungen sowohl bei den Unternehmen als auch bei den Verbrauchern vermieden werden*" sollen.[223]

82

„*Würde bspw. in der betreffenden Werbung angegeben, dass ein Smart-TV eine bestimmte Video-Anwendung enthält, so würde diese Video-Anwendung als Bestandteil des Kaufvertrags angesehen werden. Dies sollte unabhängig davon gelten, ob der digitale Inhalt oder die digitale Dienstleistung auf der Ware selbst vorinstalliert ist oder anschließend auf einem anderen Gerät heruntergeladen werden muss und mit der Ware nur verbunden ist. Beispielsweise könnten auf einem Smartphone gemäß Kaufvertrag standardisierte vorinstallierte Anwendungen zu finden sein wie beispielsweise eine Alarmfunktion oder eine Kameraanwendung. Ein anderes mögliches Beispiel ist die intelligente Armbanduhr. In einem solchen Fall würde die Uhr selbst als die Ware mit digitalen Elementen gelten, die ihre Funktionen nur mittels einer Anwendung erfüllen kann, die gemäß Kaufvertrag bereitgestellt wird, aber vom Verbraucher auf ein Smartphone heruntergeladen werden muss. Die Anwendung wäre dann das verbundene digitale Element. Dies sollte auch gelten, wenn die enthaltenen oder verbundenen digitalen Inhalte oder Dienstleistungen nicht vom Verkäufer selbst, sondern gemäß Kaufvertrag von einem Dritten bereitgestellt werden. Bestehen Zweifel, ob die Bereitstellung von digitalen Inhalten oder Dienstleistungen Teil des Kaufvertrags ist, sollten die Bestimmungen dieser Richtlinie gelten, um Unsicherheit sowohl bei den Händlern als auch bei den Verbrauchern zu vermeiden. Darüber hinaus sollte das Bestehen einer bilateralen Vertragsbeziehung zwischen dem Verkäufer und dem Verbraucher, zu der die Bereitstellung enthaltener oder verbundener digitaler Inhalte oder digitaler Dienstleistungen gehört, nicht allein dadurch infrage gestellt werden, dass der Verbraucher einer Lizenzvereinbarung mit einem Dritten zustimmen muss, um digitale Inhalte oder digitale Dienstleistungen nutzen zu können.*"[224]

> *Beachte*
> § 475b Abs. 3–5 BGB[225] normieren für Verbrauchsgüterkaufverträge, ebenso wie § 327e Abs. 2 Satz 1 Nr. 3 und Abs. 3 Nr. 5 BGB i.V.m. § 327f BGB für Verbraucherverträge über digitale Produkte **Aktualisierungspflichten bezüglich digitaler Inhalte**: „*Das Recht auf Update*"[226] und zwar wie folgt:

---

223 RegE, BT-Drucks 19/27424, S. 31.
224 Erwägungsgrund Nr. 15 der WKRL
225 Näher HK-BGB/*Saenger*, § 475b Rn 6 ff.
226 Dazu näher Brönneke/Föhlisch/Tonner/*Brönneke/Schmidt/Willburger*, Das neue Schuldrecht, § 4 Rn 53 ff.

- § 475b Abs. 4 Nr. 2 BGB gibt objektive Anforderungen an die Aktualisierungen vor[227] (nachstehende Rdn 83 ff.) und in
- § 475b Abs. 3 Nr. 2 sowie in § 476 Abs. 1 BGB finden sich subjektive Anforderungen an die Aktualisierungen[228] (Rdn 85 ff.).

Im Übrigen normiert § 475b Abs. 4 Nr. 2 BGB (Rdn 89) Informationspflichten des Unternehmers gegenüber dem Verbraucher im Hinblick auf Aktualisierungen.[229]

b) Sachmangelfreiheit

83 Eine Sache mit digitalen Elementen ist nach § 475b Abs. 2 BGB – in Anlehnung an § 434 Abs. 1 BGB (strukturelle Entsprechung,[230] siehe dazu Rdn 5 ff.) – frei von Sachmängeln, wenn sie

- bei **Gefahrübergang** und
- (in Bezug auf eine Aktualisierung) auch während des Zeitraums (d.h. dem **Aktualisierungszeitraum**) nach § 475b Abs. 3 Nr. 2 BGB (für die subjektiven Anforderungen; maßgeblich ist damit, was der Vertrag vorgibt) und § 475b Abs. 4 Nr. 2 BGB (für die objektiven Anforderungen ist der Zeitraum maßgeblich, den der Verbraucher aufgrund der Art und des Zwecks der Ware und ihrer digitalen Elemente sowie unter Berücksichtigung der Umstände und der Art des Vertrags erwarten kann), womit eine Ware mit digitalen Elementen (unter Abweichung vom Gefahrübergang als maßgeblichem Zeitpunkt) auch sachmangelbehaftet sein kann, wenn sie im Zeitpunkt des Gefahrübergangs mangelfrei war,[231]

   – den **subjektiven Anforderungen** (§ 475b Abs. 3 BGB) – unter Bezugnahme auf § 434 BGB [vorstehende Rdn 11 ff.], nachstehende Rdn 85 ff.),
   – den **objektiven Anforderungen** (§ 475b Abs. 4 BGB) – unter Bezugnahme auf § 434 Abs. 3 BGB [vorstehende Rdn 18 ff.], Rdn 89 ff.) sowie den
   – den **Montageanforderungen** und den **Installationsanforderungen** (§ 475b Abs. 6 BGB – unter Bezugnahme auf § 434 Abs. 4 BGB [vorstehende Rdn 24], Rdn 98 f.)

entspricht.

---

227 Näher Brönneke/Föhlisch/Tonner/*Brönneke/Schmidt/Willburger*, Das neue Schuldrecht, § 4 Rn 58 ff.
228 Dazu näher Brönneke/Föhlisch/Tonner/*Brönneke/Schmidt/Willburger*, Das neue Schuldrecht, § 4 Rn 61 f.
229 Näher Brönneke/Föhlisch/Tonner/*Brönneke/Schmidt/Willburger*, Das neue Schuldrecht, § 4 Rn 63 f.
230 *Wilke*, VuR 2021, 283, 286.
231 Insoweit sind die Vorgaben in Art. 6 Buchst. d und Art. 7 Abs. 3 WKRL eindeutig (so *Bach*, NJW 2019, 1705, 1707; *Wilke*, BB 2019, 2434, 2438; *Zöchling-Jud*, GPR 2019, 115, 123 f.), „sodass sich nur die nun verneinte Frage stellte, ob eine Umsetzung überschießend im allgemeinen Schuldrecht erfolgen würde": *Wilke*, VuR 2021, 283, 286.

G. Sonderbestimmungen für Sachen mit digitalen Elementen (§§ 475b–e BGB) § 4

Wilke[232] bewertet diese Bezugnahmen – *"angesichts der ausdrücklich angeordneten "Ergänzung" (§ 475b Abs. 1 S. 1 BGB)"*[233] – als *"überflüssig"*.

Ergänzende Regelungen zum allgemeinen Kaufrecht i.S.v. § 475b Abs. 1 Satz 1 BGB betreffen zwei Aspekte: 84

- Die Aktualisierung und die Frage, was passiert, wenn der Verbraucher diese unterlässt (§ 475b Abs. 5 BGB, nachstehende Rdn 96).
- Die Frage der Installation nach § 475b Abs. 6 Nr. 2 BGB, Rdn 98 ff.).

Die dauerhafte Aktualisierungspflicht der bereitzustellenden digitalen Elemente bildet dann den Kern des Sachmangelbegriffs.

Eine **negative Beschaffenheitsvereinbarung**, d.h. eine Abweichung von den objektiven Anforderungen, ist nur nach Maßgabe von § 476 Abs. 1 Satz 2 BGB (Rdn 130 ff.) zulässig.

aa) Subjektive Anforderungen

Eine Sache mit digitalen Elementen entspricht gemäß § 475b Abs. 3 BGB nur dann den subjektiven Anforderungen, wenn 85

- sie (im Zeitpunkt des Gefahrübergangs) den (allgemeinen) Anforderungen des § 434 Abs. 2 BGB entspricht (Nr. 1) und wenn
- für die digitalen Elemente die im Kaufvertrag (nach Art und Dauer) **vertraglich vereinbarten Aktualisierungen** (Aktualisierungsverpflichtung in Gestalt von
  - Updates oder
  - Upgrades i.S.e. Versionswechsels bzw. immer der aktuellsten Betriebssoftware) (auch noch nach dem Zeitpunkt des Gefahrübergangs) bereitgestellt werden (Nr. 2).

Die **Bereitstellung einer Aktualisierung** besteht nach § 327b Abs. 3 BGB neu (in Umsetzung der Digitale Inhalte-RL vom 20.5.2019) dann, wenn sie oder die geeigneten Mittel für den Zugang zu dieser oder das Herunterladen der Aktualisierung dem Verbraucher unmittelbar oder mittels einer von ihm hierzu bestimmten Einrichtung zur Verfügung gestellt oder zugänglich gemacht wird. 86

Zurverfügungstellung einer Aktualisierung setzt voraus, dass dem Verbraucher eine eigenständige Zugriffsmöglichkeit verschafft wird, bspw. durch einen Link.[234] 87

Zugänglichmachung einer Aktualisierung ist im Unterschied zu einer Zurverfügungstellung das Schaffen einer entsprechenden Möglichkeit zur Nutzung der Aktualisierung durch den Verbraucher unter fremder Kontrolle.[235] 88

---

232 *Wilke*, VuR 2021, 283, 286.
233 Der in Bezug auf den "Sachmangel einer Ware mit digitalen Elementen" regelt, dass hier *"ergänzend (zum allgemeinen Kaufrecht, mithin § 434 BGB) die Regelungen dieser Vorschrift"* gelten.
234 *Kirchhefer-Lauber*, JuS 2021, 918, 922.
235 RegE, BT-Drucks 19/27424, S. 32.

Der Unternehmer muss die Aktualisierung auch nicht selbst bereitstellen. Die Aktualisierung kann grundsätzlich nach § 267 BGB auch durch einen Dritten (bspw. den Hersteller) geleistet werden.

bb) Objektive Anforderungen

89 Eine Sache mit digitalen Elementen entspricht nach § 475b Abs. 4 BGB in Umsetzung von Art. 7 Abs. 3 WRKL[236] (*„unabhängig davon, ob diese vernetzt sind, mit dem Internet verbunden sind oder auf anderem technischen Wege ein Fernzugriff erfolgen kann"*)[237] den objektiven Anforderungen, wenn

- sie den (allgemeinen) Anforderungen des § 434 Abs. 3 BGB entspricht (Nr. 1) und
- dem Verbraucher während des Zeitraums (**Dauer**, für die nach den Umständen des Einzelfalls verschiedene Aspekte maßgeblich sein können, z.B. Werbeaussagen, zur Herstellung der Kaufsache verwendete Materialien oder der Preis, auch die übliche Nutzungs- und Verwendungsdauer i.S.d. „**lifecycle**"), den er aufgrund der Art und des Zwecks der Sache und ihrer digitalen Elemente sowie unter Berücksichtigung der Umstände und der Art des Vertrags (objektiv) erwarten kann (Erwartungshorizont eines Durchschnittskäufers),
  - **Aktualisierungen** bereitgestellt (i.S.v. § 327b Abs. 3 BGB) werden (insbesondere auch **Sicherheitsupdates**), die für den Erhalt der Vertragsmäßigkeit der Sache (objektiv) erforderlich sind (**Umfang**, geschuldet sind nur **funktionserhaltende Aktualisierungen, keine funktionserweiternden Upgrades** [keine Verbesserungen oder Funktionserweiterungen])[238] **und** (**kumulativ**)
  - der Verbraucher über diese Aktualisierungen informiert wird (Notwendigkeit einer Information des Verbrauchers – **Informationspflicht**) (Nr. 2).

90 **Bereitstellung und Information** sind kumulativ für eine Mangelfreiheit erforderlich, weshalb *„bereits eine unterbliebene Mitteilung einen Sachmangel begründen (kann)"*.[239]

---

[236] *„Im Falle von Waren mit digitalen Elementen sorgt der Verkäufer dafür, dass der Verbraucher über Aktualisierungen, einschließlich Sicherheitsaktualisierungen, die für den Erhalt der Vertragsmäßigkeit dieser Waren erforderlich sind, informiert wird und solche erhält*
  a) während eines Zeitraums, den der Verbraucher aufgrund der Art und des Zwecks der Waren und der digitalen Elemente und unter Berücksichtigung der Umstände und der Art des Vertrags vernünftigerweise erwarten kann, wenn im Kaufvertrag die einmalige Bereitstellung des digitalen Inhalts oder der digitalen Dienstleistung vorgesehen ist, oder
  b) während des gesamten in Artikel 10 Absatz 2 oder Absatz 5 genannten Zeitraums, wenn im Kaufvertrag die fortlaufende Bereitstellung des digitalen Inhalts oder der digitalen Dienstleistung über einen Zeitraum vorgesehen ist".
[237] RegE, BT-Drucks 19/27424, S. 33.
[238] Vgl. Erwägungsgrund Nr. 30 S. 2 f. der WKRL.
[239] *Wilke*, VuR 2021, 283, 287.

G. Sonderbestimmungen für Sachen mit digitalen Elementen (§§ 475b–e BGB) § 4

Fehlt das Erfordernis „Information", hat der Verbraucher jedoch von einer erforderlichen und auch bereitgestellten Aktualisierung schon anderweitig Kenntnis erlangt (**zufällige Kenntniserlangung**), soll nach *Wilke*[240] ein Nacherfüllungsanspruch bzw. die Geltendmachung von Sekundärrechten in Bezug auf die Aktualisierung „wenig sinnvoll" sein – wenngleich sich *„nicht einfach Mangelfreiheit durch (...) zufällige Informationserlangung annehmen (lässt)"*:[241] Da Art. 7 Abs. 3 WKRL dem Verkäufer ausdrücklich die Verantwortung für die Informationserteilung auferlegt, begründet eine zufällige Kenntniserlangung „Zweckerreichung" i.S.v. § 275 Abs. 1 BGB mit der Folge, dass

- Rücktritt (§§ 326 Abs. 5, 323 Abs. 5 Satz 2 BGB) und
- Schadensersatz statt der ganzen Leistung (§§ 283 Satz 2, 281 Abs. 1 Satz 3 BGB)

ausgeschlossen sind.[242]

Der Erfüllungsanspruch auf Bereitstellung setzt § 445a Abs. 1 BGB voraus[243] und ist aus § 433 Abs. 1 Satz 2 BGB (allgemeine Verpflichtung des Unternehmers zu mangelfreier Leistung) ableitbar.[244]

91

Der **Zeitpunkt** und die **Form** und wie schnell **der Informationspflicht in Bezug auf neue Aktualisierungen** gegenüber dem Verbraucher zu genügen ist, *„hängt von den Umständen des Einzelfalls ab und ist anhand eines objektiven Maßstabs zu bestimmen"*.[245] Dabei können Aussagen in der Werbung, der Preis, bei der Herstellung verwendete Materialien, der lifecycle (Lebenszyklus) der Sache, deren andauernder Vertrieb und das Ausmaß potentieller Risiken beim Ausbleiben einer Aktualisierung Berücksichtigung finden.[246]

92

Nach Erwägungsgrund 31 der WKRL entspricht der vom Verbraucher erwartete Zeitraum mindestens dem Zeitraum der Mängelhaftung (d.h. einer zweijährigen Verjährungsfrist von Mängelansprüchen beim Verbrauchsgüterkauf), wobei bei sicherheitsrelevanten Aktualisierungen auch ein längerer Zeitraum denkbar ist.

Der Unternehmer muss die Bereitstellung (i.S.v. § 327b Abs. 3 BGB [vorstehende Rdn 86], Aktualisierung und kumulativ Information des Verbrauchers) **nicht in Person** leisten. Diese Pflichten können nach § 267 BGB grundsätzlich auch durch einen Dritten

93

---

240 *Wilke*, VuR 2021, 283, 287.
241 *Wilke*, VuR 2021, 283, 287.
242 *Wilke*, VuR 2021, 283, 287
243 Kritisch *Pfeiffer* (GPR 2019, 115, 124), der eine fehlende ausdrückliche Anordnung einer primären Aktualisierungspflicht moniert.
244 *Wilke*, VuR 2021, 283, 287; § 475b Abs. 2 BGB gestaltet dann die Mangelfreiheit – zeitraumbezogen – näher aus.
245 RegE, BT-Drucks 19/27424, S. 33.
246 RegE, BT-Drucks 19/27424, S. 33. Dazu auch *Schrader*, NZV 2021, 67, 69.

(bspw. einen Hersteller) erbracht werden.[247] „*Die Aktualisierung selbst wird häufig von Dritten stammen, für deren Leistung nun der Verkäufer haftet*".[248]

94 Dauer und Umfang der Aktualisierungsverpflichtung nach § 475b Abs. 4 BGB sind (anders als bei den subjektiven Anforderungen auf der Grundlage der vertraglichen Parteivereinbarung gemäß § 475b Abs. 3 BGB) **objektiv** zu bestimmen.

95 Die **Aktualisierungsverpflichtung** ist grundsätzlich **abdingbar**, wenngleich bei Verbrauchsgüterkaufverträgen dann aber die besondere Form des § 476 Abs. 1 Satz 2 BGB einzuhalten ist.

cc) Folgen einer unterlassenen Aktualisierung

96 Der Verbraucher kann eine ihm angebotene Aktualisierung installieren oder auch darauf freiwillig verzichten.[249] Unterlässt es der Verbraucher, eine Aktualisierung, die ihm gemäß § 475b Abs. 4 BGB bereitgestellt worden ist (i.S.e. objektiv gebotenen Aktualisierung, vgl. Art. 7 Abs. 4 WKRL),[250] innerhalb einer angemessenen Frist[251] zu installieren, so haftet der Unternehmer gemäß § 475b Abs. 5 BGB[252] nicht für einen Sachmangel, der allein[253] auf das Fehlen dieser Aktualisierung zurückzuführen ist, wenn

- der Unternehmer den Verbraucher über die Verfügbarkeit der Aktualisierung und die Folgen einer unterlassenen Installation informiert hat (Nr. 1) und
- die Tatsache, dass der Verbraucher die Aktualisierung nicht oder unsachgemäß installiert hat, nicht auf eine dem Verbraucher bereitgestellte mangelhafte Installationsanleitung zurückzuführen ist (Nr. 2, womit der Ausschluss auch eine zwar erfolgte, jedoch unsachgemäße Installation erfassen kann).[254]

---

247 RegE, BT-Drucks 19/27424, S. 32.
248 *Wilke*, VuR 2021, 283, 287.
249 RegE, BT-Drucks 19/27424, S. 34.
250 In Bezug auf „vereinbarte Aktualisierungen", über die der Verkäufer auf diese Weise informiert hat, „*wird man über eine analoge Anwendung nachdenken bzw. den EuGH befragen müssen*": *Wilke*, VuR 2021, 283, 287.
251 *Wilke*, VuR 2021, 283, 287: In Bezug auf die Angemessenheit der Dauer einer Frist kann gelten, „*dass sie umso kürzer ausfallen muss, je stärker die Sicherheit der Ware (bzw. der Nutzerdaten etc.) ohne Aktualisierung bedroht ist*".
252 Näher HK-BGB/*Saenger*, § 475b Rn 13.
253 In Übereinstimmung mit Art. 7 Abs. 4 WKRL – wobei *Wilke* (VuR 2021, 283, 287) die Frage stellt, ob zu „notwendigen Aktualisierungen" generell auch solche zählen, die einen erkennbaren Mangel des digitalen Elements beheben (z.B. spät entdeckte Sicherheitslücken einer Software). *Wilke* (a.a.O.) qualifiziert entsprechende Updates eher als „Nacherfüllung", womit die „eigentliche Aktualisierungspflicht" Fälle wie etwa die Anpassung des digitalen Elements an zwischenzeitlich geänderte Rahmenbedingungen (bspw. neue Standards) zum Erhalt der Funktionsfähigkeit betrifft, wobei sich dann als schwierige Abgrenzungsproblematik die Frage stellt, *ob eine nicht fristgerechte Installation des Updates die alleinige Ursache von Funktionsstörungen wäre*": *Wilke*, a.a.O.
254 *Wilke*, VuR 2021, 283, 287.

G. Sonderbestimmungen für Sachen mit digitalen Elementen (§§ 475b–e BGB) § 4

In einer solchen Konstellation wäre es nicht interessengerecht, dem Verbraucher Mängelrechte zu gewähren.

Die **Installation von Aktualisierungen** ist mit § 475b Abs. 5 BGB als **Obliegenheit des Käufers** ausgestaltet worden.[255]

97

dd) Konformität mit den Montage- und Installationsanforderungen

Eine Sache mit digitalen Elementen entspricht nach § 475b Abs. 6 BGB[256] in Umsetzung von Art. 8 WKRL[257] und in Ergänzung von § 434 Abs. 4 BGB

98

- den **Montageanforderungen**, wenn sie den Anforderungen des § 434 Abs. 4 BGB entsprechen (Nr. 1), und
- den **Installationsanforderungen** (Nr. 2), wenn die Installation
  - der digitalen Elemente sachgemäß durchgeführt worden ist (Buchst. a) oder
  - zwar unsachgemäß durchgeführt worden ist, dies jedoch weder auf einer unsachgemäßen Installation durch den Unternehmer (oder dessen Erfüllungsgehilfen) noch auf einem Mangel der Anleitung beruht, die der Unternehmer oder derjenige übergeben hat, der die digitalen Elemente bereitgestellt hat (Buchst. b).

Damit sind die Anforderungen an eine Installation digitaler Elemente – soweit nötig – parallel zu jenen der Montage ausgestaltet worden.[258]

Die Regelung *„trägt dem Umstand Rechnung, dass bei Sachen mit digitalen Elementen oft eine Installation der digitalen Elemente erforderlich ist, die Installation oft vom Unternehmer oder von einem Dritten mittels Fernzugriff vorgenommen wird und die zugehörige Installationsanleitung oft nicht vom Unternehmer, sondern vom Anbieter der digitalen Elemente bereitgestellt wird, z.B. über das Internet".*[259]

99

c) Sachmangel einer Sache mit digitalen Elementen bei dauerhafter Bereitstellung der digitalen Elemente (§ 475c BGB)

„Die Parteien können beim Kauf einer Sache mit digitalen Elementen (auch) die dauerhafte Bereitstellung der digitalen Elemente über einen bestimmten oder unbestimmten Zeitraum hinweg vereinbaren".[260]

100

Beispiele dafür sind etwa Verkehrsdaten in einem Navigationssystem oder die Cloud-Anbindung bei einer Spiele-Konsole.

---

255 *Wilke*, VuR 2021, 283, 287.
256 Näher HK-BGB/*Saenger*, § 475b Rn 14.
257 Dazu vorstehende Rdn 24.
258 *Wilke*, VuR 2021, 283, 287.
259 RegE, BT-Drucks 19/27424, S. 34.
260 Dazu näher Brönneke/Föhlisch/Tonner/*Brönneke/Schmidt/Willburger*, Das neue Schuldrecht, § 4 Rn 65 ff.; *Kirchhefer-Lauber*, JuS 2021, 918, 922.

> *Beachte*
> Trotz ihrer Atypik wertet § 475c Abs. 1 BGB in Umsetzung der WKRL entspreche Verträge als Kaufverträge.[261]

101 Ist beim Kauf einer Sache mit digitalen Elementen eine dauerhafte Bereitstellung für die digitalen Elemente (ausdrücklich, aber auch konkludent) vereinbart (obwohl ein Kaufvertrag grundsätzlich auf einen einmaligen Austausch von Leistung und Gegenleistung ausgerichtet ist, qualifizieren die Art. 7 Abs. 3 Buchst. b, Art. 10 Abs. 2 [Haftung des Verkäufers][262] und Art. 11 Abs. 3 WKRL [Beweislast][263] entsprechende Verträge gleichwohl als Kaufverträge), so gelten nach § 475c Abs. 1 Satz 1 BGB ergänzend die Regelungen dieser Vorschrift.

aa) Dauerhafte Bereitstellung

102 Nach der **Legaldefinition** in § 327b Abs. 5 BGB neu (siehe dazu § 3 Rdn 43) ist unter „dauerhafter Bereitstellung" eine fortlaufende Bereitstellung über einen Zeitraum zu verstehen.

Dauerhaft bereitzustellende digitale Elemente sind bspw. Verkehrsdaten in einem Navigationssystem, die Cloud-Anbindung bei einer Spiele-Konsole oder eine Smartphone-App zur Nutzung verschiedener Funktionen in Verbindung mit einer intelligenten Armbanduhr (Smartwatch).[264]

103 Haben die Parteien zwar eine dauerhafte Bereitstellung digitaler Inhalte vereinbart, aber nicht bestimmt, wie lange die Bereitstellung konkret andauern soll (**dauerhafte Bereitstellung über einen unbestimmten Zeitraum**), so ist nach § 475c Abs. 1 Satz 2 BGB die Regelung des § 475b Abs. 4 Satz 1 Nr. 2 BGB (über die Dauer der Aktualisierungspflicht) entsprechend anzuwenden: Maßgeblich ist dann der Zeitraum, welchen der Verbraucher aufgrund der Art und des Zwecks der Sache und ihrer digitalen Elemente unter

---

261 Kirchhefer-Lauber, JuS 2021, 918, 922.
262 *„Ist im Falle von Waren mit digitalen Elementen im Kaufvertrag die fortlaufende Bereitstellung des digitalen Inhalts oder der digitalen Dienstleistung über einen Zeitraum hinweg vorgesehen, haftet der Verkäufer auch für jede Vertragswidrigkeit des digitalen Inhalts oder der digitalen Dienstleistung, die innerhalb von zwei Jahren nach dem Zeitpunkt der Lieferung der Waren mit digitalen Elementen eintritt oder offenbar wird. Ist im Vertrag eine fortlaufende Bereitstellung über einen Zeitraum von mehr als zwei Jahren vorgesehen, haftet der Verkäufer für jede Vertragswidrigkeit des digitalen Inhalts oder der digitalen Dienstleistungen, die innerhalb des Zeitraums eintritt oder offenbar wird, über den der digitale Inhalt oder die digitale Dienstleistung laut Kaufvertrag bereitzustellen ist".*
263 *„Ist im Fall von Waren mit digitalen Elementen im Kaufvertrag die fortlaufende Bereitstellung des digitalen Inhalts oder der digitalen Dienstleistungen über einen Zeitraum vorgesehen, so trägt bei einer Vertragswidrigkeit, die innerhalb des in Art. 10 Abs. 2 genannten Zeitraums offenbar wird, der Verkäufer die Beweislast dafür, dass der digitale Inhalt oder die digitale Dienstleistung innerhalb des in dem angeführten Artikel genannten Zeitraums vertragsgemäß war."*
264 RegE, BT-Drucks 19/27424, S. 34.

| G. Sonderbestimmungen für Sachen mit digitalen Elementen (§§ 475b–e BGB) | § 4 |

Berücksichtigung der Umstände und der Art des Vertrags erwarten darf (**Maßgeblichkeit der Verbrauchererwartung**).

bb) Besonderheiten bei der Haftung des Unternehmers

Der Unternehmer haftet nach § 475c Abs. 2 BGB über die §§ 434 und 475b BGB hinaus (und in Abweichung von diesen), wonach für die Beurteilung der Mangelfreiheit einer Sache der Zeitpunkt des Gefahrübergangs maßgeblich ist, in Fällen, in denen die digitalen Elemente dauerhaft über einen bestimmten Zeitraum hinweg bereitgestellt werden, auch dafür, dass die digitalen Elemente während des Bereitstellungszeitraums i.S.d. Legaldefinition des § 327b Abs. 5 BGB („*der gesamte vereinbarte Zeitraum der Bereitstellung*"), **mindestens** aber für einen **Zeitraum von zwei Jahren** ab der Ablieferung der Sache, den Anforderungen des § 475b Abs. 2 BGB entsprechen (**Erhalt des vertragsgemäßen Zustands**). Die Haftungsdauer von mindestens zwei Jahren soll – unabhängig vom konkret vereinbarten Bereitstellungszeitraum – bei Verbrauchsgüterkäufen nach Art. 10 Abs. 2 WKRL[265] eine Verkürzung des zwingenden Haftungszeitraums von zwei Jahren verhindern.[266]

104

Die Pflicht, nach § 475b Abs. 3 und 4 BGB Aktualisierungen bereitzustellen und den Verbraucher darüber zu informieren, besteht während des Bereitstellungszeitraums, mindestens aber für einen Zeitraum von zwei Jahren (vgl. Art. 10 Abs. 2 WKRL) ab der Ablieferung der Sache (so § 475c Abs. 3 BGB als **Sonderregelung für die Aktualisierungsverpflichtung** bei Sachen mit digitalen Inhalten, die dauerhaft über einen Zeitraum zur Verfügung gestellt werden). § 475c Abs. 3 BGB ist abdingbar, wobei im Falle eines Verbrauchsgüterkaufs aber die Form des § 476 Abs. 2 BGB zu beachten ist.

105

d) Beweislastumkehr bei Waren mit digitalen Elementen bei dauerhafter Bereitstellung

Ist bei Waren mit digitalen Elementen die dauerhafte Bereitstellung der digitalen Elemente im Kaufvertrag zugesagt und zeigt sich ein von den vertraglichen Anforderungen nach § 434 bzw. § 475b BGB abweichender Zustand der digitalen Elemente während der Dauer der Bereitstellung oder innerhalb eines Zeitraums von zwei Jahren seit Gefahrüber-

106

---

[265] Vorstehende Fn 262.
[266] RegE, BT-Drucks 19/27424, S. 35.

gang, so wird nach § 477 Abs. 2 BGB (Beweislastumkehr)[267] vermutet, dass die digitalen Elemente während der bisherigen Dauer der Bereitstellung mangelhaft waren.[268]

2. Sonderbestimmungen für Rücktritt und Schadensersatz

107 Die WKRL regelt bei Verbrauchsgüterkäufen die Voraussetzungen der Vertragsbeendigung wegen einer Vertragswidrigkeit der Kaufsache **vollharmonisiert und abschließend**.[269] Die notwendige Modifizierung von § 323 Abs. 1 und 2 BGB erfolgt in § 475d BGB.

a) Rücktritt von einem Kaufvertrag über eine Sache mit digitalen Inhalten

108 Der Rücktritt vom Kaufvertrag im Falle der Lieferung einer mangelhaften Sache vollzieht sich weiter nach Maßgabe von § 437 Nr. 2 Alt. 1 BGB i.V.m. §§ 440, 323, 326 Abs. 5 BGB. Art. 13 Abs. 4 Buchst. a WKRL[270] macht den Rücktritt vom Vertrag allerdings nur vom bloßen **Ablauf einer angemessenen Frist** abhängig – entgegen der Regelung des § 323 Abs. 1 BGB, wonach der Verbraucher dem Unternehmer eine angemessene Frist gesetzt haben muss (Notwendigkeit einer Fristsetzung).

109 Eine Vertragsbeendigung nach der WKRL ist nicht möglich, wenn die Nacherfüllung zum Zeitpunkt der Rücktrittserklärung zwar im Ergebnis erfolgreich vorgenommen worden ist, sie aber

- nicht unentgeltlich,
- nicht innerhalb angemessener Frist bzw.
- nicht ohne erhebliche Unannehmlichkeiten für den Käufer erfolgt ist.

§ 475d Abs. 1 Satz 1 BGB[271] schließt daher die Anwendbarkeit von

- § 323 Abs. 2 BGB (Ausschluss des Fristsetzungserfordernisses) und
- § 440 BGB

für Verbrauchsgüterkaufverträge i.S.v. § 474 Abs. 1 BGB aus.

---

267 Näher HK-BGB/*Saenger*, § 477 Rn 2.
268 Dazu näher Brönneke/Föhlisch/Tonner/*Brönneke/Schmidt/Willburger*, Das neue Schuldrecht, § 4 Rn 69 f.
269 RegE, BT-Drucks 19/27424, S. 35.
270 Nachstehende Fn 273.
271 Näher HK-BGB/*Saenger*, § 475d Rn 2.

G. Sonderbestimmungen für Sachen mit digitalen Elementen (§§ 475b–e BGB) | § 4

Für einen Rücktritt beim Verbrauchsgüterkauf einer Ware bedarf es nach § 475d Abs. 1 BGB[272] (in Umsetzung von Art. 13 Abs. 4 Buchst. a–d WKRL,[273] der die Abhilfen bei Vertragswidrigkeit vorgibt) der in § 323 Abs. 1 BGB bestimmten Fristsetzung zur Nacherfüllung abweichend (unter Ausschluss) von § 323 Abs. 2 und § 440 BGB (**Anwendungsausschluss**) nicht mit der Folge, dass der Verbraucher hier dem Unternehmer **keine Gelegenheit** (Fristsetzung) **zur Nacherfüllung** geben muss (d.h. ohne Fristsetzung bzw. Fristablauf), sondern **gleich vom Vertrag zurücktreten** (bzw. wegen der Kopplung des Minderungs- an das Rücktrittsrecht nach § 441 Abs. 1 Satz 1 BGB, **mindern**) kann[274] (mithin gleich zu den Sekundärrechten übergehen kann).

110

Ein sofortiger Rücktritt wegen des Mangels der Ware – unabhängig vom allgemeinen Kaufrecht – ist nach § 475d Abs. 1 BGB in fünf Situationen ohne Fristsetzung möglich, nämlich

111

- wenn der Unternehmer die Nacherfüllung (Beseitigung des Mangels, Rücknahme der ersetzten Sache und Erstattung der Aus- und Einbaukosten) trotz Ablaufs einer angemessenen Frist (die sich nach den Umständen des Einzelfalls bestimmt) ab dem Zeitpunkt, zu dem der Verbraucher ihn über den Mangel unterrichtet hat, nicht vorgenommen hat (Nr. 1:[275] **Nichtvornahme der Nacherfüllung innerhalb einer angemessenen Frist**).
  Nr. 1 setzt Art. 13 Abs. 4 Buchst. a 1. Alt. WKRL um:[276] Fristbeginn ist der Zeitpunkt, in dem der Verbraucher den Unternehmer über den Mangel unterrichtet hat, wobei die Richtlinie ihrem Wortlaut nach noch nicht einmal den Ablauf einer „angemessenen Frist" vorgibt[277] (einem Redaktionsversehen, vgl. Erwägungsgrund Nr. 50

---

272 Dazu näher Brönneke/Föhlisch/Tonner/*Brönneke/Schmidt/Willburger*, Das neue Schuldrecht, § 4 Rn 77 ff.; HK-BGB/*Saenger*, § 475d Rn 2.
273 „*Der Verbraucher hat entweder Anspruch auf eine anteilige Minderung des Preises nach Maßgabe des Art. 15 oder auf Beendigung des Kaufvertrags nach Maßgabe des Art. 16, wenn einer der folgenden Fälle vorliegt:*
a) Der Verkäufer hat die Nachbesserung oder die Ersatzlieferung nicht vorgenommen oder hat gegebenenfalls die Nachbesserung oder die Ersatzlieferung nicht im Einklang mit Art. 14 Abs. 2 und Abs. 3 vorgenommen oder aber der Verkäufer hat die Herstellung des vertragsgemäßen Zustands der Waren nach Abs. 3 des vorliegenden Artikels verweigert;
b) eine Vertragswidrigkeit tritt auf, obwohl der Verkäufer versucht hat, den vertragsgemäßen Zustand der Waren herzustellen;
c) die Vertragswidrigkeit ist derart schwerwiegend, dass eine sofortige Preisminderung oder eine Beendigung des Kaufvertrags gerechtfertigt ist; oder
d) der Verkäufer hat erklärt oder es ist nach den Umständen offensichtlich, dass er den vertragsgemäßen Zustand der Waren nicht innerhalb einer angemessenen Frist oder ohne erhebliche Unannehmlichkeiten für den Verbraucher herstellen wird".
274 RegE, BT-Drucks 19/27424, S. 36.
275 Näher HK-BGB/*Saenger*, § 475d Rn 4.
276 Vorstehende Fn 273.
277 Wilke, VuR 2021, 283, 290: „*Beim Worte genommen bestünde ein Recht zur „Vertragsbeendigung" (sogar) solange der Verkäufer noch nicht (vollständig) erfüllt hat*".

Satz 2 f. der WKRL, wonach „*Sekundärrechte des Käufers sehr wohl grundsätzlich vom erfolglosen Ablauf einer angemessenen Frist abhängen*" sollen),[278] und schon gar nicht, dass der Verbraucher diese Frist dem Unternehmer auch gesetzt haben muss. Insoweit konnte bei der Richtlinienumsetzung auch nicht am Erfordernis einer Fristsetzung durch den Verbraucher festgehalten werden.[279]
Vgl. § 475 Abs. 5 BGB, wonach der Unternehmer die Nacherfüllung innerhalb einer „angemessenen Frist" ab dem Zeitpunkt, zu dem der Verbraucher ihn über den Mangel unterrichtet hat, und ohne erhebliche Unannehmlichkeiten für den Verbraucher durchzuführen hat, wobei die Art der Ware sowie der Zweck, für den der Verbraucher die Ware benötigt, zu berücksichtigen sind;

- wenn sich trotz der vom Unternehmer versuchten Nacherfüllung ein Mangel zeigt (Nr. 2:[280] **erfolglose Nacherfüllung**).
In Umsetzung von Art. 13 Abs. 4 Buchst. b WKRL:[281] Der Mangel besteht fort, oder der Unternehmer hat im Rahmen der Nacherfüllung einen anderen Mangel verursacht, ob der Verbraucher bereits nach „einem" fehlgeschlagenen Nacherfüllungsversuch zurücktreten darf, bestimmt sich nach den Umständen des Einzelfalls, insbesondere nach der Art und dem Wert der Kaufsache sowie Art und Bedeutung des Mangels[282] (mit korrespondierendem Abgehen von § 440 Satz 2 BGB: zwei fehlgeschlagene Nacherfüllungsversuche nach bisherigem Recht). „*Es gibt also keine festgesetzte Versuchsanzahl mehr, die dem Unternehmer für sein „Recht zur zweiten Andienung" zusteht*";[283]
- wenn der Mangel derart schwerwiegend ist, dass der sofortige Rücktritt gerechtfertigt ist (Nr. 3:[284] **besonders schwerwiegender Mangel**).
In Umsetzung von Art. 13 Abs. 4 Buchst. c WKRL,[285] was in Abwägung der widerstreitenden Interessen von Verbraucher und Unternehmer im Einzelfall zu bestimmen ist;[286] vgl. auch den Begriff „schwerwiegende Vertragsverletzung" in Erwägungsgrund Nr. 65 der Digitale Inhalte-Richtlinie: „*So sollte der Verbraucher bspw. das Recht haben, unmittelbar die Beendigung des Vertrags oder eine Preisminderung*

---

278 *Wilke*, VuR 2021, 283, 290 unter Bezugnahme auf *Bach*, NJW 2019, 1705, 1709; *Wilke*, BB 2019, 2434, 2442. Ebenso im Ergebnis *Kupfer/Weiß* (VuR 2020, 95, 98), die jedoch auf Art. 13 Abs. 4 Buchst. a 1. Alt. und Art. 14 Abs. 1 Buchst. b WKRL rekurrieren.
279 RegE, BT-Drucks 19/27424, S. 37.
280 Näher HK-BGB/*Saenger*, § 475d Rn 5.
281 Vorstehende Fn 273.
282 RegE, BT-Drucks 19/27424, S. 38.
283 *Kirchhefer-Lauber*, JuS 2021, 918, 922.
284 Näher HK-BGB/*Saenger*, § 475d Rn 6.
285 Vorstehende Fn 273.
286 RegE, BT-Drucks 19/27424, S. 38.

zu fordern, wenn ihm ein Antivirenprogramm bereitgestellt wird, das selbst mit Viren infiziert ist, da dies eine solche schwerwiegende Vertragswidrigkeit darstellen würde");
- wenn der Unternehmer die „*gemäß § 439 Abs. 1 oder 2 oder § 475 Abs. 5 BGB ordnungsgemäße Nacherfüllung*" (womit nicht nur die Nacherfüllung als solche, sondern auch die in den genannten Vorschriften geregelte Art und Weise der Nacherfüllung erfasst wird, z.B. eine nicht unentgeltliche, nicht innerhalb einer angemessenen Frist oder nicht ohne erhebliche Unannehmlichkeiten für den Verbraucher erfolgte Nacherfüllung) verweigert hat (Nr. 4:[287] **Verweigerung der ordnungsgemäßen Nacherfüllung**).

In Umsetzung von Art. 13 Abs. 4 Buchst. a letzte Alternative und Buchst. d WKRL,[288] wobei die Nr. 4 sowohl die **berechtigte Verweigerung** der Nacherfüllung durch den Unternehmer (weil ihm nach § 439 Abs. 4 BGB ein Leistungsverweigerungsrecht zusteht) als auch die **unberechtigte Verweigerung** der Nacherfüllung (ohne dass dem Unternehmer ein Leistungsverweigerungsrecht zusteht) erfasst. In beiden Konstellationen gewährt Nr. 4 dem Verbraucher ein sofortiges Rücktrittsrecht.

Hingegen erfasst Nr. 4 nicht auch eine an sich durchgeführte, aber bspw. nicht im Einklang mit § 475 Abs. 5 BGB stehende Nacherfüllung, weil diese nicht innerhalb angemessener Frist erfolgt und/oder mit erheblichen Unannehmlichkeiten für den Verbraucher verbunden ist:[289] Dies widerspricht Art. 13 Abs. 4 Buchst. a WKRL,[290] wonach der Verbraucher – trotz erfolgter Nacherfüllung – nur zurücktreten kann, wenn der Verkäufer die mangelhafte Sache nicht zurückgenommen oder einen notwendigen Aus- und Einbau nicht vorgenommen bzw. die Kosten hierfür nicht übernommen hat;

- oder wenn nach den Umständen offensichtlich ist, dass der Unternehmer „*nicht gemäß § 439 Abs. 1 oder 2 oder § 475 Abs. 5 BGB ordnungsgemäß nacherfüllen*" (womit nicht nur die Nacherfüllung als solche, sondern auch die in den genannten Vorschriften geregelte Art und Weise der Nacherfüllung erfasst wird, z.B. eine nicht unentgeltliche, nicht innerhalb einer angemessenen Frist oder nicht ohne erhebliche Unannehmlichkeiten für den Verbraucher erfolgte Nacherfüllung) wird (Nr. 5:[291] **offensichtliche Nichtvornahme einer ordnungsgemäßen Nacherfüllung**). Dabei bedarf es nicht zwingend einer Erklärung des Unternehmers, er werde nicht ordnungsgemäß nacherfüllen.

---

287 Näher HK-BGB/*Saenger*, § 475d Rn 7.
288 Vorstehende Fn 273.
289 *Wilke*, VuR 2021, 283, 291.
290 *Harke*, GPR 2021, 129, 134.
291 Näher HK-BGB/*Saenger*, § 475d Rn 8.

112 § 475d Abs. 1 BGB modifiziert § 323 Abs. 1 und 2 BGB, wohingegen „*die weiteren Absätze des § 323 BGB. (…) als Regelung des allgemeinen Schuldrechts auch auf die Mängelgewährleistungsrechte bei Verbrauchsgüterkäufen anzuwenden*" sind.[292] So entspricht inhaltlich

- § 323 Abs. 5 Satz 1 BGB der Vorgabe des Art. 16 Abs. 2 WKRL,[293]
- § 323 Abs. 5 Satz 2 BGB jener des Art. 13 Abs. 5 WKRL[294] und
- § 323 Abs. 6 BGB der Vorgabe des Art. 13 Abs. 7 WKRL.[295]

Damit verbleibt es aufgrund des Verweises in § 437 Nr. 2 1. Alt. BGB auf § 323 BGB bei der Anwendung von § 323 Abs. 3–6 BGB, wobei insbesondere § 323 Abs. 5 Satz 2 BGB relevant ist, wonach in Übereinstimmung mit Art. 13 Abs. 5 Satz 1 WKRL bei einem **bloß unerheblichen Mangel** (wobei die Beweislast für die Unerheblichkeit der Verkäufer trägt) ein Rücktritt ausgeschlossen ist.[296]

113 Insoweit hätte man einige der Konstellationen auch „*unter das Regime von § 323 Abs. 2 BGB bzw. § 440 BGB subsumieren können.*"[297] „*Die Neuregelung bevorzugt indes einen klaren Schnitt gegenüber dem allgemeinen Kaufrecht, wenn dieser auch (in) § 475d Abs. 1 und Abs. 2 S. 2 BGB (…) in unterschiedliche Worte gekleidet scheint*".[298]

114 In Bezug auf § 475d Abs. 1 Nr. 1 BGB ist – anders als bisher – kein ausdrückliches Nacherfüllungsverlangen des Verbrauchers mehr erforderlich, um den Lauf der Nacherfüllungsfrist zu initiieren. Etwas anderes gilt nur dann, wenn der Verbraucher – nach seiner Wahl – zwei Alternativen der Nacherfüllung hat: Hier muss er eine Wahl treffen, die erst die Fälligkeit des Nacherfüllungsanspruchs bewirkt.[299]

> *Beachte in Bezug auf den Rücktritt auch*
> - § 475 Abs. 6 Satz 1 BGB[300] (wonach im Falle des Rücktritts wegen eines Mangels der Ware § 346 BGB mit der Maßgabe anzuwenden ist, dass der Unternehmer die

---

292 RegE, BT-Drucks 19/27424, S. 36.
293 „*Bezieht sich die Vertragswidrigkeit nur auf einen Teil der aufgrund des Kaufvertrags gelieferten Waren und besteht ein Grund für die Beendigung des Kaufvertrags nach Art. 13, so kann der Verbraucher den Kaufvertrag nur in Bezug auf diese Waren beenden sowie in Bezug auf andere Waren, die er zusammen mit den nicht vertragsgemäßen Waren erworben hat, sofern vom Verbraucher nicht vernünftigerweise erwartet werden kann, dass er akzeptiert, nur die vertragsgemäßen Waren zu behalten*".
294 „*Der Verbraucher hat keinen Anspruch auf die Beendigung des Vertrags, wenn die Vertragswidrigkeit nur geringfügig ist. Die Beweislast dafür, ob es sich um eine geringfügige Vertragswidrigkeit handelt, trägt der Verkäufer*".
295 „*Die Mitgliedstaaten können regeln, ob und in welchem Umfang ein Beitrag des Verbrauchers zu der Vertragswidrigkeit dessen Recht auf Abhilfe beeinträchtigt*".
296 Brönneke/Föhlisch/Tonner/*Brönneke/Schmidt/Willburger*, Das neue Schuldrecht, § 4 Rn 79.
297 *Wilke*, VuR 2021, 283, 290.
298 *Wilke*, VuR 2021, 283, 290.
299 *Lorenz*, NJW 2021, 2065, 2071.
300 Näher HK-BGB/*Saenger*, § 475 Rn 12.

G. Sonderbestimmungen für Sachen mit digitalen Elementen (§§ 475b–e BGB) § 4

Kosten der Rückgabe der Sache trägt, vgl. dazu Rdn 63), wobei sich außerhalb des Verbrauchsgüterkaufs „(...) *in vielen Fällen dasselbe Ergebnis aus dem Leistungsort der Rückgewährpflicht (ergibt), der oftmals beim Schuldner liegt*,[301] und
- § 475 Abs. 6 Satz 2 BGB (wonach § 348 BGB mit der Maßgabe anzuwenden ist, dass der Nachweis des Verbrauchers über die Rücksendung der Rückgewähr der Ware gleichsteht, siehe Rdn 64), worin auch eine Gefahrtragungsregelung liegt.[302]

Beachte zudem
Im Unterschied zu Art. 13 Abs. 4 WKRL enthält § 475d BGB keine Regelung zur **Minderung**.

Doch erfasst § 475d Abs. 1 BGB die Minderung – auch ohne ausdrückliche Regelung – mit, da § 441 Abs. 1 Satz 1 BGB („*Statt zurückzutreten, kann der Käufer den Kaufpreis durch Erklärung gegenüber dem Verkäufer mindern*") an die Rücktrittsvoraussetzungen anknüpft.[303]

115

b) Schadens- und Aufwendungsersatz

Der Anspruch des Käufers auf Schadensersatz im Falle der Lieferung einer mangelhaften Sache beurteilt sich nach Maßgabe von § 437 Nr. 3 Alt. 3 BGB i.V.m. §§ 440, 280, 281, 283 und 311a BGB.

116

Beachte
Erwägungsgrund 61 der WKRL stellt klar, dass die Richtlinie nicht die Ansprüche von Verbrauchern über eine Entschädigung für Schäden, die durch die Lieferung mangelhafter Waren entstehen, regelt.

§ 475d Abs. 2 BGB[304] stellt allerdings im Interesse der Rechtssicherheit und zwecks Vermeidung von Verwirrung (die unterschiedliche Anforderungen nach sich ziehen könnten) einen **Gleichlauf der Voraussetzungen** des Rücktritts wegen eines Mangels und eines Schadensersatzanspruchs wegen eines Mangels her,[305] obgleich die **WKRL Schadensersatzansprüche nicht umfasst**[306] (vorstehende Rdn 116).
Für einen Anspruch auf Schadensersatz statt der Leistung wegen eines Mangels der Sache (§§ 437 Nr. 3, 280 Abs. 1 und 3 BGB i.V.m. § 281 BGB) bedarf es nach § 475d Abs. 2

117

---

301 Brönneke/Föhlisch/Tonner/*Brönneke/Schmidt/Willburger*, Das neue Schuldrecht, § 4 Rn 78.
302 Brönneke/Föhlisch/Tonner/*Brönneke/Schmidt/Willburger*, Das neue Schuldrecht, § 4 Rn 78.
303 *Wilke*, VuR 2021, 283, 290.
304 Näher HK-BGB/*Saenger*, § 475d Rn 9.
305 Brönneke/Föhlisch/Tonner/*Brönneke/Schmidt/Willburger*, Das neue Schuldrecht, § 4 Rn 81.
306 RegE, BT-Drucks 19/27424, S. 39.

Satz 1 BGB der in § 281 Abs. 1 BGB bestimmten Fristsetzung in den in § 475d Abs. 1 BGB bestimmten Fällen (unter Rdn 108) nicht. § 281 Abs. 2 und § 440 BGB sind nicht anzuwenden (§ 475d Abs. 2 Satz 2 BGB).

118 Da der **Aufwendungsersatzanspruch** des Käufers bei der Lieferung einer mangelhaften Sache – § 437 Nr. 3 2. Alt. i.V.m. § 284 BGB – grundsätzlich dieselben Voraussetzungen wie der Schadensersatzanspruch statt der Leistung hat, gelten die vorstehenden Ausführungen für diesen Anspruch entsprechend.[307]

c) Folgen von Rücktritt und Schadensersatz statt der gesamten Leistung

119 Im Fall des Rücktritts und des Schadensersatzes statt der gesamten Leistung wegen eines Mangels der Ware (§ 281 Abs. 5 BGB) ist gemäß § 475 Abs. 6 BGB[308] die Regelung des § 346 BGB mit der Maßgabe anzuwenden, dass der Unternehmer die Kosten der Rückgabe der Ware trägt. § 348 BGB ist mit der Maßgabe anzuwenden, dass der Nachweis des Verbrauchers über die Rücksendung der Rückgewähr der Ware gleichsteht: Der Verkäufer muss also in Abweichung von §§ 348, 320 BGB den Kaufpreis schon dann zurückerstatten bzw. Schadensersatz leisten, wenn der Verbraucher den Nachweis über die Rücksendung erbracht hat.

3. Sonderbestimmungen für die Verjährung

a) Grundlagen

120 Obwohl Art. 10 Abs. 5 Satz 1 WKRL[309] den Mitgliedstaaten die Möglichkeit eröffnet, die Haftung des Verkäufers zeitlich allein durch eine Verjährungsfrist zu begrenzen, ohne zusätzlich oder allein eine Gewährleistungsfrist vorzusehen, hat der deutsche Gesetzgeber zur Wahrung der Rechtskontinuität und einer einheitlichen Dogmatik am Verzicht auf eine Gewährleistungsfrist festgehalten: Die Haftung des Unternehmers ist zeitlich allein durch eine Verjährungsfrist begrenzt.[310]

121 Die WKRL gibt eine Haftungsdauer von mindestens zwei Jahren vor. Dem hingegen besteht keine bestimmte Regelung zur Haftungsdauer des Unternehmers für Mängel der digitalen Elemente. Die Dauer der Aktualisierungsverpflichtung bestimmt sich entweder nach einer Parteivereinbarung (§ 475b Abs. 3 BGB) oder nach der berechtigten Erwartung des Käufers (§ 475b Abs. 4 BGB), für die Dauer der Aktualisierungsverpflichtung bzw. die Haftung für sonstige Mängel für dauerhaft bereitgestellte digitale Elemente ist nach § 475c Abs. 2 und 3 BGB gleichermaßen die Parteivereinbarung zugrunde zu legen.

---

307 Brönneke/Föhlisch/Tonner/*Brönneke/Schmidt/Willburger*, Das neue Schuldrecht, § 4 Rn 82.
308 Näher HK-BGB/*Saenger*, § 475 Rn 12.
309 „*Ungeachtet der Abs. 1 und 2 des vorliegenden Artikels [über die Haftung des Verkäufers] kann ein Mitgliedstaat nur eine Verjährungsfrist für die Abhilfen nach Art. 13 beibehalten oder einführen*".
310 RegE, BT-Drucks 19/27424, S. 39.

G. Sonderbestimmungen für Sachen mit digitalen Elementen (§§ 475b–e BGB) § 4

Andererseits verbietet Art. 10 Abs. 5 Satz 2 WKRL[311] den qua Richtlinie vorgegebenen Haftungszeitraum durch eine Verjährungsfrist zu verkürzen.[312] Daher normiert die Sonderregelung des § 475e BGB den **Verjährungsbeginn** (abweichend von § 438 BGB) beim Verbrauchsgüterkauf von Sachen mit digitalen Elementen. § 475e BGB normiert verschiedene Tatbestände der Verjährungshemmung für Waren mit digitalen Elementen.

b) Ablaufhemmung bei dauerhafter Bereitstellung digitaler Elemente

Im Fall der dauerhaften Bereitstellung digitaler Elemente nach § 475c Abs. 1 Satz 1 BGB verjähren Ansprüche wegen eines Mangels an den digitalen Elementen gemäß § 475e Abs. 1 BGB[313] – abweichend von § 438 Abs. 2 BGB – nach der zweijährigen Verjährungsfrist des § 438 Abs. 1 Nr. 3 BGB nicht vor dem Ablauf von zwölf Monaten nach dem Ende des Bereitstellungszeitraums (Verjährung innerhalb von zwei Jahren ab Übergabe, ergänzt um die Ablaufhemmung, wodurch sehr lange Verjährungsfristen verhindert werden sollen).[314]   **122**

Ansprüche wegen einer **Verletzung der Aktualisierungspflicht** i.S.v. § 475b Abs. 3 oder 4 BGB verjähren gemäß § 475e Abs. 2 BGB als Parallelregelung zu § 475e Abs. 1 BGB nicht vor dem Ablauf von zwölf Monaten nach dem Ende des Zeitraums der Aktualisierungspflicht (Ansetzen der zwölfmonatigen Ablaufhemmung am Ende des Zeitraums der Aktualisierungspflicht).   **123**

Im Fall eines arglistig verschwiegenen Mangels ist bei Ansprüchen, die unter § 475e Abs. 1 BGB fallen, die Regelung des § 438 Abs. 3 BGB mit der Maßgabe anzuwenden, dass anstelle des in § 199 Abs. 1 Nr. 1 BGB geregelten Zeitpunktes der in § 475e Abs. 1 Nr. 1 oder Nr. 2 BGB geregelte Zeitpunkt tritt (so § 475e Abs. 2 BGB).   **124**

§ 475e BGB regelt **vier Fälle der Ablaufhemmung**:

- § 475e Abs. 3 BGB:[315] Zeigt sich ein Mangel innerhalb der Verjährungsfrist, tritt die Verjährung nicht vor Ablauf von vier Monaten nach dem Zeitpunkt ein, in dem sich der Mangel erstmals gezeigt hat (nachstehende Rdn 125).
- § 475e Abs. 4 BGB:[316] Hat der Verbraucher die Ware dem Unternehmer bzw. auf Veranlassung des Unternehmers einem Dritten zur Nacherfüllung überlassen, tritt die Verjährung wegen eines geltend gemachten Mangels nicht vor dem Ablauf von

---

311 *„Die Mitgliedstaaten stellen sicher, dass es diese Verjährungsfrist dem Verbraucher ermöglicht, die Abhilfen nach Art. 13 bei einer Vertragswidrigkeit, für die der Verkäufer gemäß den Absätzen 1 und 2 des vorliegenden Artikels [Art. 10 über die Haftung des Verkäufers] haftet und die innerhalb des in diesen Absätzen genannten Zeitraums offenbar wird, in Anspruch zu nehmen"*.
312 RegE, BT-Drucks 19/27424, S. 39.
313 Näher HK-BGB/*Saenger*, § 475e Rn 2.
314 *Wilke*, VuR 2021, 283, 290.
315 Näher HK-BGB/*Saenger*, § 475e Rn 4.
316 Näher HK-BGB/*Saenger*, § 475e Rn 5.

zwei Monaten nach dem Zeitpunkt ein, in dem die nachgebesserte oder ersetzte Ware dem Verbraucher übergeben wurde (siehe Rdn 126).
- § 475e Abs. 1 BGB:[317] Ablaufhemmung im Fall der dauerhaften Bereitstellung digitaler Elemente (vgl. Rdn 125).
- § 475e Abs. 2 BGB:[318] Ablaufhemmung in Bezug auf Ansprüche wegen einer Verletzung der Aktualisierungspflicht nach § 475b Abs. 3 bzw. 4 BGB (siehe dazu Rdn 105).

c) Allgemeine Ablaufhemmung

125 Hat sich ein Mangel innerhalb der Verjährungsfrist gezeigt (i.S.v. „offenbar geworden"), so tritt die Verjährung nach § 475e Abs. 3 BGB[319] (in Ergänzung von § 438 Abs. 3 BGB und in Umsetzung von Art. 10 Abs. 5 Satz 2 WKRL)[320] nicht vor dem Ablauf von (pauschal) vier Monaten nach dem Zeitpunkt ein (Ablaufhemmung), in dem sich der Mangel erstmals gezeigt hat[321] (Möglichkeit einer effektiven Geltendmachung von erst gegen Ende der Verjährungsfrist offenbar gewordenen Mängeln, um Verbrauchern die Möglichkeit zu eröffnen ihre Rechte auch bei gegen Ende des Verjährungszeitraums auftretenden Mängeln noch sinnvoll geltend machen zu können).[322] Damit kommt es zu einer Verdopplung des entsprechenden Zeitraums in § 475e Abs. 3 BGB. *„Wirklich nützlich wird dies jedoch außerhalb der dauerhaften Bereitstellung digitaler Elemente kaum einmal sein, muss der Verbraucher einen entsprechend spät aufgetretenen Mangel ja erst einmal beweisen".*[323]

§ 475e Abs. 3 BGB erfasst sowohl Mängel der Ware als auch solche von deren digitalen Elementen, wobei die Regelung für Letztere aber im Hinblick auf § 475e Abs. 1 und 2 BGB nur Bedeutung erlangt, wenn *„keine dauerhafte Bereitstellung geschuldet wird".*[324]

d) Ablaufhemmung bei Nacherfüllung

126 Hat der Verbraucher
- zur Nacherfüllung (was sich an der subjektiven Zielsetzung des Verbrauchers orientieren soll;[325] zur Beseitigung eines geltend gemachten Mangels, weshalb nicht entgegenstehen soll, *„dass der Unternehmer erklärt, er führe eine Reparatur „nur aus Kulanz"* oder *„ohne Anerkennung einer Rechtspflicht"* durch) oder

---
317 Näher HK-BGB/*Saenger*, § 475e Rn 2.
318 Näher HK-BGB/*Saenger*, § 475e Rn 3.
319 Näher HK-BGB/*Saenger*, § 475e Rn 4.
320 Vorstehende Fn 311.
321 Dazu näher Brönneke/Föhlisch/Tonner/*Brönneke/Schmidt/Willburger*, Das neue Schuldrecht, § 4 Rn 85.
322 *Wilke*, VuR 2021, 283, 290.
323 *Wilke*, VuR 2021, 283, 290.
324 *Lorenz*, NJW 2021, 2065, 2071.
325 RegE, BT-Drucks 19/27424, S. 41.

G. Sonderbestimmungen für Sachen mit digitalen Elementen (§§ 475b–e BGB) § 4

- zur Erfüllung von Ansprüchen aus einer Garantie (da Ansprüche aus Nacherfüllung und Garantie sich zeitlich und inhaltlich überschneiden können, wodurch dem Verbraucher keine Nachteile daraus entstehen sollen, dass er anstelle der Gewährleistung die Garantie beansprucht)

die Sache dem Unternehmer oder auf Veranlassung des Unternehmers einem Dritten übergeben (Anknüpfung an die Übergabe),[326] so tritt nach § 475e Abs. 4 BGB[327] im Interesse der Rechtssicherheit (und im Unterschied zu § 203 bzw. § 212 Abs. 1 Nr. 1 BGB ohne Würdigung der Umstände des konkret in Rede stehenden Einzelfalls)[328] die Verjährung von Ansprüchen wegen des geltend gemachten Mangels einheitlich nicht vor dem Ablauf von zwei Monaten nach dem Zeitpunkt ein (Ablaufhemmung), in dem die nachgebesserte oder ersetzte Sache dem Verbraucher übergeben wurde[329] (Auswirkung einer Nacherfüllung auf den Lauf der Verjährungsfrist). Damit soll dem Verbraucher ausreichend Zeit verbleiben, um die Ware nach dem Rückerhalt zu überprüfen.

127 Damit kann eine Prüfung im Einzelfall, ob eine Hemmung der Verjährung nach § 203 BGB oder ihr Neubeginn gemäß § 212 Nr. 1 BGB anzunehmen ist, teilweise unterbleiben. Unklar bleibt, warum diese Vereinfachung nur für den Verbrauchsgüterkauf geregelt worden ist.[330]

Kulante Unternehmen werden nach Ansicht des Gesetzgebers dadurch nicht benachteiligt: *„Denn den Unternehmer, der tatsächlich eine Reparatur aus Kulanz durchführt, ohne dass der Verbraucher einen Nacherfüllungsanspruch hätte, betrifft die Regelung (…) mangels Bestehens von Gewährleistungsrechten gar nicht. Der Unternehmer hingegen, der bei bestehenden Gewährleistungsrechten seine Einstandspflicht leugnet und eine Reparatur aus Kulanz vorgibt, ist nicht schutzwürdig".*[331] Der Umstand der Übergabe (an den Unternehmer bzw. auf dessen Veranlassung an einen Dritten) stellt sicher, dass dieser *„in jedem Fall Kenntnis von den die Ablaufhemmung begründenden Umständen erhält".*[332]

128 Die Ablaufhemmung – beschränkt auf Ansprüche wegen des geltend gemachten Mangels (mit korrespondierender Unanwendbarkeit, *„wenn sich während der Ablaufhemmung ein anderer als der geltend gemachte Mangel zeigt",*[333] womit einer nicht gerechtfertigten Privilegierung des Verbrauchers begegnet werden soll, der während der Verjährungsfrist

---

326 Dies erscheint *Wilke* (VuR 2021, 283, 290) *„unnötig eng":* „Sollen etwa Nachbesserungsarbeiten beim Verbraucher, beispielsweise an bestimmungsgemäß eingebauten Waren, nicht erfasst sein?"
327 Näher HK-BGB/*Saenger*, § 475e Rn 5.
328 RegE, BT-Drucks 19/27424, S. 41.
329 Näher Brönneke/Föhlisch/Tonner/*Brönneke/Schmidt/Willburger*, Das neue Schuldrecht, § 4 Rn 86.
330 *Wilke*, VuR 2021, 283, 290; *Harke*, GPR 2021, 129, 135.
331 RegE, BT-Drucks 19/27424, S. 41.
332 RegE, BT-Drucks 19/27424, S. 41.
333 RegE, BT-Drucks 19/27424, S. 42.

einen anderen Mangel reklamiert) – stellt sicher, dass der Verbraucher, nachdem er die Sache vom Unternehmer zurückerhalten hat, noch prüfen kann, ob der Verkäufer Abhilfe geleistet hat. Dadurch gewährleistet der Gesetzgeber, dass die Verjährungsfrist nicht schon zu einem Zeitpunkt abläuft, zu dem sich die Sache noch zur Nacherfüllung beim Unternehmer befindet. Mit dem Erfordernis der Zweimonatsfrist greift die Regelung *„nicht ein, wenn die Nacherfüllung zu Beginn der Verjährungsfrist vorgenommen wird oder die Verjährung bereits aufgrund anderer Umstände gehemmt ist oder erneut zu laufen begonnen hat"*.[334]

4. Abweichende Vereinbarungen

a) Grundsätzliches Verbot haftungsbeschränkender Vereinbarungen zulasten des Verbrauchers (§ 476 Abs. 1 Satz 1 BGB)

129 Auf eine vor Mitteilung eines Mangels an den Unternehmer getroffene Vereinbarung, die zum Nachteil des Verbrauchers von den §§ 433–435, 437, 439–441, 443 BGB (Unanwendbarkeit von § 442 BGB auf den Verbrauchsgüterkauf) sowie von den Vorschriften dieses Untertitels (Untertitel 3 – Verbrauchsgüterkauf) – und damit insbesondere § 475b und c BGB – abweicht, kann der Unternehmer sich nach § 476 Abs. 1 Satz 1 BGB nicht berufen.

b) Ausnahme: negative Beschaffenheitsvereinbarung (§ 476 Abs. 1 Satz 2 BGB)

130 Von den Anforderungen der **objektiven Qualitätsmerkmale** nach

- § 434 Abs. 3 BGB,
- § 475b Abs. 4 und 5 BGB oder
- § 475c Abs. 3 BGB (Aktualisierungspflicht)

– d.h. von den **objektiven Anforderungen an die Vertragsgemäßheit der Kaufsache** – sind **beim Verbrauchsgüterkauf Abweichungen** zwar grundsätzlich möglich. Diese bedürfen jedoch einer besonderen Form.

131 Die vertragliche Abweichung, wobei *Wilke*[335] die Frage aufwirft, *„jede einzelne (Abweichung)?"*, was zu bejahen sein dürfte, die vor Mitteilung eines Mangels an den Unternehmer auftritt, ist nach § 476 Abs. 1 Satz 2 BGB[336] (in Umsetzung von Art. 7 Abs. 5 WKRL,[337] wonach eine hinreichende Flexibilität und Rechtssicherheit geschaffen und den Parteien vor allem auch beim Verkauf von gebrauchten Sachen die Möglichkeit er-

---

[334] RegE, BT-Drucks 19/27424, S. 42.
[335] *Wilke*, VuR 2021, 283, 285 und 289.
[336] Näher HK-BGB/*Saenger*, § 476 Rn 3.
[337] Vorstehende Fn 173; Wobei dort aber in der englischen bzw. französischen Sprachversion die Begrifflichkeiten *„specifically"* bzw. *„spécifiquement"* Verwendung finden, weswegen statt des ungewöhnlichen Begriffs „eigens" ein bloßes „besonders" in Nr. 1 ausgereicht hätte: *Wilke*, VuR 2021, 283, 285.

G. Sonderbestimmungen für Sachen mit digitalen Elementen (§§ 475b–e BGB) § 4

öffnet werden soll, von den objektiven Anforderungen an die Vertragsmäßigkeit durch eine Vereinbarung abzuweichen) nur dann zulässig, wenn
- der Verbraucher vor der Abgabe seiner Vertragserklärung „**eigens**"[338] (als einem neuen Begriff der Rechtsgeschäftslehre,[339] wodurch vom Verkäufer *„ein „Mehr" im Vergleich zu der Übermittlung der anderen vorvertraglichen Informationen verlangt"* wird:[340] Unzureichend soll es sein, *„die Abweichung nur als eine von mehreren Eigenschaften der Kaufsache in der Produktbeschreibung anzuführen"*)[341] **davon in Kenntnis gesetzt wurde**, dass ein bestimmtes Merkmal der Sache von den objektiven Anforderungen abweicht (Nr. 1:[342] **formlose individuelle vorvertragliche Informationsobliegenheit des Unternehmers**,[343] die *„entsprechende Information [muss] im Vorfeld eines Vertragsschlusses anders als sonstige [behandelt werden], sie [ist] eben besonders herauszustellen"*)[344] und
- die Abweichung i.S.d. Nr. 1 im Vertrag „**ausdrücklich**" (Schriftform ist nicht erforderlich, ausgeschlossen ist damit jedoch eine konkludente Vereinbarung) **und** „**gesondert**"[345] (i.S.e. Hervorhebung der Abweichung, *„damit der Verbraucher sie bewusst in seine Kaufentscheidung einbezieht"*,[346] womit objektive Beschaffenheitsvereinbarungen nicht neben die vielen anderen Vereinbarungen in einem Formularvertrag oder in separate Allgemeine Geschäftsbedingungen eingestellt werden dürfen, *„die Vertragsunterlagen müssen vielmehr so gestaltet sein, dass dem Verbraucher bei Abgabe seiner Vertragserklärung bewusst wird, dass er eine Kaufsache erwirbt, die von den objektiven Anforderungen an die Vertragsgemäßheit abweicht oder abweichen kann"*. Weshalb es im Online-Handel unzureichend ist, ein schon vorangekreuztes Kästchen vorzusehen mit der Möglichkeit einer Deaktivierung durch den Verbraucher; zulässig soll jedoch im Online-Handel eine ausdrückliche und gesonderte Herbeiführung der Verbrauchererklärung sein, indem der Unternehmer *„auf seiner Webseite ein Kästchen oder eine Schaltfläche vorsieht, das die Ver-*

---

338 *Wilke*, VuR 2021, 283, 285 Fn 28: *„Soweit ersichtlich kommt der Begriff ansonsten allein in § 632a Abs. 1 S. 6 BGB vor, bezieht sich dort aber auf die Anfertigung von Stoffen und Bauteilen"*.
339 *Wilke*, VuR 2021, 283, 285.
340 RegE, BT-Drucks 19/27424, S. 42.
341 *Wilke*, VuR 2021, 283, 285: *„Die Abweichung bloß als Teil der Produktbeschreibung aufzuführen, genügt nicht"*.
342 Näher HK-BGB/*Saenger*, § 476 Rn 4.
343 *Lorenz*, NJW 2021, 2065, 2073.
344 *Wilke*, VuR 2021, 283, 285.
345 Vgl. die Anlehnung an § 309 Nr. 11 Buchst. a BGB.
346 RegE, BT-Drucks 19/27424, S. 42.

braucher anklicken oder auf andere Weise betätigen können" [muss][347] – sog. opt-in-Lösung),[348] womit Konkludenz ausscheidet, **vereinbart wurde** (Nr. 2).[349] Nr. 2 will sowohl konkludente Erklärungen als auch solche in Allgemeinen Geschäftsbedingungen ausschließen, wobei jedoch „*eine separate Urkunde (...) im Einklang mit § 309 Nr. 11 BGB nicht vonnöten sein (dürfte)*".[350]

> *Beachte*
> Da die WKRL keinen sonstigen Haftungsausschließungsgrund mehr anerkennt (wie früher bspw. in § 442 Abs. 1 BGB: **Mangelkenntnis oder fahrlässige Mangelunkenntnis**) erfolgt in § 475 Abs. 3 Satz 2 BGB eine Folgeänderung (Ergänzung):[351] Danach findet jetzt (außer den §§ 445 und 447 Abs. 2 BGB) auch § 442 BGB auf den Verbrauchsgüterkauf keine Anwendung mehr.

c) Verjährungsvereinbarung

132 Die Verjährung der in § 437 BGB bezeichneten Ansprüche kann gemäß § 476 Abs. 2 Satz 1 BGB[352] – entsprechend § 476 Abs. 2 BGB alt – vor Mitteilung eines Mangels an den Unternehmer nicht durch Rechtsgeschäft erleichtert werden (**Vereinbarung über die Verkürzung von Verjährungsfristen**),[353] wenn die Vereinbarung zu einer Verjährungsfrist ab dem gesetzlichen Verjährungsbeginn

- von weniger als zwei Jahren (bei neu hergestellten Sachen, entsprechend den unionsrechtlichen Vorgaben) und
- bei gebrauchten Sachen von weniger als einem Jahr

führt (**Anforderungen an die Verjährung verkürzende Vereinbarungen**).

133 Die Regelung in Bezug auf gebrauchte Sachen setzt Art. 10 Abs. 5[354] und Abs. 6 WKRL[355] um, mit der der europäische Richtliniengeber der *Ferenschild*-Entscheidung

---

347 RegE, BT-Drucks 19/27424, S. 42.
348 Dazu näher Brönneke/Föhlisch/Tonner/*Brönneke/Schmidt/Willburger*, Das neue Schuldrecht, § 4 Rn 34.
349 Näher HK-BGB/*Saenger*, § 476 Rn 5.
350 *Wilke*, VuR 2021, 283, 285.
351 *Wilke*, VuR 2021, 283, 289.
352 Näher HK-BGB/*Saenger*, § 476 Rn 6 ff.
353 Näher Brönneke/Föhlisch/Tonner/*Brönneke/Schmidt/Willburger*, Das neue Schuldrecht, § 4 Rn 88.
354 Siehe dazu Fn 173.
355 „*Die Mitgliedstaaten können vorsehen, dass sich der Verkäufer und der Verbraucher im Falle von gebrauchten Waren auf Vertragsklauseln oder Vereinbarungen über kürzere Haftungszeiträume oder Verjährungsfristen als in den Absätzen 1, 2 und 5 genannt einigen können, sofern diese kürzeren Fristen ein Jahr nicht unterschreiten*". „*Da eine § 475e Abs. 3 BGB (...) entsprechende Norm fehlt, die (...) eine effektive Geltendmachung gegen Ende der Verjährungsfrist erlauben würde, lässt sich aber bezweifeln, dass die alte/neue Lösung in jeder Hinsicht der Warenkauf-RL entspricht*": *Wilke*, VuR 2021, 283, 290 unter Bezugnahme auf *Rapp*, NJW 2021, 969, 972 f.

G. Sonderbestimmungen für Sachen mit digitalen Elementen (§§ 475b–e BGB) § 4

des EuGH[356] folgt, in der der EuGH konstatiert hat, dass die VerbrGKRL bei gebrauchten Sachen allein eine Verkürzung der Gewährleistungsfrist, nicht jedoch die Verkürzung einer Verjährungsfrist für die Geltendmachung von Mängeln zulässt.[357] Mitgliedstaaten – wie Deutschland –, die ausschließlich eine Verjährungsfrist (und keine Gewährleistungsfrist) vorgeben, *„können danach vorsehen, dass sich Verkäufer und Verbraucher im Fall von gebrauchten Sachen auch auf eine kürzere als die gesetzliche Verjährungsfrist einigen können, sofern diese Frist ein Jahr nicht unterschreitet"*.[358] Der deutsche Gesetzgeber hat davon Gebrauch gemacht, *„weil für viele gebrauchte Sachen die Marktfähigkeit häufig erst durch eine Verkürzung der Verjährungsfrist hergestellt wird"*, weshalb *„im Interesse der Marktteilnehmer und des nachhaltigen Konsums eine solche Verkürzung der Verjährungsfrist durch Vereinbarung bei gebrauchten Sachen zuzulassen"* sei.[359]

Da sich die Parteien auf eine Verkürzung der Dauer der Aktualisierungsverpflichtung nur unter den besonderen Voraussetzungen des Art. 7 Abs. 5 WKRL[360] – umgesetzt in § 476 Abs. 1 Satz 2 BGB – einigen können, hat der Gesetzgeber im Interesse der Rechtsklarheit entschieden, keine Unterscheidung in den Anforderungen zu treffen. Damit ist auch in Bezug auf eine Verkürzung der Verjährungsfrist keine einfache Vereinbarung statthaft. Auch diese wird – aufgrund der sehr komplexen Rechtslage, die im Falle einer Differenzierung zu Rechtsunsicherheit führen würde[361] – von besonderen Voraussetzungen abhängig gemacht: Eine entsprechende Vereinbarung, die die Verjährungsfrist bei gebrauchten Sachen auf weniger als ein Jahr verlängert, ist nach § 476 Abs. 2 Satz 2 BGB[362] unter denselben Bedingungen wie eine negative Beschaffenheitsvereinbarung nur wirksam, wenn

- der Verbraucher vor der Abgabe seiner Vertragserklärung von der Verkürzung der Verjährungsfrist eigens in Kenntnis gesetzt (Nr. 1) und
- die Verkürzung der Verjährungsfrist im Vertrag ausdrücklich und gesondert vereinbart wurde (Nr. 2).

Damit werden an eine vertragliche Abweichung von den gesetzlichen Verjährungsfristen dieselben Anforderungen gestellt, die auch bei einer Abweichung von den objektiven An-

---

356 EuGH, Urt. v. 13.7.2017 – Rs. C-133/16, BeckRS 2017, 116664.
357 Der BGH (Urt. v. 18.11.2020 – VIII ZR 78/20, NJW 2021, 1008) hat im Nachgang zur Ferenschild-Entscheidung des EuGH eine richtlinienkonforme Auslegung des (vormaligen) deutschen Rechts abgelehnt, *„ohne auf den etwaigen Spielraum des AGB-Rechts einzugehen"*: Wilke, VuR 2021, 283, 290. Kritisch zur Ansicht des BGH *Pfeiffer*, LMK 2021, 435952.
358 RegE, BT-Drucks 19/27424, S. 43.
359 RegE, BT-Drucks 19/27424, S. 43.
360 Siehe dazu Fn 173.
361 RegE, BT-Drucks 19/27424, S. 43.
362 Näher HK-BGB/*Saenger*, § 476 Rn 11.

forderungen an die Vertragsmäßigkeit bestehen (arg.: *"Eine solche einheitliche Regelung dient der Rechtsklarheit und vereinfacht den Wirtschaftsteilnehmern die Rechtsanwendung"*).[363]

134 *Wilke*[364] merkt an, dass dies zwar bspw. im Gebrauchtwagenhandel für einen erhöhten Verbraucherschutz sorge, doch seien die vollharmonisierten Vorgaben der WKRL entscheidend, deren Art. 10 Abs. 6 nur eine Öffnung in zeitlicher Hinsicht enthält.

d) Schadensersatzanspruch (§ 476 Abs. 3 BGB)

135 § 476 Abs. 1 und 2 BGB gelten nach § 476 Abs. 3 BGB[365] (entsprechend § 476 Abs. 3 BGB alt) – unbeschadet der §§ 307 bis 309 BGB – nicht für den Ausschluss oder die Beschränkung des Anspruchs auf Schadensersatz.

e) Umgehungsverbot (§ 476 Abs. 4 BGB)

136 Die in § 476 Abs. 1 und 2 BGB bezeichneten Vorschriften sind gemäß des Umgehungsverbots des § 476 Abs. 4 BGB[366] (vormals § 476 Abs. 1 Satz 2 BGB) auch anzuwenden, wenn sie durch anderweitige Gestaltungen umgangen werden.

5. Beweislastumkehr

137 Art. 11 Abs. 1 und 2 WKRL gebieten eine Erstreckung der Beweislastumkehr in § 477 BGB[367] beim Verbrauchsgüterkauf auf einen Zeitraum von einem Jahr nach Gefahrübergang; *"möglich wären sogar zwei gewesen"*.[368]

a) Verlängerung der allgemeinen Regel

138 Zeigt sich **innerhalb eines Jahres** seit Gefahrübergang, womit die Dauer der Beweislastumkehr (vormals sechs Monate) verlängert worden ist,[369] ein *"von den Anforderungen nach § 434 oder § 475b BGB abweichender Zustand der Sache"* (vormals "Sachmangel", wobei der Gesetzgeber der Rechtsprechung des BGH zum vormaligen § 476 BGB [§ 477 BGB neu] in Umsetzung der *Faber*-Entscheidung des EuGH[370] folgt, wonach für die Be-

---

363 RegE, BT-Drucks 19/27424, S. 43.
364 *Wilke*, VuR 2021, 283, 292: „Es ist schon nicht sicher, dass der EuGH den ... Erst-recht-Schluss aus Art. 10 Abs. 1 S. 2 i.V.m. Art. 7 Abs. 3 Warenkauf-RL für Mängel im Zusammenhang mit Aktualisierungen mitmachen würde, wonach unter den genannten hohen Voraussetzungen die Verjährung überhaupt durch Vereinbarung verkürzt werden kann ... Die Richtlinie lässt jedoch nicht erkennen, dass die Erstreckung der Voraussetzungen für abweichende Vereinbarungen auf eine ganz andere Fallgruppe zulässig wäre".
365 Näher HK-BGB/*Saenger*, § 476 Rn 12.
366 Näher HK-BGB/*Saenger*, § 476 Rn 13.
367 Dazu näher Brönneke/Föhlisch/Tonner/*Brönneke/Schmidt/Willburger*, Das neue Schuldrecht, § 4 Rn 40 ff.
368 *Wilke*, VuR 2021, 283, 292.
369 Dazu näher Brönneke/Föhlisch/Tonner/*Brönneke/Schmidt/Willburger*, Das neue Schuldrecht, § 4 Rn 41 f.
370 EuGH, Urt. v. 4.6.2015, Rs. C-497/13, NJW 2015, 2237.

G. Sonderbestimmungen für Sachen mit digitalen Elementen (§§ 475b–e BGB) § 4

weislastumkehr darauf abgestellt werden muss, dass sich innerhalb der gesetzlichen Frist ein „mangelhafter Zustand (eine Mangelerscheinung)" zeigt,[371] so wird nach § 477 Abs. 1 Satz 1 BGB[372] in Umsetzung von Art. 11 Abs. 1 WKRL[373] (als Minimallösung)[374] vermutet (**Vermutungsregelung – Beweislast**), dass die Sache bereits bei Gefahrübergang mangelhaft war. Etwas anderes gilt dann, wenn diese Vermutung mit der Art der Sache oder des mangelhaften Zustands unvereinbar ist.

Beachte

Beim Verkauf lebender Tiere – insbesondere bedeutsam für den Pferdekauf – verbleibt es hingegen nach § 477 Abs. 1 Satz 2 BGB[375] wegen der Besonderheiten der Entwicklung und Veränderung von Lebewesen bei der alten Frist von sechs Monaten. Insoweit besteht kein Widerspruch zur WKRL, da die Mitgliedstaaten die Richtlinie für den Kauf lebender Tiere nicht umsetzen müssen (vgl. Art. 3 Abs. 5 Satz 1 Buchst. b WKRL).

Hinweis **139**

Die Bezugnahme auf die vertraglichen Anforderungen „nach § 434 oder § 475b BGB" erfassen die subjektiven Anforderungen, die objektiven Anforderungen und die Montageanforderungen.[376]

Der Gesetzgeber hat davon Abstand genommen, die Beweislastumkehr auf zwei Jahre zu verlängern, eine Möglichkeit die Art. 11 Abs. 2 WKRL[377] eröffnet hätte. Er hat dies damit begründet, dass *„je länger sich die Kaufsache im Besitz des Käufers befindet, desto geringer [werde] der Informationsvorsprung des Verkäufers gegenüber dem Verbraucher über den Zustand der Kaufsache. Da mit fortschreitender Zeit der Einfluss von Verwendung und Lagerung der Kaufsache auf den Zustand der Kaufsache immer weiter zunehmen, wäre es unangemessen, dem Verkäufer die Beweislast aufzuerlegen, nachdem sie der Verbraucher für zwei Jahre in Verwendung hatte".*[378] **140**

---

371 BGH, Urt. v. 12.10.2016 – VIII ZR 103/15, BGHZ 212, 244, NJW 2017, 1093 Rn 53.
372 Näher HK-BGB/*Saenger*, § 477 Rn 2.
373 „*Bei Vertragswidrigkeiten, die innerhalb eines Jahres nach dem Zeitpunkt der Lieferung der Waren offenbar werden, wird vermutet, dass sie bereits zu dem Zeitpunkt der Lieferung der Waren bestanden haben, es sei denn, das Gegenteil wird bewiesen oder diese Vermutung ist mit der Art der Waren oder der Art der Vertragswidrigkeit unvereinbar. Dieser Absatz gilt auch für Waren mit digitalen Elementen*".
374 *Wilke*, VuR 2021, 283, 292.
375 Dazu näher Brönneke/Föhlisch/Tonner/*Brönneke/Schmidt/Willburger*, Das neue Schuldrecht, § 4 Rn 43.
376 RegE, BT-Drucks 19/27424, S. 44.
377 „*Statt der Frist von einem Jahr gemäß Absatz 1 können die Mitgliedstaaten eine Frist von zwei Jahren ab dem Zeitpunkt der Lieferung der Waren beibehalten oder einführen*".
378 RegE, BT-Drucks 19/27424, S. 44.

b) Beweislastumkehr bei vereinbarter dauerhafter Bereitstellung digitaler Elemente

141 Ist bei Sachen mit digitalen Elementen die dauerhafte Bereitstellung der digitalen Elemente im Kaufvertrag vereinbart und zeigt sich ein von den vertraglichen Anforderungen nach § 434 oder § 475b BGB abweichender Zustand der digitalen Elemente während der Dauer der Bereitstellung oder innerhalb eines Zeitraums von zwei Jahren seit Gefahrübergang, so wird nach § 477 Abs. 2 BGB[379] (in Umsetzung von Art. 11 Abs. 3 WKRL)[380] vermutet, dass die digitalen Elemente während der bisherigen Dauer der Bereitstellung mangelhaft waren[381] (**Beweislastumkehr in Bezug auf die digitalen Elemente für den gesamten Zeitraum, mindestens für zwei Jahre**).

Damit gibt es keine feste Dauer der Beweislastumkehr; vielmehr genügt die Beweislastumkehr während des Bereitstellungszeitraums (zumindest aber für einen Zeitraum von zwei Jahren seit Gefahrübergang als Mindestfrist). Diese Mindestfrist soll nach der Intention des Gesetzgebers[382] verhindern, dass die Dauer der Beweislastumkehr durch eine Parteivereinbarung zum Bereitstellungszeitraum verkürzt wird.

6. Sonderbestimmungen für Garantien

142 § 479 BGB trifft Sonderbestimmungen für Garantien im Rahmen eines Verbrauchsgüterkaufs. Diese bedurften einer Anpassung an die im Vergleich zu Art. 6 Abs. 2 bis 4 VerbrGKRL detaillierteren Vorgaben des Art. 17 Abs. 2 bis 4 WKRL.[383] Eine Garantieerklärung (§ 443 BGB) muss in Umsetzung von Art. 17 WKRL (gewerbliche Garantien) bestimmten Anforderungen genügen.

143 Jede **gewerbliche Garantie** ist für den Garantiegeber nach Art. 17 Abs. 1 Unterabs. 1 Satz 1 WKRL zu den Bedingungen verbindlich, die in der entsprechenden Garantieerklärung und einschlägiger Werbung, die zum Zeitpunkt des Vertragsschlusses oder zuvor verfügbar war, angegeben sind. Zu den Bedingungen, die in diesem Artikel festgelegt sind, und unbeschadet sonstiger anwendbarer Vorschriften der Union oder des nationalen Rechts haftet der Hersteller gemäß Art. 17 Abs. 1 Unterabs. 1 Satz 2

---

[379] Dazu näher Brönneke/Föhlisch/Tonner/*Brönneke/Schmidt/Willburger*, Das neue Schuldrecht, § 4 Rn 16 ff.
[380] „*Ist im Falle von Waren mit digitalen Elementen im Kaufvertrag die fortlaufende Bereitstellung des digitalen Inhalts oder der digitalen Dienstleistung über einen Zeitraum vorgesehen, so trägt bei einer Vertragswidrigkeit, die innerhalb des in Artikel 10 Absatz 2 genannten Zeitraums offenbar wird, der Verkäufer die Beweislast dafür, dass der digitale Inhalt oder die digitale Dienstleistung innerhalb des in dem angeführten Artikel genannten Zeitraums vertragsgemäß war*".
[381] Näher HK-BGB/*Saenger*, § 477 Rn 5.
[382] RegE, BT-Drucks 19/27424, S. 44.
[383] Brönneke/Föhlisch/Tonner/*Brönneke/Schmidt/Willburger*, Das neue Schuldrecht, § 4 Rn 93.

G. Sonderbestimmungen für Sachen mit digitalen Elementen (§§ 475b–e BGB) | § 4

WKRL in dem Fall, dass der Hersteller dem Verbraucher eine gewerbliche Haltbarkeitsgarantie für bestimmte Waren für einen bestimmten Zeitraum anbietet, dem Verbraucher direkt während des gesamten Zeitraums der gewerblichen Haltbarkeitsgarantie auf Nachbesserung der Waren oder Ersatzlieferung gemäß Art. 14 WKRL (Nachbesserung der Waren oder Ersatzlieferung). Der Hersteller kann dem Verbraucher in der Haltbarkeitsgarantie aber auch günstigere Bedingungen anbieten (so Art. 17 Abs. 1 Unterabs. 1 Satz 3 WKRL). Sind die in der Garantieerklärung genannten Bedingungen weniger vorteilhaft für den Verbraucher als die in der einschlägigen Werbung angegebenen, ist gemäß Art. 17 Abs. 1 Unterabs. 2 WKRL die gewerbliche Garantie zu den in der Werbung für diese Garantie angegebenen Bedingungen verbindlich, es sei denn, die einschlägige Werbung wurde vor Abschluss des Vertrags in der gleichen oder einer vergleichbaren Weise berichtigt, in der sie gemacht wurde.

Die Garantieerklärung wird dem Verbraucher auf einem dauerhaften Datenträger spätestens zum Zeitpunkt der Lieferung der Waren nach Art. 17 Abs. 2 Satz 1 WKRL zur Verfügung gestellt. Die Garantieerklärung muss gemäß Art. 17 Abs. 2 Satz 2 WKRL in klarer und verständlicher Sprache formuliert sein. Sie muss nach Art. 17 Abs. 2 Satz 3 WKRL folgenden Inhalt aufweisen: **144**

- einen klaren Hinweis, dass der Verbraucher bei Vertragswidrigkeit der Ware ein gesetzliches Recht auf unentgeltliche Abhilfen des Verkäufers hat und dass diese Abhilfen von der gewerblichen Garantie nicht berührt werden (Buchst. a);
- Name und Anschrift des Garantiegebers (Buchst. b);
- das vom Verbraucher einzuhaltende Verfahren für die Geltendmachung der gewerblichen Garantie (Buchst. c);
- die Nennung der Waren, auf die sich die gewerbliche Garantie bezieht (Buchst. d); sowie
- die Bestimmungen der gewerblichen Garantie (Buchst. e).

Die Garantieerklärung muss also die Bestimmungen der Garantie enthalten und darüber hinaus darlegen, dass die Gewährleistung durch die Garantie nicht berührt wird, wobei deutlich hervorzuheben ist, dass die Garantie eine Verpflichtung darstellt, die **zusätzlich** zur gesetzlichen Gewährleistung besteht. **145**

Die **gewerbliche Garantie** bindet nach Art. 17 Abs. 3 WKRL den Garantiegeber auch dann, wenn die Anforderungen des Art. 17 Abs. 2 WKRL nicht eingehalten werden. Die Mitgliedstaaten können gemäß Art. 17 Abs. 4 WKRL für andere Aspekte in Bezug auf gewerbliche Garantien, die nicht in Art. 17 WKRL geregelt sind, Vorschriften einführen, einschließlich Vorschriften zu der Sprache oder den Sprachen, in denen die Garantieerklärung dem Verbraucher zur Verfügung gestellt werden muss. **146**

a) Anforderungen an die Transparenz

147 Nach § 479 Abs. 1 Satz 1 BGB muss die Garantieerklärung daher einfach und verständlich abgefasst sein.[384] Die Belehrungspflicht des Garantiegebers einer selbstständigen Garantie muss nach § 479 Abs. 1 Satz 2 BGB[385] Folgendes enthalten:

- den Hinweis auf die gesetzlichen Rechte des Verbrauchers bei Mängeln und darauf, dass die Inanspruchnahme dieser Rechte unentgeltlich ist sowie darauf, dass diese Rechte durch die Garantie nicht eingeschränkt werden (Nr. 1),
- den Namen und die Anschrift des Garantiegebers (Nr. 2),
- das vom Verbraucher einzuhaltende Verfahren für die Geltendmachung der Garantie (Nr. 3),
- die Nennung der Sache, auf die sich die Garantie bezieht (Nr. 4), und
- die Bestimmungen der Garantie, insbesondere die Dauer und den räumlichen Geltungsbereich des Garantieschutzes (Nr. 5).

b) Zurverfügungstellung der Garantie auf einem dauerhaften Datenträger

148 Die Garantieerklärung muss dem Verbraucher nach § 479 Abs. 2 BGB[386] spätestens zum Zeitpunkt der Lieferung der Ware und zwar auf jeden Fall, und nicht wie nach bisherigem Recht erst auf Verlangen des Verbrauchers auf einem dauerhaften Datenträger (i.S.v. § 126b Satz 2 BGB) zur Verfügung gestellt werden.[387] Ein dauerhafter Datenträger ist nach der Legaldefinition des § 126b Satz 2 BGB jedes Medium, das

- es dem Empfänger ermöglicht, eine auf dem Datenträger befindliche, an ihn persönlich gerichtete Erklärung so aufzubewahren oder zu speichern, dass sie ihm während eines für ihren Zweck angemessenen Zeitraums zugänglich ist (Nr. 1), und
- geeignet ist, die Erklärung unverändert wiederzugeben (Nr. 2).

Damit reicht insbesondere auch eine Übersendung per E-Mail aus.[388]

149 *„Spätestens zum Zeitpunkt der Lieferung der Sachen,"* so die gesetzgeberische Intention, *„soll dem Garantiegeber hinreichende Flexibilität in seinen Unternehmensabläufen"* gewährt werden. *„Es bleibt seiner unternehmerischen Entscheidung überlassen, ob die Garantieerklärung etwa gemeinsam mit vorvertraglichen Informationen, bei Vertragsschluss oder gemeinsam mit der Kaufsache zur Verfügung gestellt wird"*.[389]

---

384 Näher HK-BGB/*Saenger*, § 479 Rn 2.
385 Näher Brönneke/Föhlisch/Tonner/*Brönneke/Schmidt/Willburger*, Das neue Schuldrecht, § 4 Rn 94.
386 Näher HK-BGB/*Saenger*, § 479 Rn 3.
387 Dazu näher Brönneke/Föhlisch/Tonner/*Brönneke/Schmidt/Willburger*, Das neue Schuldrecht, § 4 Rn 86.
388 RegE, BT-Drucks 19/27424, S. 45.
389 RegE, BT-Drucks 19/27424, S. 45.

G. Sonderbestimmungen für Sachen mit digitalen Elementen (§§ 475b–e BGB) § 4

c) Haltbarkeitsgarantie

Hat der Hersteller gegenüber dem Verbraucher eine (selbstständige) Haltbarkeitsgarantie übernommen, so hat der Verbraucher gegen den Hersteller während des Zeitraums der Garantie nach § 479 Abs. 3 BGB[390] (in Umsetzung von Art. 17 Abs. 1 Satz 2 und 3 WKRL, vorstehende Rdn 143) mindestens (d.h. als materiellen Mindestinhalt) einen Anspruch auf Nacherfüllung gemäß § 439 Abs. 2, 3, 5 und 6 Satz 2 BGB sowie § 475 Abs. 3 Satz 1 und Abs. 5 BGB (mithin Bezugnahmen des deutschen Kaufgewährleistungsrechts, die der Umsetzung von Art. 14 WKRL [Nachbesserung der Waren oder Ersatzlieferung][391] dienen).[392] *„Der Hersteller kann dem Verbraucher in der Haltbarkeitsgarantieerklärung (allerdings auch) günstigere Bedingungen anbieten"*.[393]

150

> *Beachte*
>
> Der Gesetzgeber hat von der Option nach Erwägungsgrund 62 der WKRL keinen Gebrauch gemacht und Haltbarkeitsgarantien weiterer Personen (z.B. des Verkäufers, eines Zwischenhändlers oder eines mit dem Hersteller verbundenen Unternehmens) zu regeln: *„Im Zweifel wird eine solche Haltbarkeitsgarantie entsprechend § 479 Abs. 3 BGB zu verstehen sein"*.[394]

d) Rechtsfolgen eines Verstoßes

Die Wirksamkeit der Garantieverpflichtung wird – unverändert gegenüber der bisherigen Rechtslage – nicht dadurch berührt, dass eine der vorstehenden Anforderungen nicht erfüllt wird (so § 479 Abs. 4 BGB[395] in Umsetzung von Art. 17 Abs. 3 WKRL – Umgehungsverbot, vormals § 479 BGB).

151

> *Beachte aber*
>
> Allerdings kann die Nichterfüllung von Informationspflichten einen Schadensersatzanspruch nach § 280 Abs. 1 BGB begründen (bspw. wegen der Kosten einer anderweitigen Informationsbeschaffung).[396]

e) Sprache der Garantie

Der Gesetzgeber hat, wie bisher unter dem Regime des Art. 6 Abs. 4 VerbrGKRL, keinen Gebrauch von der Möglichkeit nach Art. 17 Abs. 4 WKRL gemacht für die Abfassung der

152

---

390 Näher HK-BGB/*Saenger*, § 479 Rn 3.
391 RegE, BT-Drucks 19/27424, S. 45.
392 Näher Brönneke/Föhlisch/Tonner/*Brönneke/Schmidt/Willburger*, Das neue Schuldrecht, § 4 Rn 96.
393 RegE, BT-Drucks 19/27424, S. 45.
394 Brönneke/Föhlisch/Tonner/*Brönneke/Schmidt/Willburger*, Das neue Schuldrecht, § 4 Rn 97.
395 Näher HK-BGB/*Saenger*, § 479 Rn 4.
396 Brönneke/Föhlisch/Tonner/*Brönneke/Schmidt/Willburger*, Das neue Schuldrecht, § 4 Rn 98.

Garantie eine Sprache – Deutsch – vorzugeben. Das allgemeine Gebot der Verständlichkeit gemäß § 479 Abs. 1 Satz 1 BGB (vorstehende Rdn 147) soll jedoch im Regelfall die Verwendung der deutschen Sprache und nur ausnahmsweise die einer anderen Sprache voraussetzen.[397]

f) Ablaufhemmung

153 Macht der Käufer – statt Gewährleistung – Ansprüche aus einer Garantie geltend, *„so greift zur Vermeidung einer Schlechterstellung (...) (zu seinen Gunsten) der Ablaufhemmungstatbestand des § 475e Abs. 4 BGB ebenfalls ein"*.[398]

III. Übergangsvorschrift

154 Nach Art. 229 § 58 EGBGB gelten die neuen Vorschriften für Verträge, die nach dem 1.1.2022 geschlossen werden.

IV. Fazit

155 Das folgende Fazit ist zu ziehen:

- Die Neuregelungen setzen die Vorgaben der WKRL umfassend um.
- Dabei kommt es zu terminologischen und systematischen Änderungen im Verbrauchsgüterkaufrecht.

Die Neuregelungen sind vollumfänglich zu begrüßen:

- **die Neuregelung des Sachmangelbegriffs** (§ 434 BGB):
  - Neudefinition des Fehlerbegriffs,
  - Abschied vom Vorrang des subjektiven Fehlerbegriffs;
- die §§ 474 ff. BGB sprechen von „**Waren**" (unter Bezugnahme auf die Legaldefinition in § 241a Abs. 1 BGB) statt von „beweglichen Sachen" (um den Verkauf von Sachen aufgrund gerichtlicher Maßnahmen vom Anwendungsbereich auszuschließen);
- der **dauerhafte Erwerb von Software** unterfällt nach § 475a BGB grundsätzlich dem Kaufvertragsrecht, doch normieren die §§ 327 ff. BGB (Vorschriften über die Bereitstellung digitaler Produkte) vielfältige Ausnahmen vom Kaufvertragsrecht (z.B. bei der Mängelgewährleistung oder der Einführung einer Update-Verpflichtung bei Verbrauchsgüterkaufverträgen);

---

397 Brönneke/Föhlisch/Tonner/*Brönneke/Schmidt/Willburger*, Das neue Schuldrecht, § 4 Rn 99.
398 So Brönneke/Föhlisch/Tonner/*Brönneke/Schmidt/Willburger*, Das neue Schuldrecht, § 4 Rn 100.

G. Sonderbestimmungen für Sachen mit digitalen Elementen (§§ 475b–e BGB) § 4

- die Einführung besonderer Pflichten für den **Verkauf von Waren mit digitalen Elementen beim Verbrauchsgüterkauf** (§§ 475b–e BGB), insbesondere
  - Vorgabe einer Aktualisierungsverpflichtung (Updateverpflichtung),
  - Einführung von Sonderbestimmungen für Sachen, für die eine dauerhafte Bereitstellung digitaler Elemente vereinbart ist (§§ 475c und 477 Abs. 2 BGB);
- die Regelung des **Regresses in der Lieferkette** in einem eigenen Kapitel (§§ 445a und b BGB);
- die Einführung von **Sonderbestimmungen für die Rückabwicklung des Kaufvertrags nach Rücktritt** (§ 475 Abs. 6 BGB);
- die Einschränkung der Anwendbarkeit der Kaufvertragsregeln in Bezug auf Sachmängel beim **isolierten Softwareerwerb** im Rahmen von Verbrauchsgüterkaufverträgen (§§ 475b und c BGB);
- die Einführung besonderer Anforderungen an die Vereinbarung einer **Abweichung von objektiven Anforderungen** an die Kaufsache (§ 476 Abs. 1 BGB);
- die Verlängerung der **Beweislastumkehr bei Mängeln** von sechs Monaten auf ein Jahr (§ 477 Abs. 1 BGB – Beschaffenheitsvereinbarungen);
- die ergänzenden Bestimmungen für **Garantien** (§ 479 BGB).

Stichwortverzeichnis

fette Zahlen = Paragrafen, magere Zahlen = Randnummern

AGB
– Abtretungsausschluss **1** 14 ff.
Aktualisierung
– Digitales Produkt **3** 62
Aktualisierungspflicht
– maßgeblicher Zeitpunkt **3** 68
– Verletzung **4** 123
– Verletzung/Verjährung **3** 95
Anleitung
– Digitales Produkt **3** 62
ärztlicher Behandlungsvertrag **3** 30
Aufwendungsersatz
– Ware mit digitalen Elementen **3** 38

B2B-Vertrag
– digtales Produkt **3** 114 ff.
– Regresskette **3** 116
– Rückgriff Unternehmer **3** 115 ff.
– Sachmangel **4** 8
– Verjährung des Aufwendungsersatzanspruchs **3** 126 ff.
– Vertriebspartner **3** 117
B2C-Vertrag
– Sachmangel **4** 9 f.
Bereitstellung **3** 44
– unterbliebene **3** 44
Beschaffenheit **4** 11 ff.
– abweichende Vereinbarung **4** 130 f.
– Funktionalität **4** 15
– Interoperabilität **4** 16, 21
– Kompatibilität **4** 14
– objektive Anforderungen **4** 18
– übliche **4** 20
– Vereinbarungsvorbehalt **4** 18
Betreiber
– Informationspflicht **2** 3 ff.
Beweislast
– Bereitstellung digitale Dienstleistung **3** 43
– Bereitstellung/Aktualisierung **3** 99 ff.
Beweislastumkehr
– dauerhafte Bereitstellung digitaler Elemente **4** 141
– Verlängerung der allgemeinen Regel **4** 138 ff.
Bezahlen mit Daten **3** 14

Cloud-Computing
– dauerhafte Bereitstellung **3** 68

Daten
– digitale Inhalte **3** 24 ff.

Datennutzung zu kommerziellen Zwecken **3** 30
Datenschutz
– digitales Produkt **3** 19
– Verbrauchervertrag **3** 11
– Widerruf der Einwilligung **3** 107
Datenträger
– Vertrag über **3** 28 ff.
dauerhafte Bereitstellung
– Beweislastumkehr **3** 101
Dauerschuldverhältnis
– Laufzeit **1** 5
– Vertragsverlängerung **1** 9 ff.
Dienstleistung
– digitale **3** 1 ff.
Digitale Dienstleistung **3** 25 ff., 128
– Legaldefinition **3** 43
digitale Inhalte
– unsachgemäße Integration **3** 57
Digitale-Inhalte-RL
– Ausschlüsse **3** 30 ff.
– B2C-Vertrag **3** 3
– Grundlagen **3** 2 ff.
– Schadensersatz **3** 4
– Vertragsschluss **3** 6
Digitales Produkt
– Abweichende Vereinbarungen **3** 104 ff.
– Aktualisierungen **3** 62, 66
– Änderung **3** 108 ff.
– Anforderungen an die Integration **3** 64
– Anleitung **3** 62
– Anwendungsbereich/Verbrauchervertrag **3** 16 ff.
– Art und Weise der Bereitstellung **3** 43
– Ausnahmen von der Beweislastumkehr **3** 102
– Ausschluss der Vertragsbeendigung **3** 77
– Ausschluss des Nacherfüllungsanspruchs **3** 74
– B2B-Vertrag **3** 114 ff.
– Bereitstellung **3** 42 ff.
– Bereitstellung/Beweislast **3** 99 ff.
– Bereitstellung digitale Dienstleistung **3** 43
– Bereitstellung digitaler Inhalt **3** 43
– Bereitstellung personenbezogener Daten **3** 18
– Beschaffenheit **3** 62
– Funktionalität **3** 60
– Interoperabilität **3** 60
– Kompatibilität **3** 60
– Leistungszeit **3** 42
– Miete **3** 130 ff.
– Mietvertrag **3** 128
– Minderung **3** 92 ff.
– Nacherfüllung **3** 49, 72

245

Stichwortverzeichnis

- Minderung **3** 92 ff.
- Nacherfüllung **3** 49, 72
- Nutzungsuntersagung **3** 84
- objektive Anforderungen **3** 62
- Produktmangel **3** 57
- Rechte Dritter **3** 57
- Rechtsbehelf bei Mängeln **3** 71 ff.
- Rechtsfolgen der Vertragsbeendigung **3** 84 ff.
- Rechtsfolgen Vertragsbeendigung **3** 50
- Rückgriff Unternehmer **3** 117
- Schadensersatz **3** 47
- Schenkung **3** 128
- Sperrung **3** 84
- subjektive Anforderungen **3** 60
- Testversion **3** 62
- unsachgemäße Integration **3** 57
- unterbeliebene Bereitstellung **3** 44 ff.
- Unwirksamkeit der Vertragsbeendigung **3** 51
- Verbot der weiteren Nutzung **3** 84
- Vertragsbeendigung **3** 45, 77 ff.
- Vertragsgemäßheit **3** 56
- Vertriebspartner **3** 117
- Zahlung eines Preises **3** 17
- Zubehör **3** 62

Digitalität
- doppelte **3** 24

einmalige Bereitstellung
- Beweislastumkehr **3** 100

Erfüllungsgehilfe
- Verhalten **4** 25

Fernabsatzvertrag
- Fernkommunikationsmittel **2** 28 f.
- Informationspflicht **2** 26 f.
- Wertersatz **2** 16 ff.
- Widerrufsrecht **2** 10

Finanzdienstleistung **3** 30

Funktionalität
- digitales Produkt **3** 61

Garantie
- Ablaufhemmung **4** 153
- Haltbarkeitsgarantie **4** 150
- Rechtsfolgen bei Verstoß **4** 151
- Sprache **4** 152
- Transparenz **4** 147
- Zuverfügungstellung **4** 148 f.

Glücksspieldienstleistung **3** 30

Informationspflicht
- Finanzdienstleistung **2** 5
- Online-Marktplatz **2** 3 ff.

Interoperabilität
- digitales Produkt **3** 61

Käuferpflicht
- im Zusammenhang mit Nachbesserung und Nachlieferung **4** 37 f.

Käuferrecht
- Aufwendungsersatz **4** 27 f.
- Ersatz der Ausbau- und Einbaukosten **4** 29 ff.
- Nacherfüllung **4** 27 f.
- Rücktritt vom Vertrag **4** 27 f.
- Schadensersatz **4** 27 f.

Kaufvertrag
- Ware mit digitalen Elementen **3** 37 ff.

Klauselverbot
- mit Wertungsmöglichkeit **1** 3
- ohne Wertungsmöglichkeit **1** 4

Kompatibilität
- digitales Produkt **3** 61

Mangelbegriff
- Ware mit digitalen Elementen **3** 38

Miete digitaler Produkte **3** 130 ff.

Mietvertrag
- digtales Produkt **3** 128

Minderung
- Berechnung der Höge **3** 93
- Ware mit digitalen Elementen **3** 38

Nacherfüllung
- Ware mit digitalen Elementen **3** 38

Online-Kündigung
- Bestätigung **1** 37 f.
- Kündigungsbutton **1** 23 ff.
- Kündigungsschaltfläche **1** 30 ff.
- Pflichtverletzung des Unternehmers **1** 40
- sachlicher Anwendungsbereich **1** 25 ff.
- Speichermöglichkeit **1** 36
- Zeitpunkt **1** 39

Online-Marktplatz
- Betreiber **2** 8
- Betreiberpflichten **2** 3 ff., 32 f.
- Informationspflicht **2** 30 ff.
- Legaldefinition **2** 6 f.

Open-Source-Software **3** 30

Paketvertrag **3** 30, 32 ff.
- Vertragsauflösung **3** 80
- Vertragsbeendigung **3** 52

Personenbezogene Daten
- Bereitstellung **3** 18
- Datenschutz **3** 19

Stichwortverzeichnis

Produkt
- Verbraucherspezifikation **3** 27
Produktmangel
- digitales Produkt **3** 58
Produktmerkmal
- abweichende Vereinbarung **3** 63

Rechtsbehelf
- mangelhaftes digitales Produkt **3** 71 ff.
Regress
- Ablaufhemmung **4** 49
- Anspruch des Käufers gegen Lieferanten **4** 45 ff.
- Aufwendungsersatz **4** 43 ff.
- Rügeobliegenheit **4** 50
Regresskette
- Aufwendungsersatz **4** 43 ff.
- B2B-Vertrag **3** 116

Sache
- Beschaffenheit **4** 11 ff.
- digitale Elemente **3** 31, 36 ff.
- Montageanforderungen **4** 24
- objektive Anforderungen **4** 18
- subjektive Anforderungen **4** 11 ff.
- Ware **4** 53 ff.
Sache mit digitalen Elementen **4** 79 ff.
- Beweislastumkehr **4** 106
- dauerhafte Bereitstellung **4** 102 f.
- Definition **3** 40
- Installationsanforderungen **4** 98 f.
- Mangel bei dauerhafter Bereitstellung **4** 100 f.
- Montageanforderungen **4** 98 f.
- objektive Anforderungen **4** 89 ff.
- Rücktritt vom Vertrag **4** 108 ff.
- Sachmangel **4** 78 ff.
- subjektive Anforderungen **4** 85 ff.
- unterlassene Aktualisierung **4** 96 f.
- Unternehmerhaftung **4** 104 f.
Sachmangel
- aliud **4** 26
- Aufwendungsersatz **4** 115 ff.
- Begriff **4** 5 ff.
- Ersatz der Ausbau- und Einbaukosten **4** 29 ff.
- Käuferrecht **4** 27 f.
- Kenntnis **4** 30 ff.
- Mangelfreiheit **4** 83 ff.
- Minuslieferung **4** 26
- Neuregelung **4** 5 ff.
- Rücktritt vom Vertrag über Sache mit digitalen Inhalten **4** 108 ff.
- Sache mit digitale Inhalten **4** 78 ff.
- Sache mit digitalen Elementen **4** 78 ff.
- Schadensersatz **4** 115 ff.
- Sonderregelungen **4** 69 ff.

- Verhältnis von 445a BGB zu 327u BGB **4** 51 f.
- Voraussetzungen **4** 6
- Zuviellieferung **4** 26
Schadensersatz
- statt Leistung **3** 95 ff.
- Ware mit digitalen Elementen **3** 38
Schenkung
- digitales Produkt **3** 128
Software
- freie **3** 30
- quelloffene **3** 30
Standardprodukt **3** 27
Streamingdienst
- dauerhafte Bereitstellung **3** 68

Unternehmer **3** 10
- Umfang der Verpflichtung zur mangelfreien Leistung **3** 55 ff.
Updatepflicht **3** 67

Verbraucher **3** 10
Verbraucherinteresse
- Verletzung **2** 37 ff.
Verbraucherrecht
- Vertrag über digitale Produkte **3** 6
Verbraucherschutz
- Transparenzpflichten **2** 9
- Verbot nachteiliger Abtretungsklauseln **1** 14 ff.
- Verletzung von Verbraucherinteressen **2** 37 ff.
- Vertragsverlängerung **1** 9 ff.
Verbrauchervertrag **1** 26
- Anwendungsbereich/digitale Produkte **3** 16 ff.
- Bußgeld bei Verletzung von Verbraucherinteressen **2** 44 ff.
- Datenschutz **3** 11
- digitale Dienstleistung **3** 25 ff., 132
- Erstellung eines digitalen Produkts **3** 128
- Herstellung digitales Produkt **3** 133
- Informationspflicht **2** 25
- Legaldefinition **3** 10
- Online-Kündigung **1** 25 ff.
- personenbezogene Daten **3** 11
- Sachen mit digitalen Elementen **3** 36 ff.
- Schenkung digitales Produkt **3** 129
- stillschweigende Vertragsverlängerung **1** 5 ff.
- Verbot benachteiligender Abtretungsklausel in AGB **1** 14 ff.
- Verletzung von Verbraucherinteressen **2** 40 ff.
Verbrauchsgüterkauf
- abweichende Beschaffenheitsvereinbarung **4** 130 f.
- anwendbare Vorschriften **4** 56 ff.
- Aufwendungsersatz **4** 115 ff.
- Beweislastumkehr **4** 137 ff.

247

Stichwortverzeichnis

- digitale Dienstleistungen **4** 67
- digitale Inhalte **4** 66
- Garantie **4** 142 ff.
- Rücktritt **4** 63 f.
- Rücktritt vom Vertrag **4** 108 ff.
- Sachen mit digitalen Elementen **4** 65 ff.
- Schadensersatz **4** 115 ff.
- Verbot haftungsbeschränkender Vereinbarungen zulasten des Verbrauchers **4** 129
- Verjährungsvereinbarung **4** 132 ff.
- Ware **4** 53 ff.
- Ware mit digitalen Elementen **4** 68
Verbrauchsgüterkaufvertrag
- Beschaffenheitsvereinbarung **4** 19
Verbrauchsgüterkaufvertrag über digitale Produkte
- Sachmangel **4** 74 ff.
- Vorschriften **4** 72 f.
- Ware mit digitalen Elementen **4** 75 ff.
verbundener Vertrag
- Vertragsauflösung **3** 81
Verjährung
- Ablaufhemmung **4** 124 ff.
- Ablaufhemmung bei Nacherfüllung **4** 126 ff.
- B2B-Vertrag/Aufwendungsersatzanspruch **3** 126 ff.
- dauerhafte Bereitstellung digitale Elemente **4** 122
- Unternehmerhaftung **4** 120 f.
- Ware mit digitalen Elementen **3** 38
Verkäufer
- Erfüllungsgehilfe **4** 25
- Verweigerungsrecht **4** 41 f.
Verkäuferpflicht
- Nacherfüllung **4** 34 ff.
- Rücknahmepflicht **4** 39 f.
Verpflichtung zur mangelfreien Leistung **3** 55
Vertag über die Bereitstellung digitaler Inhalte **3** 30
Vertrag im elektronischen Rechtsverkehr
- Legaldefinition **1** 27 ff.
Vertrag über digitale Produkte **3** 5
- besondere Vertriebsformen **3** 9 ff.
- digitale Inhalte **3** 23
- doppelte Digitalität **3** 24
- Inkrafttreten **3** 7 ff.
- sachlicher Anwendungsbereich **3** 22 ff.
- Übergangsvorschriften **3** 7 ff.
- Verbraucherrechte **3** 6
- Verbraucherverträge **3** 9 ff.

Vertrag über digitales Produkt
- Verhältnis zum Kaufvertrag **3** 126 ff.
- Verhältnis zum Verbrauchsgüterkauf **3** 127 ff.
Vertrag über körperlichen Datenträger **3** 28
Vertrag über Sachen mit digitalen Elementen **3** 31 ff.
Vertrag über Telekommunikationsdienste **3** 30
Vertragsauflösung
- Paketvertrag **3** 80
- Reichweite **3** 80
- verbundener Vertrag **3** 81
Vertragsbeendigung
- Ausschluss **3** 77
- digitales Produkt **3** 77
- Modalitäten **3** 82 ff.
- Rechtsfolgen **3** 84 ff.
- Ware mit digitalen Elementen **3** 38
Vertragsbeendigungsrecht
- Ausschluss **3** 113
Vertragsgemäßheit
- objektive Anforderungen **3** 57
- subjektive Anforderungen **3** 57
Vertragsverlängerung **1** 8 ff.
- stillschweigend **1** 9 ff.
- Verkürzung der Kündigungsfrist **1** 12
Verweigerungsrecht
- Verhältnismäßigkeit **4** 41 f.

Ware
- digitale Dienstleistungen **4** 81
- digitale Inhalte **4** 80
- mit digitalen Elementen **4** 68, 75 ff.
Waren mit digitalen Elementen **3** 41
Werklieferungsvertrag **3** 133
Wertersatz
- Dienstleistung **2** 20 ff.
- digitale Inhalte **2** 24
- Waren **2** 17 ff.
Widerruf
- Bereitstellung digitaler Inhalte **2** 15
- Bestätigung **2** 11
- Dienstleistungsvertrag **2** 10
- Erlöschen **2** 13
- Frist **2** 10
- Wertersatz **2** 16 ff.

Zubehör
- Digitales Produkt **3** 62